国家出版基金项目
NATIONAL PUBLICATION FOUNDATION

陈向明 / 著

中国教育思想文库

旅居者和『外国人』

留美中国学生跨文化人际交往研究

教育科学出版社
·北京·

理解了，一切都可以原谅；

原谅了，一切都可以理解。

再版作者前言

　　本书在我的博士论文基础上改编而成，最初于 1998 年由湖南教育出版社出版，后又于 2004 年由教育科学出版社出版。本次改版是应教育科学出版社之邀，对一些不足的地方（按照现在标准来看）进行修订。

　　首先，最大的一个改变是删除了第二章第二节中有关"质性研究"（qualitative research）的详细介绍。1998 年最初出版本书时，学界对这种研究范式还不太了解。虽然社会学、人类学界从 20 世纪初就开始从事此类研究，但从学理上对这种研究所做的介绍和探讨还不够系统、深入。现在，通过二十多年的努力，学界对这个概念已经获得了基本共识，因此没有必要在此做过多介绍。由于第二章的篇幅大大变小，我将原来第三章的内容合并入第二章。相应地，全书也由原来的十三章变成了十二章。

　　其次，对本书的整体结构做了调整，将原来的三个部分改为四个部分。之前版本涉及研究结果的第二部分内容非常多，篇幅也庞大得不合比例。现在将第二部分细分为两个部分，前面部分主要描述中国留学生在美国的跨文化人际交往状况，后面部分主要探讨他们在跨文化人际交往过程中所发生的变化。相应地，不同部分的题目也根据内容需要有所改动。

　　再次，为了让研究问题的表述更加简洁、集中，本次修改将原来由两个并列句组成的主问题，改为一个更加抽象的上位句式，同时将六个子问题，改为四个子问题。这么做的理据是：质性研究是一个不断演化的过程，即使是在后续成文和修改中，研究者还可以根据需要修改研究问题。

最后，根据相关要求，对一些文献引用不够规范的地方做了修改，例如，补充了所引用文章的具体页码。同时，对一些英文翻译痕迹过重的词汇和表达做了修改，使其更加符合中文表达的习惯。之前版本中有些段落过长，不便于读者阅读，本次对其进行了适当的分段处理。

本次修订是在教育科学出版社的刘明堂先生、赵琼英女士等人的指导和支持下完成的，特在此表示感谢。

作者前言

本书曾于 1998 年由湖南教育出版社出版，当时只印了 1000 册，很快便脱销了。近年来，我不断收到读者来信，询问购书渠道。而湖南教育出版社出于种种原因无法重印本书，已将版权授予我自行处理。现在教育科学出版社决定重新出版本书，使其能够与更多的读者见面，我感到非常高兴，同时对教育科学出版社深表谢意。

除了可以满足上述读者的需要，重新出版本书的另外一个理由是：到目前为止，国内出版的有关质的研究[①]的书籍大都集中在理论探讨和方法操作上，完整地反映研究过程和结果的报告比较少。我主编的《在行动中学作质的研究》是一本论文集，收集的是较短的研究论文和开题报告。而本书是在我的博士论文基础上改编而成的一个比较完整的研究报告，描述了一个经过较长研究过程，对参与者进行跨地域追踪，通过访谈、观察和共情分析等手段获得的研究结果。阅读此类报告也许是读者了解做质的研究和写质的研究报告的一种方式。

近年来，教育科学出版社的韦禾女士一直在致力于质的研究方法的介绍和推广，她策划的质的研究方法系列图书也已日益丰满起来。目前，该

[①] 本前言和后记中的"质的研究"这一用法仍旧保留，我在再版作者前言中说明了为什么现在使用"质性研究"这一术语。

系列涵盖的内容有：对质的研究方法的理论基础、历史发展和操作技巧的系统介绍，质的研究方法课程的教案设计和作业样本，学生学做质的研究的体会和反思，质的研究报告举例，质的研究开题报告，等等。重新出版本书的一个目的是：希望能够从另外一个侧面丰富该系列的内容，同时希望鼓励更多的研究者将自己的案例加入进来。知识的发展是需要积累的，"量"的增长与"质"的变化是一个一体两面、同时发生的过程。只有通过一个又一个案例的不断积累，我们才有可能丰富并加深对教育这一复杂现象的理解，也才有可能从坚实的实践基础上对质的研究方法及其所关涉的方法论问题进行探讨。

　　本书最初完成的时间是 1994 年，距今已有 10 年之久。虽说自己在做这项研究时确实花了不少力气，但用现在的眼光重读过去稚嫩的作业，总有令我汗颜之处。出版社曾建议我在此次出版时对不满意的地方进行修改，而几次提笔竟无从下手。虽说理解总是此时此地的理解，但它与过去和未来密不可分，时空的绵延无法淹没过去的独特。也有朋友建议说，彼时的写作有彼时的风格，修改后会破坏书稿的整体感和即时性。我想，既然本书只是为读者提供一种做质的研究的参考，对其的解读、期待应该是开放的。不同的读者会根据自己的需要从中汲取不同的东西，作者其实是无法预料的。

　　带着这样的心理安慰，我着手准备本书的重新出版工作：没有修改本书的基本内容，只是根据需要置换了一些重要术语（如将所有的"定性研究"改为"质的研究"），并对原书中的文字错误进行了纠正。

陈向明

2004 年 2 月 20 日

于北京大学教育学院

序　一

　　几乎所有人类的生活经历都经过了人类意义系统的建构和过滤，由人类既存的分类方法进行分类以后得以表现，并且因此而得到意义上的解释。我们对事物和人的分类方式直接影响到我们对外部世界的体验，而我们自己却很少注意到这一事实。更加令我们难以意识到的是：我们在心理方面的体验［包括我们对自我（self）、人（person）和个体（individual）等概念的理解］也是文化的产物，因此也同样地受制于建立在我们文化基础之上的分类和解释系统。自我和他人、心理和文化、人和环境——在这些两两组合之中，其中任何一方都因对方的存在而存在，其意义均蕴含在与对方的关系之中。

　　直到最近这些年，心理学界才开始认真地考虑社会文化环境对人的"自我"和"他人"概念的形成所产生的影响。各种心理功能模式在美国和欧洲大陆发展起来，而且非西方国家的科学家们也在采纳和使用这些模式。但是由于这些模式大都发源于西方，研究的是西方的人群（而且有时候即使是在这些人群内其样本量也非常小），因此其研究结果常常令人产生怀疑。这些模式往往带有明显的西方文化、地域和人群的特征，用于东方时难免产生误差。非西方的心理学家们在使用这些西方的模式时，经常忽略了那些微妙的存在于研究者本人文化之中、反映在当地人民日常生活之中的思维和情感方式。

　　然而，过去 10 年来，在很多亚洲国家兴起了一股心理学研究热。这些研究主要由当地的学者们发起和主持，他们开始强烈地认识到文化规范对心理功能的重要作用。陈向明博士的研究便是这一新兴潮流之中的一个优秀典范。当然，这种新的对文化的重视要求我们不得不问这样一个问题，即：研究者本人的文化是如何塑造出一套独特的价值观和信念的？

　　毫无疑问，随着一个又一个发展中国家在国际经济和世界政治舞台上不断获得声望和权力，"本土心理学"这一术语也在不断地得到相应的认可。如果"本土心理学"的发展确实受益于发展中国家在经济和政治上的崛起，那么就心理学这一学科领域的发展而言，"本土心理学"的被认可就可以被视为一个最有价值的突破。当我们对人的精神进行研究时，对"生态"（特别是文化生态）加以关注就是我们期待已久的一件大事。陈向明博士的研究对中国文化中的具体情境给予了特别的关注，为此我们大家都应该感到庆幸和欣慰。

　　目前，"文化心理学"的研究范围已经远远超出了那些可能具有普遍意义、适用于所有场合的理智和情感结构。人类发展的普遍性特点虽然可以用某种抽象的方式来加以确认，但是这些特点却只可能在具体的情境中得以描述和分析。比如说，自我、个人、社会、宇宙、责任和成功这些概念以及它们在人际领域的表现，如友谊、爱、娱乐、工作和家庭等，当这些概念各自置身于不同的文化情境之中时，它们便具有了不同的意义范围和不同的表现方式。对"什么是'正确的'教育孩子的方式""什么样的成人是社会上认可的合适的成人"这类问题，种族中心主义的偏见具有很深的历史、文化和社会根源，很难轻易地被人们所抛弃。但是，美国人（或者说任何一个文化群体）都不能忽略这样一个事实，即：他们自己的文化也许只有一套长大成人的标准，而在世界上其他国家和文化中可以找到许多其他成人之道和自我发展之路。

　　作为一代新型学者中的一员，陈向明博士着重探讨的是不同的文化环境对个人的需求和自我意识所产生的影响以及这种影响对个人的意义。由于有机会来到美国这一不同的文化氛围里生活和学习，她通过自己的亲身经历真切地体会到文化对个人以及个人社会情感生活的塑造。而她在中国的童年生活是不可能使她理解这一点的。然而，由于她同时对自己文化中独特的"自我和他人"的概念具有深刻的理解和关注，无疑她能够更好地适应美国的文化。因此，这种分析［她也可以更好地在一般意义上分析文化对个人身份（identity）的形成作用］不仅仅出于她个人的好恶，她在用一种严肃的、学术的方式来对文化和个人的关系进行认真的探讨。

对中国人自我意识的独特性进行探讨和对中国人与西方人的自我之间存在的差异进行对比研究——这两者是很不相同的。将东方人的心理与西方人的心理进行比较有可能使研究者与自己的研究目的南辕北辙，很容易使他们执意坚持那些他们自己试图想要克服的偏见。把西方作为一个参照系，所有其他本土的心理都必须与这一标准进行比较——这种做法势必会忽略很多应该被纳入一个真正的"本土"心理范畴的东西。如果美国人是个体主义的，那么亚洲人就一定是集体主义的；如果美国人是独立自主的，那么亚洲人就一定是依赖于他们所从属的群体的。这种论调可以如此这般地唱下去。不幸的是，这种做法没有考虑到，在亚洲国家的本土心理中存在很多完全不能这样比较的因素。例如，最近有一些学者强调西方个体主义和东方集体主义之间的差异。可是他们往往忽略了这样一个事实——即使是在中国文化内部也存在着某种形式的个体主义及其表现方式。同时，这种"两分法"也不能解释美国人中存在的顺从倾向和"间接表达方式"。我们与其将一个本土心理与别人的心理进行对照，不如使用一个更为有效的方法，那就是：使用某一文化中人们自己的语言来评价该本土心理。

陈向明博士就是这么做的。尽管她的研究比较了中国和美国文化中不同场景下人们交朋友的不同方式，但是她的结论却是基于对中国人自己土生土长的对"自我和他人"概念的透彻理解之上的。她首先对中国人自己对人的潜能、个人以及社会群体等观念的理解进行了调查，然后才对中国人的自我概念做出她的结论。因此，这些结论不是来源于某种愿望，即希望了解中国人和美国人有什么不同，而是出于一种需求，即需要了解那些进入和组成这一独特的、中国式思维的各种因素是什么。

如果陈向明博士只是从文献资料中挖掘出有关中国人的文化信念，这有可能使她遭到某种批评，即她所找到的"心理"不是一个"活着的"（lived）心理。但是她成功地避免了这样一种批评，因为她除了进行文献检索以外，还从中国研究生的生活经历以及他们个人的叙述和评论中收集了丰富的素材。这些中国学生刚刚踏上美国的国土，他们正在挣扎着试图适应美国社会十分陌生的生活方式。陈向明博士着重调查了这些学生在工作中、课堂上、校园里以及日常生活中与美国人交朋友时所做的种种努力。有时候，他们中有的人对交朋友没有做任何努力，这一点恰恰说明他们在美国交朋友有多么困难。

陈向明博士的研究不是为研究而研究，她的研究成果也不仅仅是为了给心理学的发展提供新的知识。事实上，我们可以推断，她对纯粹为了本土心理学的发展而对其进行描述并不十分感兴趣。她更感兴趣的是，通过她的笔来揭示中国学生在美国进行跨文化人际交往时所遇到的困难。这些中国学生具有"本土"的思维和情感方式，因此在美国这个新的环境里，他们强烈地感到需要情感上的支持，希望和别人建立亲密的关系。由于她带有这样一种更加实际的关怀，她的研究通过具体的事例向我们表明：指导一个独特心理的基本原则是如何在人们的实践中、在社会行动中以及在活着的经历（lived experience）中得到具体体现的。这是最好的心理"解释"，因为它植根于经验和实际之中，而且突出了"人性"以及一般人际交往中所存在的偶然性因素。陈向明博士将聚光灯投射到中国文化独特的对自我和他人的观念预设之上，揭示了人际关系的成功与否与这些预设之间的相伴随关系。不幸的是，在她的聚光灯下照出来的东西同时也十分令人不安。

中国学生在美国往往希望寻求到他们在中国时所期待的东西，结果他们常常感到非常失望。对于美国人来说，人际关系通常是通过关系中的个人保持其相对独立性而得以发展和维持的（这也许听起来有点矛盾）；而在中国，如果个人表现出某种独立的需要，其人际关系就有可能受挫。美国人不明白为什么他们的中国同事在进入朋友关系时，期待着他们的美国同事放弃一些自己的独立性；而对中国学生来说，他们也不明白为什么美国人在交"朋友"时会显得如此无能。这些误会所造成的后果是十分令人伤心的，不论是对个人的情绪还是对集体中的人际关系都会产生严重的不良影响。

正如世界上几乎所有的事情一样，误会和交流障碍是可以被消除的，但是它们必须首先被理解。因此，陈向明博士在文化的层面探讨文化对交流的作用，这样一种工作是极为可贵的。文化对我们个人身份的塑造作用是如此之大，以至于我们很容易将文化的过滤作用当作理所当然的事情，因而对它的作用视而不见。"朋友"就是"朋友"，普遍论者会如此争辩说。但是，陈向明博士向我们表明，一个文化中的朋友其行为举止并不完全与另外一个文化中的朋友完全一致。因此，她所做的工作已经同时进入了教育学和心理学的前沿。

直到最近，文化和情境以某种方式"构筑入"（build into）人的心理习惯这一事实才刚刚得到它所应该得到的认可。陈向明博士就两种十分不同的文化场景中人们所形成的交友习惯提供了一个非常珍贵的"局内人"的视角。此外，她还用自己的研究展示了一套十分有价值的研究工具，这套工具可以用来深入探究处于特定情境中的人。用质性研究方法来分析人类心理功能的心理学家目前仍旧为数很少。陈向明博士不仅注意到了细微的心理文化内容，而且对如何了解不同文化中人们真实的思想和行为也进行了深刻的思考。她在这两方面的建树将她同时放到了两个同样重要的知识前沿：一个与文化心理学有关，另一个涉及方法论方面的问题。

美国人在日常生活中天天面临着如何理解来自不同文化背景的人们的挑战。随着地球上的人们相互之间的交往通过信息高速公路以及其他途径而变得日益频繁，很快世界舞台上所有的演员们就都必须面对这一挑战。陈向明博士在理解文化差异方面所做出的贡献为我们进入 21 世纪寻求知识建立了一个重要的标准。她进一步摧毁了西方社会科学中种族中心论的偏见，超越了对东西方简单进行比较的倾向。此外，她将心理研究扎根于对人们日常生活经验的民族志（ethnography）探讨之中，将文化研究的语言从讨论伟大长城和经典名著的水平，提升到一个更加注重人的愿望、需求和价值，更加贴近人文的高度。文化心理学必须成为一门严肃的学问，而由于陈向明博士以及其他像她一样的研究者的工作，文化心理学事实上已经成为一门严谨的学科。

托马斯·肖（Thomas Shaw）

美国哈佛大学教育学院教授

美国　马萨诸塞州　剑桥

1996 年 11 月 8 日

序　二

我很高兴有机会为陈向明的这本书写一篇序文。她在哈佛大学教育学院学习时，我是她的博士论文指导委员会的委员。当她完成论文之际，我曾敦促她立即将论文出版，以便让更多的人有机会了解她的研究成果。此书是在她的博士论文基础之上修改而成的。我认为，此书不论是在内容上还是在方法上，都对有关的研究领域做出了十分有益的贡献。下面，我简单地陈述一下我认为此项研究所做出的主要贡献。

从内容上来说，此项研究描绘了一幅有关中国留学生进入美国文化及其与美国人建立人际关系的过程和方式的深刻而又生动的图画。这幅图画植根于中国留学生们自己的生活经历和意义理解之中，从而使我们切身地体会到他们在日常生活中所遇到的困难、对周围事物的感悟、与美国人交往时遭到的误会，以及他们在文化适应方面逐步取得的进步。此研究不仅对中国留学生进入另外一个文化所做的努力进行了深刻的分析，而且对中国留学生试图与另一个文化中的成员进行接触的过程和意义解释进行了感人至深的叙述。研究结果不仅对这一群中国留学生的个人生活经历进行了自传体式的描述，而且揭示了他们在与美国人交往时在经历和看法上存在的异同以及造成这些异同的前因后果。虽然研究结果主要来自中国留学生们自己的视角，但是此书并不只是对他们个人看法的一个简单的陈述，作者对这些看法提供了她自己既具有批评性而同时又富有同情心的分析和讨论。我认为，此研究不仅对那些准备到美国来学习的中国学生有所裨益，而且对那些将要指导这些学生学习的美国教师也会有很高的参考价值。

从方法上来看，此研究是一个质性研究的杰出范例。目前在美国，质性研究指的是一种以归纳手段为主的研究方法，而不着眼于对研究者预先设定的假设进行验证。这种方法力图理解被研究者自己的视角，对具体的时空情境以及这些情境因素对被研究的事情和人物所产生的影响进行深入细致的描述，而不是不顾情境差别做出一个一般性的概括性结论。陈向明的这项研究遵循的便是这种质性研究的思路。她的研究在方法上特别严谨：研究设计十分周密细致，资料的收集既系统又非常细密，对访谈和观察资料的分析既有丰富的细节又不乏个人洞见，研究结论得到了原始资料的有力检验。

陈向明的研究在内容和方法上具有以上优点，同时，我认为她的研究方法中另外四个突出的特点，使这一研究具有特殊的、不同寻常的价值。第一，她与自己所调查的中国留学生们建立了长期的个人关系，因此她可以深切地理解他们的生活经历，并且有可能在访谈时与他们探讨一些敏感的个人问题；如果她扮演一个远离研究对象的、"客观的"研究者的话，这些敏感性问题可能永远也不会被发掘出来。第二，她在分析这些学生的故事时娴熟地运用了自己在美国留学的经历，使用她自己生活中的感触和想法对访谈资料进行分析和论证；与此同时，她也十分注意不将自己的观点和感觉强加到这些学生身上。第三，她成功地将人类学和心理学方面的理论和技巧结合起来，从不同角度勾勒出一幅这些学生与美国人交往的意义建构的有机整合的图画。第四，在她呈现研究结果和结论时，她把深入的个案讨论与跨个案分析结合起来，既再现了这些学生之间的相同之处，又表现了他们的不同之处。

陈向明的研究没有对抽象的理论和技巧进行过分的矫饰和炫耀。确实，这个研究看起来似乎比较简单明了（deceptively simple），不但没有宣扬反而掩藏了研究者在研究过程中所做的大量艰苦的工作和深刻的思考。从这一点来说，这个研究可以与质性研究领域内的佼佼者媲美，因为它用一种比较清晰明了的方式再现了所研究的现象，而这么做恰恰显示了研究者在研究方法上的成熟老到。此外，她用整整一章的篇幅详细介绍了她从事该研究的过程和方法，这比目前大多数出版的研究报告要详细得多。她这么做可以帮助我们了解她具体从事此项研究的决策过程和操作方式。我认为，这本书不仅会对那些希望了解留美中国学生的人们有所裨益，而且作为一个质性研究的范例，对其他从事研究的人员也有借鉴意义。我希望这本书会得到它所应该享有的广大读者的喜爱。

约瑟夫·A. 马克斯韦尔（Joseph A. Maxwell）
美国马萨诸塞州牛顿市教育发展中心高级研究员
1996 年 11 月

序　三

　　陈向明博士对中国留学生在美国学习期间与美国人交朋友的过程进行了细致深入的调查和研究，本文是专门为那些对她所使用的研究方法感兴趣的读者而写的。由于质性研究可能在中国尚不被人所熟知，而陈向明博士的研究在这方面堪称一个突出的典范，因此我想在此着重对她所使用的研究方法进行评价。在她所使用的各种方法之中，我将抽取三种分析方法进行重点评价，因为我认为这三种方法对其他类型的质性研究都具有极为突出的参考价值。

　　首先，陈向明博士综合使用了她称之为"分类法"（categorization）和"情境法"（contextualization）的两种分析方式。在本书中，她将中国留学生们跨文化交友经历所涉及的主题进行了不同层次的分类，这种方法被称为"分类法"。用这种方法对访谈和观察的结果进行分类可以使研究者以及本书的读者们看到被研究者的所作所为和所思所想中存在的共同之处和规律所在。

　　这种对多个个案进行综合分类的方法虽然很有价值，但是同时也有可能失去很多重要的信息，其中包括每一位留学生生活经历中不断演化的生活场景以及他们个人不断变化的思考和反思。要理解和再现这一切，需要使用一种叙述的，即"情境式"的分析方法。陈向明博士在研究结果的第一章对一位中国留学生焦林的个案分析便使用了这种方法。该个案成功地保留了焦林的经历中情境性、时序性和发展性的特点以及焦林本人对自己经历的反思和审视。此外,陈向明博士在分类法的大框架下采用了许多小型的个案和叙述片段,这些资料为各个类属提供了丰富的背景衬托和流动过程。

正如陈向明博士所做的那样,将"分类法"和"情境法"这两种方法结合起来使用有很多长处,比仅仅使用其中一种方法提供了一个更为完整和充实的画面。我以为,她所感到的存在于这两种方法之间的紧张状况(tension)是不可能被消除或解决的。这是两种不同的看待事物的角度,是两副不同的观察事物的"凸光镜"。其一不可能被简约为其二,它们也不可能被综合成其三。在陈向明博士的这个质性研究项目中,这两种方法真正做到了相互补充、相得益彰。

陈向明博士所使用的研究方法的另外一个重要特点,涉及她对原始资料进行分类时选择类属的来源。起初,她试图从前人有关中美文化的研究中抽取一些类属,用这些类属对自己所收集的资料进行分析。结果,她发现这么做很不理想,这些类属不能"捕捉到中国留学生们自己对其生活经历的思考方式"。为了深入了解这些学生们"自己的思考方式",陈向明博士及时地舍弃了自己事先设定的理论框架,而是去领会这些学生们所说的话语背后隐含的意思。通过采取一种更加"贴近对方经验"(experience-near)的态度反复阅读访谈记录和观察笔记,她找到了更具有文化"本位"意义的分析概念。由于这些概念对该研究的效度更具有意义,可以增加研究的可靠性,她最后决定用它们来对研究结果进行分类。

"主位"(emic)以及其对立面"客位"(etic)这两个词语起源于语言学研究。"客位"这个词语来自"语音学"(phonetics)的后缀,指的是一套带有普遍意义的分析类属,如国际音标,其目的是记录下世界上人类所使用的所有语言中的语音特征。相比之下,"主位"这个词语来自"音位学"(phonemics),指的是某一语言中具体的、独一无二的语音系统。这种对比可以在人类对颜色的描述这一研究领域中找到类似的例子。"客位"的色谱可以通过不同的波长来显示世界上所有的颜色,而"主位"的颜色词语指的是那些被某一文化中的人们普遍使用、在该语言中具有较高使用频度的词语。"客位"和"主位"这一对词语目前已经超出了语言研究的范畴,用于分析和理解文化生活的其他许多方面。

除了灵活交替使用"分类法"和"情境法"这两种方法以及用文化"主位"概念代替文化"客位"类属，我想在此强调陈向明博士所使用研究方法的第三个特点，对于这一特点她自己十分贴切地称之为"研究者作为研究工具"。她在用"贴近对方经验"的态度了解中国留学生们对自己生活经历的"主位"解释时，充分利用了她自己与他们相类似的经验和感受。在对这些学生进行调查时，她自己搬迁到美国已有几年的时间，而且她自己在美国这一异文化中试图和美国人交朋友时曾经体验过与这些学生同样的迷惑和彷徨。因此，她将自己作为一个有效的研究工具，用自己对他们的感受所产生的共鸣作为一个重要的参照依据。

从正面效应来看，如果陈向明博士在访谈时向她的被访者们承认自己与他们具有同样的经历，被访者们会减少对自己面子上的顾虑，更加愿意暴露自己的脆弱之处，甚至希望向她倾诉自己内心的酸楚和屈辱。同时，他们也会对她更有信心，相信她能够理解他们欲言又止的心情以及言外之意。而利用研究者和被研究者之间的共同之处开展研究，不是没有其负面效应的。由于被研究者的故事对研究者个人来说是如此的熟悉，研究者有可能失去对这些故事的分析价值的敏感性。此外，研究者有可能将自己个人在美国生活时所构造出来的"主位"观念强加到被研究者身上。在本书的方法部分，陈向明博士详细地讨论了她是如何采取措施，力图避免这些因素有可能对她的研究效度造成的威胁的。

正是由于陈向明博士在研究方法上所具有的上述以及其他尚未提到的特点，她向她的读者们展示了有可能对我们身处其中的社会文化生活进行深入研究的有效方式。她本人的研究在这个方面便是一个杰出的范例。

考特妮·卡兹登（Courtney Cazden）

美国哈佛大学教育学院终身教授

美国　马萨诸塞州　剑桥

1996 年 11 月 25 日

自　序

人类学家兹尔尼瓦斯说，"人类学家要获得三次诞生"：第一次诞生于"本族文化中，受其文化熏陶塑造"；第二次诞生于"所研究的异族文化之中，因为这时他必须生活于异族，学习异族文化，学会象他们那样思维，变陌生为熟习"；而当人类学家回到自己的故土，就必须经历第三次诞生，"变我们一度熟习的但已陌生了的事物为熟习"。(冯增俊，1991)[52] 我从中国到美国从事学习和研究，然后又回到中国工作，其间就经历了这样三次"诞生"。

我成长在中国南方一座具有悠久文化传统的古城，从小就受到中国文化传统、当时的政治社会环境以及家庭和学校的影响。回想起来，我是一个非常"中国化"的女孩。后来虽然来到首都北京求学和工作，耳濡目染的仍旧是中国人的思维和生活方式。

1988 年，我到美国波士顿学习，在那里我生平第一次真正地接触到了一个"不同的"文化环境。在与美国同学和老师们相知及相交的过程中，我开始重新反思自己在中国成长的经历，对中国的文化传统以及中国人的思维方式和行为习惯有了新的意识和认识。

1995 年，我回到中国工作。在之后的一年中，我仿佛又经历了一次"文化冲击"。我发现很多我认为已经深入中国人骨髓的东西正在发生惊人的变化。比如，对"朋友"这一概念，我以为中国人是有极其严格的定义和运用范围的，我在美国对中国留学生这方面的调查结果也说明了这一点。然而，这次回国后我惊讶地发现"朋友"这个名词已经变成了一个泛指，似乎成了20世纪80年代以前"同志"的代名词，电视和广播里将所有的观众和听众都称为"朋友们"，或"观众朋友们""听众朋友们"。改革开放之风正在如此强劲地改变着中国人的精神风貌，传统的人际交往模式似乎在当代中国已不复存在了。随着中国经济的高速发展以及与世界上其他文化之间交流的不断增加，中国人的观念和行为正在发生着翻天覆地的变化。每天我在骑车去上班的路上都会看到新的景象，每次与其他人打交道时都会遇到意想不到的事情。变化是如此之大，以至于我常常有"恍若隔世"的感觉。

当代中国社会如此迅速而巨大的变化使我对自己在两年前所做研究时获得的一些结果产生了怀疑，我的研究对象们在跨文化交往中对中国人行为的某些描述和解释似乎已经不符合目前中国社会的现实了。在某些方面，他们认为属于中国文化范畴的东西正在迅速地向美国文化靠拢，美国文化因其强大的经济载体似乎正在以难以阻遏之势横扫中国大地。

然而，当我坐下来重新认真阅读两年前收集的原始资料时，我仍旧和以前一样强烈地感受到心灵上的震撼和悸动。我又一次意识到，有某种恒定不变的东西在我的意识底层，使我和我的研究对象以及我们共同创造的研究结果之间产生了一种情感上的联系。而这个东西就是我们共有的中国文化。我深切地感到，中国文化的基本价值观念并没有完全离我们而去。对于每一位普通的中国人来说，"中国"和"美国"毕竟是不一样的，中国人待人处事的方式依然由中国文化的价值观念在操纵主持。虽然中国人的一些行为方式在发生变化，但是在骨子里我们仍旧对中国的价值观念坚信不疑，只是我们对这些观念经常处于"日用而不知"的状态罢了（余英时，1987）[38-91]。因此，从这个意义上来说，我的研究结果在本质上仍旧与当前一般中国人的日常生活十分相似。

从另一个意义上来说，即使本研究结果中有些部分已经不完全适合中国大陆目前的情况，这些结果却反映了当时、当地、当事人的看法。本研究的目的不是就中美跨文化人际交往这一现象找到一个普遍的、"客观的"、可以适用于一切时期和情境的规律，而仅仅是在某一特定时间、特定地点，使用某些特定方法对某一特定人群进行深入细致的研究。这次，应出版社的要求我在将论文从英文翻译成中文的过程中，更加深切地感到了研究的时间性这一特点。当我再次阅读英文原文的时候，常常有一种"时过境迁"的感觉。一方面，我觉得本书讨论的很多问题在当今社会仍旧具有解释意义；而另一方面，我又感到自己完全可以在同样的原始资料的基础上重新建构一个新的理论框架。由于我已经完成了"第三次诞生"，现在的我和两年前的我已经很不一样了，我看待本研究的角度、我个人与本研究的问题以及研究对象们之间的关系已经发生了很大的变化。我从第一次和第二次"诞生"中脱身出来以后，对原来的分析和结论又有了一些新的认识。因此，在此次翻译和改写的过程中，我在保留原始资料的基础上对结论和分析部分均有所充实和扩展。

正是出于研究的时间性和情境性特点，本书很大一部分篇幅用于对研究过程和研究关系的介绍和探讨。本研究遵循的是"质性研究"的路线，而这种研究的性质决定了我必须在研究的过程中不断地对自己使用的方法进行反省，对自己与研究对象的关系有所意识，并且在成文时详细介绍研究的过程和方法。由于本研究涉及研究者具有双重身份的问题，即我本人既是一个局外人又是一个局内人，我既不能脱离自己的研究对象到格格不入的地步，又不能不保持一定的距离以求正确地理解他们行为的含义，包括显性的和隐性的含义，因此，在整个研究过程中，我都在注意观察自己的动态和变化，反省自己所使用的方法和手段对研究结果所产生的影响。通过对研究过程进行详细的介绍和讨论，我希望读者可以对本研究的效度做出自己的判断。

本书最初用英文写成，此次为了在中国出版将其翻译成中文。翻译不仅很难再现原文的风貌，而且给行文的准确性带来了一些问题。

本书是很多人共同辛勤劳动的结果，我从这些人身上得到了无法估量的帮助、支持和鼓励。首先，我想向我的研究对象们表示深深的谢意。如果没有他们的积极参与，此项研究的完成将会是不可想象的。他们在艰苦的求生和繁忙的学习中愿意抽出时间参加此项研究，是十分不易的。他们出于对我的信任和支持，慷慨地与我分享他们个人内心的想法和感受，为此我既万分感激又非常感动。遗憾的是，出于保密原则我不能在此将他们的名字一一列出。但是当我现在向他们致谢时，他们的音容笑貌正栩栩如生地浮现在我的眼前。

本书是在我的博士论文基础上形成的。在从事此项研究的过程中，我得到了哈佛大学博士论文委员会成员们的悉心指导。我的导师、哈佛大学终身教授考特妮·卡兹登，哈佛大学教育学院的约瑟夫·A.马克斯韦尔教授和托马斯·肖教授对我的研究提出了很多启发性建议。我要对约瑟夫·A.马克斯韦尔教授表示一份特别的谢意，因为他不仅认真细致地阅读了我的论文，而且对我的分析和写作提出了许多具体的看法。此外，他和托马斯·肖教授为我提供了作为质性研究和民族志研究助教的机会，使我将课堂教学上获得的知识及时地运用到自己的研究之中。我的导师考特妮·卡兹登教授在整个研究过程中给予了我信心和勇气，她相信我有能力在我以前从未涉猎过的领域里从事研究，而且鼓励我跟随自己的心至其所至。当我的论文完成后，他们都鼓励我将论文立刻出版。而此次，当他们听说论文将在中国出版时都欣然提笔为本书写序。

我还想向我的论文支持小组（dissertation support group）①的成员们表示深切的谢意。如果没有他们的关怀和支持，我的研究工作将会十分孤独。当我遇到难题而百思不得其解时，他们所给予我的启发是无法用语言来表达的。我不仅向他们倾诉了自己的困惑和挫折，而且还与他们分享了自己思想上的顿悟和升华。是他们自始至终给予我的关切、耐心和理解，帮助我完成了这个漫长而又艰苦的探索过程。现在远隔重洋，我想向他们真诚地说一声：杰姬·布鲁克斯（Jackie Brooks）、诺马滕巴·塞梅（Nomathemba

---

① 这是一种由学生自己组成的小组，成员们在进行论文研究时相互给予支持和帮助。一般来说，学术领域比较相近的学生自己组成小组，每两周开一次会，相互交流研究的进程以及遇到的问题和困惑。

Seme)、安妮·拉特（Anne Rath）、蕾切尔·辛（Rachel Sing）、卡拉·伦森布林克（Carla Rensenbrink）、莫塞塞·塞缪尔（Mosese Samuel）、坎达丝·科克伦（Candace Cochrane），谢谢你们！

　　哈佛大学教育学院的很多其他老师和同学也给我的研究以很大的帮助和支持。我从老师们那里学到的教育学方面的知识和方法使我更为理性地思考研究中遇到的问题；与同学们的日常交谈使我不仅在思想上受到启发，而且得到了情感上的支持。1992 年，我回国收集资料时得到了哈佛大学国际发展中心的科研旅行奖学金。哈佛大学教育学院外事办主任罗莎琳德·迈克尔斯（Rosalind Michahelles）对于我申请该奖学金表示了极大的热情和关注，并且在具体步骤上给予了指导和帮助。我在哈佛大学教育学院学习期间得到了学校的部分奖学金，学校图书馆、计算机中心和会议中心等部门都为我提供了打工的机会。哈佛大学文理学院和中文教学部为我提供了教书的机会，这不仅让我对其他学术领域有所了解，而且缓解了我经济上的窘迫。在此次翻译和录入的过程中，北京大学高等教育研究所的老师和学生们给予了我很大的帮助。我的丈夫金国杰对我的工作十分理解和支持，不仅承担了几乎全部的家务劳动，而且在很多具体的事情上都给予了悉心的帮助。湖南教育出版社的编辑聂乐和先生以及其他有关人员不仅决定出版本书，而且对书的修改进行了悉心的指导。此外，在翻译过程中，我还荣幸地获得了中国国家教育委员会留学回国人员科研启动基金的资助。在此，我想向所有上述人员和单位表示深深的感谢。由于篇幅有限，恕不能一一列出这些人的名字。

　　回想起来，此项工作的完成还应该归功于养育了我的祖国和人民。父母含辛茹苦养育我成人；老师们循循善诱培养我成才；姐姐、弟弟、邻居、朋友、同学、同事为我的健康成长提供了一个安全和谐的人际环境；我所赖以生存的中国文化不仅给我以精神力量和人格特征，而且给我的研究以灵感和激励。同时，我还想向慷慨接受像我这样的外国留学生赴美学习的美国政府和人民表示感谢。如果我没有机会在美国生活学习一段时间，此项研究是不可能产生和实施的。正是在亲身体验中美两种文化相遇的过程中，我才萌发了从事此项研究的念头；也正是在这一跨文化的环境中，我的这个念头才得以发展、成熟，并结出现在这样的果实。

陈向明

1996 年 10 月 30 日

参考文献

冯增俊，1991. 教育人类学 [M]. 南京：江苏教育出版社 .

余英时，1987. 从价值系统看中国文化的现代意义：中国文化与现代生活总论 [M] //《文化：中国与世界》编委会 . 文化：中国与世界：一 . 北京：生活·读书·新知三联书店：38-91.

目　录

第一部分　背景：研究者的故事

第三部分 中景：留学生的变化故事

第四部分 深景：思考的故事

第一部分
背景：研究者的故事

本部分描述了我从事本研究的历程，由
两章组成。第一章是绪论，介绍了研究的历
史和现实背景、对已有文献的述评、研究的
基本构想，以及本书的内容结构。第二章介
绍了研究问题的提出、研究方法的选择、研
究的过程（包括抽样的标准和方法、收集和
分析资料的方式、成文的考虑等）、对研究质
量的考量（如效度问题、推广度问题、伦理
道德问题等），以及对我自己作为研究工具的
反思。

第一章 绪论

"从中国来到美国学习就像是去西天取经——困难重重。"

——摘自对 4 位中国留学生的访谈

对于中国大陆的许多年轻人来说，到美国留学是他们终身梦寐以求的事情，而且被视为人生一大成功。但是，在他们克服重重困难终于来到美国以后，他们的情况又如何呢？突然落到一个完全陌生的国土上之后，他们有什么想法和感触呢？他们来自一个文化传统与美国完全不同的国度，对"自我""他人""人我""人际关系"这些概念的理解和美国人有什么不一样呢？作为"客人"，他们来到美国以后是如何和东道国的"主人们"建立人际关系的呢？在日常生活中，他们又是通过什么途径了解美国社会人际交往的规范，并且调整自己原有的行为模式以适应新的文化环境的呢？更重要的是，他们在跨文化人际交往方面的经历对他们个人的自尊和文化认同感有什么影响呢？他们在与不同文化的人们接触的过程中是如何重新建构自己的文化身份和自我定义的呢？——正是这些问题激发了我的兴趣，促使我选择中国留学生在美人际交往这一课题做我的博士论文。

本研究使用的是质性研究方法。在一年的时间里，我对 9 名中国留学生进行了深入细致的追踪调查。1992 年夏天我回到中国，与即将赴美国留学的一些中国学生取得了联系，然后通过开放式访谈、参与式观察和非正式交谈等方式了解了他们在中国交友的情况。1992 年秋天我随这些中国学生来到美国波士顿地区,追踪他们 8 个月,了解他们来到美国以后和美国人交往的情况。这部分研究使用的方法包括访谈、观察、文献分析和个案调查。研究的路线在纵向和横向两个维度上展开。横向研究涉及这些留学生在跨文化人际交流中的知觉、态度、价值观念、行为规范、互动方式、沟通特征以及人际冲突的调适。纵向研究着重考察他们来到美国以后 8 个月内与美国人交往的过程以及他们自己在价值观和行为方式上发生的变化。

此研究的目的是了解在中美两种文化的撞击和交汇之中,中国留学生如何与来自不同文化的人们建立人际关系,如何在这个过程中重新建构他们自身的文化角色和人际交往模式,以及这种建构对他们自己的文化价值观念和行为规范产生了什么影响。通过纵横两方面深入的考察,我试图从理论上探讨文化对个体的自我概念和人我关系所产生的影响,以及跨文化人际交往对个体自我文化身份重构的作用和意义。

我选择这个研究课题,是因为这方面的研究还非常缺乏。20 世纪 80 年代初以来,越来越多的中国学生去美国留学。虽然国内对他们在异国他乡学习生活的情况有所报道,但是尚没有人对他们的跨文化人际交往进行认真、深入、细致的研究。

众所周知,中国文化和美国文化在人际交往方面存在很多差异,中国留学生来到美国以后不可避免地会面临强烈的"文化冲击"。他们在生活中其他方面遇到的困难(如学业和经济问题)可以通过学校或自己的努力得到一些缓解,而人际关系对他们来说却是最为头疼的一件事情。人际关系在他们的生活中无时不在、无所不在,如何按照本地人的行为规范与人交往是一个他们每天都不得不面对的问题。尽管美国很多大学都设立了外事机构为外国学生服务,但这些机构的职责更多的是帮助外国学生解决生活中一些具体的问题,如找房子、找工作、提高英语写作水平等。这种机构很难帮助中国学生与美国人进行深入的个人交往。

此外,人际交往成功与否直接影响到中国留学生对美国以及美国人的态度,进而影响到他们自己生活的其他方面。如果他们和美国人的人际关系处理得比较好，他们的情绪会比较高昂，学业上会表现得比较主动，对学校组织的社交活动也会比较热心。相反，如果他们和美国人交往很不顺利，他们往往会情绪低落，上课无精打采，对学校组织的活动丧失兴趣。因此，对中国留学生的人际交往进行研究，可以帮助有关人员注意留学生的交往心态，采取相应的措施帮助他们进行调适。此外，这类研究还可以帮助中国留学生了解自己的行为方式和情感倾向，从而调整自己在异文化环境下的学习和生活。

除了适应异文化环境的需要，中国留学生在美国的跨文化人际交往对他们自己的自尊和自信也有很大的影响。由于中美两国在国际政治和经济上的相对地位，中国留学生一般都比较看重自己与美国人之间的交往。对他们来说，与美国人交往不仅仅是一种生存需要，而且具有重要的象征意义。能够和美国人建立深入持久的关系表明自己具有在一个异文化（对某些人来说甚至是一个更加"先进"的文化）环境中生存的能力，而与美国人没有交往，则意味着自己"无能"。中国留学生来自一个以群体为中心的社会环境[①]，个人比较看重外界对自己能力的评价。如果在与美国人交往时显得"无能"，他们便很容易对自己的社会交往有效性产生怀疑，从而对他们自己的能力也失去信心。因此，我希望透过中国留学生与美国人交往的具体活动，考察他们在跨文化环境里是如何重新调整自己的自尊和自信的。

我选择跨文化人际交往作为研究中国留学生的切入点，还因为他们在这方面的经历和感受直接影响到他们自身的文化认同。来到美国以后，他们在中国文化环境下形成的价值观念和行为方式无时无刻不受到异国文化的挑战。他们在日常生活中经常感到惴惴不安，不知道自己的行为是否符合美国社会的规范，也不知道如何调整自己的行为以达到本地人的预期。因此，他们常常受到各种对立形态（如理解和误解、满足和失望、融合和

[①]　有关中国文化到底属于"集体主义"（collectivism），还是"个人主义"（personalism），学术界有很多争论［在这里，"个人主义"有别于"个体主义"（individualism）］。本章文献综述部分将对这一点进行更加详细的介绍。为了绕过这种争论，我决定在本书中使用"群体中心"或"群体本位"这类词语来表示中国人人际关系的倾向。

冲突）的冲击和推拉。由于在空间上与自己的母文化拉开了一定的距离，同时在日常生活中又天天受到美国文化的强大冲击，他们开始反思中国的文化传统和自己的文化认同：我到底在什么意义上是一个"中国人"？做一个"中国人"的具体含义是什么？中国人在人际交往方面有哪些特征？这些特征与美国文化有什么不同？这种不同对我们个人的文化认同和情感归属有什么意义？

当在美国生活了一段时间以后，他们发现自己的行为在不知不觉之中已经发生了一些变化。他们对自己的变化感到既吃惊又惶恐：自己是否仍旧是"中国人"？是否有必要一定要坚持做原来意义上的"中国人"？在异文化环境中保持不变是不是可能？在新的文化环境里如何既坚守自己原有的信念，又同时习得适应新生活的能力？在面临价值冲突时自己应该采取什么样的应对措施？一般来说，中国留学生们在美国文化的撞击下会产生这样一种"文化认同危机"。因此，我希望通过这个研究了解他们在跨文化交流中是如何处理这一危机，如何在新的环境里重新构建并定位自己的文化认同的。

我选择这个题目还和我自己的生活经历、兴趣以及关切的问题有关。从我个人在美国留学的经历以及我对其他中国留学生的了解中，我发现中国留学生要在留学初期与美国人建立深入持久的人际关系不是一件容易的事情。在美国学习的初期，我个人在这方面经受了很多挫折，因而也思考了很多以前从来没有想过的问题。在这个挣扎和学习的过程中，我对中国的文化传统及其对我们个人的影响进行了深入的思考，同时也对美国的人际交往模式及其所反映的文化内蕴加深了理解。在这个了解和思考的过程中，我常常体验到一种悲喜交加的复杂心情，既感到伤心失落又觉得好奇兴奋。我所遇到的很多中国留学生也谈到了在与美国人交往时所感到的这种既尴尬又有趣、既悲哀又喜悦、既在心理上感到焦虑又在思想上备受启示的奇妙感受。因此，我希望通过这项研究了解中国留学生在这方面的深层体验，再现他们初到美国时精神上的惶惑、惊诧、顿悟和升华。

第一节　研究背景

本研究所涉及的领域包括中国学生留美史、人际关系理论、中美人际交往模式比较、跨文化交流理论以及留美中国学生跨文化人际交往研究。下面我就学术界在这五个方面所做的研究做一个简单的介绍，从而揭示本研究在这些领域网络中所占的位置及其独特性和重要性。对中国学生留美史的介绍是为了使我们对中国学生过去在美国留学的情况有所了解，从而在历史的观照下看待今天的留学生。对人际关系理论进行探讨可以帮助我们了解中国留学生来到异国他乡后在人际交往方面的心理需求和行为倾向。中美人际交往模式比较从宏观层面上对比了中国人和美国人的人际行为，有助于我们从文化比较的视角探讨中国留学生来到美国以后的经历和感受。跨文化交流理论介绍了来自不同文化的人们彼此交往的一般模式，可以帮助我们对中国留学生在与美国人交往时所遇到的障碍进行更加深入的分析。对留美中国学生跨文化人际交往方面的调查进行回顾，可以帮助我们了解前人在这方面做了哪些工作，从中映衬出本研究的意义所在。社会科学工作者们目前在以上五个领域都做了很多工作，他们的研究成果为本研究提供了一个广阔而又有发展前景的研究背景。

本节中所介绍的"研究背景"与一般社会科学研究报告所提供的"文献综述"不太一样。本研究采纳的是质性研究方法，研究的路线是自下而上，而不是自上而下的。研究者从自己收集的原始资料出发，对其进行归纳式分析后，在原有资料的基础上建构理论（Glaser，Strauss，1967）。介绍"研究背景"的目的不是给本研究提供一个理论框架，然后按照这个框架从原始资料中挑选一些佐证来验证研究者本人预定的假设。对前人的理论加以介绍是为了给本研究提供一个背景框架，标示本研究在所涉及的领域网络中的位置，同时帮助研究者深入分析原始资料，为在抽象层面建构理论提供参考。

一、中国学生留美史

中美教育交流始于 19 世纪中叶。1847 年，美国传教士塞缪尔·罗宾·布朗（Rev. Samuel Robin Brown）将容闳及另外两位中国青年带到了美国学习（勒法格，1980）。容闳于 1864 年在耶鲁大学本科毕业后回到中国。在随后的 8 年里，他不遗余力地试图说服清朝政府派遣学生去美国学习西方的先进科学技术和进步政治思想。在 1872 年到 1881 年间，清朝政府在美国康涅狄格州（Connecticut）的哈特福德市（Hartford）建立了中国教育署。在这段时间里，共有 120 名中国学生被派到美国学习军事技术、造船业、数学和制造业。然而，宫廷内保守派激烈反对，将这一教育计划视为用洋人的风俗和礼仪毒害中国青年。结果，中国教育署于 1881 年被解散，很多学生尚未完成学业便被遣送回国。

1908 年，美国政府决定将中国政府支付的庚子赔款 1200 万美元归还给中国，但条件是中国必须将这笔钱用于选派留学生去美国学习（Center for Chinese Research Materials，1974）。中国政府用这笔钱在北京建立了留美预备学校——清华学校，为即将赴美的学生提供必要的语言和礼仪训练。在 1912 年到 1924 年间，总共有 1600 名中国青年赴美深造。1924 年，美国颁布了新移民法，这个法令对中国留学生身份的定义和居留条件的规定都十分苛刻（王奇生，1992）[25]。中国的北洋政府愤而通令全国各省停止派遣官费留美学生，以示报复。后来，由于各国留学生的齐声反对，美国政府特许放宽对中国学生入境的限制，北洋政府的通令也宣布取消。到 1925 年，中国留学生在美国的人数上升到 2500 人，占各国留学生总数的 1/3，居 97 国之首（王奇生，1992）[25]。

1925—1928 年，留美中国学生人数基本保持在 2500 人上下。可是，从 1929 年开始，留美学生人数开始呈现下降的趋势。这其中主要有三个原因：第一，美国经济危机导致大学吸收外国学生的能力下降；第二，南京国民政府停止大批选送"庚款留学生"出国；第三，南京国民政府的留学制度较之北洋政府时代渐趋正规化。1929 年，中国留美学生的人数降到了 1279

人（王奇生，1992）[27]。1933年，由于美元贬值，中国留学生人数开始回升，到1937年，留美中国学生又增至1733人（王奇生，1992）[28]。抗日战争爆发后，海外学子纷纷辍学归国。1939年，在美中国学生锐减至1163人（王奇生，1992）[29]。太平洋战争爆发后，中美之间的国际汇兑渠道阻塞，留美学生的经费来源被完全中断。到1942年，仅有987名中国学生在美国滞留（王奇生，1992）[30]。抗日战争胜利后，由于美国尚有较强的实力接受外国学生，而且美国政府与蒋介石政府关系亲密，因此赴美留学的人数又开始上升。1948年在美国大学的中国学生总计2710人，分布于美国45个州（王奇生，1992）[32]。到1949年，中国留美学生比上一年增加了40%，多达3797人，成为中国学生百年留美史上的顶峰（王奇生，1992）[32]。

从1949年到1979年，由于世界资本主义和社会主义两大阵营处于冷战状态，从中华人民共和国到美国留学的人可以说是凤毛麟角。1979年中美恢复邦交时，在美国的中国留学生只有20多人（Fingar, Reed, 1981）。自从中国实行改革开放政策以来，从中国大陆去美国留学的学生与日俱增。1990年在美国大学学习的大陆留学生达到了33390人，占世界各国在美留学学生人数的首位（Wilson, 1990）。到1993年年底，中国大陆学生在美人数达到4万余人（Wan, 2001）。与此同时，从我国台湾、香港，以及新加坡等世界其他国家和地区去美国留学的华裔学生也大大多于来自其他族群的学生。

100多年来，中国学生赴美留学的潮流时起时伏。随着世界政局、中美关系以及中国国内形势的变化，中国学生去美国留学的人数和类属时有变化。总的来说，除了国内政治经济动态和国际大环境的变动以外，如果中美关系亲和，中国学生赴美留学的人数就相对增多；如果中美关系疏远，去美国留学的人数就会相对减少。

二、人际关系理论

学术界的研究和人们的生活常识告诉我们，作为社会中的人，我们都

有与他人交往的愿望和需求。人际关系不仅是人类日常生存的必要和必然
手段，而且能够满足个人之间相互交流思想和情感的需要。"人际关系"是
一个内涵十分丰富的概念，一般被定义为"个体与个体之间的各种关系"。
在社会心理学中，研究者大多将其定义为"个体与他人之间的心理距离和
行为倾向"（杨宜音，1995）[18]。

英国精神分析学家唐纳德·W. 温尼科特（Donald W. Winnicott）和美
籍奥地利裔精神分析学家海因茨·科胡特（Heinz Kohut）等人从个体发
展角度所进行的大量追踪调查表明，个体无论是在心理上还是在生理上都
需要他人，如此才有可能生存和发展。人在刚刚出生时是没有自我意识
的，婴儿是通过认识到他人（如母亲或最亲近的照顾者）的存在来认识自
己的。从人的发展过程来看，良好的社会人际环境是个体成长和发展的
必要条件（St Claire，1986；Klein，1987）。美国人际关系学者史蒂夫·达
克（Steve Duck）、莉莲·B. 鲁宾（Lillian B. Rubin）和朱瑟琳·乔塞尔森
（Ruthellen Josselson）等人对各种人际关系的研究表明，个人生活中所拥有
的重要人际关系（如家人、朋友）对于个人的自我评价起着至关重要的作
用（Duck，1991；Josselson，1995；Pogrebin，1986；Rubin，1985）。对个体
具有重要意义的他人（significant others）是个体认识自我和发展自我的重要
参照系，个体的生命意义与他们紧密相连，个体通过对他们的认同完成自
己的社会化过程。一旦个体离开了自己植根于其中的关系网络，便会失去
生命的重要根基。而失去这个根基，个体便会产生孤立无援或被排斥的感
觉（Josselson，1995）[180]。

奥地利人本主义心理学家阿尔弗雷德·阿德勒（Alfred Adler）认为，
人的"社会感"是个人成长最重要的目标（阿德勒，1991）。所谓"社会
感"指的是一种同一感，一种个体对他人的兄弟般的感情。具有这种感情
的人尊重同胞的存在，把他们的存在看成目的本身，而不是对自己的威胁
或者仅仅是为自我进取服务的工具。人本主义心理学家卡尔·罗杰斯（Carl
Rogers）认为，个体内在倾向的实现除了依赖个体的"积极自我关注"以
外，还有赖于他人对自己的"积极关注"（许金声，1988）[102-103]。"积极关

注"是他人对自己的一种热情、敬重、喜爱和接受的态度。给予关注的人对于个体越是重要，如老师、父母、配偶和朋友等，个体就越能充分地实现自己的内在潜力。以上"客体关系和自我心理"（object relations and self psychology）方面的研究大大地发展了经典的西格蒙德·弗洛伊德（Sigmund Freud）的理论（弗洛伊德，1986）。这些研究表明，个体的心理建构不仅仅由"自我"（ego）、"本我"（id）和"超我"（super-ego）所组成，个体还需要"他人"（other）才能正常地生存和发展。

　　虽然人际交往是人类共同的需求，但是在不同文化环境中成长起来的人对"人际关系"这一概念的理解并不完全一样，与之相适应的行为倾向也不尽相同。"人际关系"不仅仅是一个存在于所有社会形态和历史时期的普遍现象，而且反映了各个文化中人们不同的社会生活和价值取向。中国社会心理学家杨宜音（1995）认为，西方①"人际关系"的逻辑起点是西方意义上的"自我"（self），这一"自我"不仅蕴含"动力"（dynamic）的意蕴，而且具有"个体"（individual）的意义。因此，西方人的人际关系是指具有这种特定意义的自我的个体之间所形成的心理距离和行为倾向。这种关系是通过个体之间进行"互动"而建立起来的，是一种"获致性关系"（achieved relationship）。个体可以有选择地与他人建立关系，而且受到社会契约观念的约束（杨宜音，1995）。相比之下，中国文化中最小的社会意义单位不是"个人"，而是"家"。中国人的"自我"不是一个独立的、自给自足的实体，而是"家我"（family-oriented self）。"我"不仅包括自己，而且包括对自己在家庭中相对位置的意识、对家庭中其他人位置的意识以及家中的某些人。由于"家"是以血缘关系为纽带的社会单位，是先天赋予的，个人与个人之间的关系也以"先赋性关系"（ascribed relationship）为主。中国人人际关系的内容主要取决于彼此先定的身份形式，其选择性和契约性都比较低。如果交往双方不存在亲缘关系，却又希望建立深入的关

---

① "西方"是一个非常复杂而广泛的概念，我想杨宜音在这里指的是从古希腊文明中发展起来的所有文化形态。

系，便常常通过拟亲方式（如领养、结拜、认干亲）获得准亲属身份以及与其相应的交往内容。因此，中国人对"人际关系"这一概念的理解与西方人是很不一样的。

由于来自不同文化的人们对"自我"和"人际关系"等概念认识不同，他们在行为表现上也有所不同。很多学者认为目前人类的社会交往行为可以分成"集体主义"和"个体主义"两种倾向。社会心理学家霍夫斯泰德（G. Hofstede）认为，集体主义者的"我们"感很强，在组织中重视成员资格，对组织有情感上的依赖，依靠群体决策，忠于本集体的价值观念；而个体主义者在情感上独立于群体，强调个人的独立性（张志学，1993）。香港学者许志超（C. H. Hui）和美国学者特里安迪斯（H. C. Triandis）综合前人的研究认为，个体主义是以个人为中心的价值取向，而集体主义则是以集体为中心的价值取向（Hui, Triandis, 1986）。其主要区别表现在如下方面。（1）个体主义者认为个人是生存的基本单位，具有自我独立的存在意识；集体主义者认为集体是生存的基本单位，个人从集体中获得物质和情感上的安全感。（2）个体主义者较多关注自己的意见，当个人目标和集体目标不一致时，很少愿意服从集体的利益；而集体主义者重视他人的意见，常常服从别人（特别是权威人物）的领导。（3）个体主义者愿意将冲突公开，与别人对抗；而集体主义者强调群体和谐，努力避免正面冲突。（4）个体主义者认为事情的结果主要是个人行为所致，愿意为自己的行为承担责任；而集体主义者认为任何结果都是集体所为，习惯于众人一起承担责任。

三、中美人际交往模式比较

跨文化研究表明中国人和美国人在人际交往方面存在很大差异，不论是在价值观念还是在行为规范上都很不相同。很多学者，如我国台湾的社会心理学家杨国枢、美国学者迈克·彭（Michael Bond）等人都认为，一般来说，中国人群体观念比较强，比较看重人际交往中的人情和谐；而美国人相对来说更强调个体主义，主张人际关系中的个人独立和相互竞争（李亦园，杨国枢，1988；彭 等，1990；Meade，Barnard，1973；Singh，Huang，Thompson，1962；Tobin，Wu，Davidson，1989；Triandis，1989）。中国人心目中的"人"比美国人心目中的"人"更带有关系性，即"人"不是一个独特的、孤立的实体，而是生活在各种人际关系之中。"自我"与他人有着密切的联系，"自我"的社会需求只能在与他人的关系中、在与社会规范的一致中得到满足（彭 等，1990）。中国人的"自我"是某一群体中的一员，如家庭、邻里、学校、工作单位、国家，乃至宇宙。

因此，美籍华裔文化人类学家许烺光（F. L. K. Hsu）认为，西方人常用的一个表示人的特殊属性的术语"personality"（人格）不能贴切地表达中国人概念中对"人"的解释（Hsu，1985）。"人格"主要指的是个人内部的品质，而汉语中的"人"是以个人与其他人之间的相互作用为基础的。前者使用的是"托勒密"规则，把个人视为世界的中心；而后者使用的是"伽利略"观，从整体来看待个人。汉语中的"人"是一个人际概念，与社会中其他的人密切相关。当中国人说"某某人不是人"时，并不意味着这个人不是一个人类动物，而是说他的行为不被他人所接受。由于中国人概念中的"人"包含了他人，所以中国人具有一个与自身亲密无间的社会文化机制，这一机制可以为中国人提供比美国人更稳定的"心理自动平衡"（homeostasis），使他们从重要他人那里获得认同和支持。相比之下，西方人除了求助于内部自我以外，必须通过更为多样化的方式（如探险、商业垄断、收集古物、帮助穷人等）来控制外人和别的世界，以此扩大个人的人际关系。

在人际关系的形成上，由于中国社会结构相对稳定，中国人的人际关系一般产生于自己的家人、同学、同事和同乡中（Jacobs，1982）。中国人的友谊通常可以延续一生，对保持友谊双方的个人生活产生重大影响。深厚的友谊包括如下特质：对朋友关心、关切、关注、宽容、忍让，朋友之间相互信赖、忠贞不渝（Zhang，1990）。美国学者朱高文（Godwin Chu）等人认为，中国传统文化中的人际关系主要是一种"情感关系"（affect relations）。这种关系带有浓厚的"人情味"，其维持主要依靠人的感觉而不

是某种操作工具（Chu G C，1979；Hsu，1979）。而西方典型的人际关系
是一种"角色关系"（role relations），建立在执行任务和交换服务中所表现
出来的权利和义务之上。与西方人的"角色关系"相比，中国人的"情感
关系"更具有依托血缘家族和拟亲倾向。中国人在日常生活中真诚地寻找
"人情"，并通过层层家庭和群体人际关系网建立和保持情感上的交流。

　　虽然学术界沿用西方的概念，倾向于认为中国人的社会行为具有"集
体主义"取向，但也有学者对此提出质疑。美籍华裔学者余英时认为中国
人的社会行为既不是"集体主义"的也不是"个体主义"的，而是"个人
主义"的[①]；在中国社会政治思想中占主导地位的儒家思想所强调的"为仁
由己"和人伦秩序都是以个人为中心而推广出来的；"礼"虽然有重秩序的
一面，但其基础却在个人；虽然儒家要求的是一种比"法"更高的"公平"
和更合理的"秩序"，但是这种理想的出发点却在个人；"礼"或人伦秩序
要求照顾每一个具体的个人，因此中国人"散漫"如"一盘散沙"，缺乏集
体主义精神。

　　人类学家费孝通（1985）认为，中国的社会结构具有"差序格局"的
特征，每个人都以自己为中心不断地向外扩散出类似同心波纹的关系网。
许烺光认为中国人的社会行为具有情境取向（situation-orientation）的特点，
在人际交往中人们往往根据当时当地的具体情境采取相应的态度和行为
（Hsu，1983）。由于中国人看重关系的亲疏远近，他们在人际交往中遵从
的是"内外有别"的原则（费孝通，1985），他们特别重视双方的相对社会
关系，并以此来选择适当的互动方式。虽然中国历史上响起过墨子不分亲
疏远近的兼爱论声音（焦国成，1991）[178]，但中国社会主要建立在儒家的

---

①　我个人认为这些争议的存在很大程度上是因为我们受到现有语言的限制。由于"集体主义"
　　和"个体主义"之间的对立首先是由西方人提出来的，一般将中国文化纳入"集体主义"的
　　范畴，结果使问题的讨论限定在这两个概念之中。余英时提出的"个人主义"的概念对我们
　　了解中国人的行为模式很有帮助，可是"个人主义"这个词语已经带有浓重的西方味道，而
　　且常常与"个体主义"相混淆。因此，我认为到目前为止我们尚未找到一个本土概念（native
　　concepts）来恰当地描述我们自己。在本书中，为了避免歧义，我使用的是"群体中心"或
　　"群体本位"之类的词语。

君臣等级制度和观念之上。一般来说，中国人在处理人际关系时往往按照"自己人"和"外人"的分界来区别对待。凡是与自己有"关系"的人就是"自己人"，而那些没有"关系"的人便是"外人"。从字面上看，"有关系"含有"要紧"的意思，"没关系"就是"不要紧""无所谓"。因此，对待"要紧"和"不要紧"的人，自己的态度自然也就不同了（张老师月刊编辑部，1990）。对"自己人"凡事好商量，而对"外人"则一切照章行事。"关系"除了角色地位以外，还具有"交情"的内涵。当我们说"这个人的人际关系不错"时，我们指的是他认识很多人，和别人有交情。

中国人的人际交往不仅带有浓厚的情感色彩和自然的人情味，而且还具有强烈的道德倾向。美国学者理查德·威尔逊（Richard Wilson）借用美国心理学家卡罗尔·吉丽根（Carol Gilligan）的术语，提出中国文化的主流是"关心的伦理"（the ethics of care），而美国文化则以"自主的伦理"（the ethics of autonomy）为主导（Wilson，1989）。他认为："中国道德文化中的个人视他人的利益为人际关系中最基本的要素。这种道德文化发源于一种特殊的社会环境。在这个环境里，共情能力的培养是人际关系中一个不可或缺的部分。"（Wilson，1989）[10] 有的学者认为，中国文化是"伦理的人文主义"，即"个人与个人，依对偶关系，而求互于其生命心灵中真实存在之伦理主义。它可以超越于资本主义的个人主义和社会主义的集体主义"（李宗桂，1988）[323]。

四、跨文化交流理论

自从文化人类学家卡尔韦罗·奥伯格（Kalvero Oberg）于 1960 年首次提出"文化冲击"（culture shock，又称文化休克）这一概念以来，跨文化研究一直在使用这个概念对外国人的文化适应问题进行追踪调查（关世杰，1995）[340-341]。"文化冲击"指的是"由于失去了自己熟悉的社会交往信号和符号，对于对方的社会符号不熟悉，而在心理上产生的深度焦虑症"。这种焦虑可以在生理上反映为持续不断的身体上的疲劳感、长期的精神压力、对失去熟悉的食物和伙伴的不适、对东道主的反感、对自己价值观受到亵渎的不满、对自己的角色或身份产生混乱而感到的不舒服、对自己应付环境的无能感等等。在跨文化交流中，文化冲击的强度，往往与家乡文化和东道主文化之间的差异大小成正比。有研究表明，中国文化与美国文化之间的差异较中国与印度、日本、新加坡之间的文化差异要大，因此中国学生到美国留学比到其他亚洲国家留学所受到的文化冲击要大一些（关世杰，1995）[57]。

人对文化冲击的体验大体经历四个阶段：蜜月阶段、沮丧阶段、调整阶段和适应阶段。人的情绪在这四个阶段的变化过程一般呈 U 形曲线。蜜月阶段大约持续一到两个月，在这段时间里，初来乍到的外地人往往表现出对周围事物有强烈的新奇感。然后便进入沮丧期，这个时期持续三到四个月，在这一时期，他们的新奇感逐渐消失了，开始感到异文化对自己日常生活造成的种种不适，因而有一种挫折感，觉得自己与眼前的一切都格格不入。在第三阶段，他们开始调整自己的精神和行为，逐步走出情绪的低谷。在第四阶段，他们已经基本适应了异国的生活，又开始对周围的事物感到新奇和有兴趣了。当然，这个 U 形曲线的具体表现形式因人不同而有所不同，文化冲击的强弱程度也因人而异。

除了文化冲击理论以外，跨文化交流学者还提出了一些其他的理论来对外国人的适应问题进行探讨。像文化冲击理论一样，金洋咏（Young Yun Kim）提出的适应理论也从动态的角度分析了个体在异文化中的行为表现（Kim，1989）。金洋咏认为，在跨文化交流中，一个文化中的个人或群体向另一个文化学习和调整的发展涵化（acculturation）过程是一个长期积累的过程，表现为压力－调整－前进这样一个动态的形式。这个过程像一个螺旋式的弹簧，进两步退一步，在压力下逐步向前推进。如果感到有思想压力，涵化者就会后退一步，进入一种减少压力或放松的状态，以应付旧的认知模式的失败。在这个防御性阶段，涵化者重新组织其认知模式和情感，积聚力量向适应方向再进行一次新的尝试。如此螺旋式向前推进，不断地涵化于异文化。个体涵化的快慢程度取决于个体在异文化中人际交流的能力、交流的密切程度、与本文化保持社会交流的程度、异文化对外来文化的容纳性，以及个人涵化异文化的态度、素质、开放性和精神恢复能力。个人对异文化的态度一般有四种：同化型、排斥型、边缘型和整合型。

　　跨文化研究除了探讨文化适应的动态过程，还对人们在跨文化交流时的思维方式进行了研究。很多学者都发现，人们在对自己的文化以及在对别人的文化进行评价时通常会使用一些先入为主的"定型观念"（stereotype，又称刻板印象）（韩向明，1993）。定型观念分成自定型和他定型两种，前者是一个群体对自己文化的定型观念，后者是对别国文化的定型观念。通常，人们对别国文化的定型观念往往是在自己有限经验的基础之上由间接渠道获取信息而形成的。由于对别的文化不甚了解，人们往往无意识地用自己文化的标准去衡量和评判别的文化中人们的行为。人们大都成长于单一文化环境，潜移默化地受到本文化行为准则的熏陶。他们对这些准则往往只知其然不知其所以然，所以在跨文化交流时便无意识地将这些准则用来衡量来自不同文化人们的行为。由于大多数人对自己熟悉的文化总是有所偏爱，当别人的行为与自己习以为常的准则不相符时，他们往往会对别人的行为给予负面的评价。这种以本民族文化模式为基准来评价其他民族文化的心理倾向，往往使人们对异文化产生先入为主的成见和偏见。与此同时，人们对本国人的定型观念几乎都是正面的。对这种现象有两种解释：第一，这可能反映了一种动机性的积极偏见，即出于维护自己国家国民形象的心理，将本国人描述为优秀的人；第二，也可能是出于一种非动机性的积极偏见，将自己认为优良的人格特质投射到本国国民身上。

　　定型观念的形成除了上述文化差异方面的原因，还有一定的深层心理认知机制（关世杰，1995）[184]。首先把定型观念引入社会科学研究领域的沃尔特·李普曼（Walter Lippmann）曾指出，世界上的事情太复杂，没有人可以对所有的事情逐一地亲身去体验和认识。为了节省时间，人们便发展出一个简化的认知方法，将具有相同特征的人塑造成一定的形象，凡是属于这个群体的成员，就被纳入这一形象中。定型观念往往走在理性之前，在外界事物到达人的认知领域之前，它就已经把一种特定的框框套在该事物身上了。心理学方面的解释认为，当人们面对不明情况时，神经系统会发出警告信号，触发神经上的焦虑感，而这种焦虑会带来一种压力，迫使人们采取相应的行动。因此，定型观念的形成是人们被迫处理不明情况的需要，是人的心理自我保护机能在起作用。定型观念能够大大地简化认知过程，帮助人们尽快地对陌生的事物获得一个基本的（即使是过于简单的）理解。人们只有在对陌生事物有了一个认识以后，才能及时地采取应对措施。因此，从这个意义上讲，运用定型观念是人们在大千世界中求生的一个必然手段。

很显然，为了改变或扩展人们的定型观念，不同文化的人们应该加强相互了解。在这个意义上，人际交流学者约瑟夫·勒夫特（Joseph Luft）和哈林顿·英格拉姆（Harrington Ingram）提出的"约哈里窗口"（Johari Window，见图1）可以对跨文化交流有所帮助（关世杰，1995）[308]。约哈里窗口将交流双方对彼此信息的了解分成四种情况：自己知道、自己不知道、对方知道和对方不知道。这四种情况相互组合以后形成了四个意识区域：开放区、盲目区、隐蔽区和未知区。这个框架用图示的方式揭示了人际交流中可能存在的情形，人们可以根据这个框架采取相应的措施来改善交流的质量。

	自己知道	自己不知道
对方知道	开放区	盲目区
对方不知道	隐蔽区	未知区

图1　约哈里窗口

根据这个框架，交流双方如果要提高交流的质量和频率，就必须扩大开放区，同时缩小盲目区、未知区和隐蔽区。交流者要对自己和对方的文化进行系统的了解，特别是要对双方文化的异同有深刻的认识。交流双方应该适当地加强自我暴露，对自己的文化做尽可能多的介绍和解释性翻译。来自不同文化的人们应该有足够的机会直接交流，从而对别国的人们有亲身切肤的体验和了解。

五、留美中国学生跨文化人际交往研究

虽然在美国留学的中国学生人数很多，跨文化人际交往对他们的生活适应十分重要，但学术界的相关研究却寥寥无几。我所检索的有关留美中国学生的研究大都集中在他们的人数、性别、学历和身份分布以及他们的学习和经济状态上，没有一项研究将重点放在他们的跨文化人际交往方面（Chen，1991）。学术界对在美国的其他外国留学生的研究也表现出同样的倾向。在我所检索的 35 项有关外国学生的研究中，只有一份 4 页长的文章涉及了外国学生与美国同学交朋友的情况（Shaffer，Dowling，1968）。而且这个研究做于 20 世纪 60 年代，研究结果已经不能反映现在的情形。

在少数几篇略微涉及中国留学生人际关系的文章中，可以总结出以下几个主题，这些主题均与上述有关中国人的人际交往模式有类似之处。第一个主题是集体主义和个体主义之间的冲突。一般来说，中国学生习惯于有中心主题的集体活动，对美国大学缺乏集体组织和集体活动感到很不适应。中国学生来自一个相互依赖的社会，期待着集体的支持和帮助。可是在美国，大部分活动是由个人所组织的，或者个人必须主动采取行动才有可能参与。对于初来乍到的中国学生而言，他们往往不知道如何寻找机会，因而很容易产生一种孤立无援的感觉。

第二个主题是交友困难。有的中国留学生由于行为规范与美国人不同，加上英语水平不佳，来到美国以后感到与美国人交往不太容易（林间，1985）。很多中国留学生抱怨，在美国很少或几乎没有和美国人交朋友（任世雍，1987），尽管每天在校园里有很多机会遇到美国人，可是真正与他们交流的机会却很少。美国学者玛乔丽·克莱因（Marjorie Klein）等人的一项研究表明，在来美国后的 6 个月中，39% 的中国被试与美国人没有任何

社会交往，1/3 的被试报告说只有一到两次接触（Klein，Miller，Alexander，1981）。对留学美国的外国学生的研究也表明，缺乏社会交往是他们在美国感到孤独的最主要原因。美国学者朱迪思·施拉姆（Judith Schram）和菲利普·劳弗（Philip Lauver）的调查结果显示，外国学生和美国同学交往普遍不如他们自己所希望的那么频繁（Schram，Lauver，1988）。

虽然大多数中国留学生很少和美国人真正交朋友，但也有一小部分人确实认为他们和一些美国人建立了友谊。这些人交的朋友大多是喜欢中国学生为人谦和有礼貌的长者，喜欢中国学生遵纪守法按时缴纳房租的女房东（陈国，1985），以前访问过中国且对中国感兴趣的美国人（王简，1985；张素初，1985），到中国传过教的传教士，或者已皈依基督教的中国学生的教友们（Meng，1981）。这种友谊通常建立在某些共同的基础之上，如尊敬老人、对温和性格的偏爱、对社会契约的遵守、了解中国文化和语言以及对某一宗教的共同信仰。

第三个主题是来自自尊心方面的挑战。由于来自一个等级相对比较分明的社会，因此中国学生对别人的评价比较敏感。来美国以前他们对美国的生活往往抱有很多不切实际的幻想和憧憬，而来到美国以后他们的经济地位和社会地位都有所下降。由于对美国社会里人际交往的规范不够了解，他们与人交往时常常有无能为力之感。由于不能有效地与东道国的人民交往，他们的自尊和自信都受到了很大的打击（Chang，1972，1973）。来美以后所获得的现实感与他们在国内对美国的美好憧憬形成了一个鲜明的对照，因此自己在心理上感到有很大的压力。

第四个主题是价值观和行为方式的改变。中国留学生来到美国以后仍旧力图保持谦和忍让的美德，在公共场合尽量保持一种低调姿态。可是，他们的这些举动往往被东道国的"主人们"解释为"无能"或"害羞"的表现。随着时间的流逝，他们也学会了在态度上表现得更加自尊自信，行动更富有进攻性。虽然他们对自己的变化感到很不自在，可是他们认识到必须这么做。为了适应新的环境，他们必须有意识地改变自己的一些价值观念和行为方式（余得泉，1985）。

　　上述有关研究都与我的研究课题有一定的关系，我在分析自己的研究结果时也参照了其中有关的结论。但是，这些研究都没有集中地就中国留学生的跨文化人际交往问题进行探究。中国学生留美史从历史的角度宏观地介绍了 100 多年来中国学生赴美留学的基本概况；人际关系理论探讨了人的基本交流愿望和交往方式；中美人际交往模式比较研究从文化的视角对中国人和美国人的一般交往观念和行为进行了探讨；跨文化交流理论对不同文化的人们之间进行交流的一般状况和行为模式进行了描述和理论上的诠释；留美中国学生跨文化人际交往研究在泛泛探讨留学生现象时顺带提到了留学生这方面的情况。以上研究内容涉及的是人类普遍的现象或者中国人的一般情况，而其中有关中国留学生的内容并没有将他们的跨文化人际交往作为研究的重点。

　　从方法上看，以上这些针对中国留学生开展的研究主要使用的是历史文献法、定量统计法和文学描述法。这些方法或没有真正再现中国留学生丰富生动的生活经历，或没有探讨他们对自己生活经历的意义解释。历史文献研究将过去事件的轮廓呈现在我们面前，但是缺少对留学生日常生活的具体描述（勒法格，1980；颖之，1980；Center for Chinese Research Materials，1974；Lampton，Madancy，Williams，1986；Lee，1960；Luo，1974；McCunn，1988；Orleans，1988；Meng，1981；Yung，1909）；定量统计研究提供了在某一特定时空凝固点上有关中国学生的量化数据，但是缺乏他们在自然情境下不断变化的生活细节（Chang，1972，1973；Fingar，Reed，1981；Klein，Miller，Alexander，1981；Kuo，Spees，1983；Perkins，1977；Singh，Huang，Thompson，1962；Sue，Zane，1985；Yao，1983；Zhang，1990）；文学描述研究生动逼真地呈现了中国留学生们的主观经验，但是缺乏足够的证据和检测手段以保证报道的真实可靠性（段宏俊，1970；梁建中，黎小江，1985；马星野　等，1987；苏炜，1988）。很显然，目前研究界缺乏的是从中国留学生自己的视角系统地对他们的跨文化人际交往进行的长期细致的"质性研究"。

第二节　研究构想

本研究旨在填补以上空白。虽然上述有关中美人际交往模式的比较研究基本上抓住了中美文化的主要区别，但是在资料的收集和分析上都表现出过于抽象、单一和简约化的倾向。它们对中美两国不同的人际交往模式进行了粗线条的勾勒，但缺乏对其细节的描绘和动态的把握，而且没有对模式之间的差异进行深入的分析和讨论。在本研究中，我希望了解这些粗线条的文化差异在中国留美学生的日常生活中有什么具体表现，特别是这些差异的复杂性和动态性。随着大批中国学生离开自己的祖国来到美国生活，我很想了解：他们在这两种文化的碰撞之下是如何感受这些文化差异的？这些差异在他们的生活中有什么具体表现？他们在日常生活中是如何处理文化冲突的？这些冲突对他们意味着什么？

由于我选择的研究重点是跨文化人际交往，我对这些文化差异在中国留学生与美国人交往中的具体表现特别感兴趣，例如：他们是如何理解"人际交往"这类概念的？他们在和美国人交往时有什么感受？他们在美国如何习得新的人际交往规范和行为模式？他们如何处理中美两种模式中的异同？和美国人交往的经历对他们的自尊心和文化认同感有什么影响？通过对这些问题的探讨，我不仅希望了解学术界的发现在中国留学生们身上有什么具体的体现，更加重要的是，我还希望了解这些留学生们对他们自己的感受和行为做何解释。

本研究的资料收集历时一年，对美国波士顿地区9名中国留学生与美国人交往的经历进行了追踪调查。我选择了质性研究作为本研究的研究方法，因为这种方法最适合本研究的研究目的。我希望了解中国留学生来到美国以后是如何与美国人交往的，他们原有的价值观和行为方式是否发生了变化，以及他们对自己的变化做何解释。因此，我需要选择一种系统、深入、长期的研究方法来达到这一目标。

之所以选择追踪调查的方式，还因为我希望记录下中国留学生刚刚踏上美国国土时的印象和感受。一般来说，时间会消磨人的记忆，中国留学生在美国待的时间越长，对美国的风俗习惯越适应，就越容易忘掉他们最初经历的具体细节。他们情感上的波动和思想上的震撼都有可能随着时间的流逝而渐渐淡忘。因此，我希望通过从中国到美国历时一年的追踪调查，在当时当地随时记录下他们生活中所发生的事件，及其在思想上和情感上对这些事件所做出的反应。开放式访谈和参与式观察帮助我从他们的角度了解他们的所思所想，捕捉他们刚刚来到美国时对这一陌生文化环境的感触和思考。

本研究的研究问题建立在文献述评、预研究结果、我个人的经历以及为此项研究初步收集分析的资料的基础之上。最后确定的研究主问题是："中国留学生在美国的跨文化人际交往对其文化认同意味着什么？"（有关研究问题的演化过程请见第二章）这个主问题包含4个方面的内容，分别列为如下4个子问题。前2个子问题旨在探讨中国留学生来美国之前在中国的人际交往情况：（1）在中国的文化环境中他们是如何理解"人际交往"和"朋友"的概念的？（2）他们是如何与人交往、交友的？后2个子问题旨在了解他们来到美国以后原有文化价值观念和行为规范的变化情况：（3）来到美国以后他们是如何与美国人交往、习得交往规范，并重新定义"人际交往"和"朋友"的概念的？（4）这些经历对他们的文化认同有什么影响？

由于本研究旨在了解中国留学生如何看待自己的生活经历，因此上述问题全部是从他们的角度进行探讨的。尽管他们的活动必然要涉及一部分美国人，但是由于时间和条件的限制，本研究不可能（也不打算）对这些美国人所做出的相应反应进行深入考察。

此外，我在中国对这些学生在国内与人交往的情况进行调查，是为了帮助我理解他们来到美国以后的感受。因此，这些资料主要用来作为背景铺垫，本书报告的内容以他们来到美国以后的经历为主，中国的情况只作为一个参照。

另外，为了加深对原始资料的理解，我在分析资料时还借助了我个人的经历以及学术界有关的研究结果。这样做的目的是充分利用研究者这一研究工具的作用，同时将研究结果放到一个更大的理论框架中加以考虑。

本书的题目中涉及的重要概念需要在此简单说明。

"旅居者"指的是中国留学生本身，因为他们大部分人只打算到美国做短期停留。他们中有的人可能最终在美国定居，但是他们刚刚踏上美国国土时都没有明确的长期居住的规划。

"外国人"是中国留学生对美国人的称呼。有趣的是，虽然他们身在异国，自己应该是"外国人"，但是他们却把中国人当成"本国人"，而把本地的美国人当成"外国人"。这说明他们虽然身在异乡，但使用的却还是从前在中国时的指称参照系。

"中国留学生"指的是 9 名来自中国大陆、在美国的研究生院里学习或访问的学生或学者，在不影响理解的前提下，有时我也将其简称为"留学生"或"中国学生"。

"留美"指的是在美国马萨诸塞州波士顿地区部分研究生院学习和生活。

"跨文化"涉及中国和美国两种文化，重点在中国留学生们与他们的美国同学和老师的交往。

"人际交往"只限定在中国留学生与美国人个体之间的交往。虽然个体间在微观层次上的交往与他们所属的群体和社会文化大环境有关，但本研究不涉及宏观社会和中观群体之间的交往（史仲文，徐慕坚，1989）[23]。

另外需要说明的是，为了保护被研究者，本书使用的所有人名和地名都是虚构的。除了对研究结果进行描述和讨论，本书对研究的方法和过程也做了详细说明，目的是再现研究现场，在研究结果和方法之间建立有机联系。对研究方法和过程的介绍可以帮助读者了解研究者的思路和决策方式，进而对研究结论的可靠性做出自己的判断。为了让读者更加真切地感受到研究结果的发现过程，本书使用了第一人称叙事方式。使用第一人称不仅可以使读者了解研究结果的获得渠道和方式，而且可以让研究者有机会介绍自己对研究方法的反思。

第三节　本书结构

本书由四部分组成，共十二章。第一部分有两章内容，主要介绍本研究的背景。第一章涉及研究的现象、研究的问题、研究的目的以及相关历史和学术背景。第二章介绍研究的过程，包括研究问题的提出和演变，研究方法的选择，抽样的标准和方法，收集资料、分析资料、建立理论与撰写成文的方式，本研究所涉及的效度、推广度、伦理道德问题，以及我个人作为研究工具的演化过程。

第二部分"前景：留学生的交往故事"和第三部分"中景：留学生的变化故事"，分别介绍了研究的结果。前者着重描述中国留学生在美国跨文化人际交往中的体验及其意义阐释；后者探讨他们因为这些体验和意义阐释，自己的角色意识、民族自尊感和文化身份方面所发生的变化。

第二部分共五章，描绘了中国留学生与美国人交往的经历和感受。第三章呈现了一位中国留学生的个案，他的故事在我所研究的留学生中具有典型性，而且贯穿了之后各章所讨论的主题。因此，我以他的故事作为研究结果的开头，在一个尽可能自然、连贯的情境下呈现其生动、复杂的日常生活。第四章到第七章共讨论了四个主题："交往""人情""情感交流""交友"。这些主题均采用了被访留学生自己的"本土概念"，每一个以主题分类的章节里都穿插有轮廓勾勒和情节片段描述，以便将他们的故事置于生动、逼真的情境之中。

第四章讨论了中国留学生对"交往"的定义、在校园里与美国人交往的经历以及对这些经历的反应和解释。第五章阐述了中国留学生对人际交往中"人情"的重视，以及他们在美国校园里所感受到的"人情"氛围。在第六章里，留学生们讨论了美国式"emotional exchange"和中国式的"情感交流"之间的区别，并描述了他们在与美国人进行深层次情感交流时所做的努力。第七章描述了留学生们对"交友"的定义、交友的原则和方式、对"美国式"交友方式的反应，以及他们自己在美国交友的感受。

第三部分通过"局外人""自尊""变化"这三个留学生的本土概念，

呈现了他们在跨文化人际交往中所发生的变化。第八章探讨了他们由于与美国人"交往""交友"机会较少，而自感为"局外人"的窘境。由于很难进入美国人的"圈子"，他们在新的环境里常常感到惶惑不安，不能自由自在地生活和学习。第九章讨论了他们来到美国以后"自尊心"下降的问题。由于没有足够的知识和能力面对这一陌生的世界，他们觉得自己好像是"大小孩"：成人的脑袋上长着一张孩子的嘴，身上还长有一双孩子的手，有嘴不能说，有手不能用。他们的社会地位和经济地位与在国内时相比有所下降，而与此同时其民族自尊心却因为来到国外而大大增强了。最后，在第十章，我记录下了这些中国留学生对自己在新的文化环境里是否已有所变化所做的反省和思考。在进入一个不同的文化环境之后，特别是看到许多比他们先来美国的中国人已有了明显的变化以后，他们开始问自己：是否仍旧在坚守中国的文化传统？是否仍旧是百分之百的中国人？是否有必要坚守自己原有的价值观念和行为规范？在多文化融合的环境里，如何保持自己的文化传统而又同时吸收外国文化的精髓？

在本书的第四部分"深景：思考的故事"中，我试图从理论上探讨以上研究结果。在原始资料的基础上，我归纳出如下两个结论：（1）文化对个体的"自我"和"人我关系"概念以及人际交往行为具有定向作用；（2）跨文化人际交往具有重构个体文化认同的功能。这两个结论可以进一步统摄于"文化对自我和人我关系的建构"这一核心主题之下。中国留学生在中国文化环境中形成的群我关系价值观和行为方式对他们来到美国以后与美国人的个人交往有直接影响。这主要表现在以下方面：（1）对"交往"的理解和行为方式；（2）对"人情"的体验和重视；（3）对"情感交流"的需求和表达方式；（4）对"友谊"的定义和交友方式；（5）对"自尊"的感受以及自尊在个人和群体互动关系中的运作机制；（6）对"局外人"的界定和做"局外人"的滋味；（7）文化观念方面的"变化"对他们文化认同的影响。

中国留学生在以上七个方面的体验说明，他们的观念和行为在很大程度上受到了自己母文化的影响。由于中国文化重群体本位，自我价值体现在由近及远的层层人际关系之中，中国留学生们来到美国以后仍旧保持了群体参与、群体认同和"内外有别"的原则。可是，在与美国人交往的过程中，他们原有的文化观念和行为方式受到了美国文化的猛烈撞击。他们不得不重新审视自己原有的文化价值观念，改变自己的某些认知方式。在调适的过程中，他们对中美文化的异同进行了对比，在艰难而痛苦的反省之后决定取舍或整合。在中美两种文化的撞击和交融中，他们重新定义了自己的一些文化价值观念，调整了自己的行为方式，逐步构筑了一个新的、对他们自己来说更有意义的社会现实。

第二章　研究过程

"冰冻三尺，非一日之寒。"

——中国谚语

如上述中国谚语所言，要完成本研究也非一日之功。这是一个循序渐进、充满意外和变化的过程。在这个过程中，我不断地重新定义研究的问题，限定研究的范围，选择不同的分析类属，改变写作风格。此项研究前前后后持续了近两年时间。在这段时间里，我经历了一个既惶惑不安又兴奋激动、既艰难痛苦又硕果累累的过程。下面我将对这个过程做比较详细的介绍和讨论。

第一节　研究问题和研究方法

1992 年年初我在对本研究做设计时提出的研究问题是："中国留学生在中国是如何定义和形成'朋友'关系的？来到美国以后他们的文化概念和行为方式有哪些变化？"在这个问题之下我设计了 6 组子问题进一步说明该研究问题所包含的内容。前 3 组问题涉及中国留学生在中国时与人交友的情况，因为我认为这些情况对他们来到美国以后的行为表现和情感反应会有影响。

（1）中国留学生在中国时是如何定义"友谊"这一概念的？"友谊"对他们意味着什么？他们在中国一般使用什么语言描述"友谊"？对他们来说，"友谊"是否存在着层次和种类上的差别？他们认为什么样的人才算是"朋友"？"朋友"之间有哪些行为表现？

（2）他们在中国是如何交朋友的？他们在中国的朋友都是些什么人？他们为什么喜欢这些人？他们是如何与这些人产生并保持友谊的？作为朋友，他们通常在一起干些什么？他们彼此是如何交谈的？他们彼此交心的程度有多大？他们在遇到困难或开心的事情时各有什么样的行为表现？

（3）生活中有朋友对他们意味着什么？朋友的重要性是如何体现出来的？他们为什么需要友谊？友谊对他们的群体认同感、个人价值和交流需求有什么作用？当他们高兴或伤心时，友谊扮演了一种什么样的角色？

后3组子问题主要从中国留学生自己的角度，了解他们来到美国以后是如何与美国人交朋友的。

（4）在美国他们是如何与美国人建立朋友关系的？他们的交友方式是否有所改变？现在的方式与在中国时的方式相比有什么不同？在新的环境里他们是如何运用原有策略的？他们与在美国交的朋友在一起时一般干些什么？他们通常去什么地方？他们以什么方式交谈？交谈的内容主要是什么？

（5）在与美国人有了一些接触以后，他们如何重新对"友谊"进行定义和分类？这种定义和分类与他们在中国时的有什么不同？这种变化是如何发生的？他们在美国的生活经历对这种变化有什么影响？他们在变化的程度、速度和性质方面存在哪些个体差异？

（6）他们在交友过程中的变化对其生活经历、个人成长以及文化认同感有什么影响？和美国人建立了某种"友谊"对他们有什么意义？这种关系对他们作为人（特别是作为中国人）的身份有何影响？他们是否认为自己已经失去了一部分中国人的文化价值观？他们是不是认为自己已经变得有点"美国化"了？现在他们住在美国，不得不时面对两种不同的

文化规范，会不会因此而觉得自己更像"世界公民"而不再是百分之百的
"中国人"了？

　　以上这些问题只是我在开始研究时的初步构想，并不排除在研究过程
中修改现有问题和加入其他问题的可能性。事先提出这些问题只是为了给
研究课题设定一个大方向，如果在研究过程中发现这些问题不符合实际情
况，可以随时加以修改。事实上，我在美国对这些留学生进行第一次访谈
时发现，他们在最初 3 个月里几乎没有机会和美国人"真正交朋友"，于
是，我决定将后 3 组子问题从与美国人交友扩大到与美国人进行人际交往。
这样，我就不必将注意力放在不可能找到的事情上，而是将精力集中到对
于我的研究对象们来说真实的、有意义的问题之上。为了忠实于原始资料，
我在研究过程中对研究问题进行了多次修改。

　　最后，在初步收集和分析资料的基础上，我确定的研究主问题是："中
国留学生在美国的跨文化人际交往对其文化认同意味着什么？"主问题下
面有 4 个子问题。前 2 个子问题旨在探讨他们来美国之前在中国的人际交
往情况：（1）在中国的文化环境中他们是如何理解"人际交往"和"朋友"
的概念的？（2）他们是如何与人交往、交友的？后 2 个子问题旨在了解他
们来到美国以后原有文化观念和行为规范的变化情况：（3）来到美国以后
他们是如何与美国人交往、习得交往规范，并重新定义"人际交往"和
"朋友"的概念的？（4）这些经历对他们的文化认同有什么影响？

　　本研究使用的是"质性研究"方法。这种研究方法与国内社会科学界
目前通常所说的"定性研究"① 不太一样。

　　英文的"qualitative research"在我国台湾、香港以及新加坡等地被译为
"质化研究""定质研究""质的研究""质性研究"等。目前学术界一般认

---

① 　国内社会科学界目前对"定性研究"所下的定义一般都比较抽象和宽泛，通常将所有非定量
　　的研究（包括个人的思考和对政策的解释和阐发）均划入定性的范畴。虽然我国的社会科学
　　研究者广泛使用"定性研究"这一术语，但尚未从方法论上对这一术语进行系统的规范。很
　　多人认为自己在进行定性研究，可是对其概念定义、理论框架、操作方法和检测手段均没有
　　进行规范化的界定和探讨。

可的定义如下：

> 质性研究是以研究者本人作为研究工具，在自然情境下采用各种资料收集方法对社会现象进行整体性探究，主要使用归纳法分析资料和形成理论，通过与研究对象互动对其行为和意义建构获得解释性理解的一种活动。[①]

我之所以选择质性研究方法，是因为这种方法可以基本上满足我回答自己研究问题的需要。质性研究对当事人看事情的视角十分重视，这可以帮助我从中国留学生本人的角度了解他们在跨文化人际交往方面的经历以及他们对自己行为的意义解释。质性研究在兼顾宏观和中观情境的同时，着重在微观层面对现象进行深入细致的描述、解释和分析，这能让我对中国留学生的日常、具体的跨文化人际交往活动进行探讨。质性研究强调在自然情境下研究事物发展的动态过程，这有利于我对中国留学生们进行长期的追踪调查，了解他们的跨文化交往在时间过程上的变化。在同样时间和精力条件下，质性研究允许选择较小数量的样本，这使我可以集中精力对少数留学生进行个案式调查，从而更深入、细致地探究他们的生活细节、复杂的内心世界以及他们所生存于其中的纷繁变化的文化氛围。

第二节　抽样的标准与方法

我邀请了9名中国大陆留学生参与本研究。他们全部在1992年秋季被美国波士顿地区的研究生院录取，在这之前他们从未在国外待过一个月以上的时间。我只邀请了中国大陆的留学生是因为：（1）在美国的外国留学

---

① 有关质性研究的书籍目前在国外数量很多，在此我只列出几本比较有代表性的著作供读者参考（Bogdan，Biklen，1982；Ely，Anzul，Freidman et al.，1991；Glesne，Peshkin，1992；Hammersley，Atkinson，1983；Merriam，1988；Seidman，1991）。

生中中国大陆的学生人数居首位，对他们进行研究具有重要的现实意义；
（2）我自己在中国大陆长大，对他们的理解胜过对世界上其他地方来美国
的中国人后裔的理解；（3）由于我个人和他们的经历相仿，并共有同一文
化，我个人对他们更感兴趣。我只选择了波士顿地区作为研究的地点是因
为：我本人在波士顿留学，对这一地区比较熟悉，交通和人员联络都比较
方便。如果我选择的地点覆盖面更宽一些，会需要更多的人力和财力，而
且不利于长期追踪调查。

　　1992 年 5 月，我用电话或面谈的方式与波士顿地区所有研究生院的招
生委员会都取得了联系。在联络中，我首先介绍了自己的研究计划和目的，
然后请他们告诉我即将到该校研究生院就读的中国大陆学生的姓名和地址。
可是，大部分学校都因为保密原则而拒绝透露学生的姓名，有的学校则因
为工作太忙而拒绝给予帮助。在这种情况下，我写了一封给所有来美中国
留学生的"盲信"（blind letter），请求各招生委员会将此信寄给即将来美留
学的学生。这样，我不必知道中国留学生的名字和地址就可以将我的研究
意图传达给他们，而他们可以自由选择是否参加这项研究。

　　在"盲信"中，我做了自我介绍，告知他们我的研究计划，向他们保
证了保密原则，并且许诺在研究结果出来以前征得他们的同意后才最后成
文（见附录 1）。随信我还附上了一份问卷，目的是了解他们目前的一些基
本情况（见附录 2）。在我联系的 24 所学院里，有 10 所同意帮助我。到 6
月底，我收到了来自中国的 45 封来信，表示愿意参加这项研究。同时，我
还发信给自己在中国的亲友和同学，请求他们帮助我寻找即将来美留学的
中国学生。从这个渠道，我与两名学生取得了联系。1992 年 6 月，我从
美国回到中国后，又通过国家教育委员会留学服务中心与 3 名留学生取
得了联系。

　　在回中国的前后，我通过打电话或写信的方式与上述 50 人取得了联
系。在这 50 人中有 45 人是男性，只有 5 人是女性。首先，我从这 50 人
中选择了 20 人进行初步的访谈。我没有选择其他 30 人是因为：（1）根据我
的研究设计，我不需要这么大的样本；（2）他们中大部分人没有得到足够的

奖学金，这意味着他们从美国大使馆获得签证的可能性将非常小；（3）其他人住的地方离我所访问的城市太远（因为时间关系，我只去了北京、上海、广州和长沙4个城市）。在被选择的20人中，只有3人是女性。最后，在这20人中，有7人因经济原因没有获得美国大使馆的签证。在13位获得签证的学生中，只有1人是女性。

1992年9月我从中国回到美国以后，这13名中国留学生中有9人在一个月内便与我取得了联系，表示愿意继续参与研究。有一名学生因为学习太紧张请求退出，另外3人则一直没有与我联系。后来我得知其中2人来到了波士顿地区，另外1人不知因为什么原因未能成行。既然我原计划只需要8名学生，我也就没有再设法与他们取得联系。我想，他们不主动与我联络也许是不想继续参加这项研究。如果我给他们打电话的话，有可能使他们感到为难。同时，由于已有9名学生表示了继续参与的兴趣，而我拒绝他们中的任何一位都不合适，于是我决定全部接受他们作为研究对象。对于那些我没有接受的学生，我通过打电话、写信或面谈的方式向他们表示了歉意，并说明了原因。其中5名学生希望进一步了解美国学校的情况，和我进行了几次长谈。在这些谈话中，我尽自己所能向他们提供了有关的信息和我个人的一些看法。

我最终选择的9名学生中有8名是男性，只有1名是女性。他们的年龄跨度为23岁到46岁。其中6人已经成婚，3人尚未成婚。他们的经济来源很不一样：其中2人得到了美国大学的全额奖学金；5人被美方学校免学费，但没有免生活费；1人受中国政府资助，每月只有400美元；另外1人完全是自费。在赴美以前，他们全部都通过了美方主持的托福考试（TOEFL）或中方举办的英语能力测验（EPT）。他们中3人刚刚硕士毕业，2人是工厂的工程师，2人是政府官员，1人在医学院从事教学和科研工作，还有1人是医生。

他们都具有本科及以上学历，来美后全部在波士顿地区著名的研究生院里学习，其中5人的专业方向是自然科学，4人主攻社会科学。他们中6人来美攻读博士学位，1人攻读硕士学位，2人是访问学者。这2名访问学者在美国的学习和生活与其他7名学生十分相似。他们不必教课，也没有和美国教授开展合作研究，只是根据自己的兴趣选修一些课程。唯一不同的是，美方学校对他们没有学分要求，学业结束后无法获得学位。由于他们的人际交往经历与样本中其他人十分相似，我在本书中将他们通通称为"中国留学生"。

本研究的抽样标准是目的性抽样，即选择能够最大限度为我的研究问题提供丰富信息的样本。抽样的过程是一个自然选择的过程，而且样本中性别分布很不均衡。然而，这些特点并不会严重影响本研究在质性研究意义上的效度。本研究的目的是了解一部分中国留学生跨文化人际交往的经历，而不是测量他们的经历中某些变量之间的相关或因果关系，或者将有关他们的研究结论推广至在美国留学的所有中国学生。事实上，这一样本在某种程度上也反映了留美中国学生的基本情况，比如年龄、性别、婚姻状况、受教育程度、工作背景、经济情况以及专业选择的分布状况。虽然本样本中只有1名是女性，因此我们很难从性别差异上对研究结果做出推论，但是性别不平衡这一事实有可能反映了一个客观现象，即来美国留学的中国学生中男性远远多于女性，特别是在自然科学领域。

下面是样本中9名中国留学生的简介，出于保密原则，所有的人名和地名都是虚构的。

董文在中国中部的一个城市里长大，高中毕业后到北京一所大学里学习物理学。本科4年毕业以后，他又回到了家乡，在一家工厂里当技术员。他现年23岁，尚未成婚。他的父母都是教师，有一个妹妹仍在上大学。现在，董文在美国波士顿一所大学里攻读物理学博士学位。他得到了学校的奖学金，但条件是做教学助手。除了自己上课以外，他平时还得带本科生的实验课。董文和3位室友住在一套公寓里，他们是一对从越南来的华裔夫妇和一位从中国台湾来的男生。

高莉是我的样本中唯一的女性。她来自北京，现年25岁。来美国之前，她在北京的一所名牌大学里获得了物理学硕士学位。她的丈夫也是物理学专业的学生，目前在加拿大留学。高莉的父亲是一所大学的研究人员，她的母亲是外语教师。她有一个弟弟，在公司里工作。目前高莉在波士顿一所名牌大学里攻读物理学博士学位。她住在学校的宿舍里，宿舍里既有外国学生也有美国学生。除了自己上课以外，高莉也要为本科生做教学辅导。

　　焦林现年 30 岁。他和妻子都来自中国西北的一个小村庄。他去北京上大学之前曾在家乡的一所小学里任教两年。他在北京读了本科和硕士，专业分别是英语和教育学。来美国以前，他在北京的一个政府部门里当英文翻译和普通工作人员，工作的主要职责是为外国来宾导游。来到美国以后，焦林在波士顿地区一所著名的大学里攻读教育学博士学位。他从校方得到了学费和部分生活费，但必须靠业余打工才能维持自己的生活。出于种种原因，他来美国时他的妻子没能同行。4 个月以后，她才来到波士顿。焦林与 9 名中国人共住在一栋房子里，因为这里的房租比较便宜。

　　金多多来美国以前在中国南方一座中型城市里当医生。他现年 28 岁，已婚，有一个 4 岁的儿子。他独自一人来到波士顿一所名牌大学里当访问学者，专业是医学人类学。学校没有为他提供任何经费，他来美国学习的全部费用都由他在中国的家人支付。来到美国以后他和一位在中国时的大学同学共住一套公寓，这位同学现在也在金多多所在的学校里当访问学者。虽然金多多的身份是访问学者，但是他的日常生活和留学生没有什么两样。每天他都去学校上课，并且为导师做研究助手。

　　马国强，26 岁，出生在中国北方农村。他高中毕业后来到北京读本科和硕士，然后在北京的一个物理研究所里工作了两年。他的妻子是一位药剂师，目前仍旧在老家工作，没有机会调到北京。马国强来到美国以后在一所著名的理工科大学里攻读物理学博士学位。由于他所从事的研究涉及大规模的国际合作，他在波士顿完成一年的学业以后将赴欧洲做物理方面的实验。现在他住在学校的宿舍里，和一位美国同学合租一套公寓。他所在的系里有不少他以前在中国结识的朋友，他们大都来自他以前就读的学校，甚至同一个系。因此，他大部分时间和他们在一起。

达誉生生长在天津，从部队复员以后来到北京，在中央所属的一个科技部门里工作。他是我所调查的留学生中年龄最大的，已经46岁了。他离开了自己的妻子和15岁的女儿只身来到美国，现在在波士顿一所外交学院里当访问学者。他的生活开销由中国政府支付，每个月只有400美元。和金多多一样，他的生活也和留学生很相似：每天上课或者去图书馆看书。他和另外两个中国人住在同一套公寓里，他们也在波士顿其他学校里当访问学者。

吴海生长在中国西北的一个城市里，高中毕业后来到上海一所著名的大学里学习物理学。在大学期间，他十分活跃，曾担任过学生会的主席。本科毕业以后，他回到了家乡，在一家工厂里当技术员。他现年28岁，来美国以后经父母介绍在国内结识了一位女朋友，现在他们通过密切的通信联系相互了解和交流感情。同时他也经常给父母和妹妹写信。他的父母都是工程师，妹妹远离父母在另外一个城市工作。现在他和董文在同一个系里学习物理学。他目前和两位美国同学及一位西班牙同学住在离学校大约1.5公里远的一套公寓里。

严华君来美国以前在北京一所医科大学里从事科研和教学工作。他的父母都在勘探队工作，他从小便随他们辗转南北，不知道自己的老家在哪里。他今年35岁，妻子是一位机械工程师，他们有一个2岁的儿子。他只身一人来到美国，目前在波士顿一所名牌大学的公共卫生专业攻读硕士学位。他从世界银行获得了一笔丰厚的经济资助，不必为谋生操心。但是，他的学习负担很重，精神压力很大。每学期他同时上4门课，内容难度较大，而且作业很多。为了节省房租，他和4名中国男生在校外租了一套住房，他们中有的人他以前在中国时就认识。

在中国中南部某城市高中毕业以后，易立华来到北京一所名牌大学里学习生物学。本科毕业以后，他继续留在本校读硕士研究生。来到美国以后，他在波士顿一所研究生院里攻读生物学博士学位。他现年23岁，有一位女友在中国。他的父母都是中学教师，还有两个姐姐在中国工作。来到美国以后，他对这里的科研设备赞叹不已，期待着在自己的研究领域里大干一番。第一年里他除了上课以外，还开始在实验室里轮流做实验。他住在学校的宿舍里，那里既有美国同学也有从其他国家来的留学生。

第三节 收集资料的方法

本研究收集资料的主要方法为开放式深入访谈，辅以参与式观察和非正式交谈。从1992年6月到9月，我用3个月的时间在中国的4个城市里对20名中国学生各进行了2次访谈，并对其中一些人的社交活动做了观察。从1992年9月到1993年5月，我在美国对最后选定的9名学生进行了深入的访谈和观察。1994年2月，我还主持了2次由研究对象参加的焦点团体座谈（focus group interview），向他们介绍并检验了我的研究结果。此外，我和这些中国学生之间的非正式交谈十分频繁。自从初次接触以来，我们经常在相互登门拜访时、电话里、路遇时和各种社交场合中随意聊天。通过以上这几种方式，我从中国学生那里收集到了非常丰富的原始资料。

一、访谈

我对样本中的7名学生分别进行了4次访谈，其中2次在中国，2次在美国；对另外2名学生进行了5次访谈（原因下面将有介绍）。访谈的地点一般是他们家或者他们所在的学校，目的是让他们感到方便和轻松自如。

1994年年初，我在自己的学校里组织了2次焦点团体座谈，进一步探讨和检验了研究的结果。每次访谈的时间大约是2个小时，但有时也长达6个小时之久。

一般来说，在中国进行的访谈比我所预料的时间要长很多。被访者似乎对研究的课题、对我自己、对美国都非常感兴趣。有时候他们的家人也参与进来，并邀请我事后留下来和他们一起吃饭。有一家人在我还没到达之时就准备了一桌佳肴。我到了以后，全家人都陪着我在他们家唯一的小屋里一起聊天，一直聊到午夜12点！通常，这种场合不仅满足了我的食欲，而且满足了我希望了解研究对象居住的环境及其家人的好奇心。一位学生的母亲家住外地，趁出差专程跑到我的住处来找我，为她的儿子询问参加此项研究的可能性。这些人对我表达的盛情和兴趣深深地打动了我。在与他们接触的过程中，我尽量想办法多和他们在一起，在了解他们的同时也尽可能多地满足他们对我的需求。

在中国和这些学生取得联系不是一件容易的事情。当时我的住地没有电话，每次打电话都得跑到街上的公共电话亭。而这些电话亭往往离我的住地很远，而且经常要排长队。通常通话时间也有限制，一次只能打3分钟。有的学生自己家里没有电话，因此我不得不打电话给他们的亲戚朋友，通过他们与这些学生取得联系。①

1992年6月到7月，我在中国对这些学生做了第一次访谈。访谈的结构是开放式的，主要就研究问题中的前2个子问题对被访者提问，即：他们对"友谊"的理解（包括友谊对他们的意义），他们在中国的交友形式。为了了解他们对即将赴美学习有何准备，我还询问了他们对美国了解的程度以及他们了解美国的方式和途径。在预研究和文献述评的基础上，我事先为这次访谈设计了一个初步的提纲，目的是确定访谈的方向和打算要问的问题（见附录3）。在实际访谈中，这个提纲只起一个提示作用，并没有被千篇一律地使用于所有的被访者。事实上，在访谈时，我不得不根据每

---

① 从1992年到现在，中国的电信系统已经有了飞速的发展。现在城市里几乎家家都安装了电话，可是在1992年，家中装有电话的住户在城市居民中只占极小的比例。

个人的特点随时调整问话的顺序，采用不同的语言表达方式。提问时我主要使用的是非指导性问话，避免使用暗示性语言。这样做是为了从被访者的角度了解事情发生的过程、方式和原因，而不是验证我自己的一些假设。在访谈中，我注意询问了事件的具体细节和当事人当时的思想动态、情感反应和行为表现，以获得比较真实可靠的信息。大部分学生对我的问话显得很有兴趣，饶有兴致地向我介绍了他们自己的情况。

第二次访谈是在 1992 年 8 月到 9 月进行的。这次访谈的目的是进一步检验和探讨在第一次访谈中出现的一些概念和事实。由于这些学生的谈话内容和提出的问题各不一样，我为每位学生准备了一份访谈提纲。这次访谈的内容比较集中，因此，我问的问题比第一次访谈时要多一些。不过，我同时也尽量给他们发表自己看法的机会，特别是当他们的看法和上次不一样时。如果他们所谈的内容和我的访谈提纲不相吻合，我则尽量遵循他们的思路，用他们的语言提问和讨论问题。由于我与被访者之前已有一些接触，他们在这次访谈中表现得更加随意和放松，提供了更多、更深层次的情况和想法。

第三次访谈是在中国留学生来到美国以后的第 3 个月进行的。这次访谈的内容主要集中在研究问题的后 2 个子问题上，即：他们来到美国以后 3 个月内与美国人交友的经历，他们对"朋友"这一概念的理解所发生的变化，以及这些变化对他们的文化认同有什么影响。我为这次访谈事先设计了一个提纲（见附录 4）。这份提纲和第一次访谈的提纲一样，只是一个初步的、开放性的框架。在访谈的过程中，我出乎意料地发现他们中大多数人都还没有和美国人交上"朋友"。他们和美国人之间的来往大都是泛泛之交，还没有进入"朋友"的层次。于是，我当机立断，将研究的范围从"交友"扩大到他们和美国人的"一般交往"。如果他们在谈到这些一般性交往的过程中提到已经交了美国朋友，我再仔细询问他们交朋友的情况。这样，我可以将注意力放在他们生活中确实发生了的事情上，而不是一开始就想当然地认为他们已经交上了美国"朋友"。

在这次访谈中我遇到了一个十分棘手的问题，那就是被访的学生们往往为自己缺乏跨文化交往寻找外部原因。尽管我想方设法将他们的思路拉向对具体事实的描述，但他们总是不厌其烦地向我表述他们没有和美国人深交的原因。我发现自己经常处于一种两难境地：一方面，我希望他们能正面回答我的问题，告诉我他们在交往中发生的具体事例；而另一方面，我又想知道他们究竟想告诉我什么，他们反复向我强调这些原因的动机到底是什么。尽管我试图将访谈的结构和内容尽量贴近他们的生活经历，但是，我仍旧不断地感受到自己这两种愿望之间的冲突（有关这一点下面将详细讨论）。

第四次访谈在 1993 年 4 月到 5 月进行，此时留学生们到达波士顿已有 8 个月。我在前三次访谈的基础上为每位学生设计了一个初步的访谈提纲。起初，我打算在这次访谈中主要了解他们在美国生活了 8 个月以后，对交友的定义和交友的方式是否有一些改变。然而，大部分学生仍旧认为他们还没有和美国人交上朋友，因此有关这方面的变化也就无从谈起了。他们谈得更多的是有关自己文化认同方面的问题，自己来到美国以后是不是已经变得"美国化"了，自己还是不是完全意义上的"中国人"。因此，除了对前几次访谈中出现的一些重要概念进行澄清以外，我对他们的文化认同问题给予了更多的关注。

在第三次和第四次访谈之间，焦林曾要求我和他进一步谈谈他个人在学习生活中遇到的困难。考虑到这么做有可能对他产生"研究者效应"，我考虑了两天，最后同意了他的请求，并征得他的同意将谈话录音。由于这次谈话是焦林自己提出来的，他说的都是肺腑之言，结果为我的研究提供了非常丰富的资料（有关这次访谈所涉及的效度和伦理道德问题下面会进一步讨论）。

在对访谈资料进行初步分析时，我发现迄今为止自己的注意力更多地放在了中国留学生人际交往的过程上，而没有深入探讨他们自己对这些经历的意义解释。他们使用的一些具有中国文化特色的语言，如："交往""朋友""人情"等没有引起我足够的注意。因为我本人是中国人，因而没有意识到这些语言对理解他们的"本土概念"非常重要。我必须跳出中国文化的框架，从一个对中国文化不了解的研究者的视角来看这些语言。因此，我决定就这些语言再进行一些访谈，仔细询问这些中国学生说这些话的实际所指和具体含义。由于达誉生将于1993年8月离美回国，我首先对他进行了访谈。在这次访谈中，我询问了他对有关概念的理解，并请他谈谈最近几个月内的新想法。由于这次访谈的重点比较明确，而且我和他已十分熟悉，可以问他一些比较深入的问题，因此在这次访谈中，我的研究获得了很大进展。除了在理解层面有所突破以外，我和达誉生之间的互动也十分活跃。同时，我对自己的访谈技巧也有了比较清醒的意识和反省能力。

在筹划与其他学生进行类似的谈话时，我想到也许用焦点团体座谈的方式可以达到更理想的效果。在这个时候举行焦点团体座谈有很多好处：（1）这些中国学生可以在一个群体环境里互相启发，互相激励，产生新的想法；（2）他们可以相互检验彼此的看法，也可以对我目前所做的初步结论进行检验；（3）可以为我提供一个观察他们在中国学生群体里的互动行为的机会；（4）可以节约时间，在同一时间里听取许多人的看法。使用这种形式也有不利的一面，如：参与者有可能相互影响，随大流；有的学生可能出于某种担心而不表露自己的想法；有的学生可能因为胆小害羞而不发言，或者不反驳别人；而那些能言善辩、习惯于在公共场合说话的人有可能会控制会场。我在这之前从未做过此类访谈，因此很想试一试。

1994年2月，我在撰写论文阶段组织了两次焦点团体座谈，共有7名学生参加（此时，达誉生已回到中国，马国强已赴欧洲做实验）。这两次座谈非常成功，参与者的热情很高，发言十分踊跃。每次座谈时间都大大超过了我的预期，长达3个小时之久。参加座谈会的学生们以前在我家都彼此见过面，因此他们在一起时显得比较轻松、自然。他们对我的初步研究结果也表现出了极大的兴趣，没有提出任何异议。此外，他们为我在资料中发掘出来的"本土概念"提供了更为丰富、新颖的内容和解释。当我请他们为我的研究结果设计一个题目时，他们争先恐后地从中国神话传说、寓言和成语中提取了很多有趣的例子供我参考。有几位同学在会上话语不如其他人多，过后我打电话询问缘由时，他们都说不是因为有别人在场。

易立华告诉我他谈话不多是因为：（1）他在小组讨论时一般都不太爱说话；（2）别人说的大部分内容和他所想的都一样，所以没有必要再重复。

除了偶尔为了验证一些人名和地名使用了英文以外，我在访谈中主要使用的语言是中文。为了忠实地保留和再现访谈中的原话，每次访谈我都录了音，并且在过后逐字逐句地整理成文。我自己整理了所有的录音，包括对那些最终没有被收入样本的学生们的访谈录音。为了使学位委员会的美国教授们对原始资料的上下文有基本了解，我将访谈的全部内容都翻译成了英文。在翻译的过程中，我发现中国学生们使用的有些"本土概念"很难从中文译成英文，诸如"人情""情感交流"之类的词语，其中的微妙含义根本无法用英文传递出来。因此，我用汉语拼音的方式保留了这些概念的中文原意。

此外，为了再现被访者的非言语行为和情境特点，我在访谈时做了简短的笔记，在访谈结束后再做详细补充。每次访谈之后，我都坚持写备忘录，反省自己在访谈中使用的方法及其对访谈关系、过程和结果的影响。

为了检验研究的问题和方法是否合适，我在此研究之前做了两次预研究，均在美国进行。为了样本的一致性，这两次调查的对象全部是来美不到一年的中国大陆的研究生。第一次调查在1989年，当时我正在上一门有关质性研究的课程。我选择了与我住在同一宿舍楼内的6名中国研究生作为研究对象，每人访谈了两次。此外，我还每天对他们与本楼的美国人交往的方式进行了参与式观察。这项预研究不仅帮助我找到了本书研究的问题，初步学会了使用质性研究的方法，而且还提高了我在这方面继续从事研究的兴趣。

第二次预研究是在1992年春天，主要目的是检验我的访谈提纲是否合适。我对6位中国研究生分别进行了一次个别访谈，主要了解他们在来美国之前和之后在人际交往方面的经历和想法。为了更多地了解美国人是如何交朋友的，我还采访了本校的3位美国同学。这3个人中，有2位当时和我一起在上有关访谈技巧方面的课程，另1位是我的朋友。这几次访谈使我了解到他们在与外国人交朋友时有什么考虑，采取什么行为方式，以及他们如何看待和外国人的友谊。由于我的研究重点主要放在中国学生如何看待自己与美国人交朋友这一问题上，所以，对美国同学的了解只是为了提高我自己作为研究工具的丰富性和敏感度。

二、观察和非正式交谈

除了访谈，我还在自然情境下对这些留学生进行了参与式观察，目的是对他们的跨文化人际交往获得一个更为直观的印象。起初我计划对每位学生进行至少 4 次正规观察和多次非正规观察。后来，出于时间、财力和机会等方面的原因，我没有获得足够的机会观察他们的社交活动。在一年的时间里，只有 5 位学生邀请我参加了他们的社交活动。其中 1 次在中国，4 次在美国。在中国的那次，金多多邀请了 20 多位朋友在一家餐馆为自己饯行。在美国，董文和吴海邀请我参加了由他们学校中国同学会举办的一次舞会和一次气功培训班，与会者除了几位美国学生和其他国家学生以外大部分是中国学生。严华君曾邀我去过一次他所在的宿舍组织的舞会，参加者来自世界各地。焦林带我参加过他的一位美国同学在家中组织的聚会，还去过一个全校性的招待会。

在每次活动之前，我都取得了组织者的同意，与邀请我的同学一起到会，然后和他们在一起待上 2—3 个小时。做观察之前，我设计了一个初步的观察提纲，列出我认为应该注意的行为类属和表现方式（见附录 5）。在所有这些场合，我都和中国学生待在一起，倾听他们和别人说话，在适当或必要的时候加入谈话。有时，我还加入他们的活动之中，比如跳舞和唱歌。在进行这些活动的同时，我尽量保持清醒的头脑，仔细观察他们的举止言行、交谈时间长短、谈话方式、结束谈话的方式、交谈过后的行为等。为了在记忆犹新时记下所观察到的现象以及我个人的思考，我不得不在合适的时候跑到卫生间或无人的角落里迅速地记笔记或者口述录音，以供日后整理。除了上述现场记录方法以外，我在每次观察之后都坚持做补充记录，记下具体的细节和对话。

　　除了正式观察，我还利用平时的非正式场合收集了一些资料。在一年之内，我曾两次邀请学生们到我家做客，并到我所在的学院里看过三次电影，参加过两次春节联欢晚会。金多多和我关系十分融洽，经常不事先打招呼就到我家来吃饭和聊天（这在美国主流文化中是罕见的事情）。董文和吴海有一次未经邀请就自己来到我家和我聊天。焦林曾多次和我一起打球，并一起参加了各种学术讨论会和聚会。

　　平时，我在图书馆里、学术会议上、聚会中或街上遇到他们时，都会停下来和他们聊一会儿，了解他们最近的生活学习情况。此外，我有意经常给他们打电话，了解他们最近的生活状况。通常，他们对我来电话显得很高兴，和我聊生活中各方面的事情。随着时间的推移，我与其中几位学生关系日益密切，常常在电话里一聊就是几个小时。有时候，他们会打电话来询问我一些实际生活中遇到的问题，如找工作、填税表、办移民局要求的有关手续、买便宜的飞机票和礼品等。我和其中的几位还经常互通电子邮件，讨论当前我们共同关心的国内外大事和个人近况。本书中有关文化认同方面的一些资料就是通过这一渠道获得的。

　　当我计划回国时，他们纷纷询问我今后的打算。这些问题引发了一连串有关我们年轻人应该如何担负起对祖国的责任方面的讨论。每次谈话以后，我都将谈话内容中有关人际交往方面的重要信息记录下来，并分类归档。这种收集资料的方法对于我深入了解这些留学生起了很大的作用。由于谈话处于自然情境之中，收集到的资料不仅比较自然，而且更加真实可靠。此外，这些资料还可以用来展现和验证这些学生在访谈和观察时所提供的信息。

　　除了访谈和观察，我曾计划收集学生们自己有关交友方面的日记和信件。可是他们都说因为太忙没有时间写这些东西。有的人说，没有写东西是因为"不想写下这些事情"（焦林语）。"为什么要写下来呢？"马国强情绪激昂地说，"写下来对我们在这儿的生活也无济于事。""没有必要把这些事情写下来。这些事情是永远也不会忘记的。你会永远记在心里，"金多多神情严肃地对我说。他们中没有人主动邀请我看他们写给中国的家人和朋友的信件，而我觉得自己向他们提这个请求不太合适。既然我已经在联络信和第一次访谈时提到了这个请求，我想他们不主动这么做是因为他们不愿意，或者是觉得这么做不舒服。我没有获得他们的书面资料，这使我失去了一个很好的信息来源。但是，我必须尊重他们的选择，不应该强迫他们做不愿意做的事情。

第四节　分析资料及成文的方式

在整个研究过程中，我力图做到资料一收集上来就立刻进行分析。每次把访谈资料整理出来或把现场笔记扩展以后，我便将它们分类、编号、归档。我建立了一套档案系统，资料被分门别类地入档，以便日后检索、扩展和重新分类。在本研究过程中，这个档案系统在不断地变化，以保持资料的分类与分析框架之间的一致性。与此同时，我一直坚持写分析型和反思型备忘录，记下自己分析资料时使用的方法、当时产生的想法、有关效度和伦理道德方面的问题，以及我自己作为研究工具的演化过程。

起初，我把在中国收集到的资料分成三大类：（1）这些中国学生对"朋友"的定义；（2）他们在中国交朋友的方式；（3）交朋友在他们生活中的意义。我把在美国收集的资料分为两组：（1）这些中国学生在美国和美国人交朋友的经历；（2）他们在情感上和思想上对这些经历的反应。每一大类属下面分别列有次类属，将研究结果内部的各种关系分层分类组织出来。

在完成以上分析以后，我与论文委员会的一位委员进行了进一步的探讨。他使我意识到，我目前使用的方法还是一种"文化客位"[1]的方法，遵循的是研究者事先所设定的概念框架，没有充分考虑到被研究者"文化主

---

[1] "主位"和"客位"这两个术语最先由派克（R. Pike）提出（Pike, 1966），最初分别起源于语言学中的音位学和语音学。音位学着重于在单一语言系统中使用的发音，而语音学则着重语言中更一般和带有普遍性的部分。以此类推，"文化主位"法强调从单一文化内部研究团体成员的行为以及他们自己对行为的意义解释；而"文化客位"法则强调从文化系统外部（往往是从研究者个人的文化角度）对泛文化现象进行研究。

位"的视角，即他们自己看待跨文化人际交往的方式以及他们所使用的本土语言。另外，由于这些学生为自己缺乏跨文化交往提出了很多解释，而我没有深入分析，结果我的研究报告看起来就像是一张长长的清单，上面罗列着他们没有与美国人深入交往的各种理由和原因。这样一张清单不仅读起来枯燥无味，而且内容浅显，没能揭示出这些学生们内心深处的感受。作为一名研究人员，我没有深入他们所罗列的原因背后去挖掘其深层意义。下一步我应该做的是，进一步发掘他们向我陈述这些原因的真实意图，找到他们对业已发生和尚未发生在他们身上的事情的意义解释。

有了这一认识之后，我进行了第二轮资料分析。这一次，我采取了一种完全开放的态度，将自己事先设定的概念框架放到一边，全身心地投入原始资料之中。在阅读访谈记录、观察笔记和非正式谈话记录时，我把那些留学生反复使用、明显带有他们自己的意义指向并蕴含着强烈情感的词语记录下来。在寻找这些"本土概念"的同时，我不断地问自己："他使用的这些词语到底是什么意思？他对这些词语的理解在中国和在美国时有什么不同？他使用这些词语到底想告诉我什么？"这一次，我用一种更贴近日常经验的态度对原始资料进行了反复的阅读和筛选。最后，我找到了很多中国留学生们自己使用的、反映了他们看世界的方式的词语。比如，一天下午，我正在阅读与金多多访谈的记录时，突然意识到他经常使用的一个词语"情感交流"在意义上并不等同于英语中的"emotional exchange"。他所谈的完全是另一回事，而我因受英文翻译的影响完全误解了他的意思（有关这一点在第六章有详细讨论）！我为这一发现而欣喜若狂，赶紧翻出其他人的访谈资料仔细阅读，发现金多多的这一看法在他们的谈话中比比皆是。

找到了原始资料中的重要概念之后，我开始试图在这些概念之间建立联系。首先，我为每一位中国学生画了一张概念图，用直观的方式揭示出这位学生所使用的所有重要概念之间的关系。然后，我对所有的图进行比较，在这一基础上又画了一张大图，在所有学生所使用的概念之间建立起联系。如果有些概念彼此具有统领和所属的关系，我便将它们列入一个语义群（Spradley，1979）。如果有的资料在分类时不能被很好地列入我已识别的"文化主位"的概念之下，我便采纳合适的"文化客位"概念来表达这些意义。我这么做的原则是：所采用的"文化客位"概念必须能够准确无误地表达当事人所希望表达的意思。比如，他们在访谈后期经常谈到自己来到美国以后是否仍旧保持了自己的"中国味"，自己是不是已经变得有点"美国化"了。而我在访谈资料中找不到一个合适的"本土概念"来对这一话题进行概括性表达。经过再三考虑，我决定使用一个外来词"文化认同"。虽然"文化认同"这个概念在过去十几年来在中国大陆已被广泛使用，但是对于中国人来说，这不是一个"本土概念"。这个词语于 20 世纪初被介绍到中国来之前，中国人用来描述此类现象的词语（如"忘本"）基本上都带有强烈的价值判断和道德评价的色彩。在中国人的词汇里缺乏中性的词语来表述这一现象。因此，我决定使用"文化认同"这一外来语，因为它可以最准确地表达中国留学生们希望表达的意思，而且避免了价值上好与坏的评判。尽管这个词语是一个"舶来品"，但是我对它的选择有我所收集到的资料作为基础，因此符合质性研究的基本原则。后来在焦点团体座谈时，我就这一词语是否合适的问题征求了大家的意见。大家都认为这是目前我们可能想到的最好的选择。

这个例子不仅使我进一步思考"文化主位"与"文化客位"的关系问题，还向我提出了个体的文化意识问题。由于我和研究对象们现在生活在另一个文化环境里，我们在这里所经历的一些事情无法在我们的母语里找到一个确切的词汇来表达。与美国相比，中国是一个比较同质的国家。虽然中国有 56 个民族，汉民族却占全国人口的 90% 以上。我所调查的中国留学生全部是汉族人，从小都在汉人区长大，和少数民族几乎没有任何接触。因此，"文化认同"这一问题在我们的日常生活中不像在美国这么突出。现在，我们来到了另一种文化之中，体验到了不同文化之间的冲突，了解了美国人思考这一问题的方式，我们才觉得需要一个词语来描述这一现象。我调查的一部分中国学生似乎对我所处的这一困境十分理解，在访谈时纷纷对我说："你的研究本身使用的就是一个西方的框架，读你的论文的人都知道这个术语（文化认同）。所以，你不必为此担心。"

以上中国学生的评论使我意识到我在使用一种西方的思维方法对中国人进行研究。尽管我的分析框架已经比较接近中国人的本土意识，但是我的研究课题在整体构思上主要遵循的是西方人的思路，对中国留学生的"自我"意识进行探讨，这本身就是一种非常西化的方式。中国人一般不以这样的方式来思考"自我"的问题，甚至连"自我"这个词语本身就是一个舶来品。在20世纪初"文化认同"之类的概念被介绍到中国来之前，中国人没有西方人意义上的"自我"概念。中国的知识分子将这一概念介绍到中国以后，一些中国人才开始学会了从外部看待和分析自己。在本研究中，尽管我是从中国留学生们自己的视角来考察他们的"自我"意识的，但是我在设计研究问题和分析资料时已经戴上了一副西方的"滤色镜"。

对研究设计和分析框架有了更加深入的反省以后，我用一种更加开放的态度重新将原始资料进行了分类和归档。此时，我将类属之间的关系分为两大类：（1）中国留学生在人际交往方面的经历以及他们对这些经历的意义解释；（2）他们用来描述和解释人际关系的文化概念。随着我对资料的分析不断深入，特别是当我开始思考如何成文时，我意识到，这些类属仍旧没有形成一个连贯的整体。在论文委员会的建议下，我又重新通读了一遍原始资料，反复玩味各种类属之间的关系和组合形式，最后决定选择现在的表现形式，即将研究结果用中国留学生们自己反复使用的7个"本土概念"呈现："交往""人情""情感交流""交友""局外人""自尊""变化"。

最后，在这7个类属的基础之上，我开始寻找核心类属（core category），即能够将所有的研究结果都统领在一个整体框架之内，而且对所有的研究对象都具有重要意义的类属。我又反复阅读了原始资料，探讨已有类属之间的关系，寻找有可能导向核心类属的线索，直至最后将其确定为"文化对自我和人我关系的建构"，因为迄今为止所有其他类属都可以以某种方式被囊括在这一核心类属之下。通过进一步与原始资料和现有理论对话，在这个核心类属之下，我最终形成了两个结论：文化对个体的自我和人我概念以及人际交往行为具有定向作用；跨文化人际交往对个体的文化认同具有重构功能。

在形成研究结论的过程中，我不断受到理论效度问题的困扰。由于不仅仅满足于对研究对象们的行为及其意义进行描述和解释，我还希望形成一些有效的理论，使研究具有认同度和理论推广度。然而，如何才能实现从原始资料到理论建构之间的飞跃呢？反复阅读原始资料似乎可以帮助我了解研究对象们的真正含义，透过字里行间窥探他们的内心深处。可是学术界业已建立起来的理论以及研究者本人的直觉和洞见应该发挥什么样的作用呢？

随着分析的深入，我越来越意识到：原始资料（包括被研究者）与研究者（包括所代表的学术领域）之间的关系实际上是一个相互作用的动态关系。"文化主位"和"文化客位"的方法应该结合起来使用。在分析原始资料的时候，前人的研究文献、我个人的经历以及我对其他留美中国学生的了解可以作为分析的辅助手段。不过，我在使用这一手段时有一条原则，那就是必须以本研究中被研究者自己的解释为主。如果其他方面的知识来源有助于我更深入地理解原始素材，帮助我检验研究成果，或者可以指出本研究在现存研究中的位置，我便在分析和成文时使用这些知识。

然而，在成文的时候，我发现要将文献中的相关理论有机地结合到我自己的论述之中是一件十分棘手的事情。由于我所收集的原始资料十分丰富，几乎每一小段来自中国留学生的引言都可以从很多不同的角度加以分析。如果将这些不同层面的分析全部呈现出来，我的文章会显得臃肿不堪，甚至失去焦点。更糟糕的是，当我加上这些分析以后，我发现原始资料本身所具有的内在情绪和连贯性遭到了破坏。从"文化客位"的角度对这些资料进行理论分析似乎显得过于理性，与我所研究的活生生的人拉开了距离。然而，我又不能不运用学术界的理论，因为这些理论确实可以帮助我更深入地理解原始资料。

最后，作为一种妥协，我决定在适当的时候将理论尽量自然地糅入原始资料之中；而在其他情况下则把这些理论分析放在注释部分或者每一小节的结尾。这样，对理论探讨有兴趣的人可以在阅读时停下来参看注释和小节的结尾，而那些希望一口气读完的人（如果这本书确实具有如此大吸引力的话）可以对理论部分一带而过。同时，为了避免重复，对于那些可以从不同层面进行分析的原始资料，我通常选择最主要的方面进行分析。对于次要的方面，我使用了交叉注释（cross reference）的方式，提示读者这些问题在其他地方做了重点分析。

在分析资料和成文时，我不仅使用了分类法，还使用了情境法。将中国留学生自己的陈述放到一定的上下文情境之中，可以使我对他们的故事有一个比较完整的把握。使用情境法避免了分类法将研究结果僵化地凝固在类属框架里的弊端，有利于在类属之间建立起比较自然的联系。同时，情境叙述还可以将类属所在的言语上下文和社会文化背景呈现出来。

在分析资料时，我为每一位留学生做了一个轮廓勾勒，叙述了他们在跨文化人际交往方面的概貌。用叙述体再现他们的故事，让我看到了在自然情境下行动着的人以及他们在现实生活中所经历的过程和细节。在从资料中选择重要概念作为分类类属时，我也考虑到了这些概念出现时的语言情境以及这些情境对概念本身意义的影响。每次为这些概念写备忘录时，我都将其语言上下文和现实情境包括进来，并做了必要的提示和解释。

在成文时，我同样结合了分类法和情境法这两种不同的叙事方式。在论文支持小组成员们的建议下，我以一位中国留学生的个案作为研究结果的开头，然后按分类法列出研究结果。这么做的目的是在介绍类属之前，让读者对中国留学生的个人经历有一个比较整体的了解。个案使用的是叙述文体，旨在将研究结果放到当时事件发生时的自然情境和时空之中。在个案之后的七章里，我除了对研究结果进行分类介绍以外，还插入了一些可以用来支持有关主题的小故事、剪辑、简介、访谈片段和被访者自己的引言。这样做的目的是使各类主题情境化——不仅具有概念骨架，而且带有血肉内容。

然而，要在分类法和情境法之间保持一种平衡很不容易。尽管我努力在两者之间求得一种和谐及互补，但是在分析资料乃至本书中仍旧可以看到这两者之间相互抗衡的痕迹。由于整本书的框架建立在分类的基础之上，所以研究结果的呈现仍旧显得有点僵化。本研究是一个追踪调查，研究结果在很大程度上具有时间流动性。可是由于篇幅上的限制，我不可能将所有的结果都用叙述体的方式表达出来。所以，目前的分类结构仍旧不能完全再现研究结果，特别是中国留学生们在美国8个月内文化观念上的复杂变化和艰苦的适应过程。

为了再现研究过程和研究关系，本书使用的是第一人称叙事角度。"我"的使用使读者清楚地看到研究者的身影，了解她在叙述故事时所站的位置和所采取的态度。为了再现被研究者自己的声音，除了第三人称叙述体以外，我还在许多地方使用了第一人称，让被研究者自己直接与读者对话。同时，为了让读者了解某些引言在访谈中的出处，我还引用了从访谈中摘录的一些片段。这些片段可以再现访谈者和被访者之间的言语互动风格，使读者对研究结果的效度做出自己的判断。

在分析资料和成文的过程中，我始终受到一个问题的困扰：如何选择资料？通常，如果某一现象被所有的研究对象所提及，我便会毫不犹豫地选择这一现象。但是，如果某一现象在整个样本中显得比较独特，只有少数人提及，我便会徘徊不定，不知是否应该选择。最终我遵循的原则是：这一现象是否可以为研究的问题提供丰富的信息？既然质性研究的目的不是获得样本的"代表性"，有时候一个"极端例子"可能更具有"典型"意义，能够更有力地对研究现象做出阐释（Patton，1990）。至于什么样的例子算作"极端"，多么"极端"算是"极端"，这就只能视具体情况而定了。

由于质性研究本身是一个不断积累、变化的过程，以上因描述方便而提到的研究阶段，如收集资料、分析资料和成文等，实际上不是一个线性发展的过程。它们之间相互重叠、补充、循环反复，呈螺旋式上升状态。在分析资料的过程中，新的类属不断出现，旧的类属因不再适用而被抛弃，同时，大类属下面的次类属也逐渐被分化出来。每次新的类属出现时，我便回到被调查者那里，收集更多的原始资料来充实或检验这些类属。而新收集的资料在下一轮资料分析时又为新的类属的出现提供了基础。

　　撰写本身也是一个收集和分析资料的过程。在写作前后，我一直在不断地修改整本书的结构框架，重新定义一些分析类属，并收集了更多的原始资料。在做研究的同时，我还在不断地学习质性研究的理论和方法，深入了解与本研究有关的其他研究领域的最新发展。另外，我生活中的其他方面也从不同角度给本研究以灵感和启示。我为哈佛大学教育学院的质性研究课程当助教，为学院有关研究项目当助研，阅读有关的书籍和期刊，与论文委员会以及论文支持小组的成员讨论研究进展，和其他有关人员讨论我们共同关心的问题——所有这些活动都在不同层面和不同程度上为本研究提供了帮助。

　　在研究结果的呈现形式方面，我使用了学术界认可的表述规范。引号被用来表示被研究者本人所说的原话；第一人称叙述全部使用的是叙述者自己的语言，其中重复的部分已被删除。为了行文流畅，我在有些段落之间插入了一些必要的连接词。在必要的时候，我还将有些词语的英文译名同时列出，通常放置于括号之内。

　　此外，我所调查的中国留学生们经常用复数人称代词来表示单数，如用"我们"表示"我"；或者用第二人称代词表示第一人称，如用"你"表示"我"或"我们"；或者用第三人称单数指第三人称复数，如用"他"表示"他们"。我认为，中国学生用"我们"表示"我"的倾向与中国文化的群体本位有关。中国人一般不直接用"我"来指称自己，往往用"我们"这样一个集合名词，以表示自己是集体的代表（姚亚平，1990）[135]。其他的方式纯属中文日常口头语的习惯。为了忠实于中国学生们的原意，再现他们当时谈话时的态度和口气，我使用了他们当时所说的原话，但愿不会引起歧义。

　　另外，汉语中第三人称的"他"和"她"在口语中没有区别，这给我整理录音资料造成了一定的困难。当被访者使用"ta"这一语音形式时，我必须根据当时的语境判断该代词的性别指称。而在很多时候，被访者的所指是一个中性概念，即任何人。在这种情况下，我可以选择按目前英文中时兴的方式使用"他／她"并列，或者只用阳性的"他"代表阴阳双性。

经过仔细考虑，我决定采纳后者，因为这么做更符合目前中国人行文的习惯。当然，我在此提出这个问题是希望避免歧视女性的嫌疑。此外，我本人是女性这一事实也许可以进一步减少这种嫌疑。

本研究使用的一些名词需要在此加以说明。从对被研究者的访谈和观察中，我发现他们所说的"美国人"指的是"在美国生长的盎格鲁白人的后裔"（Anglo-Americans）；"美国黑人"或"黑人"指的是"美国的非洲人后裔"（Afro-Americans）。由于我所调查的中国留学生在美国生活还不到一年，他们对美国这一"大熔炉"或"大沙拉盆"中各个民族的组成情况尚不了解，所以他们往往将白人这一主流文化群体当作唯一的"美国人"。虽然他们在理论上知道美国是一个多民族的国家，但是白人占主导的社会结构很容易使他们暂时忘记了其他民族的存在。他们在美国的人际交往通常与白人有关，而且他们自己也更看重与白人的关系，所以他们在谈到自己的跨文化人际交往经历时常常用白人作为例子。

基于上述原因，本文在进行跨文化比较时主要对比的是中国和美国社会的主流文化。主流文化指的是在社会中占主导地位的，被社会中大多数成员所共享的世界观、思维方式、价值标准和行为规范。虽然美国社会存在很多文化形态，如黑人文化、西班牙人文化、亚洲文化、印第安人文化等，但我所调查的中国留学生所指的主要是以英国移民后裔为主而构成的白人中产阶级文化。同理，虽然中国有 56 个民族，本书所说的中国文化主要指的是汉文化。汉族在中国占有 90% 以上的人口，在政治、经济、社会发展各个方面都占有主导地位。此外，本研究调查的所有中国留学生都是汉族人。因此，本文所说的中国文化主要指的是汉文化。

另外需要在此说明的是，由于本研究涉及的是跨文化交流，我不得不使用一些文化"冲突词汇"。这些词汇在字面上形式对等，但是在实际意义上却存在很大差异。比如，"个人主义"和"集体主义"与"individualism"和"collectivism"在汉语和英语中，意思就很不一样。在汉语中，"个人主义"指的是"一切从个人出发，把个人利益放在集体利益之上，只顾自己，不顾别人的错误思想"（中国社会科学院语言研究所词典编辑室，1996）[426]。

在英语中,"individualism"指的是"一种政治和社会哲学,高度重视个人自由,广泛强调自我支配、自我控制、不受外来约束的个人或自我"(中国大百科全书出版社《简明不列颠百科全书》编辑部,1985a)[406]。前者带有明显的贬义,而后者只是一个中性词。为了避免混淆两种语言对这个词的价值判断,我决定在本文中将英语意义上的"individualism"这个词一律译成"个体主义"。[①] 而与此同时,我在引用中国留学生所说的原话时则保留了"个人主义"这一用法。"集体主义"这个词在汉语中指的是"一切从集体出发,把集体利益放在个人利益之上的思想,是社会主义、共产主义的基本精神"(中国社会科学院语言研究所词典编辑室,1996)[593],而在英语中"collectivism"指的是"个人从属于社会集体(如国家、民族、种族或阶级)的社会组织"(中国大百科全书出版社《简明不列颠百科全书》编辑部,1985b)[216]。同样,为了避免歧义,我决定使用"群体本位"这类比较中性的名词来代表中国人的人际交往倾向,而在引用中国留学生们的原话时仍旧保留了"集体主义"这一带有价值判断的词语。

第五节　有关研究质量的思考

本研究不仅仅是一个收集资料、分析资料的过程,而且是一个不断地在本体论、认识论和伦理道德层面上对研究本身进行反省的过程。这是一个边做、边想、边调整的过程,很多事情都无法预测,所以也无从事先准备。而正是这种不可预测性和即时性,使我的研究自始至终充满了惊喜和意外。然而,社会科学研究不仅需要成果创新,而且还需要对成果的质量进行监测和评估。下面我提供自己对本研究的效度、推广度和伦理道德问题的思考,以回答本研究结果何以可靠、有何借鉴意义、是否符合规范等

---

① 事实上,目前国内社会科学界已经意识到了这个问题,大多数学者已经开始使用"个体主义"而不是"个人主义"作为"individualism"的汉语翻译。当余英时等人认为中国人更多的是"个人主义"时,他们使用的英文对译是"personalism"。

重要议题。

一、效度问题

　　和其他研究一样，我的研究也涉及许多效度方面的问题。首先，作为一名研究者，我和被研究者们有很多共同之处。我本人是一名在美国留学的中国学生，在开始此项研究时我已有 4 年在美国研究生院学习的经历。因此，我对此项研究不可避免地会有许多自己的前设和看法。来美国的第一年，我很少有机会与美国人交往，觉得自己是一个外来人，和美国同学没有多少共同语言。以前我在中国无论走到哪里都很容易交上朋友，而来到美国的第一年里我几乎没有一个朋友。这一强烈的反差使我当时在心理上很难接受，自尊心也受到了很大的冲击。由于我个人有过这方面的经历，因此我比较能理解参与此项研究的中国留学生们。尽管我们来自中国的不同地区，各有不同的家庭、教育和成长背景，但是我们在美国的生活有很多相似之处。我在对他们的跨文化人际交往进行调查时，经常回忆起自己初到美国时的心情。因此，我可以比较真切地体会到他们思想上的反应和情绪上的波动，特别是那些他们不便说出口的话外音和言外之意。

　　但是，另一方面，也正是由于我们有过类似的经历，我有可能对他们所经历的一些事情想当然，不做细致的考察和探究就根据自己的看法下结论。例如，在访谈中焦林曾告诉我，"来到美国以后，我觉得自己生活在社会的最底层"。我当时只觉得自己对此很有同感，没有注意去深究其中所反映出来的文化含义。直到有一天，我的一位指导老师向我指出，这种说法非常"中国化"，"美国人从来不会这么看问题"。后来，我就这个问题又征求了其他一些美国人的意见，他们都表示了相同的看法。于是我回到收集到的原始资料，再次仔细分析，结果发现几乎所有我访谈过的中国留学生都有与焦林一样的感觉——这种说法是如此的"中国化"，以至于我在第一轮资料分析时竟然视而不见。

　　上述例子使我意识到，做此项研究时我具有双重身份：我既是一个局内人，又是一个局外人。作为一名中国留学生，我和研究对象有共同的经历——在这个意义上，我是一个局内人。而作为一名研究人员，我站在他们之外观察、倾听和分析他们——在这个意义上，我又是一个局外人。因此，在研究的过程中，我必须意识到自己的双重身份。一方面，我可以利用自己局内人的优势，用自己对他们的共情来了解和理解他们，将陌生的东西变成熟悉的东西（make the strange familiar）；另一方面，我必须在思维上跳出中国人的圈子，让自己站出来看问题，把熟悉的东西视为陌生（make the familiar strange），重新审视他们告诉我的每一件事情。在访谈时，我不仅应该记下他们所说的话，而且必须询问他们所说的话的真正含义。后来在焦点团体座谈时，我把焦林说过的那句话拿出来和大家讨论，他们一致认为来美国后自己的自尊心受到了极大的伤害，好像"生活在社会的最底层"。高莉使用了"一落千丈"这一成语来形容这种骤然的失落感。

　　我具有的双重身份，除了可能使我对研究结果想当然以外，还有可能让我将一些研究结果解释过头。由于我自己对研究结果抱有一定的前设和期望，所以我不免对被研究者进行引导。例如，我个人对跨文化人际交往特别感兴趣，因此我在访谈时经常就这些问题穷追不舍，结果使被研究者不得不思考和讨论这方面的问题。我所调查的大多数中国学生是男性，唯一的一位女性还是物理学专业的学生。他们似乎对自己在美国的学习和生存问题更为关心，而对人际交往不太关心。特别是如果他们在波士顿地区已经有一些以前在中国交的朋友（像马国强），他们就好像对与美国人交往没有太大的需求。我在研究过程中意识到了这一点，并且采取了一些应对措施。其中一个措施是注意从具体资料入手，寻找可靠的依据来支撑我所做出的结论，而不是从我个人的直觉和推测出发做结论。

　　由于我个人与这些中国学生有过类似的经历，因此当他们提到一些情绪比较强烈的事件时，我内心常有汹涌澎湃之感。不论是在和他们面对面交谈、自己独自听录音，还是在阅读记录资料时，我都会情不自禁地与他们产生共鸣，心潮起伏久久不能平静。每当这种情况发生时，我都警告自己冷静下来，从自己的情绪中站出来，拉开一点距离，仔细看一看他们是否也有我刚才那种反应。如果他们确实表达了类似的思绪，我便认可自己的反应，将这种反应运用到对资料的分析之中。如果他们没有这种表示，我就不能把自己的反应强加给他们。在对研究结果进行解释时，我力争贴近他们的真实意图，不超出他们的意思进行无端的猜测。在整个分析资料的过程中，我既利用了自己与被研究者之间产生的共鸣，同时也努力让自己站出来，认真审视我个人的反应及其深层原因。

在访谈中我所遇到的另一个交流障碍是：这些中国留学生对他们缺少美国朋友这一事实乐于做理性上的探讨，喜欢大谈"为什么"，而对"是什么"却避而不谈。他们似乎不喜欢详细描述事情发生的具体细节，而总是不厌其烦地向我陈述他们认为自己缺乏跨文化人际交往的原因。起初，我对他们的谈话方式感到十分恼火，内心里抱怨他们"说话没有逻辑""答非所问"。有一段时期，我对这个问题感到十分无奈，不知道该怎么有效地引导他们回到我所感兴趣的话题上来。后来，通过和论文委员会的委员们多次讨论，我意识到，这些留学生反复向我强调外部原因，是为了把他们的人际关系放到整个美国研究生院的文化背景中来加以考虑。通过向我描述他们生活学习如何繁忙，他们事实上在为我勾勒出一幅他们日常生活的真实画面。他们似乎想告诉我，除了交流者双方不同的文化观念以外，在美国研究生院的生态环境中还存在着许多硬性的结构性障碍，正是这些障碍使他们难以像自己所期待的那样与美国人进行深入交流。而这些障碍本身就是美国文化的一部分，是我的研究所必须了解的。

从另一个意义上来说，中国留学生的这种理性化倾向还可以归因于他们在中国时的生活经历。他们所生长的社会环境使他们形成了从宏观层面看问题的思维方式，他们习惯于把一个具体的问题放到其历史、政治和经济的背景中加以考虑。从这个意义上讲，他们看问题比较全面，而且能够在各种因素之间建立起联系。在两次预研究中，我所调查的中国学生也曾表现出同样的倾向。跨文化心理学方面的研究表明，中国留学生们的这种倾向与中国人的"民族性格"有着密切的联系。中国人在气质上和认知方式上普遍具有综合性倾向，习惯于对事物的整体做出反应，而不重视对细节做理性的分析（彭　等，1990）。事实上，我本人来美之前也有同样的习惯。只是在美国学习了 4 年后，我身上的"民族性格"才有所变化。由于受到了西方分析型、局部型思维方式的影响，我的注意点已经从宏观层面转到了微观层面。我现在更感兴趣的是中国留学生来到一个新的文化环境以后个人有什么想法和感受，而不是对导致他们现状的社会意识形态和经济因素做归因分析。由于受到了西方教育的影响，我讨论问题时已不再像以前那样"本土化"了。

　　现在回想起来，中国留学生这种理性化的倾向还可能与他们来到美国以后的心情有关。来美国之前他们中的大多数人都希望和美国人交上朋友，可是来到美国以后却发现自己的愿望很难实现。对此，他们有可能感到沮丧、困惑，甚至有点不好意思。当他们说"我不知道到底发生了什么事情，但是要了解美国人确实很难"时，我可以深切地感受到他们的痛苦和迷茫。与美国人建立有意义的交往象征着他们在另一种文化中具有生存能力，特别是当这种文化被认为比他们自己的文化更"先进"时。因此，如果在美国交不到朋友，他们有可能感到脸上无光，于是便竭力寻找外部原因来安慰自己。从这个意义上讲，他们不仅是在用这些外部原因来说服我，而且也在试图说服他们自己。也许，这一经历对于他们来说太出乎意料，以至于他们很难用语言表述出来。所以，他们便不厌其烦地（甚至很可能是在潜意识里）为自己缺乏"交往"这一事实寻找外部原因。

　　这些中国学生因缺乏跨文化人际交往而感到不好意思，这还可能与我和他们之间的个人关系有关。我在中国认识他们的时候，他们都是社会上的佼佼者，受过良好的教育，事业上都很成功，因此他们对来美国学习都抱有很高的期望。可是到了美国之后，他们在跨文化人际交往方面却不尽如人意。这种强烈的反差不仅使他们自己内心感到不安，而且有可能使他们在面对我时感到羞愧。我是他们辉煌过去和黯淡现状的见证人。因此，为了保持自己过去美好的形象，他们也许不愿和我谈他们的现状，不希望让我看到他们脆弱的一面。出于照顾他们"面子"的考虑，我也就由着他们的思路，不想迫使他们面对现实。由于我们双方都同意"一个人如果没有朋友将会很不快活，就好像是一个失败者"（金多多语），因此，我们双方（至少是无意识地）都回避这个使人难堪的话题。从某种意义上讲，我之所以允许他们自我掩饰，是因为在内心深处我和他们也有同感。实际上，每当有人问起我这方面的经历时，我也总是不由自主地转向为自己找外部理由。所以，尽管我努力将被访者的注意力拉到具体的事件和过程上，但其实我自己也不愿重温那一段令人气馁的经历。[①]

当我意识到这些留学生有可能在意自己的"面子"以后，我在和他们交往时就变得更为谨慎了。作为一名已在美国生活数年的中国学生，我深知自己在他们眼里有一定的分量和优势。他们可能认为我已经在美国生活了这么多年，在人际交往方面一定已经没有任何困难了（也许他们以为我一开始就没有遇到困难）。为了不让他们感到自卑或不安，我试图让他们知道我十分尊重他们现有的生活经历，了解他们的感受，而且理解他们的困难。每当他们表现出迷茫和痛苦时，我总是用一种理解的口气对他们说"真是这样""不管你有什么感觉都是很自然的""我能理解""我刚来这儿时也有过同样的感受"等等。通过表达我对他们目前处境和心情的了解及理解，特别是对他们眼中"现实"的认可，我试图告诉他们，我和他们的处境一样，他们不必在我面前感到不安。

除了上面提到的研究关系之外，本研究收集资料的方法也有可能影响

---

① 社会心理学方面的研究或许可以帮助我们理解我自己以及我所调查的中国留学生们所共有的这种心理状态和行为表现。社会归因理论认为来自高情境（high-context）文化的人们比来自低情境（low-context）文化的人们更趋向于从环境的角度进行归因（Haus，1986）。在高情境文化中，社会行为规范在很大程度上由环境给予暗示，群体成员通过共享这种前提而进行交流。因此，如果出现反常行为，人们一般认为一定是由于某些未知因素在发挥作用。而在低情境文化中，人们的行为约束较小，个人有较大的选择性。因此，如果出现反常行为，他们往往倾向于从个人方面归因。归因理论与控制点（locus of control）有着密切的联系（彭 等，1990）[174]。处于高情境文化中的人们往往把事情的控制点放在自我外部，将问题的责任归于外部因素；而处于低情境文化的人们则往往将控制点置于个体之内，认为个人生活幸福与否取决于个体自身。中国文化被认为是典型的高情境文化，中国人表现出明显的外控倾向。也有研究者认为，中国人倾向于将问题的责任归因于外部因素，这实际上是一种防御机制。中国人经常将事情的发生归因于"缘"，而"缘"的观念可以起到维系和谐的人际关系的作用。它使个体不丢脸面，并通过减少个体的自责和他人的责难而有助于个体体面地面对失败。

到研究的效度。首先，访谈作为一种"交流事件"，有可能在一定程度上给被访者、访谈者、访谈过程和访谈气氛带来一些限制（Briggs，1986）。尽管我尽量使用我认为中国留学生可以理解的中文词语来提问题，但有时他们还是会对我所提的问题感到迷惑不解。

例如，我在中国时曾问过他们这样一个问题："你的朋友关系对你个人的成长有什么影响？"他们中有的人听到这个问题时眼中露出一丝困惑。"什么是'个人的成长'？"他们反问道。这时我才意识到这是自己的英语思维方式在作怪。由于我本人在美国已生活多年，我的研究计划是在美国用英语撰写的，因此，我已经习惯于用"个人的成长"（personal growth）这类词汇来表示人的生活进程。而对中国人来说，这些词语纯属舶来品，听起来比较陌生。通常中国人很少在"个人"的思维框架里思考问题，也不把一个人的生活进程比喻为"成长"。我意识到了中美语言交流方式上的这一差异之后，便换了一种更为本土化的表达方式来问同一问题："你的朋友在你的生活中扮演了什么角色？"或者："有朋友对你的生活有什么影响？"

除了在语言上有可能产生歧义，我试图了解被访者情绪反应的方式也有可能影响到研究的效度。由于我在两次预研究中获得的信息大都集中在宏观层面，为了吸取教训，在接下来的一次访谈中，我拼命地把访谈重点往个人情感层面上拉。每当被访者提到发生在他们身上的一件事情时，我就紧跟着问这么一个问题："你对这有什么感觉？"比如，在我第一次对焦林访谈时，不管他提到什么新情况，我总是千篇一律地追问："你那时有什么感觉？"虽然，在大多数情况下因这一提问让我及时地了解了他当时的情绪反应，但是有时候也显得过于仓促了一些。下面这段对话突出地反映了我这种操之过急的心态。

我：那么，就这样你和约瑟夫成了好朋友？

焦林：是的。

我：在情感上你有什么感觉？

焦林：在我的情感上？这是什么意思？

我：当你想到他的时候，你有什么感觉？

焦林：非常好，真是非常好。

我："好"是什么意思？我们不是讨论他有多好……

焦林：而是关于我的感觉？

我：对。

焦林：我感到非常好。（两人不约而同地大笑起来）我的口头表达能力不太好。

我：这个"好"仍是一个价值判断——"好和坏"。但我想知道的是你的具体感受。

后来在一门有关访谈技巧的课上我和其他同学一起分析以上资料时，我才意识到直接谈情感不是焦林表达情感的方式。作为一个中国男人（特别是一个来自西北农村的汉子），他可能对直接谈情感这种方式很不习惯。我应该多给他一点时空上的余地，让他以自己的方式来表达情感，而不是在一开始就明确地要求他直接描述情感。如果我要他告诉我一些他自己生活的细节，也许这些细节可以反映出他的情感波动。在那之后的一次访谈中，我改变了策略，要焦林告诉我他和美国人交往的一些具体事例。这一次他提到当他和一名美国教授在花园里一起劳动时，他感到了一种"亲密和温暖的感觉"。这一例子使我意识到，通过问一些具体事例来了解情感比直接问情感问题更有效。

从这个例子中我得到的另一个教训是：尽管我一心一意希望了解这些中国学生的情感反应，但是具有讽刺意味的是，我却不了解他们表达情感的方式。在上例中当焦林说"我感觉很好"时，我只想到他是在对自己和约瑟夫之间的关系进行价值判断，而没有想到他是在表达自己的情感感受。后来我一次又一次地发现这是中国留学生们表达情感的一种方式。他们中不止一个人说过，"我和×××关系不错""我觉得这个关系挺好"。在后来的访谈中，我开始对这一点加以特别的关注，注意倾听他们表达情感的方式，而不是将我自己的方式强加给他们。

　　除了研究关系和访谈技巧以外，我对"研究者效应"的处理方式也可能影响到此研究的效度。我在中国第一次和被研究者们接触时，他们中有些人向我打听美国的情况，希望更多地了解美国。每当他们问这类问题时，我就想到了"研究者效应"，担心我的回答会先入为主地给他们以影响。我希望他们能够自己到美国去亲身体验那儿的生活，得出他们自己的结论，而不是事先就受到我个人一些"偏见"的影响。因此，我在回答这类问题时非常谨慎，注意只介绍一些他们在国内也能得到的事实性的信息，如教育体制、城市概貌和人民的生活等。我在介绍这些情况的时候，尽量避免谈我个人的感受，也不做任何评论。尽管我知道他们很想了解我对美国的看法，我自己也很想帮助他们，但是我不得不控制自己这方面的冲动。特别是当他们用丰盛的饭菜招待我，用热情的笑脸欢迎我时，我不得不努力抵挡想以此来报答他们这一念头的诱惑。每当他们直接询问我个人的意见时，我总是婉言拒绝，并向他们说明我不能多谈的原因。

　　尽管我当时为自己对这些帮助我的人们说出如此"不近人情"的话而深感不安，但我的策略在中国还是基本奏效了。可是来到美国之后，情况却有所变化。由于我和这些中国留学生们关系日益密切，他们中一些人已经在精神上对我有所依赖，希望从我这里得到一些支持和帮助。正如吴海所言："在这儿我们把你当大姐姐看待。"他们中有的人遇到困难时便来找我，要我帮忙。例如，焦林来美国 4 个月后，有一天在计算机房里碰到我时，神情黯然地告诉我他遇到了不少麻烦，想和我聊一聊。当时我的同情心一下子占了上风，立刻想接受他的邀请帮助他。可是，我马上又想到了"研究者效应"。于是，我抑制住想立刻帮助他的念头，告诉他由于我的研究者身份，不能提供他所希望的帮助。他听了我的话以后表示理解，但看上去显得很失望。"赶快完成你的论文吧！我希望能从你的论文中得到一些帮助，"他用一种祈求的口吻对我说。

　　回家以后，我为白天发生的事情感到十分不安。我为自己不能在焦林需要帮助时给予他支持，觉得很对不起他。夜里在和一位朋友聊起这件事时，我突然意识到：除了对焦林表示同情和给予帮助以外，我还可以从他那里获得有用的信息。只要我记录下在研究过程中所发生的事情，并且在分析资料时考虑到这些因素，现在和焦林面谈并不会损害研究的效度。事实上，即使我不和他谈话，其他的人也会以种种方式和他交谈，从而对他目前的心态和行为产生各种影响。而我由于采取回避的方式，反而无从了解他是在什么方式下受到了哪些影响。因此，重要的不是避免与他谈话，而是充分考虑到我作为研究工具对他有可能产生的影响。

同时，我也意识到，焦林向我求助这一举动是他向我表示信任的一个信号。他主动迈出了这一步，愿意向我敞开心扉，这表明我们的关系已经上了一个新的台阶。因此，我不应该对他的邀请漠然处之，在他需要帮助的时候拒绝他。经过仔细考虑以后，我在第二天给他打了一个电话，接受了他的邀请。几天之后，我们在学校的图书馆里进行了一次长谈。这是我所有访谈中谈得最深入的一次。由于这次谈话是焦林主动发起的，他对祖露自己的想法已有一定的思想准备。而我主动接受了他的邀请，也觉得应该适当表露自己。所以，这次谈话在风格上比以前更加具有互动性。不过，即使是这样，我在谈话中也注意了开放性和以被访者为中心的原则，尽量顺从焦林的思路，自己不主动提出新的话题。只是当他提到一个话题时，我才谈一谈我对这个问题的看法。自始至终，我仔细倾听了他的叙说，并对发生在他身上的事情表示了理解和同情。这一次访谈不仅使我对焦林的处境和心态有了更深刻的、情感上的体验，而且使我们俩的关系大大地近了一步。

通过这个事例，我进一步认识到，访谈者和被访者可以一起营造访谈氛围和言语情境。从那以后，我在很大程度上改变了自己的访谈风格，从一个被动的倾听者转变为一个积极的交谈者。例如，在和达誉生的第 5 次访谈时，我有意使用了很多具有共情作用的语言，表达自己对他目前所遇到困难的理解，并且故意说一些我认为与他的现实状况或想法不符的看法，期待着他对此做出修正（inviting correction）[①]。有时候，我们似乎都清楚地

[①] 哈里·斯塔克·沙利文（Harry Stack Sullivan）将访谈者有意识地邀请被访者对自己的理解进行纠正作为一种访谈技巧（Sullivan, 1979）。

知道对方在想什么，不必在交谈中直接说出各自的想法就能将谈话进行下去。对我来说，这好像是我们在一起叙说一个不言而喻的故事。有时候，我们会不约而同地说出相同的话，然后相视而笑。那次访谈不论是在形式上还是在内容上都不像是一个问答式的访谈，而更像是谈话双方在共同探讨一个彼此都感兴趣的话题。

在后来的焦点团体座谈中，我对自己与被访谈者互为主体的关系（intersubjectivity）[①] 有了更深刻的体会。一方面我以一种更加积极主动的态度和他们交流，而与此同时我又努力站出来观察和审视自己的一言一行。我不再认为研究就是研究者从被研究者那里收集资料，然后对资料加以分析和推论。事实上，研究本身是一个研究者和被研究者共同构建"事实"的过程。研究者探究"事实"的态度和方法对最终所发现的"真实"起着至关重要的作用。

我在对"研究者效应"的反省中得到的另一个教训是：当我因害怕"左右"（bias）研究结果而向被研究者隐瞒自己的想法时，我实际上已经"左右"了他们与我谈话的方式。由于我总是"躲"着他们，他们对我个人的情况不了解，因此，他们很可能把我看得很神秘，不愿向我透露他们个人的事情，特别是那些令人伤心的事情。后来，通过与他们更为积极的交谈，我把自己逐步地暴露给了他们。结果，这样反而剥去了他们对我的神秘感，使我与他们在感情上更加接近了。以下我和达誉生在第4次访谈中的一个片段可以表明我们关系上的这种变化。当我向他提一些显而易见的问题并且对他的困难表现得麻木不仁时，他无所顾忌地向我这一"权威人士"提出了质询——

达誉生：告诉我，你在美国待了这么多年，你交了多少朋友？你和他们的关系有多深？

[①] 保罗·拉比诺（Paul Rabinow）在他的《摩洛哥田野作业反思》（*Reflections on Fieldwork in Morocco*）一书中特别探讨了他对互为主体关系的理解（Rabinow，1977）。

我：在头一两年很困难……

达誉生：你想想看！你在头一两年里都感到很困难，我到这里才几个月！

我：是啊……

达誉生：（笑）哈，哈，哈……

我：我不是说你应该这么做或那么做，我只是想知道你是怎样……

达誉生：让我告诉你吧，让我告诉你。你想想，你以前的专业是英语？

我：是的……

达誉生：你们这些以前学过英语的人到这里来头一两年还感到困难，而我的专业不是语言，我到这里才几个月。你说会怎么样？（接着他列举了自己在生活中遇到的许多困难。）

　　尽管我袒露自己的策略取得了一些积极效果，但是我仍然强烈地感到在我表白自己与让被访者引导谈话进程这两种策略之间存在着冲突。我始终面临着如下问题的困扰：在多大程度上表白自己？如何表白自己？如何让被访者直抒胸臆？应该给他们多大的自由？我以为，之所以存在这一冲突是因为我做访谈的目的与这些中国留学生接受访谈的目的之间可能存在一些矛盾。我的目的是了解他们在美国人际交往方面的经历，完成自己的研究项目，同时也希望他们通过这个研究可以获得对自己更深入的了解；而他们也许各自有自己的想法，如：帮助我完成研究计划，了解我和其他中国留学生的有关情况以满足自己的好奇心，减轻自己思想上的压力，和其他中国人取得联系，更深入地了解自己，找到和美国人交往的"诀窍"，探讨与美国人交往困难的原因，在我这里留下一个好印象，等等。我的目的和他们的目的在某些方面相吻合，但是有的部分则不太一致。因此，在整个访谈过程中，我始终在以下这两种选择之中举棋不定：从被访者那里得到我所提问题的答案；遵循他们的思路，跟着他们的话题走。这一冲突贯穿于本研究的全过程，直到现在我还没有找到一个有效的解决办法。也许，这个问题并没有唯一正确的答案，而访谈成功与否就在于在具体情况下对这一冲突的驾驭。有趣的是，在研究过程中思考这一问题不仅使我感到惶惑不安，而且也促使我对研究关系、访谈技巧和效度问题等进行了更深入的思考。

除了上述各种"效度威胁"（validity threats），本研究的描述性效度也有可能存在漏洞。在做现场观察时，中国留学生有可能因为我在场而感到紧张，因此行为举止和平时不太一样。而要确认他们行为表现的真正原因并不是一件轻而易举的事情。有时候他们在公共场合显得很拘谨，但我却无法分辨这是因为我在场，还是由于他们在一个陌生的环境里与陌生人交往。尽管他们事后都向我保证我在场并没有影响他们的正常活动，但是我知道自己有可能对他们的言谈举止产生影响。考虑到这一点，我努力使自己成为他们中的一员，让自己和他们在一起时尽量感到轻松自如。同时，我也设法让他们和我在一起时感到放松，从而可以更自然地表现自己。虽然我做了很多努力，可是由于观察方法的局限性，我不可能记录下中国留学生与美国人交往的全部过程和细节，因此从观察中得到的资料十分有限。

此外，这些中国留学生们对自己想法的不确定性也有可能影响到本研究的解释性效度。由于来美时间不长，一些留学生对事情的解释在我看来有很大的推测成分。例如，大部分被访者都说过如下的话："我不知道事实是不是真的是这样，但我认为……"这可能是因为他们在美国失去了自己熟悉的符号系统，在语言和文化交流上存在障碍，只能用自己先入为主的观念对周围的不明情况做出解释。这种陈述方式对我判断他们所说的话的真实性造成了一定的难度。经过慎重考虑，我决定把我所发现的"事实"如实写出来，同时给出当时这些事实所处的特定语言情境和现实背景。换句话说，我所发现的是被研究者们自己眼中的、自己亲身经历过的"真实"，而不一定是绝对意义上的"真实"。由于本研究的目的是从当事人的角度陈述他们的故事，因此我需要做的是努力接近原始素材，以他们的标准来展现故事的"真实"，而不是用一个外界标准来衡量故事的"真实性"。

除了在描述和解释方面存在"效度威胁"以外，本研究还可能在理论效度方面存在不足。我在对原始资料进行描述和解释的同时，还利用了我个人的知识以及现有文献来对研究结果进行理论探讨。这样做的目的是把

中国留学生个人的经历放到一个更大的社会文化环境中加以考虑，同时在
一定的理论框架中对有关问题进行更为深入的探讨。在这样做的过程中，
我力图将自己的阐释与中国留学生们自己的解释区别开来，使读者对研究
者和被研究者的声音的异同有所了解。可是，在分析和成文的过程中，我
时常受到如下问题的困扰：我是谁？我有什么权利把自己的声音放到分析
之中？这么做会不会影响到研究的效度？如果研究者或理论界的声音与被
研究者的声音不一致怎么办？尽管我小心谨慎，既尊重被研究者的看法，
又不乏对理论界的介绍，尽量争取在研究者和被研究者的声音之间求得一
种平衡、协调和区别，但我相信在本书的字里行间仍可看出这一思想斗争
的痕迹。

　　在分析资料的过程中，为了从多方探讨研究结果的可靠性，减少偶然
的牵强附会和一致性偏差，我在不同的环境中用不同的方法就收集到的不
同的被研究者的资料进行了多方验证。例如，当达誉生在一次访谈时谈到
美国的"人情"很"淡"时，我注意查看了其他被访者的访谈记录，看他
们是否也有相同的看法。当一些中国学生告诉我在美国交朋友"很困难"
时，我注意观察他们在社交活动中的行为，检验他们在访谈时所说的话是
否属实。为了检验研究的初步结果是否存在反例或被证伪的情况，我还将
研究结果反馈到被研究者那里，了解他们的反应。例如，马国强告诉我他
不急于在美国交朋友，这和其他学生的情况很不一样。于是，在下一轮访
谈中我再次就这个问题询问了他的看法。结果，我发现他之所以不急于在
美国交朋友是因为：（1）他第二个学期就必须到欧洲去学习；（2）他在美
国已有许多在中国就已经认识的中国朋友，这些朋友的支持对他来说已经
足够了，而其他中国留学生在美国没有如此强的友谊纽带。随后，我在表
述中国留学生们交朋友的愿望程度时，针对不同学生的情况提供了不同的
解释。

二、推广度问题

我只调查了波士顿地区的 9 名中国留学生，因此本研究结果不能推广到波士顿地区其他中国留学生中，更不能推广到美国其他地区的中国留学生中。由于样本中各部分因素差异较大，研究结果的内部一致性也很有限，此外，我所选择的样本只包括志愿参加本研究的中国留学生，因此他们的情况有可能与那些不愿意参加本研究的中国学生的情况有所不同。另外，这些留学生对中国文化的看法也不能代表所有中国大陆年轻人的看法。与中国大陆从来没有出过国门的人相比，他们可能更富有冒险精神和创新能力，愿意到别的文化环境中去一试身手。从一定意义上讲，本研究结果是针对我所设计的研究问题于 1992—1994 年对居住于波士顿地区 9 名特定的中国留学生进行调查的结果。这些结果与我作为研究者的个人特征、我与被研究者的关系以及我从事此项研究的具体方法和过程息息相关，因此，不能被推广到本研究范围以外。

在收集资料的过程中，我所调查的中国留学生往往用"美国"这个上位名词来替代他们实际所指的"波士顿地区"。他们来到波士顿以前都没有在美国其他地方居住过，在本研究中所谈到的内容大都限制在波士顿地区。然而，正是因为对"美国"的了解仅仅局限在这个地区，他们很容易将这个地区的情况推广到全美国。对他们个人来说，波士顿不仅仅代表了一个地区，而且代表了美国乃至整个西方世界。因此，当他们说"美国"和"美国人"时，他们实际上指的是美国和美国人中的一部分。作为研究者，我对这一点有所认识，并不打算将这一部分的情况推广到全美国乃至整个西方世界。

同时，我所从事的这种质性研究的目的并不是将研究结果推广到抽样的人群、地点或范围中。我更关心的是，我所揭示的社会现象是否能够为那些关心类似问题以及处于类似情形之下的人们提供一定的解释和可共享的经验。质性研究意义上的"推广"更多的是通过读者对本案例的认同和理论推衍来达到的。由于本研究对中国留学生的生活进行了比较深入细致的探究，那些与他们境遇相仿的人们也许可以从中获得一些认同和启迪。

此外，本研究在原始资料基础上形成的理论具有一定的抽象性和概括性，因而可以被推广到类似的事件和人群中。比如，对于那些与外国学生（尤其是中国学生）事务有关系的个人和机构，本研究的结果可以帮助他们更好地理解中国留学生在美国的思想动态和情感生活。

对美国大学的行政人员，本研究可以作为他们在制定政策和提供服务时的参考。对于美国的教育工作者来说，中国学生的情况可以在他们为具有多元文化特色的学生群体设计课程和安排教学时提供必要的信息。对美国学生来说，中国留学生的生活故事可以帮助他们提高对中国学生交流需求和方式的敏感度。

对那些尚在中国而对美国有过分理想化认识的中国人来说，本研究也可以为他们提供一幅他们的同胞在美国生活的较为现实的写照。对于那些在美国留学的中国学生以及来自其他国家的外国学生，此项研究还可以帮助他们审视和比较自己在跨文化环境中的生活经历。事实上，此类研究可以为所有对跨文化交流问题感兴趣的人们提供借鉴，因为本研究不仅在表面上对跨文化人际交往进行了描述，而且力图发现人们在文化迁移中如何采取应对措施来适应和超越新的文化环境。

三、伦理道德问题

像所有其他研究一样，本研究也涉及很多伦理道德方面的问题。首先，我的研究得到了被调查的中国留学生们的同意，他们都来信或口头表达了参与本研究的愿望。我和每位参与者都讨论了研究的日程安排，并选择了他们认为方便的时间和地点开展访谈和观察活动。为了对他们的身份保密，我在本书中使用的全部人名和地名都是虚构的。在有非被研究者参加的社交场合，我对自己的言行十分谨慎，注意不泄露被研究者的身份。在焦点团体座谈中，我也要求被访者不要对外界提到任何其他人的真实身份及访谈内容。出于某些原因，一位留学生要求我不要在书中引用他曾告诉我的一些情况。尽管这些情况对我的研究十分有用，但我还是遵照他的意思将资料进行了适当的处理。最后我还邀请了所有被研究者阅读研究报告的初稿，请他们提出修改意见。

所有参加本研究的中国留学生学习和生活都很忙，而本研究占用了他们许多宝贵的时间。对此，我心中一直感到内疚。我在中国与他们联系时，那儿的生活节奏没有美国这么快，因此我没有感到太多地打扰到他们。但来到美国之后，他们变得非常忙，而我的内疚感因此也变得更加强烈。这种感觉使我和他们在一起时经常心神不定，有时电话联系或会面时会因此而变得结结巴巴，说不出话来。有时在访谈时，我的脑子也会因为想到这一点而无法集中注意力。为了减轻自己的内疚感，我曾尽量寻找可能的机会帮助他们。有一次我计划到高莉丈夫所在的城市去旅行，高莉听说了以后要我带一些行李给她丈夫。为此我感到特别高兴，欣慰地对自己说："我终于也能为他们做点儿什么了。"为了感谢他们对我的帮助，我曾邀请他们到我家做客，并参加我所在学校的一些社交活动。在研究结束时，我给每人送去了一封感谢信和一件小礼物，以表达我对他们的谢意。

在满怀歉意和谢意的同时，我也希望这些学生通过与我分享他们个人的感受，能够从中得到一点心理上的补偿。在美国找一个富有同情心的人倾诉心曲并不容易，因此，有人关切地倾听他们诉说自己的事情有可能使他们感到自己十分重要。此外，我也希望他们通过参与这一研究得到一些启发，在跨文化交往中增长一些见识和才干。我记得，当我问焦林过去3个月来对文化认同有什么感受时，他很高兴地说："这个问题很有意思，我过去从没考虑过这个问题，我得好好考虑考虑。"当我在研究结束之时送给高莉一件小礼物时，她竭力推却说："你不是说这项研究对双方都有好处吗？"我紧接着问她是否从研究中得到了一些帮助，她点点头说："是的，这些事情今后一辈子也忘不了。"当我向董文表示感谢时，他说："通过与你交谈，我们也得到了很多帮助。"

研究快结束时，我曾邀请全部留学生在一个餐厅里共进晚餐。晚餐结束时，我按事先和他们说好的付了账。然而，第二天当我打开书包时，却发现里面有一包卷得整整齐齐的钞票。当时我感到很过意不去，对他们充满了感激之情。与此同时，我发现自己还陷入了一种对他们这一行为所代表的文化含义的沉思。尽管我事先明确地告诉他们这顿饭由我招待，但是他们还是坚持自己付自己那一份。在我看来，他们的这一举动具有非常重要的文化含义，既非常"中国化"又非常"美国化"。"中国化"是指他们都想主动付钱，并没有将我和他们的关系看作一种工作关系；"美国化"是因为他们来到美国以后学会了"各付各的账"，如果让我一个人付账，他们认为不公平。

研究结束后，我和他们中大多数人仍然保持着密切的联系。对那些已经离开美国的人，我通过书信和电子邮件和他们交流。对那些仍待在美国的人，我们常常互通电话，或聚在一起聊天。我没有在研究结束后就"抛弃"他们，独自携着我们共同的劳动果实逃之夭夭，对此我感到一丝欣慰。

第六节 研究者自身的演变

在整个研究过程中，作为一个研究工具，我的研究水平得到了稳步而迅速的提高。我不仅在质性研究方法方面有显著的进步，而且对自己作为研究者的作用也有了更深刻的认识。通过这项研究，我对被研究者、我自己乃至我周围的世界都有了更加丰富的理解。在设计本研究和开始收集资料时，我主要关心的是中国留学生在和美国人交朋友时的文化差异，而不是他们个人的具体经历及其意义解释。因此，我在中国所做的工作主要是分类调查，把这些学生看成一个文化群体而不是单个的个人。然而，在中国的第一轮资料收集完毕回到美国以后，我发现自己的注意力已从文化群体转向了个人，从文化概念转向了中国学生的心理反应和具体行为。这一逐步而又迅速的转变有以下几个方面的原因。

首先，1992 年秋季我选修了哈佛大学一名心理学教授开设的临床访谈课程（clinical interviewing）。这门课程使我在访谈的心理分析维度方面大开

眼界。临床访谈的目的在于使访谈者在特定研究问题的背景下了解自己与
被访者之间的关系，帮助被访者了解和表现自己，从而使访谈者更好地了
解被访者。这种访谈方式要求访谈者在多重层次上揭示被访者的"真相"，
从而更加完整地再现被访者的全貌。这门课程帮助我进一步认识到访谈者
和被访者个人的心理活动对研究的影响以及研究关系对研究过程和结果的
重要性。我所研究的对象首先是一个完整的人，其次才是一个信息源。因
此，我应该将他们当作有血有肉、有情有欲的人来对待。而要深刻地了解
世界上这一最复杂的生物——"人"，我必须从多重角度了解发生在他们身
上的事件的细节以及他们对这些事件的心理反应。我以前的访谈方法主要
受教于哈佛大学另外两位教授，他们都是人类学出身，更侧重于人类学方
法，对人的心理活动不太注意。临床访谈这门课程为我研究完整的人，特
别是人的心理活动，提供了一个很好的辅助手段。

其次，我对伙伴心理咨询的浓烈兴趣也对本研究产生了很大的影响。
伙伴心理咨询是心理咨询的一个分支，主要通过宣泄情绪来修复过去生活
中积累的心理创伤、纠正不良行为模式。出于一些个人原因以及对中国教
师能否同时扮演心理咨询员角色这一问题很感兴趣，我对伙伴心理咨询的
理论和实践十分热衷。我曾跟随一名美籍中国心理咨询员做过一段伙伴心
理咨询，同时也受到哈佛大学数名美国心理医生的咨询。这一经历使我更
加真切地体会到，人们在交往中彼此信任的程度对于他们决定是否讲"真
话"具有决定性的作用。此外，个人的情感生活对他们看待世界的方式也
有至关重要的影响。人的情绪和理智实际上是相通的，人的思维在很大程
度上受到情感的影响。

再次，由于我在哈佛大学接受了相对中国来说比较"平等"的教育，
而且我自己当时正在痛苦地探索人生的意义，因此我的兴趣从宏观层面转
向了微观的个体生命层面。我来自一个社会等级观念较强的社会，在那里
我拥有比较高的社会地位。作为一名受过良好教育的"知识分子"，我常常
有一种优越感，做事情好高骛远，为自己设定的目标往往高不可攀、不合
实际。来到美国以后，美国的"平民教育"使我对普通人的生活越来越感

兴趣。我发现"小人物"生活中的意义和情趣一点儿也不比那些"大人物"弱。在日常生活中，我开始更加关注周围的普通人，和他们交朋友，观察他们怎么生活和工作，并且思考自己和他们的关系对我的意义。

最后，由于我与被调查的中国留学生关系日渐深厚，我逐渐把他们看成一个个单独的个体，而非一个同质群体。每当我想起他们，在我面前就会浮现出他们每个人的音容笑貌。由于我与他们在中国和美国都有过不少交往，他们的形象在我的脑海中变得越来越生动，越来越富有个性特征。因此，当我和他们交谈以及阅读访谈记录时，我很容易将他们当成一个个整体的人，透过他们所说的话和所做的事看到他们的全貌。

来到美国以后我这些个人兴趣上的转变也反映在本研究的资料收集和分析方法上。由于我在中国的访谈基本上是按照类属的框架进行的，所以我收集到的素材归类分明，能够比较整齐地整理成几大类属。但在美国的访谈就不一样了。由于我试图再现每个人的具体生活经历，我在访谈时所问的问题比以前具体多了。为了把被访者从抽象和一般的理性解释层面带到对具体过程和细节的探讨之中，我经常问如下问题："具体发生了什么事？""你怎么解释那件事？"为了避免使被访者过分注意事情的因果关系（也许这种关系在某些事情中并不存在），我尽量不问"你为什么这样做"之类的问题。尽管有时候我过渡到感情层次时操之过急，但我会很快就意识到这个失误。我认识到人们的情感反应往往是和他们的具体行为联系在一起的，因此通过询问细节来了解他们的情感反应更有效果。

由于我对普通人认识世界的方式越来越感兴趣，所以我在对原始资料进行分析时将注意力主要放到了对中国留学生们的"本土概念"的发掘上。我经常花大量的时间思考每一位受访者和我所谈的内容的意义以及他们的谈话意图。我常常坐在一大堆挑选出来的关键词句面前沉默良久："当他这么说的时候，他脑子里想的究竟是什么？分析这个人的关键在哪里？为什么他会告诉我这些事情？他究竟想告诉我什么？"

由于我开始注重揭示每一位中国留学生的内心世界，而不是把他们当成一个群体，我有一段时间强烈地感到样本数量太大。我希望对每一位留

学生进行有深度的个案调查，但是限于完成研究的时间和论文的字数，9
名被试显然是太多了。于是，我与论文委员会商量，要求把人数从9名减
到4名。遗憾的是，论文委员会不同意我这么做。但是他们建议我着重对
样本中少数人进行比较深入的调查，保留其他人作为背景资料的来源。在
这种情况下，我决定仍旧坚持对所有留学生进行调查，但同时注重研究与
我初步选定的分析主题关系比较密切的一些个案。所以即使是维持了原来
的样本量，我也仍旧把注意力放在对个人具体生活细节的了解上，而不是
把他们统在一个所谓的大"文化伞"之下。但是，由于时间和篇幅的限制，
我发现要把每一位学生的个性特征生动、丰富和细致地描绘出来几乎是不
可能的。

　　为了与所研究的中国学生产生情感上的共鸣，我意识到作为研究工具
我必须对自己的情感有比较透彻的了解。如果我对自己在跨文化人际交往
方面的情感反应有比较清醒的认识，我会对其他中国学生的经历理解得更
为透彻。因此，在1993年上半年，我邀请了一位我比较信任的中国女同学
对我自己进行访谈。访谈的内容是有关我在美国留学期间与美国人交往的
经历，访谈的语言是中文。在访谈前我告诉了她我的目的，并要求她用各
种可能有效的办法帮助我暴露自己的真实想法和感受。在两个小时的访谈
中，她非常有效地触动了我的情感。大部分时间我的情绪都十分激动，有
一刻竟潸然泪下。我觉得，在这次访谈中自己充分表达了当时所有的想法
和情绪。除此之外，我还安排了一位美国女同学就同一题目对我进行访谈，
目的是了解我在美国人面前对同一话题有什么不同的反应。尽管这一次感
觉没有上一次那么强烈，但我还是尽可能详尽地就这一问题表达了我的观
点。这几次情感上的体验使我对自己的情绪有了更深切的了解，而这种了
解又反过来帮助我进一步理解其他中国留学生的心情。此后，每当他们提
到类似的感觉时，我便会产生十分强烈的共鸣。同时，也由于我清楚地了
解了自己的感情，因此对自己的情绪波动有较好的控制能力，能够较好地
处理自己的思想"包袱"，不致使其成为我了解其他中国学生的障碍。

　　从事此项研究使我经历了一生中从未有过的焦虑和担心。在整个研究

过程中，我发现自己在不断地变化，我所研究的中国留学生们像走马灯似的在往前走，而同时我们所处的环境也变幻莫测。好像一切都在变，依研究过程中每一具体情境的不同而有所不同。一方面，我不得不努力控制自己，静心等待在我和研究对象们互动中所收集到的资料展现它们自己，然后跟着这些资料的思路走；而另一方面，我又不得不时刻注意自己的研究计划和研究问题，争取在预定的时间和分析框架内完成任务。这种质性研究方法具有很大的不确定性和不可预测性，研究的各个环节和层面都在随时随地发生变化。作为一名新手，我为此常常感到十分焦虑。随着时间的推移和研究的逐步推进，我渐渐学会了把这种焦虑当成自己生活的一部分而加以接受。通过此项研究，我处理事物的模棱两可性以及调适自己矛盾方面的能力有了很大的提高。

这项研究所花的时间以及研究过程中我所犯的错误也常常让我担心不已。对一名新手来说，长时间的探索，不断地反复进行试验而进步仍旧缓慢，这恐怕是不可避免的。我记得自己曾对一名论文支持小组的成员抱怨说，我的论文委员会竟然不事先警告我在研究过程中可能出现这样或那样的问题，作为经验丰富的社会科学家，他们肯定在自己以前的研究中多次遇到过类似问题。然而，那个小组成员给我的回答却令我大吃一惊："哦，这是谁也无法预料的。你必须自己在做中学。而这本身就是一个很有价值的学习过程。"

确实如此。通过这一令人精疲力竭的搏斗，我不仅学会了耐心等待，而且学会了如何将错误变成通向成功的铺路石。从事一项质性研究就好像十月怀胎，需要一定的时间和步骤，不能操之过急。研究对象们需要和我有足够的交流才会对我产生信任——而信任是得到"真实"资料的必要基础。收集到的原始资料需要大量的时间才能酝酿成熟，逐步在我面前展现它们内在的意义和联系。资料的意义建构更需要反复的验证才有可能符合被研究者眼中的"真实"，而理论的建立需要深入的思考才能具有开创性意义。

一方面，我意识到，获得有意义的研究结果需要研究者与原始资料之间进行积极的互动；而与此同时，我仿佛觉得我所收集到的原始资料有自己独立的生命。我必须深深地沉浸在其中，与它建立血肉联系，它才愿意展现自己的真实面貌。而沉浸于其中是需要时间、耐力和自持力的。这项研究要求我不断挑战自身的极限，因此研究本身对我来说就是一个不断发现和扩展自我的过程。在这个过程中，我既体会了迷茫和困惑，又经历了思想上的升华和顿悟。我除了了解自己作为一名研究者的潜力和弱点以外，还发现了自己作为一个人的许多长处和短处。

在研究结束之前的焦点团体座谈中，我的访谈技巧充分显示了在过去一年半内我作为一名研究者和一个人所取得的进步。在本研究刚开始时，我经常被很多问题弄得寝食不安，如担心"研究者效应"、伦理道德问题（对占用他人时间的内疚）、个人表现（别人如何看待自己的能力）等。但是在这次访谈中，我和被调查的中国留学生们之间的关系已十分密切，我们像好朋友一样谈笑风生。在他们谈话时，我向他们敞开了自己所有的感官触觉，全身心地关注他们的一言一行。更重要的是，我现在可以和他们很好地平等相处，既不高高在上，也不战战兢兢。我在和他们谈话时精力非常集中，不像以前那样因担心而显得心猿意马。他们看上去也都兴致勃勃，对访谈的话题好像十分感兴趣。虽然大家都抱怨说在美国时间太紧，可是一个个谈锋甚健，以至于我很难在预定的时间内结束访谈。

我认为这次访谈之所以有这么好的效果是因为：（1）我自身重新获得了平等待人的能力；（2）我自信自己已成长为一名合格的研究者；（3）我和被访者们已成了好朋友；（4）他们对我——另一名中国留学生——已有了基本的信任；（5）我们双方对这一共同关心的话题有强烈的兴趣。

在整个研究过程中，我和其他人，特别是论文委员会和论文支持小组的成员们，经常交换意见。尽管他们中有些人的研究领域和我的很不一样，但是和他们交谈总是使我受益匪浅。正是由于来自不同的研究领域，他们可以从不同角度来帮助我考虑我所面临的问题。对我来说，与他们交谈还是一个自我发现的过程，因为在交谈中我常常领悟到一些自己以前尚未意识到的东西。与他们思想上的撞击常常激发我的灵感，帮助我澄清思想上暂时的疑惑和彷徨。

例如，有一个时期我对自己的研究应该如何进行下去感到一筹莫展。于是，我邀请了支持小组的一位非洲同学就这个问题进行讨论。结果，我们一下子谈了 3 个小时。在这次交谈中，我向她表述了我目前所感到的困惑，然后提出了一些对研究结果的替代性解释。通过她的帮助，我还基本上理清了下一步工作的思路。过后我就这次谈话的内容和感想写了一份备忘录，这份备忘录被我的导师称为我的研究过程中"非常重要的一步"。通过这次经历，我领悟到：作为研究者，我们应该勇于向关心我们的人暴露自己的弱点，和他们一起分享我们的疑惑和困境。在分享和相互激励的过程中，我们所学到的东西往往远远超过我们自己所可能想象的范围。我从这次经历中学到的另一个经验可以用一句古老的中国格言来表述："三个臭皮匠，赛过诸葛亮。"对我来说，这句话总是对的，至少在这一艰苦而孤独的研究过程中是如此。

第二部分
前景：留学生的交往故事

了解了研究的过程和研究者的思考之后，现在让我们来看一下中国留学生在美国前8个月内跨文化人际交往的故事。

　　此部分由五章组成。在第三章里，一位中国留学生讲述了他在美国与人交往的经历和感受。在第四章到第七章里，留学生们用自己的语言描述了他们在跨文化交往中的感触和思考。后四章的主题全部来自留学生们自己的本土话语："交往""人情""情感交流""交友"。在描述这些故事的同时，我还运用社会科学研究领域的有关理论以及我个人的理解，对原始资料进行了解读和分析。

第三章 "酸甜苦辣，百味俱全"：一位中国留学生的 交往故事

"仔细看，每一张面孔都是一个故事。"①

"一滴水可以反射出一个大海，一粒沙子可以映照出整个世界。"

——威廉·布莱克（William Blake）②

在我所调查的 9 名中国留学生中，焦林的故事最具有代表性。他的经历不仅可以作为一个引子为其他学生的情况穿针引线，而且具体体现了本书后面将要讨论的所有重要主题。因此，我决定把焦林的故事作为一个整体在研究结果的开头加以叙述。这样做可以比较完整、生动地呈现一位留学生的生活经历，使读者对留学生的生活有一个比较全面、细致和动态的了解。使用叙述体的方式是为了将故事放在一个比较自然、连贯的语境之中，再现故事本身的时间序列和空间组合。同时，这一个案也可以为后面对全体研究对象的分类做一些内容和结构上的铺垫。

---

① 这句话是我有一天偶然在电视上看到的，现在已不记得时间和电视频道了。

② 威廉·布莱克，英国作家。本句译自诗歌《天真的预言》（*Auguries of Innocence*）。

第一节 初来乍到

焦林生长在西北农村地区，父母都是农民。他高中毕业后在当地做了两年小学教师，然后考上了北京一所著名大学，在那里学了4年英语。大学毕业后，他继续在那所学校攻读了3年的教育学课程，获得硕士学位。来美国之前，他在一个政府部门工作了3年，职务是英文翻译兼官员，主要任务是接待到部门里访问和工作的外国来宾，包括带他们到北京或国内其他名胜古迹观光旅行，时间少则一天，多则半个月。因为工作的缘故，焦林接待过许多美国游客。在这期间，他和一些美国人建立了比工作更深一层的关系，这些美国人回国以后仍旧和他保持书信来往。正如他在访谈时用自豪的口吻告诉我的那样："我不是那种没见过世面的人。"

来美国之前，焦林在中国交了很多朋友：有在家乡交的，有在大学交的，也有在北京工作时交的。他有一帮"铁哥们儿"[①]，每当他遇到困难时他们就会来帮忙。他在和我的交往中表现得十分豪爽，表达自己的想法时态度也非常直率。他现年30岁，已经成婚，还没有孩子。出于经济和政策方面的原因，他独自一人来到美国。4个月以后，他的妻子才设法来到美国和他团聚。

焦林来到美国以后在波士顿地区的一所名牌大学里攻读教育学博士学位。他6月底一到波士顿，就去另外两个州拜访了他在中国时结识的两位美国朋友。在那里，他过得很愉快。他的美国朋友以及他们的朋友们纷纷向他表示祝贺，对他能到这样一所世界著名高校来学习十分羡慕。焦林对只身一人在一个陌生的国度里旅行了这么远，听了美国人这么多对自己的恭维话，而且自己能够轻松地和他们用英语交谈，感到十分开心。虽然是第一次来美国，但他感觉自己能够十分自如地应付新的环境：

> 刚开始，我对自己很有信心，和他们交往我没有遇到任何问

---

① "铁哥们儿"是中国，特别是中国北方，青年人用来指称好朋友的一个俗语。

题。到那些地方旅行的时候，他们都说："你第一次到这儿就……"
当然他们是在鼓励我，但我对自己也很有信心。甚至在他们的家庭
聚会上，我也能很自然地和他们交往，而且并没有感觉到自己有多
么无知。当然，有一种很新鲜好奇的感觉，但远没有到那种让我吓
一跳、完全没有预料到的地步。自我感觉还行。

　　结束了这次愉快的旅行之后，焦林在 8 月份回到了学校。然而，他
没有料到的是，迎接他的却是开学之前的无聊和寂寞。他在波士顿不认识
任何人，只是通过我的介绍认识了一位中国学生。这个学生开车到机场去
接了他之后便忙于自己打工糊口，再没有主动与他联系。（那时我仍在中
国。）有一段时间，他的情绪极度消沉，有一种"无精打采、孤独和与世隔
绝"的感觉。以前在中国时，家里的事情全由妻子照料，他不必操太多心。
现在他独自一人生活，什么事都得依靠自己。可是，他不知道如何照料自
己，连买菜、做饭、根据天气变化更换衣服这类事情都不会。有时他宁愿
挨饿也不去餐馆吃饭，因为那儿的饭菜他不习惯，而且价钱太贵。与此同
时，他的妻子经常从中国给他打对方付款的电话，向他诉说在国内的难处。
这使他在自己的难题之上又平添了许多压力。由于只从学校得到部分学费，
他不得不设法靠打工度日。但是他没有在美国打工的经历，很难找到一个
与自己在中国的社会地位相匹配的工作。

　　这种种意想不到的打击一下子把他扔进了"沮丧的深渊"。由于"我的
脾气不好"，焦林说，他有一次和街角一家洗衣房的中国店主大吵了一架。
这次吵架的起因是他们对他所在学校的管理方式持有不同看法。当焦林正
在为生存而挣扎时，他的学校竟每年两次翻新校园里所有的草坪。学校里
一座图书馆的屋顶看上去一点毛病也没有，而学校竟决定将它全部换掉。
焦林认为这样做"完全是没有必要的，而且是在浪费我们学生的钱"。

　　有一段时间，他的心情很不好，情绪十分低落。当时仍是暑假，学校
里没有多少人。他周围的几个人，不管是中国人还是美国人，要么忙于打
工求生存，要么压根儿就不认识他。他感到非常孤独，开始问自己为什么

要跑到这个地方来受罪:

> 那段时间我的压力很大，我也许还有文化适应方面的问题。我在周围根本找不到人。所有的中国学生都在忙着打工挣钱。美国人呢？没人愿意和我交谈。我和他们没有什么交往。我很无聊，太无聊了。因此我情绪很低落，而且我总问自己："我到这儿来究竟是为了什么？""我到这儿来值得吗？"我总在想这个问题。

8月底，他总算在学校里找到了一份工作——为会议室布置会场，主要工作是摆桌子椅子以及安排会议膳食。在那儿工作时他遇到了一些"好人"，自己的心情也为之一振。"汤姆和玛丽很容易交谈，而且态度也很随和。"在会议室工作的头两个月里，他养成了一个习惯，每天都要去那儿看一看汤姆和玛丽。即使他不必每天去工作，而且也没有什么特别的事要跟他们说，他也要抽空去跑一趟："我想，真的没什么道理，我为什么要天天去那儿呢？他们都很忙……，我不知道……，只是想去看看。"显然，他需要的只是去看看别的人，与别人有一点交流。

后来，随着他对汤姆和玛丽等人的了解有所加深，他试图加入他们的谈话。结果，他发现自己很难理解他们所说的话，尤其是当他们相互开玩笑的时候:

> 当杰克、琳达和玛丽为某一件有趣的事情而相互开玩笑的时候，我不知道他们笑些什么。有时候我也跟着他们一起笑几声，但我对自己说："这是怎么回事？"突然一下子，我觉得自己是一个局外人。我觉得其实自己在他们的圈子之外。……我感到很伤心，很孤独，……很难进入他们的圈子。……当我没弄明白发生了什么事就和他们一起笑的时候，我感到很尴尬。我不知道他们是否注意到了这一点。

　　由于感到自己是一个"局外人"，焦林在和汤姆等人交往时常常有一种受挫的感觉。但是，由于这种交往毕竟是和"美国人"进行的，他对自己的社交能力渐渐又恢复了信心。9月份，在外国学生欢迎会上他遇到了本专业的辅导员约瑟夫。约瑟夫是三年级博士生，对他十分热情，向他介绍了许多关于学校的情况。后来当他希望改变研究方向时，一位来自拉丁美洲的同学乔安借给了他很多书籍，并给他提了不少建议。同时，他和以前在中国时结交的一个美国朋友取得了联系，这个美国朋友和他关系不错，经常与他称兄道弟。同时，焦林还和一位美国老教授保持着联系。这位老教授在中国旅行时有一次心脏病突然发作，焦林和他的妻子及时帮助了他，将他送到医院抢救。老教授对他非常感激，十分关心他来美国学习的情况。焦林到达美国的第一个月里，老教授经常给他打电话，询问他诸如"你是自己做饭还是到外面吃"之类的问题。老教授如此细致入微的关心使他想起了自己的父亲。后来，焦林的妻子来到美国和他团聚以后，老教授就不再打电话来了。

第二节　当头棒喝

　　正当焦林感到比较愉快，对自己的适应能力又充满了信心时，发生了一件他万万没有想到的事情。这件事彻底粉碎了他美好的幻觉，使他觉得"我周围的世界一下子全颠倒过来了"。

　　新学期开始的时候，他和一些同学到波士顿附近的一个小岛上做一个研究项目。这个小组里只有3名男生，其余的全是女生。项目中的一个任务是要求大家搬运一些大木板在小岛上建一座桥。正当大家考虑该怎么干时，一位名叫劳拉的女生突然走上前去，从地上扛起一块大木板就往前走。看到这个情形，焦林马上走过去说："让我来，让我来，让我来。"后来大家坐下来对项目做评议时，劳拉突然提起性别歧视的问题。她认为焦林提出来帮她扛木板是对女性的歧视。这可使焦林大吃一惊：

　　她说她非常生气。啊呀，当我听到她说这个的时候，我……
我……我真是气坏了。我对自己说："这到底是怎么回事啊？我做
了什么使她觉得……"那天，我再也不和这些女孩子说话了。噢，
当然啦，她们已经不再是女孩子了，而是妇女了。从这件事情以
后，我变得非常小心，我不知道我又会犯什么错误。从那以后，我
感到很不自在。如果在路上碰到她，和她说话时我也会变得非常客
气，非常小心。

　　这件事对他的打击是如此之大，以至于他当时最直接的反应就是深深
地自责："我觉得自己很蠢，好像什么也不知道，很无知，做什么事从不好
好想一想。我事先应该更多地考虑一下才是。如果我不知道这儿的规矩，
就不应该乱动，我真的太不小心了。"这个事件发生以后，他和美国女性交
往时变得非常小心谨慎。即使按照中国的传统，一个男人应该帮助遇到困
难的女人，但是为了避免麻烦，他也不得不努力克制自己，不去这样做：

　　从那以后，我再也不帮美国女人了。不光是女人，男人也不帮
了。……假如有一个女人正提着很多袋子走在我旁边，我决不会问
她是不是需要我帮她提一个大袋子。……我再也不会这样做了，我
觉得以前我这么做真是太蠢了。……我感到很不舒服。是啊，我觉
得我是一个十足的傻瓜。

　　这件事不仅使他注意不要主动提出帮助别人，而且使他对生活中其他
的事情也变得谨慎起来，例如，"尽量少讲话""变得非常敏感""对未来将
要发生的事情很担心"等等。这一打击完全出乎他的意料，因此他不断地
责备自己："我再遇到这档子事时应该更加小心才是。"
　　尽管他对发生的事情感到自责，但同时也有点愤愤不平。一方面，他
担心自己所做的事情会损害自己祖国的形象："突然，我的感觉走到了一个

极端。我突然觉得好像我们来自一个还没有开化的社会，让她看到了中国男人的大男子主义。我认为我并不是那种大男子主义者，但我给人的印象却是如此。"另一方面，他对自己好心却办了坏事感到十分不解："这件事使我很难受，非常难受。……你一心一意想去做件好事，却让人觉得'你这人怎么这样……，你的水平也未免太低了，太差了'。"在困惑和自贬之中，他也对当事人劳拉感到不满和气愤："我也生她的气，觉得不舒服，像吃了一只苍蝇似的恶心，这么一种感觉。你说我该怪谁？没人可怪。可是，我觉得很气恼，还有一些不满，一种很复杂的心情。"

从那以后，他尽量避免和美国同学套近乎，尤其是和女同学。"我尽量避开她们。……她们太敏感了，什么事都上纲上线。我觉得这种人挺怪的，很难对付。"同时他也开始意识到，"我的思想意识里有一部分不符合这个社会和现实"。虽然他一心希望和美国同学和睦相处，但是他发现自己的想法和他们有很大的差异。他认为主动帮助女同学是高尚的行为，可是劳拉等人却将这种举动视为"性别歧视"。尽管他花费了不少心思接近美国同学，但是他觉得现在自己的努力算是白费了："我没有办法加入他们的圈子。不是我不想，而是他们不让我加入。"

和美国同学的疏远感使他觉得自己的社会地位也在下降，不仅生理上疲倦不堪，而且心理上也伤心失意：

> 来这儿以后，我觉得自己落到了社会的最底层。这种感觉，好像是整个人都被社会隔绝了。……当然啦，这不是真的，但是当一个人的感觉走向极端时，这个人就会变得非常悲观。……我有很大的压力，我觉得前面的路还很长，而我又很累。我不得不从这里开始，从零开始，从这里开始往上爬。

焦林不仅对自己来到美国以后的经历感到十分沮丧，而且对自己所面临的冲突也感到困惑不解。他觉得似乎有必要改变自己的一些想法，但同时他又对自己是否有可能改变而感到迷惘。一方面，他觉得美国人衡量事物的标准优于自己的标准，自己的标准在世界秩序中属于原始和"未经开化的"范畴；而另一方面，他又希望通过回避美国人来保持自身独特的风格。当他说起自己的这种内心冲突时，我可以明显感觉到他的语气中交织着绝望与自豪：

> 在我内心深处，可能我的思想意识还比较落后。我觉得我再也不能超越它了。到了这个年纪，我再也赶不了时髦了。我已经落伍了。但是我和他们不一样。我和这些人没有共同的语言。我不想和他们交流。他们和我很不一样。如果他们都这样，如果所有的老师和学生都这样，我宁愿不和他们交往。这太不舒服了。

他内心的困惑与绝望从访谈中他重复使用的一些修辞性疑问句中也得到了反映。他在对某一事件进行描述以后常常加上一句："这是怎么回事？"或者："究竟发生了什么事？"通过这些无须作答的问话，他似乎在询问自己周围到底发生了什么事情，并试图弄清楚这些事情的意义所在。此外，在和我谈话的过程中他时不时地干笑一声，好像心里很不安。或许是因为他对于过早地与我谈论这样一些敏感话题感到不自在？他来到美国才3个月，对周围的环境还很不了解，而接踵而至的打击却使他不仅始料不及，而且百思不得其解。面对我这样一位在美国生活过几年的中国同学，他有可能感到难以启齿。他所谈到的内容涉及自己内心深处强烈的冲突，不可能感到轻松自在。

第三节 "大小孩"

由于受到诸如劳拉事件的当头棒喝，焦林对周围人对自己的看法变得更加敏感。他强烈地感到，虽然自己已经30多岁了，是班里年纪最大的学生，可是别人却像对待"小孩"一样对待他；他们认为他什么都不懂，不把他当成具有自理能力的"成人"看待。他所反映的自己与一名助教的关系，从一个侧面反映了他的这种感受：

> 这个助教喜欢摆架子。有学生问他问题时，他总是把他们当小孩看，总是说"问我之前你先去看看书"。虽然他是用一种很有礼貌的口吻说的，但他的话所传递出来的信息却很有一种居高临下的味道，就像中国的老师训小孩似的："你看书了吗？先去看书，看了书再来问我。"每当他这么对我说话的时候，我就觉得很难受，好像在他的眼里我是一个十足的傻瓜。我觉得我自己真蠢，真笨。……这是一种很不好受的感觉，可怜巴巴的。我突然感到，……为什么在这里学习这么难，为什么我这么笨。

刚开学时，他学习遇到问题时曾经去请教过这位助教，可是每次他的问题都被助教弹了回来。于是，他开始回避这位助教，即使自己学习有困难，也不再去找他。可是，与此同时，他又对自己被当成"小孩"而感到愤愤不平。在访谈中他谈到这一点时情绪十分激动，似乎在试图用一种被动的方式重申自己"成年人"的形象："我对他的态度感到很生气。像我这样的年纪，这么大了，我再也不是个小孩了。我不会完全失去信心的。起码我不会去问他问题了，只想靠自己看看书。"

不久，焦林发现并不是只有这位助教对他采取居高临下的态度，其他一些美国同学对他也是如此。新学期开始时，"我很担心自己的学业，急得直跺脚。我该怎么办呢？我能做什么呢？当时我的头很痛，心里也很着急。在路上我遇到同学就拦住他们，向他们征求意见。可是他们态度都很冷淡"。当他向同学寻求帮助的时候，他们并没有表现出他所期待的同情、耐心和尊重："他们小看你的问题，认为太简单。他们简单地向你解释一番以后就再也不想和你多谈了。而通常他们所说的，对我来说又不是很容易懂。如果你再问，他们就会很快地结束这个话题。他们会使你觉得，要么你的问题不着边际，要么你懂得太少。如果你想继续解释，他们就不说了，或者扭头就走。在这种场合，我觉得自己真笨。下次再看到这些人，我会变得非常小心。"这些同学的反应相当出乎他的意料，因此他为自己遭到的冷遇既感到困惑不解又愤愤不平，不明白为什么他们不对他热情一些。后来他想："也许他们都很忙？也许我问的不是时候？……可能我问的方式不对？"由于找不到其他的解释，他又落入了深深的自责之中。

此时，更让他感到沮丧的是：他发现他的美国"朋友"汤姆也和其他人一样把他当"小孩"。在他们的交往中，汤姆总是一副试着"照料"他的样子："我最近发现，汤姆和我说话时也是一副照料我的派头。和我谈话时，他明显地放慢速度。我觉得他和杰克以及其他人讲话时要快得多，和我说话时就不一样……。我觉得很不舒服。"更让他吃惊的是，他发现在自己工作的地方，一个比他年龄小了一大截的美国男孩唐纳也这样对待他：

> 唐纳这个小男孩也这样。无论什么时候我问他问题，他总要重复一遍，这使我觉得很不自在。"这是怎么回事？"我问我自己，"难道你听不懂吗？"例如，他在电脑上玩游戏时，我问他："你是怎么开始玩这个游戏的？""我是怎么开始玩这个游戏的？"他总是这么重复一遍。这是怎么啦？后来，我发现他和别人说话的时候并不这样，他不重复。这真是……。我没有什么事和他过不去，他人挺好的。但这种感觉……，真的，如何去克服这种感觉呢？……真是太难了。

后来，他逐渐发现这种情况几乎发生在所有与他交往的美国人身上。他们在和他交谈时都放慢速度，好像唯恐他听不懂他们所说的话似的。当我问他对这一现象有什么感觉时，他情绪激昂地说："我真没用！我觉得自己很没用。其实我并不怪他们，我不怪他们……，这是我自己的问题。他们和其他人说话时并不这样。"虽然这些美国人这么做也许是出于好心，担心他英语听力有困难，但他却感到自己被当成了一个"局外人"。他们对他的特殊照顾使他更强烈地感到了自己的无能。与其说他对这些同学怀有抱怨情绪，不如说他主要是对自己的无能感到自责。

在自责中，他意识到自己过去的期望与现实之间的差异比他所预料的要大得多。在北京做翻译时，他觉得自己英语很棒，对美国文化也很熟悉。但现在他却无法知道自己的周围到底发生了什么事情：

> 起先，我以为自己能够很好地适应，即使是跑到很远的地方也没有问题，尤其是在人际交往方面。……我遇到了汤姆，很快就和他熟了。我们互相以哥们儿相称，见面还相互拍拍肩膀。可是，后来我突然觉得，我和他之间还是存在很大一段距离，我无法进入他们的圈子。……我从没想到差距是如此之大，真令人失望……

第四节 "交友"之谜

和美国人有了一些比较深入的往来以后，焦林意识到即使自己和这些人有很好的关系，他仍旧无法与他们在个人层面上进行深入交流。美国人强烈的隐私观念和个人空间意识使他不能在交往的初期就敞开心扉："我甚至不能和以前在中国一起待过15天的那个人交流。他这个人非常有礼貌，经常和我谈美国文化，或者是有关中国的一些趣闻逸事，但是一涉及个人的事，我们就谈不下去了……。不能谈这个方面的事情……，我们不可能谈……"

和约瑟夫在一起时也是如此。他来到这个学校以后，约瑟夫对他一直很热情，但不知为什么他却感受不到很多内心的温暖。在最初的3个月里，每次在校园里碰到约瑟夫，约瑟夫都会邀他去办公室聊聊。他很感激约瑟夫对他所表示出来的热情，但他仍然觉得他们之间不能交流个人情感：

> 如果我和他谈起学校里的事情，他会很热情地告诉我很多事情。找他谈这方面的事情算是找对人了。他对我们学校的情况很了

解，而且很愿意谈这些事情。但是如果我想和他谈论个人之间的事，情感方面的东西，我不敢想象我怎么才能开口。……简直没法和他聊。

随着他对美国人行为方式的了解不断增多，他认识到自己不能用以前的标准来衡量他与美国人之间的友谊。尽管他与对方的关系不错，但是"他们仍旧不是关系很深的好朋友，还不是铁哥们儿"。根据他对美国朋友的了解，他觉得美国的朋友没有中国的朋友那么"铁"。尽管也有一些美国朋友和他称兄道弟，但是美国的"哥们儿"和中国的"铁哥们儿"很不一样。其中一个很大的不同之处就是，美国的"哥们儿"行事的基础主要是理智，而中国的"铁哥们儿"更看重感情和义气：

> 他（一个美国朋友）非常理性，如果你要问他对我的感情有多深，……啊，这种人……，你可以说你和他有很好的个人关系，但是他不是那种太看重感情的人。……中国的铁哥们儿之间做事往往超出理性，他们凭感情和义气办事。就拿这个（美国）人说吧，他不会凭义气做事的。他总是那么理性，这是我的印象。

凭印象，焦林觉得美国人的"人情味"比中国人要"淡"一些。"人情味淡"的一个具体表现是：美国人对待钱的方式和中国人很不一样。中国的"铁哥们儿"在金钱方面不分你我，而美国人即使是"哥们儿"，相互之间账也算得十分清楚。在中国时，焦林有一个好朋友。他俩共用一个银行账号，相互随便借钱，也用不着考虑还债的事。而现在，他觉得自己不管在任何场合都不能向约瑟夫这样的朋友借钱：

> 中国的铁哥们儿对钱都很大方，而美国人是不会这么做的。……我觉得我和约瑟夫之间就不能这么做（笑）。如果我这么做的话，他就再也不会来找我了，他会对我产生很不好的看法。这

就是这里的文化。……在中国的时候，我和朋友之间从不在乎钱。可是，来这儿以后，我不得不改变我自己。如果我不改，就得非常小心。

第五节　越来越难

随着时间的流逝，焦林觉得在美国与人交往似乎越来越难。我与他的第一次访谈是在他来到美国以后的第3个月。当时，他看上去精疲力竭，情绪显得十分低落。展望未来，他既像陌生环境里的一个"局外人"，也像一个处于成人世界里的"小孩子"：

我不得不一切从零开始。我的语言不如美国人，有很多微妙的东西我都不理解。我还不能融入美国的社会中去。……非常难。我不知道，就知识而言，我得花多少年才能达到他们的水平。价值观也一样，这儿的很多事情我都不能接受。

这次访谈之后一个月，一个阳光明媚的下午，我在他的校园里偶然碰上了他。尽管我们周围人来人往，他的眼睛却紧紧地盯着我，用一种很焦急的口吻对我说："你的研究什么时候结束？我们什么时候能从你的研究发现中得到一些帮助？"从他的语气中我觉得有点不对劲，便急忙问他发生了什么事情。他腼腆地一笑，说："没什么，没什么。"在我的一再请求下，他告诉我他发现在美国生活越来越难，很想和我谈一谈。开始，我担心这么做会导致"研究者效应"，没有立刻答应他的请求。后来，经过一整天的慎重思考，我同意了他的请求，与他进行了一次长谈。在这次交谈中，他详细讲述了自己所面临的困境，觉得在美国待的时间越长感觉越困难：

为什么在这儿就这么难呢？……这个地方，这种人际交往。这才开始，才一个学期，打击就来了。我发现美国人很讨厌。……他们十个里面有九个很自负。有一些人看起来好像不是这样，他们表面上似乎待你很平等，但实际上，在他们的骨子里，在他们的脑子里，这种居高临下的感觉，真是不堪忍受。……没有人指着我的鼻子说"你真没用"什么的，但这是一种无声的表达。

而且，这种无声的表达对于他来说不仅仅是他个人的事情，他觉得自己正肩负着整个中华民族乃至整个中国文化的重任："这意味着中国人无能，整个民族，整个文化都被牵涉到了。这不仅仅是我一个人的问题。如果只是和我个人有关，那没什么关系。个人可以做更大的努力。但是我发现，这牵涉到我们整个民族。我不知道到底发生了什么事情。我也不知道其他的中国人是怎么想的，他们是如何处理和克服这个问题的。我是越想越糊涂，越想越难受。"

接着，他举了好几个例子来说明这一点。有一次他和另外3名中国学生在课堂上向全班同学汇报一个合作项目的进展情况。当时由于时间太紧，他们事先没有做好充分的准备，因此，汇报完毕，焦林认为自己的报告做得很不好。但是，让他感到奇怪的是，在场的美国老师和同学却对他们的发言发出一片赞扬之声。

另有一次，他请一位美国同学批改一下他用英文写的文章（这位同学以前学过中文）。读完文章之后，这位同学赞叹道："啊，你的英语真好。要是我的汉语有这么好就好了。"听到这种比较，焦林感到很不舒服。尽管他知道这位同学只不过是在恭维他，但是他认为她的情况根本不能和自己相比。他为了能来美国学习已经通过了各种各样的英文考试，而她只是在美国学的中文，压根儿就没有去过中国。

以上几个例子表明，虽然焦林的美国老师和同学也许是在鼓励他和其他的中国学生，但是他们这么做却使他觉得："他们对我们的期望很低，他们没料到我们会这么聪明能干。这让我感到很难受。"由此，他发觉一些美国同学对中国学生期望不高，当中国学生在课堂上发言时他们往往不注意倾听：

> 我不知道这是因为我自己有点过敏，还是因为我自己不自信。但是，我确实看到，当我们中国学生发言时，总有人咧着嘴在那儿笑。当王小刚（他班上的一个中国学生）在班上发言时，没有人注意他。他说的内容很好，当然英语并不……怎么样……，因此大家都取笑他。……我觉得好像自己也受到了冷落似的。他们就是通过冷落你来表现出对你的鄙视的。

后来，在学校的餐厅里，一个美国同学甚至特意走到他的桌前，说他很喜欢看王小刚在课堂上发言。他说王小刚虽然英文不好，但是他说话时手舞足蹈的样子十分有趣。焦林听到这番话时不仅感到非常震惊而且十分气愤。他认为这个美国同学明明知道王小刚说英文时借助形体动作是因为英文不好，却把这当作茶余饭后的笑料。也许这个美国同学只是随便开个玩笑，也许他想通过一种比较轻松的方式来表示他对中国学生的理解。但是，他对焦林有可能产生的反应却毫无感觉，竟特意跑到焦林面前来谈这件事。这使焦林感到十分气愤："我感到很生气，觉得受到了侮辱。但我又不知道对他说什么才好。"

这个学期，焦林在波士顿的另一所学校选了一门课程，他是那门课上唯一的外校学生。由于他不知道那所学校里的有关规矩，学习上经常遇到困难。可是，他愧于寻求帮助，从来没有去找过授课的老师和助教，也不好意思向其他同学求助。即使有时他对课程的一些要求不太清楚，他也总是试着自己去揣测。结果，他经常误解老师的一些要求，在课堂上不时出洋相："我不知道怎么做作业，也不问别人。我太紧张了，不敢问他们。于是我就在那里自己想，揣测这门课的要求，结果经常做错题。"到学期结束时，教课的老师和助教还根本不认识他，当然也从来没有问过他学习上是否有困难。他交上去的作业也从来没有得到过老师的反馈或计分成绩，每次交上去后就如同石沉大海。他对此一直感到很纳闷，可又不好意思问别人。直到那门课结束很久以后，他才偶然从一个同学那里得知，老师或助教批改了学生的作业以后就放在教学楼内的走廊里，学生必须自己到那里去拿。等他赶到那里，才发现自己的一摞作业还躺在老师办公室外面的走廊上睡大觉。

此时，他与打工时结识的工友们之间的友谊也开始变糟了。起初他觉得这些人很随和，很容易交往，因此放松了警惕。有一段时间，他一改过去在中国时的谨慎作风，采取一种比较直截了当的方式与他们交往，和他们说话时变得比较随便，不再瞻前顾后，左思右想。然而，随着时间的推移，他发现自己这一招并不管用。他不但没有和他们拉近关系，反而惹得一些人生他的气。有一天，他在和杰克一起摆桌子时感到很自在，就问杰克等会儿怎么摆蛋糕。杰克马上打断他的话，说："你又不是老板，为什么非得问这个？快摆你的桌子吧！"

> 他看起来很严肃，好像很不高兴的样子。我感觉到他很不高兴。看来是我话说得太多了。那以后我就不再多说了，我对自己说："啊，是啊，我……"我刚来时，他们都很随便，不管你说什么，他们都不会在意。……可是，渐渐地我开始意识到并不是这样，现在我开始对他们有礼貌了。刚开始的时候，我并不太注意礼貌。但现在……。这意味着什么呢？我觉得我们之间仍旧有一段距离，一段不可逾越的距离。

让他失望的是，他发现汤姆等人仍旧和以前一样放慢速度和他说话：

> 虽然他总是夸我英语好，但每次他和我讲话时都放慢速度。也许是我太敏感了。他总是不断地重复他所说的话："Do you understand？"（你明白吗？）总是这样。有时我非常生气："你为什么老问我这个？没听懂我会问你的。"他就是这样一个人，无论什么时候和我讲话，他总是放慢速度。起初我想："嗯，他还真替人着想。"但是

后来，我开始恼火了："你为什么总是这样和我说话？我并不是不明白你的意思。如果我不明白，我会问你的，你这样做是小看我！"我现在就这么想。

与在中国时相比，焦林目前在人际交往方面似乎显得有点力不从心，他的自信心也有所下降："这种交流障碍和汤姆，和约瑟夫，和其他教授，和很多同学都有。我周围的人都是这个样子，令人很不舒服。不像在中国，不管我遇到谁，即使是街上看大门的老头，我也知道他们在说什么，非常清楚。不像在这儿，不管他们说什么，都很不清楚。"

由于对别人的交往意图不是很清楚，他一天到晚都感到"很累"，而且这种累不是体力劳动之后生理上的疲倦，而是因交流障碍而导致的心理上的不适。他感到吃惊的是，自己待在这儿的时间越长，事情反而变得越糟。他原想，随着时间的推移，自己会更加了解美国人，会更好地和他们交往。然而，现实生活中发生的事情却使他一天比一天更加迷惑不解。虽然他竭尽全力去学习这里的交往规则，但是他的努力并未见效。他学得越多，对事情的复杂性感受越深，也就愈加明白和美国人交往不是一件容易的事情：

也许，我刚来的时候，问题还没有累积到一定的程度。现在，我觉得交流的障碍越来越多了。我和人交往得越多，障碍积累得也就越多，压力也就越大。刚来的时候，我什么也不懂，情绪很高。如果他们需要的话，我会把自己所知道的有关中国的一切都讲给他们听。如果我有什么事情不明白，我也会问他们。但是随着时间的推移，事情变得越来越微妙、越来越复杂了。不仅仅是他们在交往时的态度，而且他们对生活的态度也令我困惑不解。

这种困惑与挫折使他再一次堕入"沮丧的深渊"。这一次比开学之前那次落得更深，感觉更复杂。尽管他来美国之前有一些心理准备，知道到一个陌生的文化环境里去生活和学习不是一件容易的事情。但是现在他所看到的期望与现实之间的巨大差距还是让他着实吃了一惊。在美国这个社会里，他觉得自己完全是一个"局外人"——身处异乡，举目无亲。这种孤家寡人的感觉常常令他窒息，以致他找不到合适的语言来表达自己内心复杂的感受：

> 我感到很沮丧。这不是我的祖国。过去我也了解一点类似的处境，我也想过这些问题，但如果我不亲身地经历一回，这种感觉是很难用语言来表达的。

第六节　见怪不怪

第二学期开始后，焦林在生活和学习上面临的困难有所减弱。他从上学期的经历中吸取了教训，开始有意识地想办法改善自己的处境。这个学期的大部分课程要求学生组成学习小组，课后一起做研究项目。可是，由于小组活动的时间和他打工的时间冲突，他不能加入任何一个小组。尽管如此，他感到既然老师要求学生组成小组一起学习，便有一个正当的理由来向其他同学寻求帮助。

他仍旧采取在校园里拦截同学问问题的方法，但现在在找人之前，他学会了先想好一个理由。这样，他就觉得自己不像是一个强行闯入别人生活的冒失鬼。他学会了更主动地向助教和同学问问题，而不是被动地等待他们来问他是否有困难。他上课总是设法早去晚归，为的是有时间在课前课后与助教及其他同学讨论作业上遇到的问题。如果他在课程上有什么问题，他会在课后主动打电话找助教，而不是等那永不会来的电话找上门。有时候，他还特意主动邀请一些同学和他一起做作业，以便遇到难题时可以一起讨论。如果他邀请这些同学时遭到拒绝，他就去找其他的同学。他对别人的反应不再像从前那么敏感，和人交往起来也轻松自如了一些。

现在，他的情绪变得沉稳、平静一些了。他对学校的生活节奏比较熟悉了之后，也不再像以前那样惊慌失措了：

> 我现在也不管那么多了。我在这儿待得长了，也就无所谓了。见得多了，也就见怪不怪了。……有时候我还是会很着急，但起码再也没有天会塌下来的感觉了。

由于他现在可以更好地料理自己的生活，对朋友的需求也比以前少了一些："我刚来的时候，很希望和别人交朋友。这里的一切对我来说都很陌生，我感到很孤独，学习压力也很大，遇到了不少挫折，而我却没有人可以诉说。现在，我对情感交流和社会交往的需求比上学期少多了，……我的愿望现在也少多了。"

他又交了一些新朋友，如彼得和特德等。彼得曾在苏联工作过，而且到过世界上许多地方，看起来比一般美国人对他更感兴趣。特德是焦林妻子的一位朋友的丈夫，他们的关系维持在时不时聚在一起吃顿饭的水平上。由于他已接受了美国的现实，不再奢望得到自己希望得到的那种友谊了，因此，他也不再关心和这些人是不是真正的朋友关系了。"起码现在在我需要的时候有人可以说说话，"他无奈地笑着说，"而且我们彼此对对方都有兴趣。"不过与他在中国的朋友相比，这些朋友仍旧不一样：

> 我和他们在一起不是那么随便。在中国的朋友和我有相同的经历，年龄也相仿。无论我们说什么，做什么，我们都不必担心，非常轻松，不必小心翼翼。和这里的人在一起时，我说话得十分小心。我想，我们的思维方式还是有一些差距。

回忆起自己与劳拉那段不愉快的经历，他仍旧不断地提醒自己：和美国人谈话时要留意"政治上的正确性"，尤其是涉及譬如种族、性别及性倾向这类敏感话题时。他注意到他的美国同学从不和他谈论这些事情，而他如果想了解这些问题又觉得不合适。"这里的界限和禁忌很多,"他说,"我不知道他们是如何想这些问题的。"如果他和美国同学谈话时遇到这些话题,他总是采取比较稳妥的办法。如果他们开这些方面的玩笑,而他又不得不参与的话,他就会以中国人或亚洲人作为谈话的例子。他知道如果自己拿白人或黑人开玩笑,就会惹上麻烦。尽管美国社会比中国开放,但对他来说,在这里他更容易犯错误。在中国,他能很好地把握交往准绳,避免犯错误。而在美国,他对这里的规矩还不十分了解,不知道界限在哪里。所以,除非他很有把握,他决不和美国人谈论敏感的话题,即使是和自己的美国朋友也不提起。结果,由于担心会在无意中触犯规则,得罪自己的美国朋友,他始终没有和他们建立起比较深入的关系:

> 现在我还是很小心。即使是在朋友中间,我也不会和他们谈论种族问题、性倾向问题,或者其他涉及政治上正确与否的话题。即使有时不得不说一两句,我也得有证据,要说得有道理。我不会随便说这些的。也许我太谨慎了一点。

在这段时间里,他和外界的来往越来越少。他已经不在会议室打工了,因此他和那里的工友们也很少见面,只是在校园里偶尔碰面时打个招呼。他不再像从前那样定期去看望汤姆和玛丽等人,和他们的友谊也渐渐地淡化了。在他来美的前6个月里,他只去过一位拉丁美洲籍同学在圣诞节前组织的家庭聚会(那次他邀请我一起前往做了观察)。在那个聚会上他基本上只和本校已认识的同学一起议论学校里的一些事情,如老师的个性、课程的类型、作业的难度等等。在简短谈话的间歇时间里,他手捧一只酒杯在屋子里走来走去,两眼四处张望,脸上一副茫然不知所措的表情。直到又碰上一个他所认识的人,于是便和这个人又开始重复同样的话题:老师、课程、作业……。如果他迎面碰到一个陌生人,又不得不打招呼的话,他便只好履行美国晚会的惯例:介绍自己的名字、职业、民族……。那天晚上大部分时间他都和我以及一个美国同学待在一起,谈论有关中国的话题。

　　回来的路上，寒风凛冽，雪花在空中飞舞。我问他对这次聚会的感觉如何，他毫无热情地回答道："一般。"对他来说，这类聚会只不过是提供了一个逃避繁重学业的机会而已。他并不喜欢这种聚会，因为这种聚会和他所熟悉的中国式聚会很不一样。他来自一个注重群体的文化传统，更习惯于一个具有确定目的、大家都参与到同一活动之中的聚会形式。在美国这种分散型的聚会上，他不知道如何和陌生人打交道，如何提起一个话题使谈话双方都感兴趣，并且能够将谈话深入下去。况且，他对美国社会所知甚少，不能像本地人那样热烈地谈论诸如体育或电影等轻松的话题。因此，在这种场合，他并不感到轻松愉快。

　　此时，他仍然和在中国时结交的一些美国朋友保持联系，他们也不时打电话来问候。当我问他到目前为止与美国人交往中最有趣的经历是什么时，他兴致勃勃地告诉我，他以前的一些美国朋友邀请他和妻子到本州的北部去参观了一个展览会。那次，他的朋友们回忆起"过去在中国的好时光"。他们庆幸自己有他这么"一个非常好的人"给他们当翻译，为他们提供了"难以忘却的"帮助。

　　　　我被他们在餐桌上所说的话深深地打动了。我对他们说："我刚来到这里时，世界仿佛都颠倒过来了。是我的朋友们，也包括你们，给我打电话，和我聊天，甚至亲自来看我。这使我感觉到了过去与现在之间的联系，一种连续，过去和现在并没有突然地、完全地断裂开来。这或多或少地减少了我的困惑，使我觉得不那么紧张不安。"我说这些话的时候很激动，但我想这是我的真实感受。

　　他最愉快的经历是与到过中国并在中国的文化背景下所结识的美国朋友们在一起——这一事实对我来说很有意义。我认为，正是因为他们共有在中国的一段经历和在那里建立起来的深厚情谊，焦林才会如此动情。正如他自己所说的，这种关系为他提供了一种从过去到现在、从家乡文化到异国文化的连续感。

然而，不幸的是，自从那次聚会以后他们就再也没和他联系。虽然他相信，如果他给他们打电话他们还会记起他。在他的心里，"他们是非常好的人，但仅此而已。至于他们了解我多少，我的心里装着什么，我是高兴还是不高兴，他们并不知道。我也不想让他们知道。他们是好人，但不是好朋友，不是那种可以交心的好朋友"。

在校园里，他仍然会不时碰到一些试图"居高临下"来"照顾"他的人，但他现在已经学会了有礼貌地避开他们，从而也就避开了有可能因此而受到的伤害：

> 如果我问一些成绩好的学生："你作业做完了吗？"他们就会马上问"你有什么问题吗？"，非常热情的样子。我就会说："不，不，没问题。"也许是我太敏感了……。如果他们用不同的语言说想和我讨论，我也许会和他们讨论的。但是如果他们说"你有问题吗？"，一副非常热情的样子，好像你是一个差生，我来帮助你似的，我就不想和他们谈了。也许我太敏感了。我宁愿他们不帮我，尽管我有很多问题想和他们讨论。

很显然，这些人乐于帮忙的举动伤害了他的自尊心。以前他在这方面所受的伤害使他的自尊心变得非常脆弱，别人任何超出常规的举动都会引起他的反感。无论是冷漠无情还是过分热情，无论是熟视无睹还是过分关注，无论是说话太快还是语速太慢——这一切都会使他怀疑这些人的真实动机。

第七节 变还是不变？

随着时间的推移，焦林看待美国社会中一些事情的态度也有所改变。例如，有关民族主义与个体主义，他的观念和以前已有很大的不同。刚来美国时，他把自己的任何一点过失都看成是给祖国的形象抹黑，为此，他常常感到羞愧难当。现在，他不再认为个人的行为就一定会损害民族的声誉。个人只应该对自己的行为负责，不应该将自己的缺点投射到祖国的身上。他开始羡慕美国人对个人需要的尊重，认为个体主义也有很多长处。渐渐地，他学会了更加独立地生活，在日常生活中依靠自己的力量自主自救。

与此同时，他也深深地感到，"在骨子里，我仍旧是一个中国人"。虽然他愿意试着在美国换一种活法，但他认为现在自己还做不到："改变一个人的本性是不容易的。……我是这样一个人，已经长到了这把年纪。如果你让我变，我已经定型了，让我变成另一个人，那是不可能的。我不可能变成一个美国人。"而在日常生活中，他则时刻面临着两难的选择：变还是不变？变多少？如何变？

> 一旦你离开一个地方，就会有无休止的冲突和痛苦。……在我这个年纪要不断打破我的旧框框实在是太难了。别人在你脸上看不到有什么变化，而在你心里就像是倒海翻江一样。

他把自己从家乡瑞华到北京与从中国到美国的过渡做了一个类比。在北京时，一位美国教师曾经问他在美国学完后是否打算回去，他说"不"。"费了九牛二虎之力才出来，为什么还要回去呢？"他半开玩笑地告诉这位老师。老师说："如果那样的话，你就会是一个没有身份的人了。你从瑞华来到北京以后不再回瑞华了，因此你现在既不是一个瑞华人，也不是一个北京人。现在你又要从北京去美国了。即使你今后回来，北京也不会接受你了，因为你不再是一个中国人了。可是，如果你待在美国，你也不是一个美国人。这会使你的整个生活变得很为难的。"这个教授所说的话当时并没有引起焦林太大的重视。现在他自己亲身来到一个不同的文化环境下生活过一段时间以后，才真正明白了其间的真谛：

　　我正在考虑他所说的话。难道不是这样吗？一旦你睁开双眼，你看到的就再也不会是原来的样子了。这……这……这也就是说我们这辈子将会有无休止的冲突和痛苦……

　　在对自己的文化认同进行痛苦反省的同时，焦林也注意到了另外一些中国留学生身上所发生的变化。这些人大都已经来到美国几年，而且不想继续保持中国的语言和文化传统。他们最关心的就是如何尽快挤入美国主流社会，在这里安居乐业。对此，他既感到十分伤心又觉得可以理解。他认为，融入美国主流文化和保持中国文化传统之间存在着一种几乎是不可调和的矛盾，而中国留学生们（包括他自己）就时刻生活在这种冲突和矛盾之中。"有时我为这种人感到伤心，不知道为什么……。我觉得我也有这种双重性格，非常悲哀。"他所说的"双重性格"是指既想按美国人的方式行事，又不想抛弃中国的传统。由于具有这种"双重性格"，他不得不设法尽量透彻地了解自己和他人。每次他和别人打交道时，他都会问自己：

　　我是中国人还是美国人？这些和我打交道的是中国人还是美国人？如果他们是中国人，我就用中国的方式。如果他们是美国人，我就用美国的方式。但是有些中国学生已经变成了半个美国人，他们和我说话或者打交道的时候有一股美国味，那我就把他们当成美国人，并且用相应的方式来对待他们。这是最安全的办法。

　　然而，这种"双重性"并不容易把握。它往往随着环境的改变而改变。有一次，我和焦林一起聆听了他们学院的院长讲话之后，他告诉我，他被院长讲的所谓"文化认同"弄糊涂了："他似乎想说，当我们和学院里的其他人共处在一个文化之中时，我们还应该保持自己的文化传统和多样性。我们怎么才能做到这一点呢？我们怎么才能同时满足这两个相互冲突的目标呢？我真是不明白。"

　　现在最让他感到困扰的是：除了尽量适应这个社会以外，他没有其他的途径可走。为了克服自己的"不自在"感，他必须顺应社会的潮流。然而，他似乎又不愿意轻易就这么做：

> 我什么都得学，太累了。真的，我年纪太大了，不再是个孩子了，没有好奇心去了解每一件事了。如果我什么都得学，那真是太累了。因此，在某种程度上，这个障碍永远也克服不了，没有办法。我解决不了这个问题，我唯一能做的就是努力去适应。例如，他们的交往方式，你能改变它吗？我不能。

在困惑不解和惴惴不安中，他似乎在寻求一种妥协，希望既能保持中国文化的核心价值，又能使自己的日常生活变得轻松一些："要想改变他们（美国人）是不可能的。我所能做的就是努力去适应他们。这种适应是全面的，是一个心理上和意识形态方面的转变过程。这意味着：见多了就见怪不怪了。这并不是说一定要改变我们自己的思想和行为，而是要改变我们的容忍度。开始的时候，我们感到不自在，对不对？看了一会儿以后，也就顺眼了。我想这是唯一的出路。"

总而言之，在美国的最初 8 个月里，焦林几乎尝遍了留学生活的"酸甜苦辣"，经历了一个曲折艰难的适应过程。从兴奋到绝望，到有一丝宽慰，再到更深的绝望，直到最后对现状的基本接受——这是一个充满意外和变化的过程。

由于来自一个不同的文化背景，焦林刚到美国时对周围的人和事反应十分强烈。虽然在中国时他对美国社会的基本价值观念有所了解，但是，他不知道如何将这种了解在自己的行为中付诸实践。作为一个"局外人"，他对主流文化"圈子"内的行为规范不甚了解，说话办事时心里总是没有底。由于不熟悉美国社会的风俗习惯，他觉得自己像是站在一个随时有可能会爆炸的雷区上——时刻面临着犯错误的危险。而在与美国人交往时，他感到自己像一个"大小孩"，显得十分无能为力。

在美国他找不到中国式的"铁哥们儿",遇到困难也不好意思向别人寻求帮助。作为一个中国的知识分子,他除了个人的尊严以外还肩负着中华民族的自尊和中国文化的声誉,这使他在看待自己的行为时负担重重,瞻前顾后。如果自己犯了错误,他就会在美国人面前有一种文化上的屈辱感。

然而,在美国生活的时间越长,他就越清楚地意识到:虽然自己在骨子里仍旧是一个中国人,但是为了适应环境他不得不改变自己原有的一些行为方式。来到美国 8 个月以后,他开始学会了用一种比较平静的心态来对待周围发生的事情,以及他自己身上发生的变化。

第四章 "交往"：人际关系的基本形态

"我的双手伸出去所能触及的空间是很小的，但是和别人交往可以帮助我扩展这个空间。"

——吴 海

在了解了焦林的故事之后，现在让我们来看一看所有9名中国留学生在美国的人际交往经历。由于初来乍到，他们每个人都谈到了自己最初如何接近美国人，如何和他们相识，以及如何设法和他们成为朋友。在描述这个过程时，他们使用了一些中国人常用的、具有中国文化特色的词汇。他们将这些词汇作为自己适应新环境的一种参照，将它们与在美国所看到的观念和行为进行了比较和对照。在这些词汇中，他们使用得最频繁的一个词就是"交往"。从字面上看，"交"的意思是"重叠、穿插"，而"往"表示的是"来去、往返"之意。在这些中国留学生们看来，"交往"就是人与人之间跨越个人界限而进行的相互、直接、经常性的接触。

第一节 对"交往"的定义

从社会心理学的角度来看，交往是人的一项最基本的需求，是个体发

展的必由之路（乐国安，王小章，李秋洪，1991）[50]。通过交往，个体完成
自身的社会化过程，逐步成为社会的人。一方面，交往可以使个体之间进
行必要的工具性交流，共同完成社会分工所赋予的责任；另一方面，交往
可以使个体之间进行情感上的分享，表达自己的喜怒哀愁，寻求同情、理
解和友谊，以消除自身的寂寞、孤独和恐惧。

　　人际交往这一形式虽然为古今中外所有人所共有，但是其意义内涵、
行为模式和具体手段却因文化、时代和个体不同而有所不同。我所调查的
中国留学生们是在中美跨文化交流的情境下思考这个问题的，因此，我们
有必要首先了解他们为这个词语所赋予的特定意义。在这里，我们需要了
解的不仅仅是他们对这个词语字面意义的理解，还应该探讨他们对该词语
的观念性和经验性意义的解释。即，对这些学生而言，该词语的概念内涵
和外延是什么？这个词语对他们个人来说意味着什么？他们在自己的日常
生活中是如何体验这一概念的？他们在和他人接触时是如何使用这一概念
来解释自己和他人的行为的？

　　根据我对这些留学生的了解，他们心目中的"交往"指的是人与人之
间一种经常性的、延续性的活动。它首先应该是双向的，由双方轮流发起
并保持下去。如果一方主动向对方表示了接触的意向，对方应该有所反应，
并且在下一轮来往中采取主动。其次，真正的"交往"需要参与双方投入
一定的情感，向对方传递自己对对方的关切和共情。最后，"交往"还需要
参与双方用心计划，认真负责地对交流的形式和内容做一些准备。正如金
多多所言：

　　　　只有当你和别人深入地谈论了一些事情以后，你才能说你们已
　　经有了某种交往。……如果双方见面时只是相互打个招呼，谈论的
　　内容只是天气和饮食习惯，那不能算是交往。如果双方从不互相约
　　会，也不在一起玩，不在一起做事，也很少碰面，那也不是真正意
　　义上的交往。

综合本研究在这方面的发现，有关中国留学生们对"交往"这一概念的看法可以归纳为以下几点：(1)"交往"的首要条件是双方都有"兴趣"和"愿望"与对方结识；(2)"交往"的必要形式是"有来有往""有准备"，双方都投入一定的时间和精力对这一关系进行计划和安排；(3)"交往"发展的重要前提是"经常"和"深入"，必须保持持久的联系，将关系往深层次推进，关系才有可能进一步发展下去。下面我将分别就这三点进行讨论。

一、"兴趣"和"愿望"："交往"的首要前提

在中国留学生们看来，只有当双方具备相互结识的"兴趣"和"愿望"时，"交往"才有可能发生。交往伊始，双方都必须表现出希望与对方交往的意图。如果只是一方有意，而另一方没有同等强烈的意向，双方就不可能交往下去。同理，如果一方表达了交往的愿望，而对方没有做出相应的回应，交往也不可能发生。因此，"兴趣"和"愿望"是"交往"的首要前提。

我所调查的大多数中国留学生来到美国以后都有结识美国人的强烈愿望，并且在日常生活中会想方设法去接近他们。比如，达誉生在访谈时热切地告诉我："我到美国来的最大愿望就是尽可能多地了解美国人，和他们交往。"董文说："我对文化问题特别敏感，我希望能和不同国家的人交往，以便更好地理解他们。"在寻找住房时，高莉最关心的是自己能否和美国室友"谈得来"：

> 如果我和美国人住在一起，他们的生活习惯和我不同，我可以睁一只眼，闭一只眼。最重要的是我要和他们谈得来。……我并不关心他们做什么，我最关心的是自己能不能遇到一个能够推心置腹、谈得来的人。如果我们能够和睦相处，玩得很开心，那就更好了。

高莉在这里提到的"谈得来"这个词也被其他留学生们反复地提到。"'谈得来'指的是有话可说，有共同的语言，情投意合。俗话说'酒逢知己千杯少，话不投机半句多'，指的就是这个意思。"马国强郑重其事地告诉我。

中国留学生们之所以对与美国人交往特别感兴趣有很多原因。首先，中国人一般来说都比较喜欢社会交往，具有乐群的特征。正如美国传教士亚瑟·史密斯（1995）[122][①] 所说的："中国人……与盎格鲁－撒克逊族经常表现出的阴郁独处的性格形成鲜明对照。中国人最主要的享乐之一是同别人聊天，无论老朋友或者完全陌生的人都差不多。"[②]

其次，中国留学生们现在来到了一个具有不同文化传统的国家，希望了解在这个国度里人们是如何思维和行动的，以便采取合适的方式与他们交往。既然他们现在已经来到美国旅居，他们自然希望能与自己所居住地方的人们有一定程度的交流。

最后，由于美国在国际社会中拥有较高的政治经济地位，是国际权力网络中的核心国家，因此用英语和美国人交谈本身对一些中国留学生来说就意味着一种特权和能力。对美国人及其社会有所了解会使他们感到自己站到了一个前所未有的高度，对地球的另一半（而且是"更发达"的一半）也很了解。最起码，今后回国以后，他们可以有足够的见闻告诉自己的亲人和朋友。比如，达誉生就对这一点尤为关心：

> 我喜欢问美国人问题并且和他们交谈。不管你到哪里，一个国家，一个新地方，如果你连那儿的一些基本情况都不了解，回去以后你又能说什么呢？人们会问你："你在那儿待了一年，难道什么也不知道吗？"那可就太糟糕了。

---

① 需要说明的是，现在出版界通常将"亚瑟·史密斯"翻译为"明恩溥"。

② 有趣的是，作者说这番话的另外一个目的是说明他对中国人知足常乐、坚忍不拔精神的理解："无疑，这种谈话中对人类社会的品评，大大减轻了中国人所遭受的许多痛苦。"

　　尽管中国留学生有强烈的结识美国人的愿望，可是到达波士顿以后，他们失望地发现，美国人并不像他们所想象的那么"热情"和"好接近"。

　　　　关于美国人，我只是以前在电视和报纸上知道他们很容易交朋友。可是，我到了美国和他们接触以后，才发现美国人并不全是这样。……和美国人交朋友并不像人们所说的那么容易。……这儿的人并不十分热情。……和他们交流真不容易。（达誉生语）

　　高莉感觉到一些美国人对她的个人经历以及文化背景似乎并没有太大的兴趣。每次当她和美国人在学校餐厅里坐在同一张桌子上吃饭时，她发现，他们只顾自己谈话，并不想让她参与进来：

　　　　美国人只是谈他们自己知道的事情，而且话说得很快。有时候，他们坐在桌子旁边，净谈一些什么旅行之类的话。对于他们的谈话内容，我一无所知，也不知所云。有时，他们甚至开一些玩笑，我一点也听不懂他们在说些什么。……我也不知道他们都在想些什么。也许他们对你根本不感兴趣，所以认为没有必要和你谈话。他们似乎只对自己的文化感兴趣。要想参与他们的谈话非常困难。

　　根据自己日常的观察，高莉确信"有时候美国人认为他们自己的东西最好，他们的观点最正确。所以，他们不愿意接受你的观点。……有时候，从一些很小的事情上也可以反映出他们认为你的文化是荒唐可笑的"。为了说明这一观点，高莉列举了她和室友之间发生的一段小插曲：

　　　　有一次，我说："春天到了，人们在春天经常感冒。"当时大概是二三月份。……她说："现在怎么会是春天呢？现在还是冬天呢！"我回答道："在中国，过了春节就是春天了。"她说："这儿，

到 了 3 月底才是春天。"我问她:"北方和南方一样吗?"她说:"当
然一样。"我说:"啊,你们这儿的春天来得晚一些。"她说:"啊,
你们的春天也来得太早了。"她的语气听起来不像是在开玩笑,而
是让你觉得你很滑稽。这里的意思很微妙。事实上,当我说:"你
们这儿的春天来得晚一些"时,我是在开玩笑。可是她的回话却听
起来有一种讽刺的意味,好像他们大美国有多么了不起似的。

尽管从字面上看,这位美国室友的回话似乎并没有明显的大国沙文主
义的意思,但是,她的语气和态度却传达给高莉一种明显的种族优越感。
很显然,高莉对美国在国际社会中作为超级大国的地位有所意识,因此对
她的室友话中所暗含的讽刺意味特别敏感。

中国留学生之所以对美国同学的话语特别敏感,其中一个原因是,在
他们看来有些美国人缺乏对中国文化和中国人的兴趣和尊重。因此,这些
美国同学的行为在他们眼里显得有点"目中无人""狂妄自大"。易立华在
访谈时告诉我,他所在的一个名牌医学院里,一些美国学生看上去非常
"傲慢"和"势利":"只要看一看他们的动作表情,你就可以知道他们有多
傲慢。你向他们打招呼时,他们看起来很冷漠,一副不屑于和你说话的样
子(脸色严峻,将脸转向一边,紧闭着嘴),好像他们在这个学校里比别人
高一等似的。"马国强面带鄙夷之色告诉我,他认识的一些美国人"看起
来非常傲慢,好像什么都是美国的最好。……我的室友说自己是美国公民、
他非常自豪等等诸如此类的话。……我看这个国家有点夜郎自大"。和其他
的留学生一样,易立华和马国强告诉我的以上这些事例表明,他们对美国
人有一种矛盾心理:一方面,他们承认在世界范围内美国公民比中国公民
享有更高的政治经济地位;而另一方面,他们又对仅仅因为是美国公民他
们就拥有更高的地位而深感不满。当马国强说美国这个国家有点"夜郎自
大"时,显然他是在试图降低美国在他心目中的地位,同时也想让我看到
美国人傲慢自大的样子是多么荒唐可笑。

一般来说,人们在彼此交流时往往对对方的行为抱有一定的期待,而

这种期待往往建立在人们自己过去经验的基础之上。我所调查的这些中国留学生们来自一个礼仪之邦，在那里客人通常会受到主人的热情接待。虽然中国人一般对自己所在地（如同村、同街道）的"自己人"和"外人"在态度上有所区别，但是他们对外面来的"客人"和"陌生人"却往往十分友好。他们认为这些人需要帮助和照顾，出于"人情"和礼仪，应该主动帮助他们。

我所调查的中国留学生们来自这样一个文化传统，从小受到这种观念和行为的影响。因此，他们来到美国以后，对自己与美国人交往寄予了很高的期望。他们把美国人看作这块土地上的"主人"，而把自己看成这儿的"客人"，期待受到"主人们"的热烈欢迎。但是，他们惊奇地发现，美国的"主人们"似乎并没有表示出他们所期望的热情。与此相反，一些美国人甚至对他们表现出一种"种族中心主义"的态度。在他们看来，这些美国人对他们的兴趣，远远不如他们自己对这些美国人的兴趣大。

中国留学生对美国人的交往态度比较敏感，还与中国人的人际交往特征有关。一般来说，人际交往不仅可以传递事实信息，而且可以传递交往双方的关系信息，如彼此的态度、情感、价值取向、认知方式等。与西方人相比，中国人更加注重关系的和谐和情感的融洽，因此他们在人际交往中往往对关系信息比对事实信息更加看重（姚亚平，1990）[75]。以上高莉、马国强和易立华等人对美国同学的态度感到不满，在很大程度上就反映了中国人的这种倾向。虽然从字面上看，这些美国同学所说的话也许并没有什么恶意，但是，作为接受一方，他们却听出了对方的大国沙文主义味道。对于中国留学生而言，这些美国同学由于其国家在世界权力格局中占有优越地位就显示出一种个人优越感，是十分"可笑"的行为。

二、"有来有往"和"有准备"："交往"的必要形式

中国留学生们认为，真正意义上的"交往"不仅要求交流双方具有强烈的"兴趣"和"愿望"，而且交流本身必须具备"有来有往"和"有准

备"的基本形式。正如其字面意义所示,"交往"应该具有相互性和互动性。如果一方先有某个举动,另一方就应该有所回应,并采取相应的举动。事实上,"有来有往"不仅仅是中国人日常交往的一个习俗,而且是社会交往中的一条道德法则。《礼记·曲礼上》卷一曰:"礼尚往来。往而不来,非礼也;来而不往,亦非礼也。"此说已发展成民间俗谚"来而不往非礼也"。为了保持"有来有往"的关系,交往双方应该各自有所准备。"交往"不是人们在聊天时偶然想起的一个举动,而是意在建立某种关系的行为。而建立关系的先决条件之一是交往双方有所计划,经常在一起做一些事情。

从这个意义上来说,大多数中国留学生在来美后的 8 个月里与美国人很少有真正的"交往"。通常,他们和美国人的"交往"非常短暂,往往是一次性接触,过后即散。高莉在访谈时告诉我,她所在的学生宿舍有时举办聚会,她总是希望去那儿和别人聊聊天。

> 但是,这些都是偶然的、一次性的聚会。第一次见面时,我们互相交谈,大家都很高兴。可是,聚会一结束,交往也就不存在了,再也没有进一步的交流了。……在这以后,我就再也没有和他们在一起交谈过了。由于没有经常性的交往,我在这里并不愉快。大多数时间里,我都是一个人。

尽管达誉生"非常希望更多地了解美国人",但是他发现,"我们(中国人和美国人)彼此之间交往很少"。有时,他在校园里散步想找一个人聊聊天,而一些正在学习中文的美国人也会拦住他,和他交谈一会儿。由于双方都想练习自己正在学习的语言,在交谈时美国人通常讲汉语,而他则讲英语。在这种交谈中,他们双方使用的是混杂的语言,相互很难真正理解对方,当然就更谈不上深入了解对方的意图了。这种谈话往往时间很短,涉及的内容也很肤浅。谈话过后,这些美国学生就再也不会约时间和他见面了,而他又不愿去"打扰"他们。因此,对达誉生而言,这种交谈算不上真正的"交往":

　　我和美国人的谈话从来没有超过 10 分钟。要和他们谈话超过10 分钟是不可能的。我们只是在校园里遇见时随便闲扯几句。我的英语不太好，而他们也显得非常忙碌。我不愿浪费他们的时间。因此，我们交往的范围非常有限，我们认识的美国人很少。

　　除了参加一些短暂的一次性聚会之外，中国学生很少与美国人一起共同组织或参与活动。董文认为他和美国人之间的接触算不上"交往"，因为"我们很少在一起做事情。……我们从没有找一些时间专门坐下来交谈。我们只是在遇见时闲谈两句而已"。

　　和高莉住在同一层楼的亚洲学生喜欢在一起搞活动，而美国学生却不愿加入进来。他们大都已经有了自己的圈子，一般不轻易加入宿舍楼内的集体活动。一个曾受过美国教育而"她的家庭仍保持亚洲文化传统"的越南华裔少女喜欢给同一层楼的所有人做蛋糕。"就这儿的交往而言，那是我最愉快的时刻，"高莉满面笑容地告诉我，"但是，当我们亚洲学生聚在一起吃蛋糕时，那些美国学生不愿意参与进来，他们之所以不参与是因为他们不愿意给别人做东西吃。一般情况下，美国学生不和宿舍里的人一起吃饭，也不一起做饭。他们在一起时只是用钱买一些东西来吃。……我们亚洲学生喜欢毫无拘束地在一起吃饭或做饭。今天你做，明天我做。但那些美国学生不喜欢自己做饭，他们的行为方式和我们很不一样。"高莉通常和亚洲人及亚裔美国人交往。"他们都到过亚洲，比较理解中国人的心理状态，"她笑着说。关于"中国人的心理"，她是指中国人需要和别人像家人一样亲密地在一起，希望和别人经常保持密切的来往，在生活中相互关心，亲如手足。

　　中国留学生们刚刚来到美国就希望和本地人很快建立起"有来有往""有准备"的交往，这与他们对自我和人际关系的理解有一定的关系。一般来说，中国人的自我概念具有关系性，其私人领域范围通常比较宽泛。每到一个地方，他们很自然地就将周围自己喜欢的人划入圈内，希望建立

亲密的关系。他们的自我与血亲关系最为接近，因此他们很容易把周围亲
近的人当成自己的家人。

　　高莉和她宿舍里的亚洲姑娘们就是这么做的。虽然她们之间没有血亲
关系，但是她们以一种拟亲的方式将彼此的关系亲属化了。在日常生活中，
她们以姐妹相称，像一家人似的在一起做饭、吃饭。高莉所说的"亲如手
足"就形象地表明了这种关系：这些亚洲姑娘已经成了她身体的一部分，
就像她的手和脚一样密不可分了。相形之下，她们的美国同学则有比较强
的隐私观念，自我范围相对来说小一些，每个人都有自己固定的私人界限，
一般不轻易让别人随便进入。她们在自己的生活中也可能有自己的朋友，
但是，她们不会随便与周围不熟悉的人建立"家庭"关系。由于她们与高
莉等人尚不熟悉，而且不参加楼内的群体活动，高莉（像其他被访的中国
留学生一样）觉得自己和美国人的接触大都十分短暂，并且具有很大的偶
然性。

三、"经常"和"深入"："交往"的发展形态

　　根据中国留学生的观点，"交往"的另一特征是"经常"和"深入"。
真正的"交往"并不是偶然在路上相遇时打一个招呼，或者在饭桌上谈论
各自的饮食习惯。交往双方应该"经常"保持联系，交流彼此的近况。此
外，交往双方在交流观点和感情时应该具有一定的深度，能够将彼此的关
系向纵深发展。正如吴海所说的：

　　　　交往是那种超越我们正常活动如学习和工作的一种关系。例
　　如，交往是和朋友、同学一起欢度春节、出去旅游或者坐在一起聊
　　天等这些超出日常事务的活动。这种交往应该是经常性的、持续不
　　断的。

　　交往的持续性和深入性之所以重要，是因为真正意义上的"交往"需

要时间和危难的考验。"路遥知马力，日久见人心"就是这个意思。如果交往双方希望发展关系，"经常"和"深入"的接触是重要的先决条件。

在美国的前 8 个月里，一些中国学生在跨文化人际交往方面有过一些令人愉悦的经历。例如，严华君上课之前有时会和一位与他坐在同一排的美国同学交谈几句。这位同学看上去年纪比较大，大约 50 岁。他们的交谈是从有一天严华君向他询问有关课程的情况开始的。接着，他们彼此询问了一下各自的个人经历。从那以后，只要上课前有时间，严华君就找机会和他闲聊几句。这是严华君在美国头 8 个月中与美国人最多的接触。但是，由于双方接触时间很短，涉及的内容也比较肤浅，他认为这还不是真正的"交往"：

> 我和美国人还是没有很深的关系。……我对他们和他们的家庭一无所知，也不知道他们是不是有朋友、亲戚，他们彼此之间如何相处。你可以问他们一些问题，他们也会回答你，但是要进行深入的谈话是不可能的。

易立华在这方面也有同感。他在实验室里做医学实验时，那儿的气氛相当"和谐"。遇到困难时大家互相帮助，有求必应。每个星期五晚上，整个小组都由老板（即导师）请客到酒吧里去聚会。但是，即使是这样，易立华仍旧认为自己和其他人没有深入的"交往"："我很少与他们交谈，如果谈的话，也没法深入。……一般来说，我们只是谈一些泛泛的话题，比如，圣诞节干什么啦，到哪里去度假啦，等等。"他们至今谈得最深入的话题莫过于实验室里一个博士生生了小孩，另一个博士生的妻子正在待产。"这些事情我以前并不知道，"他面带羞色地说，"这是我们谈得最深的话题，再没有比这更深入的了。"组里有一位美国人曾经去过爱尔兰。因此，他们在一家爱尔兰酒吧喝爱尔兰啤酒时，这位美国同事曾向易立华解释过关于爱尔兰的一些事情。"至于和其他的人嘛，都是谈一些极为平淡的话题。"

由于大多数时间都泡在物理实验室里，马国强很少有机会与美国人交谈。当我问他在学校里是否和美国人有交往时，他看上去很吃惊："和美国人交往？不，不，我和美国人没有任何交往。我所做的只是见面时说声'hi'（你好），仅此而已。……我只是向他们打一个招呼，就这些。"他认为自己与导师之间也不存在真正意义上的"交往"，因为导师很少来实验室。每次导师见到他只是问几句："你什么时候来的？""你适应这儿的生活吗？"紧接着就问关于实验的情况。"我们彼此了解不多。……他不了解我们，也不和我们深入交谈，"马国强说。

吴海对美国人的初步印象非常好："他们似乎很热情。当我走在大街上时，人们都很有礼貌，看起来很热情。"他向一些美国同学询问当地的风俗习惯时，他们都热情地为他介绍。室友在他刚到美国时借给他生活用品，并且带他去超市、邮局和银行办理有关事宜。导师向他介绍了学校里的一些情况，有位美国学生还向他介绍了波士顿的旅游景点。英语课上，老师对他也十分热情。"他们鼓励你，让你感觉自己越来越好。"但是，尽管有这些良好印象，吴海对他们的了解还是没有深入到可以肯定自己的这种印象是正确的：

> 这只是一般印象而已，就像在大街上观察行人一样，还不算深入的理解，仅仅是一个粗略印象。除此之外，我和他们没有什么交往，……也没有深入的关系。我们的关系很好，但并不是深入的私人交往。

随着时间的流逝，有的中国学生与美国人接触的机会多了一些，但是"这仍然和我们所期望的不一样。我们与这儿的主流文化之间的差距仍然很大，要与他们建立深入的关系仍旧非常困难"（董文语）。在9位留学生中，焦林与美国人的交往最多。他不但在波士顿交了一些新"朋友"，而且与在中国时结交的朋友也保持着联系。他所在学校的外事处官员告诉我，她对焦林的文化适应一点也不担心。但是，焦林本人却对自己的人际交往很不满意。他认为："我和这里的人接触都很浅，不深，不是太好。"

当我要严华君描述一下他在美国头 8 个月中最愉快的经历时，他回忆起自己有一次去波士顿市中心的"美好经历"。在那儿，他看到了"春天"：街上的行人笑容可掬，艺术家们正在表演杂技，大街上到处是鲜花和阳光。听到他用这个例子来回答我的问题，我感到颇为意外。对我来说，这个例子似乎与他个人和美国人交往毫无关系，用来回答我有关人际交往的问题显得有点牵强附会。然而，对严华君来说，这显然是他在美国所遇到的最愉快的事情。和他在校园里所见到的那些"冷淡"的人们相比，波士顿城里很多人显得"热情"、友好得多。

> 在这儿（指他的学校）很难建立深入的关系，人们见到你只是说"hi"。即使多一个微笑，多一个字，他们也不愿意给你。时间上的压力使这儿的学生们成了一个特殊的群体。此外，语言障碍和文化差异也使我们很难彼此建立关系。

中国留学生普遍认为"交往"发展的必要条件之一是"深入"和"持久"，而他们和美国同学的关系很难按这个标准发展下去。大部分中国学生和美国同学有过一些愉快的接触，但是要继续深入下去却十分困难。他们的关系不仅比较肤浅，而且转瞬即逝，通常停留在萍水相逢或点头之交的水平。

其他学者有关留美中国学生的调查也验证了本研究这方面的结果。一般来说，留美中国学生和美国人交往的频率都比较低。在一项为期 6 个月的调查中，40% 的被试报告说很少拜访美国家庭，7% 的人从来没有机会，34% 的人只拜访过一次（Klein，Miller，Alexander，1981）。美国人在和中国学生接触时似乎更喜欢保持一种表面的关系，不愿意继续深入下去；而中国学生则表示希望有更加深入的交往（任世雍，1987）。中国学生来到美国社会以后最不喜欢美国社会的方面是"人与人之间的疏远""人际关系肤浅""缺乏深入交流"（Zhang，1990）。中国学生一般反映，与美国人结识比较容易，但是要与他们深入发展关系十分困难；而美国学生则反映，与中国同学进入关系比较缓慢，而一旦进入，深入下去却十分容易。"中国人要不就把你当陌生人，对你十分冷淡；要不就对你十分亲密，把你当自己人，什么都跟你说，"我访谈的一位美国同学说。

我个人在人际交往方面的经历与本研究结果也有类似之处。在来美国的第一年里，我和美国同学几乎没有任何实质性的交往。我应邀参加过几次聚会，但是在这些场合人们总是重复地问我一些乏味的问题，如"你叫什么名字？""你从哪儿来？""你什么时候来这儿的？""你在这儿做什么？"这种谈话常常流于形式，所涉及的内容也十分肤浅。我对这类话题不感兴趣，常常不知道如何将谈话继续下去。

我的美国伙伴导师只是在开学前的预备会上见了我一面，然后就再也没有和我联系过。（后来，当我自己也成为留学生伙伴导师后，我才知道根据学校的规定，伙伴导师应该在外国学生来美国之前就与他们联系，并且在他们刚到美国期间帮助他们适应环境。）后来在校园里遇见我的伙伴导师时，我曾力图与她攀谈，但她看起来毫无兴趣。她曾几次提出来要请我去她家里做客，但这一许诺从未变成现实。

我也曾邀请过一些看起来很热情、有可能成为朋友的美国同学到我家里来做客，但这些努力总是以失望而告终。我当时的感觉是：要和这些同学深入交谈、建立持久的关系似乎十分困难。由于我在中国有很多好朋友，与生活中各个阶段所交的朋友都保持着联系，因此我对在美国和人交往曾经寄予了很高的期望。结果，我不仅对自己的能力丧失了信心，而且对整个事情都感到迷惑不解。

第二节 "为什么？"："交往"的背景因素分析

中国留学生们（包括我自己）对很难与美国人建立自己所希望的关系感到十分困惑。在访谈中，所有的中国留学生都向我诉说了他们认为自己与美国同学缺乏交往的种种原因，这使我意识到，在他们所生存的社会大环境里有很多因素不利于他们和美国同学交往。除了他们自身（如语言文化知识、经济条件）的限制以外，波士顿地区的生态环境（包括人际氛围、生活节奏、研究生人员构成等）以及中美文化差异（包括人际交往方式、兴趣爱好、生活习惯、行为判断标准等），都对他们的跨文化交流形成了障碍。

一、生态环境

影响中国留学生人际交往的一个生态环境因素是波士顿地区的人际氛围。波士顿是一个人才密集、高校林立的中型都市。虽然这里外国学生很多，但是这里（像美国其他大都市一样）的巨型大学为外国学生提供交流的机会反而比小城镇里的小型大学要少（Lee, Abd-Ella, Burks, 1981; Pyle, 1987）。由于高智力人口过剩，这儿充满了为追求成功而相互竞争的紧张气氛，每个人都很忙，都在拼命地学习或工作。而且，大部分美国学生在波士顿待的时间都不长，只是到这儿来拿一个学位，因此，没有时间（也不打算）和别人建立深入的关系。如果他们不了解外国同学的文化和语言，就更不会花时间和精力来与他们建立联系了。我所调查的很多中国学生都说，从美国其他地方来到波士顿学习的美国同学也认为波士顿地区人情比较冷漠，他们也要经历一番"文化冲突"以后才能适应这里的生活。

达誉生告诉我："在美国，人和人之间的交流似乎存在地区差异性。我听说南方人比这儿的人更热情一些。"董文说："有个美国同学对我很好。我曾对他说：'你看起来很像中国人，对人非常好。'他问我：'中国人是什么样子的？'我不知道该怎么回答他，只是说：'你不像这儿的人那么好斗，你对别人很和善。'他接着说：'那你应该去美国中西部地区看看，那儿的人都和我差不多。'他已经40多岁了。他和中国人还是不一样，平时不和你闲聊，但是看起来非常和善。"很显然，董文像其他中国学生一样，秉承了中国文化传统对谦和、友善的重视，因此本能地喜欢待人"和善"的人。而波士顿地区"人情"十分"淡薄"，不利于他们与美国人建立他们所希望的"交往"方式。

对于中国留学生来说，波士顿地区快速的生活节奏代表的是一种完全不同的生活方式。这是一个高强度的生活环境，受制于"适者生存"的竞争机制。这里充斥着"坐卧不安"的现代精神，人们拼命地把握今天，享受今世，不仅拼命地工作和学习，而且拼命地娱乐。"他们即使是休假也是急匆匆的。"（高莉语）与传统的中国人"安分，安命，安贫，乐天，不争，认吃亏"相比，这里的文化是典型的"不安分，不安贫，不肯吃亏"（胡适，1991c）[184]。中国学生以前习惯了比较悠闲、缓慢的生活节奏，不喜欢一天到晚拼命地学习和工作。正如林语堂所指出的：中国人"不'像牲口那样工作'[①]，而只是像文明人一样工作。他们认为，生活不值得人们付出那么多的劳动"（林语堂，1994）[39]。

这种"知足常乐"的心态表现在人际交往方面便是即兴性和长期性。中国留学生（像其他中国人一样）喜欢与人即兴交往，如果"谈得来"则通宵达旦。可是，他们来到美国以后，却发现自己不可能这么做。美国社会是一个高度契约化的社会，人际交往也带有强烈的契约色彩。与人见面必须事先预约，而且还有时间限制。事先不约好就跑上门去，被认为是十分不礼貌的行为，而且往往会遭到对方的拒绝。由于时间在美国被认为是个人十分宝贵的财产，因此在某种意义上已经成为人际交往的商品。有的留学生告诉我，在中国，家庭聚会结束时往往是客人向主人表示谢意，感谢主人的盛情招待。可是在美国，道谢的主次正好相反：主人一般要向客人表示感谢，因为客人牺牲了自己的时间来陪伴主人度过一个美好的夜晚。因此，中国留学生们来到美国以后都学会了说："Thank you for coming."（谢谢您的光临。）而以前在中国他们从来没有机会说这类"废话"。

除了时间上的限制以外，美国研究生院目前的人员结构也不利于外国学生和本地人交往。和本科生相比，上研究生院的美国学生一般年龄都比

---

① "像牲口那样工作"来自英文中的一句俗谚"working like a beast"，是英美人形容工作努力的人时常用的一句话。

较大，有的已经成婚。他们大都住在校外自己家里或租的公寓里，除了上课不到学校来。特别是近几年来，成年人在研究生院学习的比例逐步上升（例如哈佛大学教育学院 1994 年在校生的平均年龄是 35 岁，最小的 22 岁，最大的 78 岁）[①]。他们到学校来学习的目的和以前的学生很不一样。以前，学生来上学主要是为了体验学校生活，而现在他们到学校来是为了获得知识和学位。因此，他们对研究生院的认同感比较低，对参与集体活动也没有太大的积极性。

二、人际交往方式

中国留学生与美国人"交往"甚少的一个更重要的原因是中美文化在人际交往方式方面存在差异。与美国人相比，中国人的人际交往仍旧保留了比较浓厚的乡村特点，具有较强的亲缘性和人情味。尽管中国人人际交往的一个标准是"内外有别"，而且他们接近他人的方式也比较"含蓄""委婉"，但是他们的"私人圈子"似乎比美国人要大得多。如果他们对别人有好感，他们就会期望很快进入彼此的圈子，像"亲人"一样来往。比如，在上述例子中，高莉与同宿舍的亚洲姑娘们彼此以姐妹相称，一起做饭，一起吃饭。吴海虽然来美国才三个月，却"十分渴望和美国人建立私人关系"。严华君与美国同学初次交谈时，就希望了解他们的家庭和朋友。在中国人的层层人际关系圈子中，家人和朋友最接近个人。因此，如果中国人希望和他人建立亲密的关系，他们往往会采取"结亲"的方式与对方亲近。而要真正了解一个人，也必须知道他的家庭和朋友。只有真正了解了对方的"家我"，自己才能知道如何采取合适的方式与对方进行合乎礼仪的交往。

相比之下，美国的人际交往则更接近都市化风格，表现出陌生化、角色化和契约化的特点（姚亚平，1990）[171-174]。一般来说，美国中产阶级白

---

① 来自我听学校报告时做的笔记。

人具有比较明显的私人领域和公众领域观念，自我的圈子划得比较小。他们具有较强的社会契约观念，与人交往时遵循一定的时间和距离约定。人际交往的角色化和社会的高度流动性使他们学会了与陌生人交往时给予基本的礼貌表示（如热情），但是他们不会像中国人那样将陌生人很快地纳入"亲人"圈子。

美国人对自我的定义以及对个体主义的推崇也妨碍了他们自由地与他人交往。我所调查的美国同学告诉我，他们不太想和外国同学进入比较深层关系的一个原因是害怕分离。如果他们和外国同学建立了深厚的友谊，而毕业以后就再也见不到他们了，这对他们来说是十分难受的事情。对分离和失去的害怕使得他们在建立关系之前就变得踌躇不前。在以个体主义为主的文化中，自我是孤立存在的，成功地与他人分离是个体成熟的标志。因此，由于害怕不能成功地与朋友分离，这些美国同学事先就决定不与他们进入深层的关系。从中国文化对人的理解来说，这样一种行为导向不仅影响了他们与人交往，而且阻碍了他们自身的发展和自我实现。

中国留学生没有和美国人建立深入交往关系的另一个重要原因是，他们彼此的交流习惯有所不同。在中国，人们通常面对面地交流，交流双方可以看到对方的表情和形态。而在美国，由于时间宝贵，人们很少有机会见面，只好借助于电话交流。正如金多多所言："在中国，我们不是通过打电话来交朋友的。在这儿我们总是用电话交谈，而在中国通常是面对面地交往。"由于过去很少使用电话这一现代化工具，他们来到美国以后对在电话上交谈很不习惯。[1] 他们现在使用电话主要是为了实用，如交流信息和处理事情，而不是建立关系。在他们看来，通过电话进行的交往无法与面对面的交往相比。电话主要具有工具性功能，很难传递情感，特别是人际交往中双方的形体动作和面部表情。而面对面的交谈可以提供最大量的信息

---

[1] 1992年以前，中国人自己家里装有电话的属于极少数，大部分人家都没有电话。因此，中国留学生们来到美国以后对使用电话不太习惯，特别是对在电话上长时间地交谈，并以此作为建立人际关系的工具不习惯。1992年以后，中国的电信事业有了迅猛的发展，现在，城市居民个人家里拥有电话已经不是十分稀罕的事情了。

（特别是关系信息），能够获得最直接和最及时的反馈，而且传递信息和理解信息的准确度也比较高。打电话却失去了这些优势，因此，很难使双方建立起深入、持久的关系。由于不习惯将电话作为建立和发展关系的手段，中国留学生们一般都不在电话上聊天，平时和美国同学打电话时也只是就事论事，很少寒暄。①

除了交流习惯，中国留学生与美国人在兴趣和爱好方面也存在差异。马国强在访谈时说："和美国人交谈是一件很痛苦的事情。如果你试图和不同的人交谈，而你们的兴趣又很不一样，那是不可能找到共同点的。比如：如果他谈一些你根本不知道的人和事，……这种交往就非常困难。"金多多发现美国人在玩游戏时有很多不同的规则，因此即使是和他们一起玩游戏也觉得很不方便："我们知道怎么玩的游戏，他们这些老外却不知道怎么玩；而那些他们会玩的游戏，我们又不知道怎么玩。甚至玩扑克都这么困难，那就更不用提深入交往了。"吴海注意到美国人对棒球非常狂热，而中国人则更喜欢足球。作为一个中国人，他不理解为什么美国人宁愿在棒球场上慢慢腾腾地来回游荡，也不喜欢在足球场上奔跑驰骋。在他看来，运动的目的就在于锻炼身体，而棒球运动看起来似乎"很愚蠢"。于是，他总结道："我们确实不同，你对某些东西很感兴趣，他们却认为平淡无味。因此，即使你有一个你认为十分有趣的话题，也很难和他们深入谈下去。"

中国留学生与美国同学在生活习惯方面的差异，也妨碍了他们相互深入交往。高莉通过自己与其他美国同学和亚洲同学的接触发现：

> 亚洲人很难理解西方人，而西方人也很难理解亚洲人。这是因为大家彼此之间的共同点很少。以饮食为例，美国人吃饭很简单，而亚洲人却喜欢吃各种各样的食品。美国人对食物并不关心。如果你和他们谈起食物，他们只是说"嗯，好吃（delicious），好吃"，

---

① 随着他们与我的关系逐渐深入，我们经常在电话里聊天。我想，这一方面可能是受到了我的影响（我来到美国以后已经渐渐适应了在电话上聊天，而且在美国，市内电话是不按时间收费的），另一方面是因为我们各自都很忙，没有时间见面。

就再也没有下文了。我发现有些话题很难进行下去。我们的口味很不一样。

由于工作紧张、饮食社会化以及盎格鲁－撒克逊人不重视饮食品味的传统，美国人对食物的要求在中国人看来非常低。最不会做菜的中国学生来到美国以后也会立刻享受名厨的声望，因为美国人根本就分不清新手与名厨之间的区别。因此，中国留学生发现与美国人谈吃是一件非常乏味的事情。可是，美国人还特别喜欢用吃作为开启人际接触的话题，因为他们认为这类话题比较中性，没有探询他人隐私之嫌。而对于具有悠久、丰富饮食文化的中国留学生来说，这个话题有很多内容可谈。一方面他们希望通过这个话题与美国人建立进一步的联系，可同时他们也对美国人在这方面的无知而感到哭笑不得。

一些美国年轻人的恋爱观念和恋爱方式也让中国留学生们感到困惑不解。高莉在宿舍里和一些美国同学接触以后，发现自己很难接受他们的恋爱方式：

> 我们和他们谈得不多。当他们谈起自己的男朋友、女朋友时，他们和我们在观点上很不一样。因此，我们只是听他们讲。有时，他们会问："你是怎么看的？"我就随便说几句。他们和我们很不一样。这儿的一些事情让我们亚洲人感到很可笑。也许我还没有很好地适应这里的环境，也许，他们还会认为我们很可笑。

高莉宿舍里的一位美国女同学同时和几个男人约会，对此，她感到十分诧异："他们只是在一起玩一段时间，然后就分手了。接着又约会下一个。这对我们亚洲人来说很奇怪，而且也太过分了，简直难以接受。事情怎么会是这样的呢？这些女孩子也许觉得我们很可笑，好像我们不懂得享受生活似的。"

中美文化中某些行为的不同文化含义也在一定程度上妨碍了中国留学

生和美国人交往。易立华到达学校后，一位秘书曾对他非常热情，为他提供了很多帮助。出于感激，他想请她吃顿饭。当她对这一邀请迟疑不定时，他意识到自己可能犯了一个错误——

> 我对她说："如果这么做不好，那就算了吧。"她回答说，如果只是一顿午餐还可以，但如果是一次宴请就不行了。她说这会被认为是在搞对象。你知道吗？她还说，你是个学生，而我是一个管理人员，我们不可能有这种特殊的关系。（他和我都大笑起来）她说她不能这么做，否则学校会……。我真没想到事情会是这样。我只是认为她对我很好，想报答她一下而已。我从来没有想过这会被认为是搞对象。

易立华邀请秘书吃饭只是希望表达一下自己对她的感谢，除此之外没有任何别的用意。秘书在他困难的时候帮了他很多忙，而他却没有其他更好的方式来报答她，于是便使用中国人惯常的请吃饭的形式来表达自己对她的感激之情。可是，他万万没有想到自己的一片好心竟会引来如此荒唐可笑的误会："她比我年纪大很多，我们怎么会？……而且我在中国已经有了一个女朋友。但是后来，我想，既然在美国这种事情被认为是搞对象，那我还是不要给她添麻烦了。"

有了这个新发现以后，易立华惊恐地意识到自己已经和宿舍里另一个女孩"搞过一次对象"了，因为不久前他们在一起吃过一次正式的晚餐："我并没有想成为她的男朋友，这根本不是什么搞对象！我只是想和她交个朋友。"认识到"搞对象"这个概念在不同文化中的不同含义之后，易立华在每次和美国女性交往时都要考虑再三。这种过分敏感的做法也就在很大程度上剥夺了他在美国与异性建立友情的机会。

以上留学生们的故事使我想起另一位中国留学生对我所说的话。我和她是在一次外出郊游时偶然相识的。尽管我们以前并不相识，但是当我们谈到在美国留学的艰辛时，她便滔滔不绝地向我诉说了她的很多经历。当说到交朋友时，她用一种痛苦的腔调表达了和以上中国留学生类似的感受：

> 如果你想和他们（指美国人）交朋友，你就必须和他们在一起做事情。可是他们做事情的方式和我们很不一样。每当周末来临，他们就会在宿舍里大叫起来："周末到了，Let's go crazy（我们去疯狂地玩乐吧）！"于是他们就去酒吧喝酒或听震耳欲聋的音乐。我没法这么干，我不可能像他们那样疯狂地玩乐。我不得不努力学习。他们在一起总是谈健身，怎样健身，到哪里去健身。可是我没有钱去那种地方，太贵了。我也不习惯于在体育器械上花钱。在国内这些都是免费的。为了在这里生活下去，我必须非常节省。所以，由于做事情的方式不同，我很难和他们交朋友。

总之，我所研究的中国留学生来到美国以后没有和美国人深入"交往"，这其中有十分复杂的社会和文化方面的原因。他们来到美国的时间还不长，对周围的环境还不了解，不能透彻地理解美国人的行为举止。除了价值观和行为方式上的差异之外，美国研究生院内的生态环境也存在许多障碍，影响了他们和美国人深入"交往"。因此，尽管有强烈的"愿望"和"兴趣"与美国人"交往"，他们却很难达到自己预期的目标。他们与美国人的接触往往带有偶然性和瞬间性，不具备"有来有往"和"有准备"的形式，更难以"深入"和"持久"下去。

第五章 "人情"：人际交往的底色

典型的中国人给人留下的总体印象是温良，"一种难以言表的温良"。而这种温良"既不源于推理，也不生自本能，而是起自人类的同情心和一种依恋之情"。

——辜鸿铭（1996）[31][32]

从中国留学生们那里我还了解到，"人情"是人和人之间"交往"的底色，即一种最基本的要求。这个词语很难用准确的英文翻译。从字面上讲，将"人"（human）和"情"（feeling）这两个字放在一起可以翻译成"human feelings"，但这一翻译几乎无法传递汉语对这个词语所赋予的丰富含义。"人情"的内涵和外延很大，可以同时表示很多意思，如同情之心、恻隐之心、羞恶之心、辞让之心、是非之心、共情、理解、敏感性、情理、天理、人伦、仁义、良心、亲情、恩情，甚至包括人与人之间的交情、领情、求情、情义、情面、情分，等等。而这些意思都具有他向性（other-directed），即这些情感是指向交往对方的。下面两位中国留学生对"人情"的解释便体现出了这种他向性。

达誉生："人情"这个词在中国社会很普遍。它指的是人是有思想和感情的。他们能够站到别人的角度去考虑问题，说的事情能够被别人所接受，让别人觉得很舒服。

金多多："人情"在汉语中意指在人们之间，你理解我的处境，我也理解你的处境。"人情"就是相互理解，能将心比心，具有心心相通的能力。

学术界的研究指出，"人情"最初只表示人在本能上的情绪或情感（翟学伟，1993）。《礼记·礼运》上说："何谓人情？喜、怒、哀、惧、爱、恶、欲，七者弗学而能。"由于中国传统社会偏重伦理道德，"人情"转移到人际关系之上便具有了"礼"的成分。"人情"不仅表示由"亲情"延伸出来的世情，而且具有人伦中"义"的含义。民间所说的"天地良心"指的就是这个意思。心能相通是因为情能相通，所以"人情"便成了中国人衡量道德水准的一个尺度。"人情"既是人们在日常生活中应该遵循的一个行为规范，又是一条道德准则。按照这一准则行事的人被认为具有"人情味"，否则便被认为"不近情理"。没有"人情味"的行为被认为是不道德的行为，因此中国人常用"不近人情"这一词语来评价那些在他们看来不合情理的行为。具有"人情味"可以使一个人成为真正意义上的"人"，区别于一件物品或者一个动物。

中国人之所以重视"人情"，是因为他们的自我概念和人际关系具有浓厚的自然情感。中国文化中的"人"是关系的人，"自我作为人际关系的中心"，与他人建立起一个由近及远的人际关系网络（杜维明，1996）[83]。这一网络建立在人的自然关系之上，以血缘和准亲缘关系为基本纽带。因此，这样一种以"人情"为基础的人际关系必然会诱发出人类最基本、最朴素的感情（杨宜音，1995）。尽管中国人在交往中对不同人际距离内的人一般采取"内外有别"的原则，但是"人情"作为"人"的基本品质和人际交往的基本内涵却被延伸到所有的人。"人情"的亲疏程度以及表现方式可以因人而异，而这种差别在中国人的观念里正是人类感情的自然流露。

对于我研究的中国留学生来说，"人情"应该包括至少以下几个方面。(1) 利他倾向：在交往中"关心""照顾""帮助"别人，对别人的需求有高度的敏感性。(2) 内律倾向：与别人相处时能够控制自己的情绪，"体谅"

别人的难处，发生冲突时应该能够"容忍"对方。（3）面子观念：在社交场合给别人和自己"留面子"，在表达自己的观点（特别是不同意见）时留有余地，态度"谦和""忍让"。① 尽管中国人（包括这些留学生自己）在日常生活中不一定都能按照这些原则身体力行，但是，这是中国人与人相处的理想方式。中国人通常认为每一个人都应该按照这种方式来要求自己，使自己的行为日趋接近完美。

第一节 "关心"和"照顾"别人：
人际交往的利他倾向

在中国留学生看来，人际交往中有"人情味"就是有同情心，注意"关心"和"照顾"别人，当别人有困难时，自己应该有"恻隐之心"，切身感受对方的苦痛。与此同时，自己还应该对对方的苦痛做出反应，表示同情和怜悯。即使是在交流初期双方关系很浅时，这种关切之情也应该表现出来。在他们看来，人与人之间是一种相互依赖、相互依存的关系。因此，当别人有困难时，自己应该主动伸出援助之手。出于同样的道理，当他们自己面临困难时，他们也期待着别人为他们提供帮助。因此，自己在遇到困难的时候希望得到别人的"关心"和"照顾"，这并不是一件"丢人"的事情。

"关心"正如其字面意义所示，指人与他人的"心"之间的一种"关系"。"关心"他人不仅仅是在路遇时随意问候一句，而是应该对对方的"心"表示关注。而要对对方的"心"表示关注，自己首先必须具备体察对方之"心"的能力。这种可以与对方的"心"共振、共鸣的能力就是中国人所说的"同情之心""恻隐之心"。

---

① 将"人情"这一连中国人自己都说不清楚的概念分成几个部分，主要是为了分析和讨论的方便。事实上，中国留学生们在谈到这一概念时通常同时涵盖了几个方面的意思和内容。

如果说"关心"主要是一种心理态势的话，那么"照顾"则指的是一种利他的举动。当自己体察到对方需要帮助时，就应该主动地去"照看""关照"对方，为对方具体地做一些事情。

"关心"和"照顾"是一种"不对称"的关系，通常由具有帮助能力的一方给予需要帮助的一方"关心"和"照顾"。给予的一方认为这是自己义不容辞的责任；而接受的一方也会十分自然地把自己放到弱者的位置，坦然接受对方的给予。另外，"关心"和"照顾"具有行为发起上的主动性。给予一方必须自己表示主动，而接受一方即使有需求，而且也希望得到帮助，也不可能（而且也不应该）主动要求被给予。正如达誉生所说的："我们不可能对别人说'你来关心一下我吧''你来照顾一下我吧'。关心和照顾必须是主动的，不必说的。"

一、单面镜

我所调查的中国留学生们以前在中国的日常生活中曾经深切地体会到了人与人之间相互"关心""照顾"的重要性，因此他们来到美国这个陌生的国度以后更加感到有这种需要。董文告诉我，虽然他的几位来自越南的华裔室友和他素不相识，但是他们经常主动"照顾"他。他们比董文先到美国，各方面情况都比较熟悉，因此在日常生活中经常主动向他介绍在美国生活的经验和教训。当他们知道董文经济上比较拮据后，每当有多余的食品就分给他一些。董文觉得，和他们在一起生活很亲近，因为他们很有"人情味"。

相反，董文所接触的美国人却不会主动"照顾"新来的人："我们刚到这儿时，没人管我们。我所在的学校也没有人到机场来接我。我没见到任何人。在找房子时，我也遇到了很多困难。如果有人在我来之前就帮我找好了房子，事情就好办多了。"另外一些中国留学生也反映，如果他们请美国同学帮忙，比如了解学校有关课程，这些同学会给予帮助。但是，如果他们对自己的困难缄口不言，美国同学一般不会主动帮助他们。在美国的三次访谈中，达誉生每讲到这一点时语气都一次比一次强烈："他们从不问我是不是需要帮助，也从不过问我们的事情。"即使他讲英语有很大的困难，也没有美国同学主动为他提供帮助。"我从来没有听过哪个美国学生说：'我来教你如何学英语吧。你英语不太好，我来给你解释一下吧。'不可能！我从来没有见到美国人愿意热心地教外国人学习他们的语言。他们都在忙自己的事情。"易立华喜欢参加学校里举办的聚会，以便认识一些人。每次聚会上都有一群"他们"，一个个手端着酒杯站在那里，他一看到这种场面就有一种"被忽略"的感觉：

> 首先，我和他们之间存在语言障碍。他们讲话很快，我根本听不懂。他们谈论的内容都是他们自己知道的事情，比如他们的朋友啦，等等。我对这些事情一无所知。……他们从不照顾别人，不会主动想办法让你加入他们的圈子，和他们交谈。他们只是谈自己的。如果你想了解他们，就得自己采取主动。

严华君在填税表时曾经请求过美国人的帮助，可是不论是从留学生处的官员还是从美国学生那儿，他得到的答案都是"我没有权利回答这个问题"。他对此感到迷惑不解，左思右想以后得出的解释是：

> 美国人怕惹麻烦。如果你按他说的去做了，结果出了错，他就会有麻烦，对吧？所以，他们总是躲开和法律有关的事情。少做点比多做要好。在我和美国人的接触中，我感觉到了这一点。和中国人交流就好多了。他们不会担心这些问题。中国人在别人需要帮助的时候就提供帮助，很少考虑将来会不会有被起诉的可能性。

严华君在这里提出了一个法治和人治的关系问题。由于美国人法治观念比较强，对填税表之类的事情就表现得比较谨慎；而中国人对人际关系的重视胜过法治，即使触犯法律也会不惜"舍身救君子"。因此，美国人的过分谨慎很容易被中国留学生理解为瞻前顾后、怕惹麻烦、不愿帮忙。我认为，除了对法律的尊重，美国人对这类事情的处理方式也表明了他们对公、私领域的界定。填税表涉及个人的很多隐私（如财产、消费方式），是个人与法律之间的事情，其他人不应该过多介入。而中国留学生则认为，这属于"公众"范畴，可以公开讨论和相互帮助。

在所有中国留学生中，达誉生对没人"过问"或"管"感触最深。尽管他和中美交流中心志愿服务的美国人有过几次愉快的接触，但他仍感到总的来说美国的"人情"比中国"淡"多了。他在几次访谈中都反复说到这一点，特别是在来到美国将近一年时的最后一次访谈中。下面的访谈片段可以说明他的基本观点。

片段分析之一

"他们从不过问我们！"

达誉生：由于几千年文化传统的影响，中国人的人情味很浓。而美国人对人情却不在乎。如果他们不同意某件事情，他们就会说"no"（不），就这样。但是对中国人来说，则要考虑很多，中国人更有人情味一些。……如果把中国作为一个整体，我认为我们的人情味比美国这样的社会浓多了。

我：你所说的"浓"是什么意思呢？

达誉生："浓"指的是人们有强烈的同情心去关心和帮助别人。也就是说，更多的人情愿牺牲自己的利益去帮助处在困难之中的人。虽然我到美国的时间还很短，只有一年的时间，但是我对美国人的普遍看法是他们很冷淡。

我："冷淡"是一种什么感觉呢？

达誉生：这要归因于文化差异。当他们遇见你时，就像，就像……（脸上做出一副冷漠的表情）什么都无所谓。你在不在这儿没什么关系。

我：意思是你不重要？

达誉生：意思是当我遇见美国人时，我感到他们不热情。如果中国人遇见陌生人或者外国人，他们会非常热情，会想办法帮助他们。但是美国人却不热情。如果你不问他们，他们绝不会问你。……中国人通常更主动地帮助别人，也更体谅、更周到一些。……比如说，如果一些美国人到你在北京的大学来了，老师和工作人员会为他们考虑得很周到，会询问他们的情况。在这方面，中国人更体谅别人一些。而美国人却不是这样。以我自己为例，我到这所学校已经一年了。我不去找他们，他们是决不会来找我的。无论你做什么，他们都不关心。……美国人的确很冷淡。如果你不请求他们帮忙，他们是不会问你是不是有什么困难的。不管导师还是管理人员都从不问你。这儿的人情确实比在中国淡。

我："淡"是什么样子？

达誉生："淡"就是说……嗯……就是说……他们似乎一点也不关心你。在中国，即使是同学之间也会很关切地彼此问候健康状况。他们遇见时就会问："嗨，你好吗？有什么困难吗？"在这儿就没有这种事。……在中国，人们对外国人尤其关心，比对自己的同胞还要好。……如果一个外国人到了中国，不管他是一位珍贵的客人，还是一名普通学生，中国人都非常关心他，照顾他。……我们在这儿就没有这种感觉。比如说，即使一些美国人遇到困难，其他美国人也无动于衷，只是轻描淡写地问几句。按照中国人做事的方式，学校的管理人员应该每隔一段时间就问问我们。但是，即使我们有困难，他们也从来没有问过我们。你想干什么就干什么。他们看见我时总是说："已经很久没看到你了。"我说："我也很久没看到你了。"（大笑）他们说："你很忙。"我就说："是的，我很忙。"于是，他们就笑起来，就这样。你没看到我，我也没看到你。

为了进一步说明他的看法，达誉生继续比较了美国教师和中国教师对待留学生的不同态度："我和导师的接触也不多。……你知道，美国人不愿意打搅别人，……只要你没遇到什么麻烦，他们是不会来过问你的。……

在中国，如果一些美国学生来了，中国教授会说：'好吧，我来照顾这些学生。我应该过问他们，每隔一段时间来表示一下关心。'"总之，达誉生认为："美国人的一个特点就是不过问我们。他们根本不关心你，他们看起来冷冰冰的。总而言之，我感到美国人的人情味很差，很差。这就是我的感觉。"

达誉生的这段谈话涉及了几个十分有趣的跨文化人际交往方面的问题。首先，独立自主与相互依赖之间的关系问题。一般来说，美国文化比较强调个人的独立自主，而中国文化比较看重人与人之间的相互依赖。美国人认为他们应该尊重别人自理自立的能力，包括表达自己的需求和请求别人帮助的能力。比如，上面中国留学生提到的接机、找住房、学英文和身体适应方面的问题，如果当事人自己不提出来需要帮助的话，别人不必（也不应该）去过问这些事情。对于美国人而言，提供或接受帮助暗含着地位高低和能力优劣之分。因此，他们通常不主动提出帮助别人，除非对方主动"选择"要求得到帮助。

相比之下，中国人来自一个更加相互依赖的文化传统，人与人之间相互帮助被认为是十分正常的事情。中国人通常期望自己不用说别人就能知道自己的需求，而且主动提出来帮助自己，特别是那些有能力给予帮助的人。因此，他们来到美国以后很自然地对美国人抱有一种期待。他们认为美国人是本地人，了解当地的风俗习惯和规章制度，具有帮助他们的能力。如果自己处于美国人现在的位置，他们也会主动去帮助外国人的。达誉生反复引用中国老师在类似情况下通常所采取的行为，就是为了说明这一点。因此，中国留学生们来到美国以后也希望有人"过问"和"管"他们，他们并不认为这是不够"独立"的表现。

在上述谈话中，达誉生等中国学生反复提到了"过问"和"管"这两个十分具有中国文化特色的词语。他们认为当别人有困难时，自己（不管有没有能力）都应该去"过问"和"管一管"别人。他们自己在中国遇到困难（甚至没有遇到困难）时也经常有人来"管"他们，"过问"他们个人的生活和学习情况。因此，他们来到美国以后也期待着得到同样的待遇。

他们认为自己的适应问题不只是自己一个人的事情，而且他们的困难是显而易见的，因此美国人应该主动来"过问"和"管一管"他们。而美国人则认为，如果有困难的人自己不请求帮助的话，"过问"和"管"他人的事情是对他人不尊重的表现。他们认为主动向外国人提供帮助是一种施舍行为，而中国学生则把缺少这种举动看作"冷漠"的表现。[①]

达誉生等人对美国人不"过问"和"管"他们表示不满还与中国人人际交往中的"圈子"观念有关。中国人一般有比较鲜明的人际界限，"自己人"和"外人"、"我们"和"他们"之间的界限比较清楚。"自己人"之间关系可靠，个人可以有安全、自在之感。而一旦身处"外人"之间，他们的安全感就会很容易降低，感觉需要别人的"照顾"。只有通过"照顾"，他们才会产生被眼前的圈子所接纳的感觉，仿佛进入了这个圈子，成了圈子中的一员。[②] 因此，中国留学生们初到美国与陌生人交往时往往不会采取主动。他们认为美国人是本地的"圈内人"，应该主动来接近他们，帮助他们进入"圈子"。而他们的美国同学和老师出于对他人独立自我的尊重，往往期待对方自己主动表示这种愿望。因此，在双方互不通气的等待之中，中国同学的不满情绪与日俱增。

另外，达誉生的上述表达还涉及中美文化在师生关系方面存在的差异，而这个差异与上面谈到的个人领域、圈子和相互依赖等问题都有关联。由于中国人有扩大私人领域和相互依赖的倾向，中国的师生关系也呈现出相互依存的趋势。中国文化以家族主义为中心，师生关系也倾向于家族化。"一日为师，终身为父"，尊师爱生——学生尊敬老师，老师爱护学生——便成了中国文化中师生关系的理想形式。虽然现在教师的经济地位有所下降，但是尊师爱生的传统观念还在人们心中驻留。学生必须用职位或职业

[①] 社会心理学方面的研究表明：冷漠可以分为认知上的冷漠和行为上的冷漠。认知上的冷漠是指对别人的处境或要求缺乏敏感性，不知道他人有得到帮助的需要。这可能是由认知能力的局限，或过于以自我为中心，或因自身遇到困难而忽略了对他人的关注导致的。而行为上的冷漠指出于对自身需要或利益的考虑，有意不给予他人帮助（石秀印，1993）。我想，中国留学生们所认为的美国同学的冷漠大多数属于前者。

[②] 有关中国留学生们对"圈子"的理解和划分，本书第八章有更详细的探讨。

称呼老师，老师也常常把学生当成自己的孩子一般照顾。而美国社会对教师这个职业不够重视，将教师等同于社会上其他阶层，甚至置于社会其他阶层之下，受雇于学校和学生。因此，师生关系类似于雇主和雇员的关系，比较松散、随便，师生之间以名字相称的现象十分普遍。

这就给人一种假象，好像美国大学内的师生关系亲密、随意（informal），而中国的师生关系严肃、呆板（formal）。而事实上，中国的教师是以"替代父母"的身份出现在学生面前的，他们认为自己除了负责向学生传授知识，还应该关心学生的思想状况，照顾他们的日常生活。因此，从这个意义上来说，他们与学生的关系比起美国的师生关系来，显得更亲密。

在上述引言中，达誉生反复谈到中国的老师对学生更加"关心""照顾"指的就是这个意思。而美国的师生虽然以名字相称，但情感交流比较少。老师认为自己对学生的责任就是传授知识，除此以外没有其他的义务。特别是在大学和研究生院里，学习是学生自己的事情，老师没有义务主动帮助学生学习。如果学生不主动找老师，老师是不会找学生的。如果老师这么做了，反而会被认为是不尊重学生的自主权。正是因为美国的师生关系具有这些特点，达誉生等中国留学生们来到美国以后很快就形成了"美国老师不关心学生"的印象。从他们的角度来看，美国社会对自我独立和个人隐私的尊重妨碍了师生之间建立亲密、亲近的关系。

我自己的经历可以进一步说明中美文化在个人独立和人际依赖方面所存在的差异。刚到美国留学时，我也和其他中国留学生一样，期望着美国老师和同学问我是否需要帮助。结果，每个学期我只是在开学时才有机会见导师一面，因为我需要她在我的学习计划表上签名。其余时间我都是一个人独自学习，导师从来没有主动找过我，其他同学也从来没有问过我是否需要帮助。由于害怕打扰别人，我也从未向他们说过自己有困难。那一段时间，我在美国的生活非常单调、孤独，没有"人情味"。只是后来当我逐渐地明白了中美文化对个人独立和人际依赖的理解存在差异以后，才开始尝试主动寻求帮助。

二、多面镜

达誉生等人通过自己的亲身体验认为美国人对外国同学不够关心，而另一些中国留学生则有不同的看法。前者的生活经历似乎为他们提供了一个看美国社会的单面镜，而后者的经历却使他们透过一个多面镜看到了一个更加丰富、复杂的"美国人"的画像。

易立华到达波士顿以后头两天所遇到两件截然不同的事情向他说明：有的美国人对别人漠不关心，而有的美国人对别人却非常关心。他到达波士顿机场那天，随身带了两个大箱子。他正在着急怎么办时，看到一个白人妇女（他认为是美国人）推着一辆空着的小车经过他身边。他立刻走上前去，问她是否可以用一下小车。可是，那个女人连看都没看他一眼，就把车推到还车的地方去了。他对自己第一次与美国人的遭遇深感失望，心想："美国人真自私！"

第二天早上，易立华在去学校的路上迷了路，站在街边花了整整5分钟的时间看地图也没找到方向。正在不知所措时，一个白人姑娘（他认为是美国人）走过来问他是否需要帮忙。她仔细地查地图，看了很长时间，然后双手比画着向他详细地描述了去学校的路线。最后，她提出和他一块走，因为她说自己也是去同样的方向。"这件事对我震动很大。因为就是前一天，我留下了美国人自私、不愿帮助别人的印象。可是就在第二天，这件事让我感到：'嗯，这儿还是有热情、乐于助人的人的。'"

从易立华的这个故事中，我们可以得到一个十分深刻的教训：一件很小的事情便可以决定一个外国人对一个国家的整体印象，而另一件同样小的事情也会马上改变这种印象。在跨文化交往中，这种交错式的体验很容易使人对异国文化产生误解。因此，中国留学生们如何尽可能多地接触美国社会里不同的人，了解美国文化内部的差异性，对于他们真正了解美国和美国人具有至关重要的意义。

第二节　"体谅"和"容忍"：
人际交往的内律倾向

　　根据我所调查的中国留学生们的观点，一个有"人情味"的"交往"除了具有"关心""照顾"别人的利他行为以外，还应该包括"体谅"和"容忍"别人的自我控制能力。在人际交往中，双方应该"察言观色""将心比心""设身处地"为对方着想。"己所不欲，勿施于人"说的就是这个道理。人与人交往时应该以我之欲求去推测、忖度他人之心，推想他人内心的情感和愿望。人与人之间应该相互尊重、相互忍让、相帮相助、济困扶危。"体谅"中的"体"字指的就是用自己的"身体"切"身"地去"体"察他人的需要；而"谅"则反映了人在遇到冲突时对他人的"谅解"和"原谅"。体谅他人不仅仅是一种能力，而且是一门艺术、一条必须遵守的道德准则。

　　"体谅"他人不仅要求自己具有恻隐之心，对他人的需求十分敏感，而且要求自己具备"容忍"他人的能力。在人际交往中，人们应该以恕己之心恕人，强调和为贵、忍为先，去骄、去怒、去争。"温、良、恭、俭、让"是人与人之间正常交往的必要形式。如果双方利益发生了冲突，彼此应该"与人为善"，想办法调和矛盾，而不是"剑拔弩张"。汉语中"忍让"和"容忍"这两个词语中的"忍"字在字形上就是"心"上面放一把"刀"。这个中国人在日常生活中常用的字，形象地表现了中国人对自己深层情绪的控制机制。

一、跨文化人际交往中的自我内律行为

　　我所调查的中国留学生是在中国文化环境中成长起来的，因此他们学会了（或者知道应该）怎样从别人的角度来考虑问题。就像董文所说的："我已经学会了感受其他人的情感，我能通过他们所说的话以及他们的表情来理解他们。"焦林在受到班里一位"女权主义者"劳拉的攻击以后声称，

他可以在今后其他事情中改变她对自己的看法，因为"我不是那种不敏感的人，或者像中国人所说的'没眼色'（意指感觉麻木，眼睛不中用，不会察言观色）"①。马国强在听到实验室里一些美国人试着说中文时感到特别难受，因为他自己可以体察到他们内心的挣扎——

马国强：我们系里的一些美国学生正在学汉语。这对他们只是一个业余爱好而已。每个人都知道一些汉语词汇。每次当他们和我们讲汉语时，我们的心都提到了嗓子眼。

我：为什么会这样呢？

马国强：因为我们担心听不懂他们在说些什么。如果他们对你讲汉语，而你却听不懂，这多让人难为情。对不对？

我：对谁难为情？

马国强：双方都会难为情。

马国强对于自己有可能听不懂这些美国同学的汉语而感到难为情，这说明他对他们的感觉比较敏感，有一种情感上的共鸣。一般来说，中国留学生会因为自己的英语难以让美国人理解而感到难堪和沮丧，因为他们以为美国人会以此来评判他们的能力。而现在，当马国强应该有权来评判美国人所讲的汉语是否正确时，他却由于和他们有一种共鸣而自己感到难堪。②

由于中国留学生自己大都有过难堪的经历，所以他们对那些在公众场合遭受难堪的人很容易寄予同情。焦林在访谈时谈到，他对一位遭到某些学生嘲笑的老师深表同情。在这位老师被学生取笑时，他觉得自己好像也

---

① 焦林这段话里还隐含了他对自己失去面子的羞愧以及试图挽回面子的努力（有关面子的问题下一节有详细讨论）。根据中国社会心理学家翟学伟的理论，人们在失去面子以后往往会采取一些策略挽回面子或从精神上获得解脱（翟学伟，1995）[315]。

② 这里还涉及一个"面子"问题。如果马国强表示自己听不懂美国同事的汉语，这不仅有损于对方的面子，而且他自己也会觉得面子上过不去。从这个意义上来说，"体谅"和"容忍"是与中国人的"面子"观念紧密相连的。

受到了嘲笑：

> 我们班里有一个同学讲话特别快，并且还特别爱开玩笑。他说
> 的话我大多数都听不懂。他在课堂上总是开玩笑，弄得老师很难
> 堪。这些学生对老师一点儿也不尊重。……许多学生都直接取笑
> 他，贬低他。我觉得，当他们取笑他的时候，我们好像也被玩弄了
> 似的。①

　　由于这些中国学生很容易理解别人，因此，他们如果在别人很"忙"②
的时候去"打扰"，便会感到内疚。尽管他们很想结识美国同学，但是如果
过多地"打扰"和占用美国同学的时间，他们便会感到十分不安。比如，
达誉生告诉我："当我们和他们交谈时，总是希望不要干扰他们的学习。我
们总是想到他们的处境。"他认识一个曾在北京学习了一年的巴基斯坦裔
美国女孩，并且主动和她谈过一次话。但后来，他发现那个女孩住的地方
离学校很远，便不再去"打扰"她了："我不知道她为什么不住得离学校
近一点，直接问她又觉得不太好。她每天要在路上倒几次车，很晚才能回
家。……现在快到期末考试了，她每天都很忙。如果我去找她，她就不得
不停下她正在做的事情和我说话。如果你（言指我）愿意的话，我可以和
你谈一个下午，甚至一整天。但她不行。她要忙这忙那。她正在学好几门

---

① 这里还涉及尊重师长的问题。由于中国人对老师比较尊重，与老师交往有一定的行为规范，
　　因此，当焦林看到美国老师受到学生取笑时难免感到难受。
② 我在这里将"忙"字加上引号，是因为在我所调查的中国留学生中，他们常用这个词来描述
　　他们眼中的美国同学的一般状态。而实际上，他们的美国同学到底"忙"不"忙"？这些美国
　　同学在"忙"什么？他们概念中的"忙"与中国留学生所理解的"忙"是不是一回事？这
　　些问题我都没有来得及仔细调查。在这里，我所指的只是中国留学生们所认为的美国同
　　学的"忙"。

课程。看到这种情况，我就不再找她谈话了。"①

另外一些中国留学生则担心，如果他们加入学习小组会给美国学生带来不便，减慢小组的学习进度。严华君下面这番话表达了他对小组中其他成员的体惜：

> 如果你加入美国学生的小组里，你会有语言障碍，讲话也很慢。如果你知道的东西不多，而你总是不停地问他们，你会感到不方便，他们也会感到不方便。双方都会觉得很困难，不方便。如果你参加他们的小组，你会影响他们的学习进度，或者你会问一些不恰当的问题。他们会不高兴，而你也会感到很内疚。

由于这些中国留学生们来自一个有着强调道德自律的文化传统的社会，他们在与人相处时比较注重与人为善，严责己宽待人；即使是与"顽劣之人"相处，也要求自己用高尚的道德去感化他们，而不是针锋相对，剑拔弩张（焦国成，1991）[88-89]。中国留学生来到美国以后感受到了美国人不避冲突的行为倾向，但是他们中一些人仍旧坚持按照"体谅""忍让"的传统美德行事。

例如，董文做教学助手时，一些美国学生总抱怨说听不懂。于是，他便一遍又一遍地为他们做解释。如果有的学生生气了，不跟他讲话了，他就主动走过去，向他们道歉，问他们："对不起，你能再重复一下你的问题吗？"即使他知道这些学生课前准备并不认真，他也不能对他们直说。"我确实非常生气。如果我是个美国人，我就对他们直说了。但我是中国人，我不能那么做。"

---

① 这里达誉生还涉及了个人隐私问题。他（像其他中国留学生一样）在来到美国之前和之后都被告知（或者朦朦胧胧地感到）不要打听美国人的隐私，因此他们在和美国人交往时特别谨慎。可是，由于他们对"个人隐私"这个概念并不了解，他们不知道在和美国人交谈时到底什么该问、什么不该问。结果，在与这位女士的交往中，达誉生连"她为什么不住得离学校近一点"这样的问题都不敢问。而据我的了解，美国人对这样的问题一般是不会介意的。更何况这位女士来自巴基斯坦，也许还保留了亚洲人不避"隐私"的交谈习惯。

同样，吴海到美国后，也仍然坚持按照以前在中国的原则行事：

> 我认为，不管生活在中国还是美国，我都应该有自己的原则，例如：待人要和善，对别人要宽容，能容忍，不要为一点小事斤斤计较。在美国，这些都很需要。和一个外国学生住在一起时，你也许想说："你应该这么做，你应该那么做。"我们不应该这么要求别人。双方都应该知道自己该怎么做。例如：如果他做了我认为不合适的事情，我不会直接对他说的。我会自己把事情做得很好，或者让他意识到应该怎么做。这样，下一次他便会做得更好。

尽管他的室友私自拿了电话公司寄给他们的全部电话差额费，他也没有吱声："我没有必要为这些小事烦扰自己。"在这件事情上，吴海不仅表现了中国人的"宽容"和"忍让"态度，而且采取了"君子性示范"行为①。通过自己的身体力行，他希望室友会有所醒悟，从他的暗示中得到某种启示。

二、跨文化人际交往中对他人内律行为的观察

中国留学生来到美国后，发现有的美国人对别人有同情心，而有的美国人则缺乏同情心。董文刚到波士顿时没有找到住房。一天，他在一家饭馆一边吃饭一边看报纸时，一位侍者走过来问他是否在寻找住房。接着这位侍者便开始帮他读广告，找路线，打电话。他甚至提出如果董文暂时找不到地方，可以在他家里住几天。董文在这家饭馆吃完饭后，想带走剩下的鸡肉，但是他身上没有包装纸：

---

① 这里吴海谈到了"示范"在中国人人际交往中的作用。根据中国社会心理学家彭泗清的观点，中国文化中理想的示范是自足式的"君子性示范"，即以身作则，不求回报，用自己个人的道德修养来影响"小人"（彭泗清，1994）。

我看见旁边有一些餐巾纸，于是，我就拿了一张用来包鸡肉。我正在手忙脚乱地包的时候，那位侍者走了过来。我感到很难为情，赶快把鸡肉放在旁边的一张椅子上。他走过来，手里拿着一个黄色的纸袋。他把纸袋给我，指了指放在椅子上的鸡肉。在那一刹那间，我觉得他特别好。我觉得他非常理解我。我包好了鸡肉，感到很满意。这个美国人非常和善。他能容忍别人的不同，他能容忍我。[①]

与美国人有过一些接触以后，中国留学生们发现在美国，有"同情心"的人往往是老年人和在事业上不太得意的人。在这个社会里，似乎年轻人和事业上成功的人都没有太多"人情味"。他们为了在这个以成就取人的社会里站稳脚跟，不得不放弃人间的许多友爱和温情。

沿用上例，董文在叙述了和侍者相遇的故事以后告诉我，据他估计，这位侍者年龄大约50岁："在美国，老年人相对年轻人来说要和善一些。"董文在超级市场买菜时也经常遇见一些上了年纪的美国人，这些人经常主动告诉他如何在报纸上剪下票券用来买价格便宜的食品。"他们说，在美国，老人很孤独，很想跟年轻人交谈，"董文带着充满理解的目光对我说，"他们比年轻人更有人情味一些。"和董文一样，严华君也认为："美国的老人比年轻人更和善。那些在社会上不很成功的人也比较和善。相比之下，那些飞黄腾达的人通常态度都比较傲慢和冷漠。"他自己来到美国以后，交往最多的美国人就是一位50多岁的同学，他们经常在上课之前交谈一会儿。

[①] 在这段话中，董文除了表达自己对这位侍者的感激之情以外，还涉及了社会行为规范和面子方面的问题。董文认为自己和别人"不同"，是因为在中国人们通常不把剩下的东西带回家，担心被别人认为小气、吝啬。因此，他认为美国人也这样看。其实，在美国把剩下的东西带回家去并不鲜见，人们并不认为这种行为很奇怪。由于他初来乍到，对这一广为人们所接受的行为尚不了解，因此，他认为这样做不太体面。而这位侍者对他想做的事情不但没有大惊小怪，而且主动帮助他，这使他内心感到十分温暖。在他看来，这位侍者不仅使他摆脱了尴尬的局面，而且对他的心情十分体恤，这使他非常感动。

　　吴海对此也有同感。在来到美国的前8个月里，他和美国人最愉快的交往是和一位老人一起参观波士顿。这位老人是他的一个中国朋友的经济担保人，吴海和这位朋友曾陪着老人到波士顿旅游，发现她"非常善解人意"。老人坚持为他们负担全部旅游费用，理由是他们是因为陪她才出来旅游的。当吴海主动去买午餐时，她又提出买最简单的食品。所有这些都表明她十分理解中国学生的经济窘况，不愿给他增加经济负担。当她在他的公寓里过夜时，她对睡在沙发上"毫无怨言"。吴海对她这一"异乎寻常"的举动的解释为："她理解我们。……她以前曾经在中国待过，并且似乎了解一些中国的事情。她所研究的也正是社会和文化，也许她更关注文化的差异。她对中国人也非常友好，她告诉我：'我喜欢中国。'所以，她喜欢我们，并且不在意居住条件如何。另外，据我猜测，她已经有60多岁了。"

　　一般来说，中国留学生在与年龄较大、事业上不太成功的美国人交往时可以感受到一些"人情味"，但是与其他类型的美国人交往时却不太容易感觉到他们对别人的"体谅"之心。达誉生在仔细观察了一位美国教授的言行以后认为，美国教授对外国学生不够"体谅"：

　　　　他说话说得那么快，就好像倒豆子似的，咕噜、咕噜地就倒了出来。我还没有回答，他又说出了另一大堆话。……有一次我告诉他："你说话说得太快了。"他说："是的。"他知道这个问题，可是他还是那样说话，咕噜、咕噜地……。他没有做任何改变。他从不迁就外国学生，不会因为你听不懂就放慢速度。他总是按照他自己的习惯讲话。不可能使他改变，不可能。

尽管达誉生希望美国教授能够理解像他这类外国学生的难处，而且委婉地表示了自己的希望，可是，这位教授却对此毫无领悟，仍旧一如既往地

"往外倒豆子"。① 也许达誉生的暗示过于委婉，这位教授根本就没有意识到这是对自己讲话速度的一个批评和改进建议？不过，即使如此，这也进一步说明：这位教授不仅不会"体谅"外国学生的难处，而且连外国学生的表达方式（虽然对他来说可能过于隐晦了一些）都不能"体谅"。最起码，他可以对达誉生所说的话有所重视，有所反思，"体谅"一下他到底想说什么。

　　由于没有达到自己预期的效果，达誉生感到十分沮丧。就像其他中国留学生喜欢做的那样，他将这一情形同中国的情形做了对比："关于这一点，我认为中国教授和他很不一样。我觉得在中国的大学里，如果教授们发现他们班里有外国学生，他们会说得慢一些，因为中国人更加体谅别人。……在这儿不一样。"②

　　对此类现象，易立华也有同感。他在第二个实验室工作时，老板（即导师）从不问他是否需要帮助。对此，他感到很不满意：

　　　　即使他知道我不会做实验，他也从不教我。他十分不耐烦，对我很粗鲁。无论什么时候我问他问题，他都显得很不耐烦。我告诉他我以前从来没有做过这种实验，但是他说我不够独立。或许他是对的，但是我刚来这儿，我对实验室的情况一点也不了解，甚至连东西放在哪里都不知道。

---

① 这里，达誉生除了指出这位美国教授对外国学生的需求不够"体谅"以外，还涉及了一个跨文化语言表达方面的问题。由于中国人注重面子，说话时讲究含蓄、委婉，特别是当说话内容带有负面含义时更是婉转、隐晦一些。而美国人说话则一般比较直接，不习惯拐弯抹角。因此，当达誉生对这位教授说"你说话说得太快了"时，这位教授可能并没有意识到这是一种委婉的批评和建议（"你话说得太快了，这很不好，应该改正"）。教授可能只是在字面上理解了他的意思，认可了"自己说话速度太快"这一事实，而没有理解这一"言语行为"背后的真正含义。我想，达誉生的表达方式过于含蓄、间接，以至于教授没有理解他的用意，当然也就更不会在自己的行为上有所改变了。

② 中国老师对外国学生特别体谅，这与中国文化中理想的师生关系有关。这一点在上一节中有所分析。

或许，易立华的老板确实希望通过这种方式锻炼他的独立能力，但是从易立华个人的角度来看，他刚刚来到实验室，很多事情都需要帮助。老板对他"不理不睬"的态度更多地使他感到老板不"体谅"他的难处，对他没有基本的"同情心"。

如果我们回想一下第三章中焦林所遭遇的"女权主义者"事件，那便是一个"不近人情"的例子：焦林主动帮劳拉搬木板是出于好意，从中国人的角度看，这似乎是任何人都可以理解的事情。但是，他从劳拉那儿得到的却是不公正的批评。他来到美国才几个星期，对这里的性别歧视问题毫无意识。因此，焦林认为她应该对他的处境更为"体谅"一些，更多地考虑到他的行为中所体现出来的良好意图，而不是该事件本身在"政治上的正确性"（political correctness）。

这是一个典型的在具体情境中两种文化思维模式发生碰撞的事件。劳拉和焦林的观点很不一致，各自站在自己的立场上看问题，所以，他们无法知道对方在想什么或者情感上有什么反应。从劳拉的角度来看，焦林提出帮助她搬东西污辱了她作为女性的平等独立的人格，因此她感到十分委屈和气愤；而从焦林的角度来看，他好心好意帮助一位"弱者"，而对方不但不领情，反而愤怒地责备他，这使他感到既迷惑不解又万般懊恼。我相信，对焦林来说这一打击更大一些，因为他在美国还是一个"陌生人"。他对这里的"游戏规则"还不了解，很容易在言行中犯错误。而犯了错误以后，他更容易在心灵上遭受创伤，因为他不能像劳拉那样直接抒发自己心中的沮丧。作为一个中国人，他认为在人际交往中应该避免冲突，因此他不会像劳拉那样在公众场合主动谈起这件事情。即使他对自己的遭遇倍感委屈，他也不会通过正面交锋的方式向别人宣泄自己心头的不满。

在与美国人交往的过程中，中国留学生发现一些美国人对他们的需求不太敏感，干什么事情都我行我素；而另外一些美国人则对他们比较"体谅"，和他们谈话时故意放慢速度。对于前者，他们感到不满；而对于后者，他们中有的人心情很复杂。一方面，他们对这些人心存感激，觉得他们对自己非常"体谅"；可是另一方面，他们又觉得这些人有点小看自己。

于是，这些美国人对中国学生的"体谅"在某种意义上形成了一个悖论：一方面中国学生希望美国同学不要把他们当"外人"，对他们像对待其他美国同学一样，一视同仁；而与此同时，他们又希望对方能考虑到他们的特殊需求，对他们加以特殊的"关心"和"照顾"。高莉曾经就中国学生这种既需要关心又需要尊重的矛盾心理做了表述：

> 当美国人在和我谈话中表露出某种轻蔑之意，或者放慢速度时，我总是感到十分失望。如果他们故意那样做，我会感到很不高兴。当然，你当众问问题时会希望他能说得慢一些。但是当他和你单独在一起聊天时，你并不想让他把你当成一个局外人。

这里，高莉触及了在第三章中焦林提到的一个问题：对于中国留学生来说，说英语过快或过慢都是一个问题。如果美国人说得太快，他们很难理解，而且觉得美国人不"体谅"他们的难处；而如果美国人说得太慢，他们又会感到受到了一种特别的恩惠，有失平等和自尊。显然，美国同学对他们这一微妙的需求尚没有意识，需要有更多的理解和"体谅"之后，才有可能想办法在两者之间保持平衡。

第三节 "留面子"和"含蓄"：
人际交往中的脸面观

中国留学生谈到的"人情"中另一个重要的方面是"脸面观"。在人际交往中，双方应该时刻顾及彼此的"面子"，尽力避免使他人或自己感到难堪。按字面意思，"面子"指的是人的脸；而在人际交往中，这个词语被用来指一个人的名誉或声望（陈之昭，1988；金耀基，1988a，1988b）。"面子"既是无形的又是有形的，既是个人的又是公众的；它必须显示给外界才能存在，而它代表的又是个人自己的荣辱（林语堂，1994）[204]。一个人的"面子"观念与其社会关系意识密切相关。如果一个人知道自己在社会中的位置，并按照这一位置所要求的规范去行动，就会"有面子"，否则就会"丢面子"，并因此而感到"不体面"。

中国人的"脸面观"反映了中国人特有的社会需求、行为动机和情感倾向。由于中国人需要在群体中认同自我，"留面子"不仅仅是为了个人自己，同时也是为了个人所属的群体。如果一个人做错了一件事情，他就不仅丢了自己的"面子"，而且丢了所有与自己有关的人和群体的"面子"。就像"自我"这一概念一样，"面子"这一概念在本质上是与个人所属的群体紧密相关的。在中国文化中，"面子"不仅具有社会规范意义，而且已经内化为个人的道德准则。"留面子"不仅仅是为了社会的稳定和秩序，同时也是为了个人自我道德的完善和升华。因此，从这个意义上来说，中国人的"面子"观念是和"君子"这一传统理想人格紧密相关的。

在人际交往中，为了保全"面子"，交往双方无论是在态度上还是内容上都应该自谦、含蓄、委婉（Shenkar, Ronen, 1987）。与人交往时，个人应该谦虚谨慎、以礼待人、成人之美，以保证人际关系的和谐顺畅。为了避免冲突，交流双方需要对冲突的可能性具有高度敏感性，在冲突尚未发生时就对不协调部分进行调和。处理人际关系的一条最重要的行为准则是"忍让"。在公众场合使别人"丢面子"，被认为不仅是不礼貌的举动，而且是不道德的行为。与"留面子"一样，个人行为的谦敬和礼让既是人际交往的道德要求，也是个人自身修养的美德。

一、"留面子"

中国留学生们来自一个重视"面子"的"礼仪之邦"，因此他们来到美国以后仍旧保持了一种强烈的"面子"观念。例如，在我和达誉生的谈话中，我发现他屡屡使用回避手段来保留有关人员的面子。他曾经向我抱怨，有一位美国教授在讲到中国问题时经常"信口开河"，犯了不少错误。当我问他为什么不和教授交换自己的看法时，他说："我很忙，没有时间。"可

是，后来在另一次访谈时他又提到："我感觉时间过得很慢，我在这里觉得
度日如年。"显然，当他前一次说"我很忙"时，他是在回避我的问题（或
许也为自己不与教授直接交锋而找到了一个借口）。他对这位教授的授课内
容很不满意，可是又不好意思向他当面指出。为了避免正面回答我的问题，
他便以"忙"为借口搪塞了过去。

在第一次访谈时，他曾告诉我这位美国教授态度十分"傲慢"。而当我
在第二次访谈中进一步验证这一点时，他却避而不答："我和他接触不多，
没有很多接触。"后来，在第三次访谈时，他则引用别人的话对这位教授进
行评价："别人都说他很差劲。"显然，他对这位教授的印象不佳，但是为
了保全双方的面子，他不愿意在我面前说对方的坏话。我想，他这么做的
目的一方面是在我面前为其他人留面子，不希望我对他们留下不好的印象；
另一方面也有可能是为他自己留面子，不希望在我面前留下一个他喜欢说
别人坏话的印象。

除了采取回避策略以外，达誉生在其他场合还直接谈到了自己对"面
子"的考虑。有一次，当他又提到自己对"信口开河"的美国教授非常生
气时，我问他为什么不向老师指出错误。当时，他除了对这位老师的傲慢
态度表示不满以外，还对双方的"面子"有所顾虑："我不能指出他的错误，
因为我不知道是不是所有的美国人都喜欢被人指出错误。如果不喜欢，那
为什么我要这么做呢？……如果他谦虚的话，那还好；但是如果他十分傲
慢，认为自己是一个权威，你指出他的错误，他会对你翻脸的。为什么我
要这么做呢？"后来，他在努力说明中国老师比美国老师更关心外国学生
时，也使用了"留面子"这一观念作为解释：

　　　中国人很注意人情和面子。……我们做事情时要考虑到每一个
　　人的面子。"外国学生在这儿，现在是新年，是节日，诸如此类的
　　日子，他们想家吗？"中国教授会经常想到这些。他们有更浓的人
　　情味。可是在美国，人们似乎不关心面子。在这儿我感觉不到留面
　　子的问题。没有人关心这个，你想怎么做就怎么做。如果你有什么

问题，可以去找他们。但是如果你没有问题，那就这样了。

这里，达誉生涉及了人情、面子和礼节几个方面的问题。中国老师对外国学生一般比较关心，这主要是出于他们对"外来人"的关切。他们考虑到外国学生在中国人生地不熟，特别需要帮助，因此便想方设法给予他们一些特殊的照顾。同时，中国老师对外国学生特别热心也是出于面子观念。如果外国学生需要帮助，而中国老师作为师长却不去关心的话，会被认为是有失面子的事情。由于他们在和外国学生交往时代表了整个国家，他们失去的不仅仅是自己的面子，而且是中华民族的面子。既然他们的行为代表了一个国家（加上为人师表的要求），老师在行动时必须遵循一定的礼节，而按时（特别是在节假日）对外国学生表示关心便是一种礼节。这么做不仅传递了中国人的"人情"，而且保全了中国人的"面子"。因此，从这个意义上来说，老师问候学生这一举动不仅具有实用价值（如使学生感到温暖），而且已经变成了一个具有象征意义的符号。正因为如此，达誉生等中国留学生才会对自己的美国老师是否关心自己如此在意。

二、"公事公办"

在美国待了一段时间后，所有的中国留学生都发现美国人办事情时往往采取一种"公事公办"的态度，不过多考虑个人的面子。例如，焦林有一天在图书馆守门时，他的一个朋友将记事本忘在图书馆里了。他想进去拿时，图书馆已经关门了。当时焦林看到这位朋友十分焦急，打算违反规定开门让他进去。不料，他的老板汤姆碰巧经过门口时看到了。他不顾自己和焦林的交情，当着他朋友的面严厉地批评了他一顿。焦林为此感到十分难堪：

> 即使他（指老板）平时看上去对我很好，可是他在我朋友面前那样对我，真使我难堪。在那种情况下，我能做什么呢？我的朋友

这么着急，我怎么能不让他进去呢？他说他的记事本就在图书馆底层的电话机旁。我怎么能不让他进去呢？老板坚持不让他进去。我跟老板说，他是我的好朋友，是我的同学，我们一起上课，不会有任何安全问题。……可是他根本不听这些，你不可能和他说这些。你和他只可能有工作上的来往。

焦林对他的老板及"朋友"（老板自认为是焦林的朋友）感到很生气，这其中夹杂着许多复杂的道德和情感方面的因素，如人情、法律、公私领域之分、圈子和朋友之谊等。而所有这些因素都与"面子"有关。

首先，焦林觉得老板不给他"面子"，这涉及中国人和美国人对情与法关系的理解。在中国的文化传统中，"人情"要比法治享有优先权，中国人对人和事的评价更多地基于"仁"而不是法（Munro，1969）。中国人更相信道德的力量（李中华，1994）[172]。由于崇尚"君子之道"，中国社会不像西方社会凡事求助于建立在"公正原则"之上的法律。在中国社会里，法律上的判决往往视具体情况而定，而不是按所犯罪行的抽象性质来加以裁定（Walker，Moran，1989；Wu，1967）。根据儒家的伦理原则，不存在可以解决价值冲突的抽象标准，因为在社会网络中处于不同地位的人享有不同的权利和义务。人们不认为自己与他人具有相等的权利，而是将自己放在各种关系中加以考虑。在对事物进行判断时，中国人使用的是多重道德标准，每个人都依据自己和他人的关系按"良心"办事（彭 等，1990）[24]。

在以上例子里，尽管根据学校规定图书馆关门后放人进去是不合法的，但是对焦林来说，更重要的是"具体问题具体分析"，朋友需要帮助远比一个"不重要的规定"更重要。既然老板自认为是焦林的"朋友"，就应该对他宽容一些。特别是在他的朋友面前，老板更应该给他"留面子"，给他一点通融的余地，不必如此"铁面无私"。至少，老板不必在他的朋友面前如此大惊小怪，"批评"完全可以以另外一种更含蓄、更间接的方式进行，比如私下找机会再和他谈。

台湾学者黄光国（1988a）对人际关系的分析可以用来解释以上这一事

件中焦林为什么会有如此强烈的反应。黄光国把中国人的人际关系分成三
种形态：情感性关系、工具性关系和混合性关系。这三种关系分别与三种
行为法则相对应：需求法则、公平法则和人情法则。情感性关系存在于家
庭成员之间，遵循的是需求法则；工具性关系是个人与他人为了达成某种
目的而形成的关系，遵循的是公平法则；混合性关系是个人在家庭之外所
建立的人际关系，多以人情为行事的法则。在混合性关系中，如果关系网
中有人需要某种资源，资源支配者往往根据自己的能力、自己所付出的代
价、与对方的关系以及网内其他人的反应等做出有利于需求者的行为。在
以上焦林的例子里，他和老板的关系属于混合性关系，应该以人情作为行
动的法则。老板自认为是他的"朋友"，同时又拥有施惠于焦林的优势，而
且不会给他自己造成任何损失。因此，他应该从"人情"出发，考虑到他
和焦林的特殊关系，照顾到焦林和他朋友的需求，为他在他朋友面前留
"面子"。

　　大陆学者杨宜音（1995）认为，黄光国所定义的"工具性关系"及其
"公平法则"并不适合中国人在人际交往时所遵循的行为准则。中国人的
"自我"没有个体独立意识，"人际关系"主要建立在亲缘和亲情之上。因
此，中国人在与他人交往时不受契约的约束，一般不采纳"公平法则"。与
此相反，西方人的"人际关系"主要是由相互独立的个体进行自主选择的
结果。这种人和人之间相互独立、可供选择的交往关系必然形成"私人领
域"（private sphere）和"公众领域"（public sphere）之分。在处理有关"公
众领域"的事情时，西方人往往遵循一定的契约规范和规则，用我所调查
的中国留学生的话来说就是"公事公办"。由于中国人一般来说对"私人领
域"和"公众领域"的分界以及"公平法则"意识不强，因此当他们看到
美国人按章办事时，难免产生"不给面子""不肯帮忙"之感。这也就是焦
林对自己的老板"公事公办"的态度反应强烈的原因之一。焦林认为自己
与老板的关系是一种个人关系，而不仅仅是工作关系。因此，老板应该对
他特殊照顾。

　　此外，焦林感到自己"丢了面子"，还因为老板对他个人、对他和他朋

友之间的关系以及他和老板之间的关系不够信任。既然他是在帮助一位朋友摆脱困境，他的老板应该信任他，相信他与朋友都是"好人"，他们之间的关系是可靠的。而老板自称是他的"朋友"，那么老板自己也应该对他和焦林之间的关系有一个基本的信任。老板在焦林面前"公事公办"的态度，有可能使他的朋友感到他和老板的关系并不怎么样。因此，焦林觉得自己在两位"朋友"面前都失去了信任，因而也就失去了"面子"。

三、"丢面子"

由于具有不同的文化理念，不少中国留学生在和美国人的交往中都经历过"丢面子"的窘境。在所有被访的中国留学生中，董文对自己"面子"受挫的经历反应最为强烈。下面这段对话不仅表达了他在这方面的感受，而且从一个侧面反映了中国留学生在类似情况下所做出的情绪反应。

片段分析之二

"他们不给我留面子！"

董文在学校里担任一门物理课的助教。他班上有两名美国男生平时态度相当粗鲁，经常在课堂上讲脏话。他们自己基础比较差，经常做不好实验，可是不检讨自己，反而总是抱怨董文课讲得不好或者是仪器不好用。有一天，他们又在抱怨机器有毛病时，董文走过来检查了机器，发现一切都很正常。

董文：我当时非常生气，就对这两个学生开玩笑说："那我们把这些东西扔到窗户外头去吧！"然后……他们……，或许我们之间有些误会什么的，他们突然很奇怪地笑了起来。我感觉很不舒服，就走出去了……

我：后来呢？

董文：后来，我回来以后，那两个家伙（发窘地）……嗯……从他们美国人的观点看……，我实话实说了吧，那个美国男生直接对我说："你是不是生气了？"我说"是"。我当时承认了。然后这两个美国人说："你应该多去酒吧。"他们的意思是"你应该去找个美国女孩"。这是他们的意思。

我：那你说什么了？

董文：我什么也没说。

我：你真的生气了吗？

董文：是的，因为从他们的角度看，美国人对性的态度……，我觉得他们对性太开放了。

我：你当时有什么感觉呢？

董文：我觉得有点……，他们似乎在取笑我。但我什么也没说。我们的价值观很不一样。我的语言不够好，不能像个老师似的训他们："闭嘴！"我不知道自己还能干什么。我只是感到很生气，就走了出去。……我本可以像一个老师那样教训他们一顿，可是我能对他们说什么呢？……而且，我也不知道在这个国家里，老师和学生的关系可以随便到什么程度。我觉得他们一点儿也不给我留面子。

我：那你告诉学校有关领导了吗？

董文：没有。后来在教学会议上，我也没有提出这个问题，因为学校领导并不关心你怎么对待学生。他们只是让你自己单枪匹马地去干。

　　董文对上述事件感到沮丧有很多方面的原因。首先，作为一个中国人，他不习惯与人正面冲突。他采取的是回避策略，用比较委婉、间接的方式来保全双方的面子。而他的美国学生却不避冲突，直接问他是不是生气了，丝毫也不顾及他这一方的面子。由于董文来自一个顾全面子的社会，他习惯于使用回避的方式处理冲突，所以尽管他心里十分气愤，他还是没有让学生"丢面子"。而他的学生来自一个以个体主义为主导文化的社会，使用的是控制和支配的策略。[①] 他们尽管是董文的学生，却并没有因此而谦和、退让。他们过于直露的方式，特别是他们对性关系的直率态度，使董文感到很不舒服。

其次，作为一名教师，董文觉得自己的自尊心受到了威胁。他的英文水平有限，遇到这种尴尬的局面不知如何应答。而更糟糕的是，作为一名外国老师，他不知道在美国的教室里老师可以严肃到什么程度。如果是在中国的教室里，他会有更多的权威，并且知道如何要求学生给他以尊重。而在美国，尽管他感觉自己作为老师的权威受到了挑战，却不知道该怎么办。中国的文化传统历来主张尊卑有别、长幼有序、敬老尊师，每个人的行为都受到自己地位和角色的制约。而在美国这个社会里，等级和身份观念似乎比较淡薄，师生在称呼和交谈态度上都较少受到等级和角色的限制。因此，董文不知道如何既保持自己内心的尊严，又使自己的行为符合美国教室内师生关系的规范。

董文认为自己在这件事情上有失面子，还因为（像所有典型的中国人一样）他的面子和自尊心是紧密联系在一起的。一般来说，西方人可以把自尊心和面子分开，而中国人却往往不能这么做（张老师月刊编辑部，1990）[57]。西方人把自尊当成自我的成就，个人愿意使自己成长到何种程度，愿意秉持何种自我概念，就可以有何种自尊心；而面子只依个人在别人面前表现其聪慧、才干和性格的程度而定。相比之下，中国人却把自尊和面子混在一起，丢自尊就等于丢面子，而丢面子也是丢自尊。在这个例子里，董文认为自己的自尊受到了学生的挑战，因此在面子上也有所丧失。

当受到学生公开的挑战时，董文有可能感受到双重焦虑：一重是自尊心受辱，其自然反应是愤怒；另一重是出丑、丢面子，其自然反应是羞愧、难过。董文在这一事件中没有采取发怒的方式，是因为他（像大多数中国人一样）具有较强的他人取向。社会心理学方面的研究表明，在现实生活

---

① 有关跨文化人际交往中双方为保全面子而采取的策略问题，可参见美国学者丁允珠（Ting-Toomey，1988）的著作。

中，每个人在公共场合受到责备时所做出的反应，视其自我概念不同而有
所不同（张老师月刊编辑部，1990）[93]。自我概念较强的人往往会选择外在
法则，以发泄自己的愤怒为反应方式；而他人取向较强的人则往往选取自
尊心受损的内在法则，以自己羞愧、难过为表达方式。虽然董文当时的内
心感受既有愤怒又有羞愧，但是他采取的外在反应方式却只有后者。他心
里感到十分难过，而且觉得很丢面子。但是由于更加顾全双方的面子，他
没有采取对峙的方式，让他的学生也下不了台。

四、"含蓄"

导致中国留学生"丢面子"的原因除了他们对面子比较敏感、自尊心
受损以及尊卑观念以外，还有中国人和美国人在表达方式上的差别。从上
面焦林和董文的例子中，我们都可以看到由于他们和美国人的表达方式不
同而造成了关系上的摩擦。一般来说，中国留学生都比较喜欢含蓄、委婉
的表达方式，重心领神会；而他们所遇到的美国人在表达看法时则比较外
露、直接，重言语沟通。金多多在比较了中美两种文化不同的交流方式之
后说：

> 他们没有我们中国人所具有的那种含蓄。这是一种不外露的情
> 感，它只能被感觉到，是对事物的一种微妙的觉察力。在中国文化
> 中，这是好的东西。但他们却没有。这其中有一种美国人无法感觉
> 到的味道。中国人对这一点很注意，但美国人却没有这种感觉。他
> 们不像我们那样细致和含蓄。这儿的每件事都被明确地用语言说出
> 来，显得很粗。他们没有中国文化的那种含蓄美。你第一次接触到
> 他们时就会感觉到这一点。中国人对这一点非常敏感。

在金多多等人看来，中国人的表达方式是如此的婉转，以至于美国人几乎
没有能力理解中国人的含蓄美。早在一个多世纪以前，美国传教士亚瑟·史

密斯^①在中国的经历便证实了金多多等人的印象。虽然史密斯先生在中国居住了 20 多年，但是他仍旧发现自己在听中国人说话时始终不明白他们在想什么：

> 以不熟练的汉语与中国人打不长的交道，外国人就可以得出这样的结论：仅仅听取中国人的说话，是不可能了解他的真正意思的。……即使你精通了汉语，连俗语也听得懂——听得懂所有的词，也许更糟的是，能够写下你听到的每一个句子；即使如此，你也不能准确了解说话者心里的意思。理由很显然，说话者本不打算说出心里的话，只是说些多少相关的事，希望你从中推论出全部或部分意思。（史密斯，1995）⁴³

通过多年的观察，史密斯（1995）²⁰³意识到中国人的行为规范是："从来不应该唐突地拒绝一个人的请求，而相反应该在形式上接受，哪怕你实质上并不打算接受。"在中国人的眼里，西方人的行为往往过于坦率和外露，而"没有分寸的直率，就是粗野无礼"（史密斯，1995）¹⁹⁹。

史密斯先生多年的观察固然不错，可是我认为他并没有抓到事情的实质。中国人表达方式上的隐晦、委婉不仅仅是因为"猜忌"和"隐瞒"。更重要的，他们是为了保全面子，使人际交往和谐顺畅。正如董文所说的："我们中国人比较注重面子，所以我们说话比较委婉，不像美国人那么直接。我们更讲究人情味。"委婉、含蓄的表达方式被认为更有"人情味"，因为作为一个"人"，交往双方应该具有体察对方意图的能力。既然在人际交往中双方都具备推想对方念头和情绪的能力，那又何必直言不讳呢？正如庄子所言，"无听之以耳，而听之以心"，而"意之所随者，不可言传也"。直露的表达方式往往把对方推到极限，不给对方以回旋的余地，因此很容易引起冲突。如果留有余地，即使双方意见不一致，也可以另辟蹊径，避

---

① 如前所述，现在出版界将亚瑟·史密斯通常翻译为"明恩溥"。

免直接冲突。

总而言之，由于中国留学生在"交往"中比较重视"人情"，他们来到一个新的国度以后仍旧希望从"主人"那里得到"关心"和"照顾"。他们希望东道国的人民能够"体谅"他们的难处，在生活中"容忍"他们的"无知"和"无能"。在美国最初的 8 个月中，他们中有的人经历了一些愉快的事件，而其他人并没有感受到中国文化所特有的"人情"。在他们的眼里，"人情"在美国比在中国要"淡"得多。虽然他们自己仍旧力图保持人际交往中的利他原则、内律原则和脸面观，但是他们发现这些原则和观念在美国社会似乎不像在中国那么受重视。在自己的日常生活中，他们渐渐地体会到，中美文化在观念和行为方式上存在一些差异。

中国留学生们在人际交往时特别看重"人情"，这也许与中国人"情理合一"的心理特征有关。"中华民族以水为生，以农立国，……聚族而居、以血缘纽带相联系的社会组织形式必然产生将血缘情感和实践理性融为一体的情感方式。"（刁培萼，1992）[114] 根据杜维明（1996）[25-27] 的观点，儒家的"心"是认知和情感的统一，必须译成"heart-mind"。一个人之所以能以一种真诚的和自发的方式表现他对另一对象（包括人、动物、植物或石头）的共情和同情是因为他具有"不忍之心"。中国人表达"情绪"的一个本土概念是"心情"，可见"心"和"情"是不可分的。中国人在处理人际关系时所遵循的准则是"合情合理""通情达理"，理在情中，情在理中，"情"与"理"两者密不可分。他们在判断事物时不仅仅诉诸道理，而且诉诸人情，合乎人情往往比合乎逻辑更为重要。

日本学者内山完造形象地把中国人的生活比作竹子而不是木头（他认为木头是日本人生活的象征），因为"直线生活融通性缺乏，反之，曲线生活则富于融通性"（内山完造，1995）[75]。富有融通性的情理可以付诸人的感情，比理性更具有解决人际纠纷的功能。林语堂认为，中国人总是喜欢"仁"政，因为它更符合个人利益，更灵活，更人道，"根据中国人的观点，真理永远不能被证实，只能被感知"（林语堂，1994）[98]。

　　中国人重视情是因为情可以保证人际关系保持长期、稳定、和谐的状态。因此，中国人在交往时特别讲究"人情"。通晓"人情"的人被认为具有"同情心"，这样的人不仅凡事为别人着想，而且可以预知对方的喜怒哀愁。他们与别人不仅在认知上而且在情绪上都达到了一种一致性。中国留学生们来自这样一个"情理合一"的文化传统，所以他们在自己的日常生活中需要富有"人情味"的人际交往。虽然在美国这种关系比较难遇到，但他们仍旧认为这是人间最理想的方式。

第六章 "情感交流"：人际交往的情绪倾向

"中国人毫无表情的面容后面，隐藏着一个深沉的情感主义。"

——林语堂（1994）[282]

从我收集的资料看，中国留学生们认为人际交往中另一个必不可少的成分是"情感交流"。人与人交往不仅仅是为了传递信息和处理事物，其中一个更重要的作用是交流情感，表达自己对对方的真诚和关切。情感是人际交流的基础，是人际交往保持稳定、进一步深化的必要条件。如果交往双方相互之间抱有好感，彼此投入情感，便可以很快地缩短距离，建立起融洽的关系。如果没有情感基础，人和人之间不仅难以建立深厚的友谊，而且在其他工具性层面上也难以进行有效的沟通。"情感交流"是人们在交往中传递"人情"的一种态度与方式，是交流双方共同指向对方的一种情绪倾向。通过情感方面的交流，交往双方会感到更加亲密，从而希望继续深入地交往下去。正如吴海所指出的：

> 情感交流是一种更深层的交往，是人和人之间面对面地交换感情。它超出了工作的关系。这就是我们中国人所说的交往。这是一种和工作、学习无关的关系，更富有人情味。

第一节 "情感交流"和"emotional exchange"：
两种不同的表达方式

"情感交流"在英文中的字面翻译是"emotional exchange"，但是基于我所收集的资料，这个翻译不能准确地表达出汉语中"情感交流"的意思。"emotional exchange"主要以自我为中心，重在表达自己的情感；而"情感交流"朝向对方，目的是表示自己对对方的一种共情。前者指的是个人自己在生理和心理方面的骚动与发泄，如幸福、悲伤、愤怒等；而后者指的是一个人对他人所表达的情感，如爱、关心、热情等。如果一个中国人被认为没有"情感"，并不是指这个人缺乏哭或笑的能力，而是说这个人"没有心肝"，对他人缺乏同情和恻隐之心。

从语言翻译来看，英文中的"emotion"这个词不完全等同于汉语中的"情感"。它们在所属上很不一样：前者属于个人自己，是自己感受到的有关自己的情绪；而后者属于他人，是自己所感受到的有关对方的情绪。在情绪的指向上，前者指向自己，后者指向对方。鉴于"emotion"和"情感"之间的差别，"emotional exchange"也不能完全等同于"情感交流"。前者是双方个人情感的宣泄，而后者是对他人情感的共鸣和分享。由于内容不一样，它们的表现形式也不同。美国人丰富的面容后面蕴含着汹涌的个人激情，而"中国人毫无表情的面容后面，隐藏着一个深沉的情感主义"（林语堂，1994）[282]。

典型的美国式"emotional exchange"是用语言对别人说出自己的情感；而典型的中国式"情感交流"并不那么直率、明显和言语化。一个人可以在评论对方的衣着或询问对方孩子的情况时表达自己对对方的关心。当一个人和另外一个人待在一起或一起做事时，可以什么话也不说，但是彼此都能体验到在他们之间有一种沉静但深刻的情感之潮在涌动。这种情感交流不像美国人单方向的情感爆发那么汹涌、猛烈，但是更加深沉、淳厚。在"emotional exchange"中，一个人的心可以不向对方敞开，主要的目的只是将自己内心的情感宣泄出来。而在"情感交流"中，一个人的心和所有其他感官只有都向对方敞开，才有可能对对方的状况有所感知。

也许正是因为在"情感交流"和"emotional exchange"之间存在以上这些差异，我所研究的中国学生经常抱怨说在美国没有"情感交流"，而我所遇到的美国人则说："你们中国人从不表露情感。"这两类人的看法如此不同，是因为他们不知道自己所说的是完全不同的两码事。当我最初听到这两类人谈论这个问题时，也感到迷惑不解，不明白双方为什么意见如此不一致。后来，通过与中国留学生反复交谈和探讨，我终于明白了中国同学所说的"情感交流"是向对方传递自己对对方的共情，而美国同学所指的"emotional exchange"是与对方交换自己的情绪。它们无论在内容上还是形式上都是不一样的。

作为一名中国留学生，我自己对"情感交流"的理解也经历了一个从困惑不解到豁然开朗的过程。刚到美国留学时，我发现有的美国同学对我非常友好，但是我总感觉我们的关系中似乎缺少点什么，和他们在一起时我不能完全放松，不能淋漓尽致地表达自己——这是一种十分微妙的感觉，无法用言语表达清楚。有很长一段时间，我对这种感觉究竟是什么，一直不是很清楚，直到分析了此项研究的资料之后才明白。

这些中国留学生帮助我看到了"情感交流"和"emotional exchange"这一对貌似相同的词语之间的区别——在我和美国同学的交往中缺少的是一种情感上的共鸣。每次我在校园里遇见久未谋面的美国"朋友"时，我都会停下来期待着一场亲密的（哪怕是短暂的）交谈。或许我当时并没有什么特别的话要说，只是想表示一下我对对方的关心。可是大部分时候，我都感觉很失望。通常，我们只是就几个特定的话题说一些无关紧要的话，然后就结束了。虽然对方通常显得情绪激昂，但我却感受不到"情感"上的交流。

后来，我明白了这种区别以后，便开始注意调整自己的期望值和行为倾向。由于自己有过类似的经历，我对中国留学生们对"情感交流"的看法深有同感。此外，我还对他们充满了感激之情：是他们帮助我澄清了思想上的一个困惑，从而使我不仅更深刻地了解了他们，而且更清楚地了解了自己。

心理学界对人类情绪所做的研究也许可以用来帮助我们理解中国留学生（包括我自己）的这种情绪倾向。心理学家们对人类情绪进行了各种分类，如华生（J. B. Watson）的三类情绪划分、米伦森（J. R. Millerson）的三维情绪模式、伊扎德（C. E. Izard）的十一种基本情绪的分化系统等（孟昭兰，1989）。中国大陆社会心理学家彭泗清（1993）将情绪分为两类，一类既具有强弱又具有方向，即有明确的情绪对象；另一类只有强弱之分，没有方向。他借用物理学的术语，将前者称为矢量性情绪，将后者称为标量性情绪。

他所说的矢量性情绪类似我上面讨论的"情感交流"这一词语所表达的情绪，而标量性情绪与英文的"emotional exchange"中所表现的情绪类似。前者是一种人际情绪，依赖于某种特定的人际关系；而后者多为个体的情绪体验或情绪状态。我所调查的中国留学生所表达的情绪类似矢量性情绪。由于中国社会注重人际关系，人际情绪在中国人的情感世界中占有十分重要的地位，因此中国留学生们来到美国以后仍旧保持了情绪的人际性和方向性。而美国社会崇尚个体主义，个人在情绪的形成、体验和表达上都具有内发性、内在性和个体性。

中国留学生在人际交往中十分看重具有方向性的"情感交流"，而来到美国以后他们发现这里很少有"情感上的交流"或者"中国式的情感交流"。金多多来到美国 8 个月以后告诉我：

> 与中国人所说的交往相比较，我和美国人的接触还不能算是完全意义上的交往。在中国，交往除了双方给予对方帮助以外，还包括双方感情上的联系。在这里（美国），如果你得到了帮助，只需要说一声"谢谢"就行了，仅此而已。在中国，那种感情上的联系十分复杂，也十分微妙。在美国我看不到这一点。

这里，金多多所强调的是：人与人之间交往除了处理事情以外，还应该彼此传递感情。这种感情交流的方式非常微妙，远不是一句礼貌用语可以表达的。在最后一次焦点团体座谈会上，几位中国留学生们一起探讨了在人际交往中中国人这种重内心感受的倾向（注意他们说话时相互递进的合作方式）：

金多多：我们的人情味有一个特点，那就是特别强调对人心灵上的理解；而美国人则更看重外在的、物质上的东西，实用的、可以触摸得到的东西。

高莉：更容易触摸得到的东西。他们在一起只是为了做事情，而不是为了心理上……

吴海：他们只是做事情，解决问题……

我：对中国人心灵的理解是一种什么样的感觉？

金多多：正如我所说的……

高莉：对别人问寒问暖。

金多多：对，对别人问寒问暖，能够站在别人的立场上看问题——如果我处于那种情况，我会怎么怎么做。

吴海：即使不能真正地帮上忙……

金多多：即使他们帮不上忙，他们也会站在你的角度来帮你（大家都会意地笑了）。他们在感觉上会觉得好一些。这就是人情味了。中国人都很穷，他们不能帮你很多，但是他们在心理上给你很多帮助。极端点说，即使你并不需要帮忙，他们也会默默地为你做出牺牲。我认为这是最主要的区别。一个是心理上的……

吴海：一个是外在的、礼节上的。既然我们是在这种传统、这种文化下长大的，我们就更喜欢这种人情味。

第二节 "热情"与"温暖"：
情感的外在表现和内在感受

大部分中国留学生来到美国以后仍旧保持着他们原来对"情感交流"的理解和表达方式，结果发现美国人不仅交流情感的指向性和中国人不太一样，而且在传递"情感"的方式上也和中国人不尽相同。美国人的表达方式一般比较外露和言语化，而中国人则比较间接、委婉、含蓄。"中国人表达情感的方式比美国人更细致含蓄一些，"易立华和吴海都这么说。坐在学校图书馆里一个小盒子般的阅读室里，焦林向我详细讲述了他的看法：

> 到目前为止，我和他们（指美国人）还是没有很多情感上的交流。不过，这里我们要区别两种不同的情感交流：一种是中国式的，另一种是美国式的。中国式的更加含蓄一些，我们往往不必把自己的感觉说出来，别人就能理解。……嗯，这种感觉很难描述出来。也许其他人能够通过你所说的话、你说话的方式以及你的行为举止感觉到你的意思，其他的人能够明显地感觉到它。你可以故意只说到某种程度，其余的留给别人自己去体会。中国人可能不会明确地说很多话，但是他们可以十分明显地向你表达出他们对你的理解和同情。他们不会十分明显地说出来，但是你会感觉到很温暖。而美国人则不管说什么的时候都十分外露，他们的方式更加直接一些，和我们的很不一样。即使他们说话的时候显得很热情，我也感受不到内心里的温暖。我们还是习惯于比较含蓄的方式。

焦林在这里用到的一对词语"热情"与"温暖"，在一定程度上反映了中美两种文化不同的表达情感的方式。尽管这两个词在汉语中是不同的，但是它们在英语中都被译为"warm"，因此常常引起误解。从字面上讲，"热情"指的是"warm feelings"，而温暖可以直译为"warmth"。仅仅从英文翻译上看，这两个词似乎没有什么区别。可是，在中国留学生看来，这两个词不仅在语义上十分不同，而且在情感上给他们带来了截然不同的联想。他们一致认为，"热情"主要是一个"外部词"，即描述人们在遇到他人时所展现出来的外表上的热心；而"温暖"更多描述的是一种内心感觉，即人们与他人接触时内心所感到的、不可见的感觉。就像"emotional exchange"和"情感交流"的关系一样，"热情"以自我为中心，是自己显露在外的表现；而"温暖"则以他人为中心（即对方可以感受到），属于个人心理感受的范畴。

"热情"与"温暖"两者之间并不总存在必然的因果关联。以 A 和 B 两人之间的交往为例。如果 A 是"热情"的，那么 B 会根据 A 的"热情"中有多大程度的"诚意"这一判断标准，判断是否能感觉到"温暖"。同样，A 或许在表面上并不"热情"，但是如果 B 可以感觉到 A 的"诚意"，B 便会觉得"温暖"。所以"热情"并不是使他人感觉"温暖"的一个必要条件。这也就是为什么我调查的一些中国留学生认为大部分美国人是"热情"的，可是并不总是让他们觉得"温暖"。由于美国人表达情感的方式更直接明了，中国留学生可以感受到他们的"热情"。但是如果中国留学生没有感受到美国人言语里所表达的"情感"成分的话，他们就不会觉得"温暖"。下面两段来自焦点团体座谈的摘录表明了中国学生对这两个概念的看法：

(1) 金多多："热情"是指你，你的表达；"温暖"是指我，我的感受。你热情，并不一定会使我感到温暖。美国人在遇到我向我打招呼时，总是十分热情，但我并不觉得温暖。

吴海：热情是外在的，它只是一种表象。

金多多：对，热情并不一定是真诚的，它可以是假装出来的。

(2) 焦林：我认为热情是一种职业化的表现，而温暖才是你自己内心的东西。……当你有困难，别人能够理解你、帮助你时，你会感到温暖。你会觉得他们想主动来帮助你。

严华君：第一，温暖犹如雪中送炭，……给予你及时的帮助；第二，你会有可信赖感，（能感受到）不仅仅是外表，而且是内心里的温暖。

董文：应该是一种发自内心的回应。

根据以上中国同学们所做的区别，我将"热情"译为"externally warm"（外表的热），把"温暖"译为"internally warm"（内心的热）。"热情"主要指的是人际交往中人们的外在表现形式，而"温暖"指的是人和人接触时自己内心的感受。

中国留学生们认为中国式的"情感交流"可以让人感受到内心的"温暖"，而美国式的"emotional exchange"只能让人看到外表上的热情。那么，外在的"热情"和内在的"温暖"之间是一种什么关系呢？它们彼此是如何结合、产生共振的呢？在上面几段对话中，我们可以找到一些分析线索。如果认真阅读这几段对话，我们可以反复看到一些他们用来衡量和判断自己能否在内心感到"温暖"的词语，如"真诚""可信赖感"等。从这些词语中我们可以推断，中国留学生是按照"真诚"原则来衡量对方的交往意图的。

那么，衡量"真诚"的标准又是什么呢？如果再回到上面的引言，我们会发现"不仅仅是外表""是内心"之类的话语。因此，可以说中国留学生衡量对方是否"真诚"主要是看对方的内心，而不仅仅是外部表现。那么，他们是通过什么来看对方的"内心"的呢？人的"内心"和"外表"之间是一种什么关系呢？什么样的"外表"是"真诚"的？而什么样的"外表"又看起来不"真诚"呢？要回答这些问题，我们必须考虑中国人理想的人际交往方式是什么。

一般来说，中国人认为含蓄的表达方式比较"真诚"，而过于外露的方式比较"虚假"。中国人往往重行动轻言语，认为说得好听不如做得扎实。即使是在"形象整饰"上，中国人也通常认为口头上不说（或者说自己不行）而行动上表现出色，要比既说得好听又做得出色要强。而对那些口头上说得好听，但行动上表现不好的人，中国人通常是嗤之以鼻的。[①] 因此，当美国同学在表面上热情洋溢，而过后却没有什么实质行动时，中国留学生往往会觉得他们"口是心非，言不守信"。[②]

而美国人对于"真诚"（sincerity）却有不同的理解，他们认为向别人热情问候本身就是一种真诚。[③] 美国是一个高度现代化的社会，人员流动频繁，人们只有通过外露的语言形式，才能及时表达自己的情感。

而在中国这种相对稳定的社会里，人们不必急于马上表露自己。他们可以在今后长期稳定的共处中，通过具体行动来表达自己的情感。由于相互之间都是熟人（或者熟人的熟人），中国人交往时不需要使用太多的礼貌用语。如果彼此能够意会的话，语言就成为多余的了。中国人平时与人交往"连多谢多谢、对不起等等的话都没有一个人说的。不言，不语，淡淡然生活着，有如流水"（内山完造，1995）[49]。在中国留学生看来，"谢谢"之类的套语在美国使用得过于泛滥，已经失去了实际意义。美国人过分的、用言语表达的礼节往往使他们感到一种疏远感，好像这些"谢谢"之类的话语将他们从原本可以比较近的人际距离中推了出去。

除了对"真诚"的理解以及在情感表达方式方面存在差异，英语语言中的一些特殊表达法也给中国留学生带来一些误解。英语中有很多话语意在告别，可是在中国留学生听起来却像是一种承诺。比如，当美国人说"我们以后再谈""待会儿见""我们一定要一起吃顿饭"时，他们的真实意图是说"再见"。而中国留学生由于不习惯这种语义和语用不一致的用法，常常以为美国同学是在做承诺。而如果这些承诺不但没有被兑现，而且下次再见到这些美国同学时他们似乎早已把自己的承诺忘到九霄云外去

[①] 中国社会心理学家翟学伟（1995）[202] 将中国人印象形成的途径分成四种类型：（1）一致型——在正向上言行一致；（2）夸口型——言过于行；（3）矛盾型——行过于言；（4）补救型——言语和行为都不行，过后进行补救。他的研究表明，中国人塑造自我形象最常用，而且效果最好的是矛盾法，即自己说自己不行，但是在行动上却非常出色。

[②] 有关"守信"的问题，本书第七章第四节有更加详细的讨论。

[③] 杜维明（1996）认为英文中的"sincerity"含有"诚实"的意思，它表示出中文中不以外表而以本体实在为依据的一种诗意般的深层情感。

了的话，他们便会对美国人的"热情"产生反感。他们不但在心里体会不到"温暖"，而且还会有被"欺骗"了的感觉。从这个意义上说，美国人表达"再见"时所表现出来的"含蓄"和"委婉"，使这些自认为比美国人更"含蓄""委婉"的中国留学生栽了跟头。

第三节 对跨文化"情感交流"的尝试

中国留学生们不仅对"情感交流"方面的文化异同做了理论探讨，而且还在自己的日常生活中进行了不懈的尝试。在所有与我讨论过"情感交流"问题的中国留学生中，金多多表现得最为热切。他有意识地在这方面做了很多努力，而且发表了不少精辟的见解。下面让我们来看一看他在"情感交流"方面所做的种种尝试，从他的例子中我们可以对留美中国学生在这方面的经历和感想窥见一斑。

片段分析之三

"这里没有情感交流！"

金多多来自中国中部的一个中等城市，来美国以前他在一所医院里当心理医生，很受病人的欢迎。他的生活丰富多彩，在生活的每一个阶段都交了很多朋友。虽然他是一名医生，却对文学、艺术以及人们的情感生活非常感兴趣。来到美国以后，他仍旧与中国的朋友们保持着密切的联系。他认为这是"我生活中必不可少的精神食粮，是我和祖国的情感纽带。……我深知在中国我曾有过什么样的情感联结。就好像是，……如果某一位朋友在一次活动中没有露面，我心里就会感觉非常、非常不舒服，对他十分担心，不知道他发生了什么事情。那是一种很复杂的感觉"。

由于金多多总是带着一种寻求情感纽带的热忱与人交往，他对美国人碰面时只说一声"你好"或者只闲谈些天气之类的事情深感不满。一到美国他就马上开始探寻和美国人交往的可能性，并发展出了一套详尽的原则论和行动策略：

> 我们和人交往时，并没有一、二、三、四、五之类的为外国人设立的原则，对吧？没什么准则要你去遵从。你不得不自己判断：什么时候可以说话，说什么，怎么说，用什么样的表情说。渐渐地，你会达到一定的水平。你不得不一点一点地学这些常规，不可能跳过其中的某一步，也不可能按照你自己事先计划的去行事。你只可能沿着交流双方共同设定的方向去走。一旦你走上这个方向，也只能慢慢推进，一步一个脚印，直到双方达成某种一致。你只能使谈话的气氛一点点地、慢慢地达到一定的高度，否则你便会有麻烦。交流双方只能这样慢慢地建立起联系。

尽管金多多似乎已发展出一套如何与人交往的"理论"，但他发现这套理论在现实生活中实施起来非常困难："通常一开始时，我喜欢采取主动，希望将关系向我所希望的方向发展。"但不久他便意识到，"和白人这么做非常困难"。"当我和白人谈话时，我觉得有些事情不能和他们说。"他突然发现事情好像不如自己想象的那么简单，他不能完全按自己的意愿发展双方的关系。比如，在和医院里的同事们逐渐熟悉了以后，他非常希望和他们讨论在不同文化环境下心理医生的异同这一问题。他认为这么做与其说是为了学术上的交流，不如说是他个人"情感交流"的需要："我真想和他们谈谈彼此间对自己职业的感受。这是一种情感需要，不是学术上的需要。在同事之间有一些共同的感受，我很想去探究这些东西。"

有一次他邀请科里一位美国医生一起吃午饭，心想在这种气氛下讨论"情感"这个东西可能会比在办公室里更合适一些。他提起这个话题以后，美国医生告诉他自己的父亲和哥哥都是心理医生，在家庭的影响下，他不顾公众对这个职业的歧视，自己也成为一名心理医生。接着，金多多向他介绍了中国的情形以及自己作为一名中国心理医生的感受。他不仅谈了自己从事这一职业的工作情况，而且介绍了这一职业给他个人生活所带来的变化。可是还没等他说完，美国医生就打断了他的话，问了他一个毫不相干的问题，将话题转到了另外一个方向。尽管金多多对心理医生的个人感受表示出极强烈的兴趣，可是这位同事又将话题转向了工作，询问他作为一个心理医生是如何了解病人的病况的。他所问的问题与"情感"毫无关系，只涉及学术和工作。顿时，谈话的气氛变了，完全偏离了金多多所期望和计划的方向：

> 我觉得这个话题不能深入下去了，好像我们不能深谈这个话题。他告诉我他成为心理医生的这些理由无法让我看到他成为一个心理医生的内心需求。如果并不是为了实际需要的话，那么，作为一个心理医生，他有什么美好的感觉呢？他的职业对他的生活和感情影响有多大呢？我并不是因为自己有病而成为一名心理医生的。现在我已经是一名心理医生了，而且我觉得这对我自己很有帮助。我能够更好地反省和体验我自己，这是一件很美好的事情。可是他却不能够将这种感觉传递给我。他只是谈一谈他内心世界之外的一些东西，比如他的父亲、哥哥，以及他如何不顾公众舆论而选择了心理治疗。所有这些对我来说都是外在的，不是内心的东西。我觉得和他建立情感交流很不容易。

既然他的美国伙伴对此话题不感兴趣，谈话就不得不转向另一个话题，而他事先"美好的设计"也只好以失败而告终。"交流的一个前提是双方对某一个问题都有兴趣。如果他只是鼻子里哼几声，口头上表示一下对这一问题的兴趣，但很快就不再提这个问题了，那么这个兴趣就不得不被丢掉，谈话的主题就不得不有所改变，"金多多自嘲地说。在他看来，他的美国同事好像并不想和他讨论什么实质性的问题，尤其是情感方面的感受。因此，"我们的谈话不得不在原地来回绕弯子"。

　　每当金多多的美国同事所做出的反应出乎他的意料，他就会在生理、心理，甚至认知上产生很强烈的反应：

　　　　当然，我会有一些反应。如果我发现对方对这个话题不感兴趣，我会放弃这个话题。这时候我往往会有好一阵子说话说不清楚，而且思维也变得很不清晰。至少，谈话进行得并不那么理想，我不知道该怎么来填补这一段时间上的空白。你事先设想得很好，但现在对方想让你到这儿就停止，而约会时间还没有结束，你不得不继续谈话，然后，你就不知道自己在说些什么了。你不得不准备些新的话题来打发时间。就是这样一种感觉。事情完全出乎你的意料，……你不得不尽快冷静下来。你不可能和他辩论，对吧？（笑）不可能的。[①]

　　谈话的转向完全出乎金多多的意料，他对此感到十分不解，便挖空心思希望找到失败的原因。他仔细检查了自己与美国同事谈话的全过程以后，认为失败不是因为自己英语不好："我们在谈个人感情之前能够很好地用英语交谈。"他相信主要的原因是文化差异，特别是美国人对"情感交流"缺乏兴趣："是的，我们的语言不好，他们也许不能理解我们所说的话，但是我相信语言只占原因的50%。我总认为这是因为文化上的差异。也就是说，他们不想在这种气氛下谈论情感这个东西。而中国人喜欢在交往的早期阶段就谈论感情。我相信这就是区别所在。"

　　后来，金多多设计了一个更为精密的方案，尝试着与另一位美国同事

---

① 有西方学者对人际吸引中的权势问题进行了探讨。沃勒（W. Waller）和希尔（D. M. Hear）的"最少兴趣律"认为：对继续交往关系具有最小兴趣者有能力决定交往关系。如果甲方对乙方的兴趣小于乙方对甲方的兴趣，甲方就拥有更大的权势；而乙方必须改变自己的行为，才能使交往关系对甲方有吸引力。霍曼斯认为，这经常会导致关系的不平等，权势小的一方不得不依赖另一方。因此，即使乙方做出努力保持双方行为上的吸引力，情感上的吸引力也依旧会中断（罗洛夫，1991）[66]。在金多多与这位美国同事的交谈中，对方对金多多的话题没有太大的兴趣，因此他拥有更大的权势来决定交往的方向。如果金多多希望继续保持交往，就必须改变自己的行为，使对方对双方的关系保持兴趣。而即使金多多在行为上做了很多改变，他在情感上与这位同事的联系也已经中止了。

交谈。他以对一个现象的描述和一个问题的提出而开始自己的开场白："有人说中国心理医生的形象与美国心理医生很不同。现在我们两人之间，你是美国的心理医生，我是中国的心理医生，我们能谈谈这个问题吗？"金多多相信自己已经设计了一个十分有趣的话题，一定可以引起同事的兴趣。可是，令他十分失望的是，他的同事只说了几句敷衍的话，便又转到其他的话题上去了。他的同事似乎对这一话题不感兴趣，这使金多多感到百思不得其解。从他个人的角度来看，他觉得"心理医生应该愿意分析他们自身的形象以及他们的职业在各自文化中的代表性"。他不明白为什么他的美国同行们都不愿意就这个问题进行深入的讨论。

在以上两次尝试失败之后，金多多又试着向他的导师（一位供职于世界一流大学的著名心理学家和人类学家）提起类似的话题。他心想这一话题是如此有意义，应该值得与这一领域的权威人士探讨。他想问导师是如何从一名心理学家成长为一名人类学家的，是什么样的人格特征在这个过程中发挥了作用。然而，每次他一张嘴提到这个话题，导师便将话题转向其他事情，例如询问他的身体状况，给他分配工作，等等。然后，他又试图接近导师的妻子，向她提出相同的问题。结果，她除了同意自己的丈夫从一名心理学家成为一名人类学家很不容易以外，没有给金多多任何解释。即使是有一次金多多和导师夫妇（他们都能讲中国话）一起共进晚餐时，他也没有感觉到多少"情感交流"。大家各自开了一些玩笑，有人偶尔讲些幽默的话，但他总的感觉仍旧是这样的交流十分肤浅。"他们可能邀请你去一起做事，甚至会邀请你去他们家里。他们或许会关心一下你个人的一些困难，表示出对你的兴趣。"但是，他仍旧觉得自己和他们距离很远："我们之间仍旧存在着一定的距离。我的感觉是我们彼此离得很远，并不完全轻松自如，没有情感上的联系。他们可以给你很好的帮助，但他们不会和你在一起谈论情感。你知道，就是这么一种感觉……"

在日常与老师、工作人员和同学的接触中，金多多发现他们对他物质上的需要更为关心，而对他因文化差异所引起的情感上的反应却不太注意：

他们可以对你的生活表示关心，给你打电话，问你睡眠如何、怎么吃饭、交通有没有问题，他们喜欢问这些事。但你可以清楚地感觉到他们并不想投入自己的情感。他们更关心新来的人是否有时差反应，但很少关心你的文化冲突。他们经常问及你的身体、时差对你身体的影响。……很少有美国人问你在文化上有什么不适应，帮助你理解他们美国人的行为。即使很多人都知道东西方文化存在许多差异，他们也不会这么做。在这儿生活非常难。没有人主动为你解释文化上的异同。我还从来没有遇到过对这些问题关心的美国人。

像其他中国留学生一样，金多多将这一现象与在中国时的情形做了对比。他认为在中国，人们将会有不同的行为表现："如果他们去中国，中国人肯定会告诉他们为什么中国人这么做或那么做，中国人会对自己的行为做一些解释。美国人却不会这么做。也许他们看不出这么做的需要。'我应该解释为什么我这样做吗？那是绝对不必要的。'我想他们会这么想。"

经过多次令人沮丧的尝试以后，金多多对继续进行这一场"注定要失败的战斗"渐渐失去了信心。他已没有足够的动力和力量去继续努力了，而且他也担心，如果自己继续这么做，会被别人看成过于主动地与别人谈心，而不是搞学术研究。作为一名学生，他似乎应该更多地和别人谈论学业，而不是人际关系。因此，他为自己过多地考虑如何"和别人在一起"而感到内疚。在屡遭失败后，他放弃了继续努力的念头：

我总的感觉是，在这里人们交流时没有情感上的参与。或者说，我认为深入的情感交流是好的，但是在过去的几个月里我不能够这么做。我总的感受是（交流）很肤浅。我甚至怀疑他们是不是故意不这么做。也就是说，他们从一开始就决定不谈这些东西，或者故意避免谈这些东西，避免情感上的参与。在这种情况下，试图与他们进行一些情感交流是一种很奢侈的想法。现在我对这种奢侈的想法已不抱什么期望了。①

金多多意识到，在这种环境下，他不能强行使用自己理想的交流方式。如果是在中国，他会更努力地去争取实施自己的计划。但在美国，他是一个陌生人，不能随心所欲：

> 如果我想谈一些自己感兴趣的事情，一些我内心世界里的事情，我会先从自己谈起，我会先告诉别人我自己的感受。但如果你不能很好地做出回应，……不继续按这个话题的思路走下去，……如果这是在中国，我会感到很羞辱。我已经告诉了你我全部的故事，而你却保持沉默，……如果是在中国，在我彻底地谈了我自己以后，你听完我的精彩谈话后却不说一句关于你自己的话，我会十分后悔，我会尽力想办法收回我所说的话。但是在这里，我没办法这么做。实际上，我怀疑他们是不是真正关心这类问题。……在这里，我不得不压抑自己的情感。……无论我尝试过多少回，我知道我不得不放弃这种努力。②

在来美 8 个月后我和他做最后一次访谈时，他仍旧显得很悲观："除了满足一下好奇心，我要和美国人建立一种深层的、长期的友谊几乎是不可

---

① 有趣的是，一些美国学者对自己文化的反省证实了金多多认为"美国人故意不谈情感"的直觉。比如，跨文化交流学者辛格（M. R. Singer）曾经说过："在我们现代工业社会，人们似乎善于进行没有丝毫感情色彩的人际交流。我们要是走到富有感情色彩的人际交流似乎是极为困难的。我们很多人感到没有能力和那些想与我们接近的人建立紧密的、温暖的、共有的、亲密的关系。密切的、情感真切的、相互支持的人际关系会把人们吓着。"（关世杰，1995）338

② 金多多的行为类似人际交往中的"自我暴露"。美国行为心理学家斯金纳（B. Skinner）认为，当人有足够的自我意识，能够提供关于以往强化事例的信息时，便会使用自我暴露这一方式来获得对方的回报。柴金和德莱格认为，自我暴露遵循的是公平原则，如果一方做了自我暴露，但另一方不做回报，就会造成不公平（罗洛夫，1991）69-87。金多多因为暴露了自己以后没有得到对方的回应而十分生气，这是因为对方的行为是不公平的。对方没有遵循人际交往中的一般原则，获取了对方的信息和信任却没有做出相应的回报。

能的。我和他们没有很多交往，……我感觉我们彼此之间隔得很远，在我们的交往中很难有情感交流。"

在与美国人的交往中，金多多只有一次确实感到了一点中国味的"情感交流"。有一段时间他的中国老板和美国老板之间冲突加剧，为此他十分担心，便和系里一位年长的秘书谈到这一问题。她仔细倾听了他的谈话以后，劝告他不要太担心。"那一天我们谈话的方式很有点中国味道，带有一些情感上的参与。实际上，即使她不说那些话，我也会从焦虑中恢复的。但是她说了以后，我便有了一种得到社会支持的感觉，就好像某个人在关键的时刻拉了你一把似的。那次谈话非常有趣，像是在和一个中国老妇人促膝谈心。"如金多多所言，女秘书给予他的忠告也许并不能帮助他真正解决问题，但是她在态度上所表现出来的关心和理解却比她所说的话更有意义。尽管后来他们没有保持联系，这次经历仍给金多多留下了深刻的印象。这次谈话使他又一次想起了自己的祖国，想起了"中国式"的谈话方法。在中国时，他曾告诉我，他工作的单位里有一位年长的女教员经常在工作上照顾他。我不知道这次在美国的经历是否使他想起了她以及通向那种中国式交往方式的情感纽带。（我从未有机会问他这个问题。）

金多多到达美国6个月后，在一次工作面试时曾经和老板有过一次愉快的交谈，满足了他对"微妙、复杂的情感联系"的需要。他对这次"迄今为止最为愉快的经历"感到十分兴奋，因为他发觉自己"仍旧能够在真正意义上与另外一个人进行交流"。在这次历时4个小时的面试中，他们所涉及的话题远远超出了工作的范畴，他们甚至彼此分享了个人对文学的兴趣。然而，金多多仍旧认为这不是一次和美国人的真正的交往，因为这个老板是一个在美国工作的华裔加拿大人：

> 同一种族的人们之间有一种血缘上的亲情，这与和一个白种美国人谈话很不一样。这个人对中国文化十分感兴趣。这个人很特别，他的根，他的血脉是在中国的。这是个很特殊的例子，我想。由于我们具有共同的血缘联系，我和他的关系是很不同寻常的。

事实上，他们在面试中使用的语言是英语。这进一步证实了金多多前述的观点，即他的英语水平在交流中不是一个障碍。对他来说最重要的是文化差异。在他与美国同事们的接触中，是文化上的差异使他们不能进入深层次的交往。而这一次和老板的交谈中由于双方共有同一文化传统和兴趣，他们很快就走到一起来了。

金多多上面的故事说明：尽管他非常努力地、有策略地接近他的美国同学和老师们，但几乎从来没有能够达到自己预期的目标。在他与美国同学和老师的交流中，他似乎总在做交流的努力，而对方却总是在回避。我想，这种失败或许可以归因于中国人和美国人在交流意向上的差异。正如金多多所指出的，美国人对自己的隐私权十分看重，并不想和一个陌生人在最初几次谈话中就走向"情感"的层次。金多多的同事们只关心他的身体适应情况，而不问他情感深处的文化冲突，这是因为他们认为身体适应是公众话题，可以比较随意地询问，而情感感受则属于私人领域，不能随便打听。美国人（除了受时间限制和敏感度不够以外）可能认为"过问"别人情感方面的"私事"是不礼貌的行为，甚至是对他人隐私的一种侵犯。而中国人在表达个人关怀上则更为直接和迫切一些。如果有外国人来到中国，他们会主动去帮助他们，为他们安排个人生活，向他们解释中国人的生活习惯。他们似乎唯恐外国人不了解自己的文化规范，总想主动去"照顾"他们。结果，我们常常听到西方人抱怨说在中国最大的困扰是没有个人隐私。而与此同时，我们却听到中国留学生抱怨说在美国没有"人情"。

如果我们同意上面的说法，即中国人在感情交流上更为直接、迫切，那么这一解释似乎与我们前面所说的"中国人在言语交流上更为间接、含蓄"相矛盾。我对这一矛盾的解释是：中国人在交往中往往比美国人更早、更快地表达情感，但是他们所采用的表达方式却比美国人更为含蓄。中国人的自我范围相对比较大，在交往初期就希望把对方纳入其中，期待和他们进行情感上的交流；而美国人把私人领域划分得比较清楚，不轻易让别人进入自己的情感生活，对别人的情感感受也不过早地过问。中国人在传递情感时往往扩大范围、加快速度，但是这与他们心照不宣的方式并不矛盾。事实上，这两者之间是相辅相成的。

我的论文支持小组中的一位美国同学认为，金多多的失败或许还可以归咎于中美双方对交谈结果的期待存在差异。在和一个不认识的人交谈时，美国人或许期望谈话气氛比较轻松，谈话内容局限在交往过程中双方临时想到的一些想法；而金多多则期望将谈话集中在一个他所感兴趣的话题上，并同时深入到"情感"层次。而金多多在与美国伙伴约会时并没有明确表示这一意愿。与所有正常的人际交谈一样，双方只是根据眼前的一些线索进行概括和推理，从而形成对对方意图的猜想。由于他们彼此并不了解对方的想法，就很容易造成意图上的误会。如果金多多采取更为直接的表达方式的话，他可以事先与对方协商谈话意图。但是，他却没有这样做，因为他相信谈话双方应该可以体察出对方的意图，不必用言语直接说出来。如果事先就表明自己的意图，会显得有些傲慢无礼，好像他一个人想控制整个谈话的内容和进程似的。而后来当谈话偏离他的意愿时，他也不可能要求对方回到他想说的话题上来，因为这样做也会被认为是一种专横跋扈、自我中心的表现。结果，他这种含蓄、间接的方式给美国同伴了解他的意图带来了很大的困难，特别是如果这位伙伴不是十分敏感的话。①

金多多等中国留学生在人际交往中对"情感交流"特别重视，这也许

---

① 语言学对人际对话中的交际规则所做的研究，也可以用来分析金多多和美国人交流失败的过程。在语言交流中，人们一般遵从合作原则、轮流原则、礼貌原则和得体原则（姚亚平，1990）[115]。双方的言语行动往往根据对方的反应做出相应的调整和互动。如果双方语言的话头、话题或焦点互不对应，交往双方就会转向，或改变态度以减少冲突，或中断谈话，或退出交往，致使交流出现断裂。在金多多与美国人的交谈中，对方多次转向或中断谈话。尽管对方在态度上仍旧比较礼貌，但是谈话的焦点已经互不对应了。此外，金多多在失败之后本能地采取了退缩态度，这可以用心理学中的"同步处理模式"来说明（彭 等，1990）[62-65]。根据这一理论，人们在处理某一特定刺激条件时，可以同时考虑其他的刺激条件。如果个人的一个行为准则与一个刺激条件是相容的，那么他的反应将会得到鼓励；反之，他的反应会受到抑制。金多多自己的人际交往原则与他从美国同事那里得到的回应互不相容，因此，他很自然地就退缩下来，不再做徒劳无功的努力。由于交往并不是一种纯信息交流，它还反映了交往双方的人际态度与评价，因此金多多在得到负面反应以后便退了下来。

和中国人的一般情绪倾向有关。有研究表明，与西方人相比，中国人的日常行为具有情绪化的特点。陈独秀认为西洋民族是法治本位的，而包括中国在内的东洋民族是感情本位的（彭泗清，1993）。孙隆基（1983）认为，中国人的"心"包括感情、理智、意志和道德判断，其中以感情为主导因素，中国人理性思考和道德判断都具有感情化倾向。辜鸿铭（1996）[32]说："中国人之所以有这种强大的同情的力量，是因为他们完全地或几乎完全地过着一种心灵的生活。中国人的全部生活是一种情感的生活。"按照马克斯·韦伯（Max Weber）的观点，传统的社会活动方式属于情感行为型和传统行为型，而现代西方的社会活动方式则属于目的取向型和理性行为型（帕金，1987）。中国留学生来自一个较美国更为传统的社会，因此他们的人际交往更具有情感倾向。他们所看重的"情感交流"是交往双方传递"人情"的一种方式，是一个社会性互动过程。他们对人际情绪的处理需要有关系的双方积极参与，而不像美国人的情感宣泄可以由个体经过自身体验加以调适。

第七章 "交友"：人际交往的理想形态

"在美国交朋友就像狗熊掰棒子——掰一个丢一个。"

——4名留学生引自一则中国俗谚

"交友"是人际"交往"的最佳形态，是人与人之间相遇、相知，建立并保持"友谊"的过程。虽然我所调查的大部分中国留学生都未能与美国人交上他们所谓真正意义上的"朋友"，但是他们在这方面做了很大的努力。他们在试图交友的过程中对美国人的反应进行了观察，并且对他们自己的行为做了反省。通过种种尝试，他们对中美两种文化如何定义"朋友"以及如何在跨文化交流中建立和保持"友谊"有了进一步的认识。那些交了一些"美国式朋友"的人不仅谈到了这些朋友的特点，而且还将他们与在中国时交的朋友做了对比。在访谈中，中国留学生就跨文化交友的许多重要话题进行了讨论，如对"朋友"的定义，交友的必要条件，友谊的表现形式、衡量标准，友谊中的心理距离，以及友谊中的交换观念和方式，等等。下面就这些问题分别加以阐述。

第一节 "谁是朋友？"：对"朋友"的定义

在汉语里，"朋友"这个概念指的是一种彼此信任、你我相知、德性相投的关系（焦国成，1991）[74]。"朋"字由两个"月"并列构成，似乎象征着作为"朋友"的两个人是类似和平等的关系。"友"字，按照最古老的解释，指的是同胞兄弟之间友善、友好的手足之情（焦国成，1991）[76-77]。《尔雅·释训》说："善父母为孝，善兄弟为友。"从这个意义上来说，"朋友"是兄弟关系的扩展和延伸。中国传统文化对"朋友"关系有很多规范，如贵在知心、重神交道合、尚义不尚利、荣辱与共、患难相扶、守信、责善等。"朋友"在中国人的自我中占有十分重要的位置，往往成为个人关系内圈中十分重要的组成部分。俗话说"在家靠父母，出外靠朋友"，可见"朋友"的地位之重要可以与家人媲美。

在中国进行的最初两次访谈中，所有中国学生都满腔热情地谈到自己对"朋友"这一概念的理解。他们一致认为要准确地定义"朋友"这一概念十分困难，但是都对那些认为可以做自己"朋友"的人做了某种描述。比如："朋友"不是"熟人""同学""同事""同乡"，"朋友"是与自己有着经常性"交往"，并且保持长期和密切联系的人。朋友对"人情"敏感、关注，在"情感交流"上亲密无间，面对困境时相互依靠，而且在精神上志同道合。

衡量"朋友"关系最重要的准则是信任、知心和共鸣。面临困难时，"朋友"之间可以相互信赖，彼此忠诚不渝。"我认为交朋友最重要的就是理解和信任"（易立华语）。而朋友之间要达到相互信任首先必须"知心"：

> 朋友之间必须知心，能够相互宽容、情意相投。知心意味着能够谈得来，趣味相投，而且彼此之间有感情。这是一种心与心的交流、一种共鸣，对重大事件有相同的观点。（高莉语）

要达到"知心"的境界，双方都必须拥有共情的能力。而这种情感和意识上的"共鸣"是无法用语言来表达的，必须经历过心与心的碰撞。而心与心的碰撞又需要朋友之间经常见面，保持密切的"联系"。好朋友之间应该"有来有往"，而且一生都保持着这种联系：

> 我想你和一个人有了一些交往，对他有了一些了解以后，你会对他更加信任，彼此之间也会更加亲密。……我感觉只有那些经常与我联系，在一起很长时间，跟我谈论各种事情的人才能成为我的朋友。(马国强语)

根据这些中国学生的标准，"朋友"可以按照不同的层次或者不同的种类加以界定。就性质而言，朋友可分为真正的朋友和一般的朋友。依亲密程度而言，朋友可以分为亲密的朋友和比较疏远的朋友。依友情的深厚程度而言，朋友可以分为挚友和浅交。依交往的频率来分，朋友可以分为交往频繁的朋友和交往较少的朋友。依谈论话题的范围而定，朋友可分为只谈论一个主题的朋友和无话不谈的朋友。依教育程度来分，有受教育状况较好的朋友和劳动人民阶层的朋友。依职业来分，有同行的朋友和其他行业的朋友。就所处社会层次而言，有同阶层的朋友和具有其他社会地位的朋友。就地区而言，可分为同乡朋友和在异地工作或学习时结识的朋友。依结识的时间来分，有孩提时的朋友和成人后结交的朋友。依性别来分，有同性朋友和异性朋友。就年龄而言，有年轻的朋友和年长的朋友。依交友的目的来分，有酒肉之交、实用之友、两肋插刀型朋友、志同道合者、可以一诉衷肠的对象，也有以产生精神上的共鸣为目的的君子之交型朋友。就对个人的影响程度而言，有的朋友对自己的个性和世界观产生了重大的影响，有的朋友只是自己生活中的伙伴而已。

尽管"朋友"可以分成很多类型，但是"真正的朋友"应该是亲密、知心的挚友。他们彼此之间十分信任，无话不谈，当对方遇到困难时便鼎力相助。当中国留学生们使用"朋友"这个词语时，一般来说，他们指的是那些和自己志同道合、关系密切的人。如果不加修饰词语（如"一般的朋友"），他们使用的"朋友"一词往往指的是"真正的朋友"。他们在使用这一词语时界限十分清楚，不是泛指"熟人"、"同学"或"同乡"。

而他们来到美国之后，发现美国人为"朋友"所下的定义十分宽泛。美国人通常把自己遇见过或者有过几次接触的人都称为"朋友"，包括中国留学生认为只是具有"熟人"或"同学"关系的人。在美国，人们很少使用"熟人"或"同学"这类词语，凡是与自己有过某种关系的人都可以被称为"朋友"。"朋友"这个词似乎已经变成了一个泛指名词，可以用于任何情况。

例如，易立华刚到波士顿时，曾经请一位同楼的美国女同学为他修改论文。她表示愿意帮忙，而且修改得非常认真。除此之外，他们彼此间谈论得最多的话题就是食物，因为他们平时只在厨房里做饭时才彼此相遇。在见面四五次以后，有一天易立华正在厨房里做饭时，她突然跑了进来，大声喊道："喂，立华，我亲爱的朋友！"易立华听到这样的称呼着实吓了一跳：

> 我非常惊讶，刹那间我成为她的朋友了（大笑）。我对朋友的定义是很不同的。我要花很长时间才能把一个人当作自己的朋友。我们只见过四五次，而现在我已成为她"亲爱的朋友"了。这真是一件非常有趣的事情。

根据易立华的观点，朋友之间应该保持长期持续的联系，彼此间只见过几次面是不够被称为朋友的："我对朋友的界定是十分严格的。……我认为，朋友之间必须有长期的联系，持续的时间必须很长才行。"

在日常生活中，这些中国留学生发现，一方面美国人很容易将只有一面之交的人当成"朋友"；而另一方面，要与他们建立并保持长久的"朋友"关系却十分困难：

> 在这里要想建立一种长期、持久的朋友关系是十分困难的。即

使你遇到某人，他喜欢你，而且你也喜欢他，你也不可以说他已经是你的朋友了。……比如说，我去参加一个聚会，知道了这个人的名字，但是也许我这一辈子就再也见不到他了。事实就是如此。在这里结识人很容易。你叫什么名字？我叫什么名字。然后就开始交谈、聊天，然后就说"再见"，就这样。（易立华语）

由于自己在美国待的时间很短，易立华引证了一位已在美国生活了两年半的中国朋友的例子来说明自己的观点。从这位中国朋友的经历中，他了解到，美国的朋友关系不如中国的那样长久。由于美国社会流动性很强，人们在相遇之后很快就彼此失去了联系。对他而言，这种短暂的友谊不是可以给人以安全感的友谊：

我不知道美国人是怎么交朋友的。但是我听一位中国同学讲，直到他来到美国以后，他才明白了什么是老朋友。……他说，在美国，人们有很高的流动性，很多人在认识他不久之后就与他失去了联系。在这里要保持长久的友谊是十分困难的。一段时间以后人们可能就再也见不到了。因此，一位老朋友十分值得珍惜，会使你感到很安全。

与美国人有了一些接触以后，一些中国留学生发现，在美国不能继续使用自己以前在中国时遵循的标准交朋友。由于各种条件的限制，在美国生活的人们似乎与在中国生活的人们在交友的标准和期待上均有所不同：

在这里很难想象可以结识国内那种情深意浓的朋友。在中国，朋友之间经常见面，他们中有的人和我天天在一起工作。这种接触在美国是无法找到的。在美国我与别人的接触总是十分短暂，比如，几个小时，或者一个晚上。人们仅仅是为了放松一下才聚在一起。没有人愿意暴露自己，向别人吐露真情，赢得别人的信任，然

后成为朋友。通常在几个小时里要达到这一点是不可能的。因此，在美国交上一个好朋友难度是很大的。（金多多语）

高莉也谈到了在美国时间对交友的影响。当我问她是否把同宿舍的美国女孩看作朋友时，她回答说："我还不能肯定。她们也有熟人、朋友和亲密朋友之间的区别。我不知道这种区别在哪里。培养一种亲密的友谊不容易，因为要花时间。我在这儿只待了几个月，又没有和她们在一起的机会。这使得我们成为朋友的愿望化为泡影。"对高莉而言，交友双方只有一起经历过一些"重大事件"才能发展友情。而所谓"重大事件"的发生是需要相当长一段时间的。如果时间太短，就不可能有足够的生活事件作为评价和判断友情的砝码。

由于对交友持有不同的标准，中国学生在美国的前 8 个月里几乎没有交上他们所认为的"朋友"。当我问达誉生是否结交了美国朋友时，他对自己目前的状况表现出明显的不满。他认为，如果用中国人的标准来衡量，自己尚未结交任何朋友：

> 这在于你怎样界定"朋友"这一概念了。按中国人的标准，朋友必须是那些关系密切、交往频繁的人，对吧？在美国不可能做到这一点。我可以说我已经结识了一些美国学生，但我不能说他们已经成了我的朋友，绝对不能这么说。

马国强则将自己的中国朋友与实验室里的"鬼子们"做对比，以此来说明两种文化对友谊的不同标准。他所在的实验室里有一位中国学生，他和这位学生成了好朋友："我们每天都在一起，一起工作，一起聊天，什么都谈。因此我对他有很深的感情。"对美国人他却不能这样做："他们和我不是同类人，和'鬼子'这样做是不可能的。……如果我们把朋友界定得严格一些，他们不是朋友。……迄今为止，我还不能把美国人当作朋友看待。"

总的来说，中国留学生们对"朋友"这一概念的定义十分严格。"朋

友"和"非朋友"之间有一个明确的分界，不能随便混淆。这与中国传统
文化中对交友的要求和交友的目的十分相符。古人把交友看成是成己之
德、成人之德和人己互助促进的手段。因此交友需要极其谨慎，决不能滥
交（焦国成，1991）[75]。朋友是有别于血缘亲情和君臣等级关系的同心相知
关系，必须能够彼此"知心"，有精神上的"共鸣"；而"千金易得，知己
难求"，故"匹夫不可以不慎取友"（罗国杰，1995）[417, 423]。中国留学生们
来自这一文化传统，因此也认为一面之交和点头之交不能算作真正意义上
的朋友。可是，他们来到波士顿以后惊异地发现，他们的美国同学似乎对
"朋友"的界定相当宽泛，和某人见过一面，或者有过某种接触以后，马上
就能成为"朋友"。[①]

从语义上来看，英语中"friend"（朋友）这个词意义十分宽泛，既包
括"与性爱和亲属之间的爱无关的与另一个人亲近和相互友爱的人"，也
可以是"代理者，例如，作为一对人中的第二个人""熟人，偶然路遇的
陌生人或有机会提起的人"，或者"同情者、帮手、赞助者"（关世杰，
1995）[338]。在现代美国人的日常称谓中，他们往往把"熟人"等同于"朋
友"。"朋友"这个词已经成了一个泛指，与自己有过一面之交的人也可以
被称为"朋友"。而中国人对"朋友"和"熟人"之间的界限划分得比较清
楚。"朋友"是那些与自己志同道合、互相关心、情投意合，彼此可以倾吐
心曲，在感情上可以相互依赖，有亲密关系的人。而"熟人"是那些因工
作、同学、同乡、邻居等关系而认识的人。"熟人"是个人在一定环境下被
动获得的关系，而"朋友"往往通过了个人主动的选择过程。前者的关系
比较浅，离开了获得关系的环境以后便自动消失了；而后者的关系比较深，

---

① 以上是我 1992 年在美国访谈中国留学生时他们告诉我的情况，我自己观察的结果也与此类
似。有趣的是，1995 年我回到中国以后发现，现在中国人对"朋友"的定义已远远超出古人
所限定的范围。在电视和电台上，我频繁地听到"各位朋友""听友""观众朋友"等称谓。
我想，随着中国社会逐步从政治一体化走向多元化、组织结构从集中走向松散，"朋友"这个
词会像在美国一样成为一个泛指名词，成为 20 世纪 80 年代以前"同志"的代名词。由于我
所研究的中国留学生 1992 年来到美国时，中国国内在人际关系方面尚未发生如此巨大的变化，
所以他们强烈地感受到中美两种文化在"朋友"定义上的差别。

在结交以后仍旧会保持下来。也许由于这些在概念上和语用上存在的差异，中国留学生们在与美国人交友时经常有困惑和不解之感。

第二节 "交友"的愿望：友谊的必要条件

我所调查的中国留学生认为，"交友"的一个必要条件是双方必须有和对方成为朋友的真诚愿望。如果任何一方没有这方面的诚意，友谊就无法产生和发展下去。在中国的访谈中，所有被访的中国学生都谈到了他们对友谊的渴望，以及友谊在他们生活中的重要性。下面从访谈中摘取的几段引言可以说明这一点。

（1）易立华：友谊是我生命中最重要的部分。如果没有友谊，我的生命将是残缺不全的。友谊正如干渴时需要水和饥饿时需要食物一样，是人的一种基本需求。

（2）严华君：朋友交往是比生存需要更高层次的一种需要。因为人是社会动物，在一起生活，因此需要朋友来获得心理上的一种平衡。

（3）金多多：没有朋友对我来说是无法想象的。交一个朋友就像是在我面前展现了一个新的世界。

来到美国以后，他们中几乎所有的人都渴望与美国人交朋友。金多多说他最大的心愿就是"与他们接近，理解他们，和他们成为好朋友"。出于对美国人民及其文化的好奇，他真切地希望：

  知道他们的内心世界，了解他们真实的想法。……如果这种交往能对我产生一些积极的、令人振奋的情感的话，我就会积极地去

追求它。我会努力去寻找这样的机会，……因为我知道，如果我想
了解美国社会，了解他们的风俗和人情，就必须与他们接触，我必
须和他们在一起。……如果一些美国人邀请我做一些事情，对他们
我总是优先考虑。如果时间上有冲突，我总是尽力与他们待在一起。

来到美国以后，金多多一直试图与一位美国学生接触。他曾经在国内
读过这个学生的文章，非常希望与他进行思想上的交流。然而，在来美 8
个月的时间里，虽然他们在课堂上每周见一次面，他们却从未认真交谈过。
金多多本人因忙于学业和生存，没有时间再重新阅读这位同学的文章。而
他认为要与这个"美国人"进行有意义的谈话，必须首先重新仔细阅读他
的文章。否则，他认为自己没有足够的准备。而没有准备不仅是对这种关
系的不敬，而且有可能因此失去与对方继续交往的机会。由于他十分重视
这个关系，对于能否与一位自己羡慕的"美国人"交谈顾虑重重，结果他
一直没能与对方进行深入的交往。在最后一次访谈中，他表达了自己未能
如愿以偿而感到的遗憾：

> 我希望有一位美国朋友可以交谈，可以了解他的内心。因为我
> 对一种文化的兴趣更多的是在于个人的内心，而不只是风俗习惯。
> 我希望在这里有机会交上一个朋友。……我会继续努力的。

为了更多地了解美国人，有的中国留学生想方设法从原来同中国人居
住的公寓里搬出来，找美国人做室友。虽然和中国人住在一起可以在生活
上互相照顾，节省房租，还可以得到情感上的支持，可是"和中国人扎堆"
对他们了解美国人十分不利。董文刚到美国时由于时间仓促，加上经济拮
据，便找了几个中国人一起合租了一套公寓。他们在一起相处十分和睦，
可是由于都是中国人，他们天天在一起说中国话，谈中国的事，吃中国饭，
上中国商店买东西。半年以后，董文感到自己对美国人仍旧不了解，决定
从原来的地方搬出来。由于他的决定做得比较仓促，临时找不到住户顶替

他所签的合同，他不得不放弃一个月的押金。这对他来说是一大笔钱，但是考虑到今后起码每天都有可能与美国人谈话，他认为这点损失是值得的。搬进新居 3 天之后，他一反平常安静、沉着的风格，用一种十分兴奋的语调告诉我："昨天晚上吃过晚饭后，我和室友谈了很久。我们谈到了政治、国际大事，还有美国作为国际警察的作用。"[①]

在所有我调查的学生中，只有马国强说他不渴望了解美国人。在他现在所在的学校里有四五个他以前在中国结识的朋友，因此他对友谊的需求或多或少得到了满足。尽管他也希望与美国人有更多的交往，并且因缺乏练习英语的机会而闷闷不乐，但是他似乎并不像其他人那样希望改变自己的处境。我想，由于他主修理科，并且一年以后要去欧洲继续他的学业，因此，也许他对流利的英语和好朋友的需求不像其他同学那样强烈。

虽然大多数中国学生都渴望与美国人交朋友，但是令人失望的是，他们发现美国人对友谊的渴望似乎并不像他们那么强烈。在访谈中，易立华多次告诉我，"美国人对友情的需求不似中国人那么热切"。他反复申述自己的这一观点，每次情绪都十分激动：

> 如果我们要找到美国人的共同特征，我想可能是美国人不如中国人那样强烈地需要友情。我认为这些美国人不特别需要友情。他们可以享受友情，比如与一些朋友一起娱乐一下，但是他们不是特别需要朋友。他们没有朋友也可以生活。

他说自己在中国与一些美国人交往时就对此有所察觉，并举了一个例子加以说明。有一位美国朋友在中国与他结识时留下了自己在美国的通信地址，并且说希望他有机会去美国拜访他。易立华来到美国以后满怀希望地去找他，结果却发现他早已搬家了。

[①] 后来，董文（像其他中国留学生一样）发现，和美国人一起居住并不一定就意味着可以有机会经常交谈。美国同学往往忙于工作、学习和个人消遣，不一定有时间和兴趣与外国同学过多地交谈。

我想，如果他们真的想和我交朋友的话，应该留给我他们的永久地址，比如他们父母的地址。一般来说，他们父母的联系地址变动会比较小。如果他们仅仅留下自己当时的地址，一段时间以后，我就无法和他们取得联系了。因为在我们相遇之后，他们很可能已经搬了好几次家了。如果他们是真诚的，就不应该只留下当时的地址。我想这些细节性问题可以反映出人们交朋友是否真诚。

由此，易立华认为，对待友情中美两国人存在差异：中国人从内心中追求友情，而美国人仅为娱乐而享受友情。他认为导致这一差别的原因是："在中国社会里，人们需要从别人那里得到帮助，他们需要人与人之间的交往。而在美国社会里，人们基本上依赖于个人的努力，……他们依靠的是自己。在中国却不一样，一个人如果没有朋友就好像生活在沙漠里一样。"

来到美国之后，这种"生活在沙漠"之中的感觉对易立华来说一定是十分真实的："我至今和美国人还没有建立起深厚的友情，我和他们只是学术上的联系。"更糟糕的是，他甚至在周围的美国人之中也未曾发现这种深厚的友情："我发现美国人他们自己也没有这种友情——我从来没有发现过，也从没有人告诉过我。我看不到美国人之间存在任何个人的联系。他们从不谈论私人的事情，每个人都是这样。"他相信实验室的指导老师没有任何朋友，因为这位老师从不对人微笑，并且从不与他谈论私事。同样，严华君也注意到"他们自己之间也没有较深的联系，……他们都很忙，……他们没有深入的交往。……因此，我对自己在这儿缺乏交往并不感到奇怪"。他在附近一所医院工作时，发现美国人彼此十分孤立："美国人相互交流也很难。我工作的地方是一所精神病院，那里的病人全是白人。他们看上去都非常孤独。我们中国人互相之间谈论心理问题并不困难，但是他们从不谈论这个话题。"

在他们来到美国 15 个月以后的最后一次焦点团体座谈中，一部分中国学生仍旧认为美国同学和他们一样也没有朋友。他们认为美国的研究生院生活十分繁忙、紧张，人们没有时间去交朋友。下面的对话摘要可以说明他们是怎样"以己之心度他人之腹"的：

高莉：在研究生院里，美国人也很少参加活动，他们没有时间，大部分时间都在实验室里……

吴海：他们的圈子也很小，不像我们以前所想象的那样，可以有很多机会与别人接触。

高莉：对我们中国人来说，更困难一些。即使我们想和他们交往，要找到合适的时间和他们来往也不容易。时间有限，这样交往便成了一门艺术，需要时间逐渐学习。你没有时间，因此你交友时就像狗熊掰棒子。

我：什么？你说什么？

高莉：狗熊掰棒子。这次你认识了几个，下次你又失去他们了。

易立华：狗熊掰棒子，掰一只用胳膊夹着，而当它伸出手来掰另外一只时，胳膊下的那一只就掉了（一边说一边表演狗熊掰棒子的姿态，众人大笑）。它以为自己已经掰了很多只，但实际上……

金多多：没有积累。

吴海：对，没有积累。这是一则中国俗谚（众人大声哄笑）。

"狗熊掰棒子"这一比喻，是对中国留学生在美国研究生院里交友方式的一个生动写照。尽管他们对交美国朋友有着强烈的愿望，但结识美国人的机会却很少。即使他们结识了一些美国人，但过后马上就会与他们失去联系。这一现象基本上适合生活在美国的绝大多数中国留学生。尽管他们都希望了解美国人，但是他们中的许多人都抱怨自己很少有，甚至没有美国朋友（任世雍，1987；Klein, Miller, Alexander, 1981）。一般来说，他们认为自己比那些留在中国的人们性格更加外向，更富有敢闯精神，更善于交际，但是仍旧发现自己很难与美国人交朋友。他们对美国人的印象是"友好""友善""彬彬有礼"，但是缺乏建立深厚友情的意向和努力。在他们看来，美国人一般不会花费时间去建立一种中国似的亲密关系，美国社会缺乏"真正的友情"（Zhang，1990）。

我个人认为，这些学生的反应也许可以归因于中美两种文化在"友谊"的定义和期望方面存在差异。美国人在日常生活中经常使用的"朋友"这一词语与中国留学生们所理解的"朋友"在概念上有一定的差异。当美国人称别人为"朋友"时，他们是在表达自己对别人的一种"友好"态度（friendliness），而不是认可一种真正意义上的"友谊"关系（friendship）（注意在英文中这两个词语来自同一词根）。美国人对陌生人也表现得十分热情，这说明他们认为对人应该有一种基本的友好态度，而友好的态度并不表明他们希望和这些陌生人建立友谊关系。相比之下，中国留学生们所理解的"朋友"包含"患难与共、同心相知"的意思。当他们使用"朋友"这个词语时，他们表达的不仅是一种友好态度，而且是一种特殊的关系。显然，"朋友"这一词汇在美国社会中的语用意义和我的中国同胞们头脑里所固有的概念不完全一致。

作为一名中国留学生，我个人的经历能够进一步说明这一点。来美国之前，我知道美国人对人十分友好，因此以为跟他们交朋友会十分容易。可是，在第一年与他们的接触中，我发现自己的期待与客观现实之间存在很大的差距。第一次见面时，美国同学通常表现得十分热情。可是第二次见面当我希望给这一热情加温时，他们的热情却似乎已经开始降温了。我对这种反常的现象感到十分不解，认为美国人并不像自己所想象的那么容易交朋友。直到后来我在研究中才明白了"友好"与"友谊"之间的区别，困惑才得以解除。我花了很长一段时间才认识到我是把美国人的"友好"态度当作"友谊"关系了。在路上或者在餐桌上他们对我表示热情，这并不意味着他们要成为我的朋友。而在中国，这种信号则比较明确：我们只对希望与其成为朋友的人表示热情，否则便没有任何表示。中国人的人际态度基本遵循"内外有别"的原则，因此中国人对"朋友"和"非朋友"的态度泾渭分明。而美国人对所有的人都比较"友好"，这往往使中国同学产生一种错觉，以为自己与对方已经进入了"朋友"关系了。由于两种文化中与陌生人接触的态度存在差异，中国留学生作为接受一方，很难对美国人的信号做出准确的破译。①

中国留学生们认为美国人自己之间也没有朋友，这种判断主要基于他们自己的观察以及衡量友谊的标准。与中国人相比，美国人有比较明显的"私人领域"和"公众领域"之分。他们把工作关系纳入公众范畴，与同事相处时基本上采取"公事公办"的态度，在工作时不谈私事。他们把朋友关系限定在私人领域，往往（甚至特别注意）不和同事、老板之类的人建立朋友关系。即使有的工作关系发展成了朋友关系，或者原来是朋友后来又成了同事，他们一般也十分注意公与私的界限，尽量把这两种关系分开处理。而中国人出于自己的"大我"概念，往往把工作关系划入自己的私人领域，同事往往也是朋友，处理工作关系时也要考虑彼此之间关系的远近亲疏。因此，当易立华和严华君等人看到美国人在工作单位里彼此态度"冷漠"，互相不交流情感时，就误认为他们也没有朋友。②

不过，与中国人的友谊相比，美国人的"朋友"关系确实要松散、独立一些。美国是一个人员流动性很强的社会，人际关系相对比较松散，持续的时间也比较短暂。人们相互结识以后可能这辈子就再也见不着了，因此对失去友谊的害怕确实使一些美国人在交友时畏缩不前。易立华认为美国人交友主要是为了享受友情，而不是从内心里需要友情，这也许是他们不敢对深厚长久的友谊关系做出认真承诺的原因之一。和朋友在一起吃一顿饭、谈两个小时的话，这不需要自己负太大的责任。而真正坐下来与对方交流思想、暴露感情，则需要勇气和责任心。也许是因为后工业化社会

---

① 在跨文化交流中，人们往往认为对方也用与自己同样的方式思维，使用的语言具有同样的语用意义。由一种思维方式组织起来的语言信息由交流的一方发出后，接收一方如果以另一种思维方式去破译，就很容易产生歧义或误解。

② 跨文化人际交往研究发现，中国文化和美国文化中的人际吸引特征很不相同。由于中国文化强调维持和谐的人际关系，并采取适度的待人方式，中国人认为"好朋友"应该具有友好、谦虚、助人、诚实等品质；而在美国，建立社会关系和获得社会地位主要依靠的是个人的幽默感、感召力、才能和社交技能（彭 等，1990）[210]。中国人偏好的这些品质往往需要长时间的了解才有可能被对方知道，而美国人所喜欢的品质比较容易在外表上看到。另有研究认为，美国人往往有许多泛泛之交，深交的数量比较少（关世杰，1995）[337]。

所带来的这些弊端，这些中国留学生们认为他们的美国同学对交友没有兴趣和愿望。

第三节　"铁哥们儿"：友谊的表现形式

"要好的朋友"被中国留学生们称为"铁哥们儿"。这个词语在中国青年人中十分流行，特别是在中国北方地区的男性青年中。由于我所调查的中国留学生大都为男性，他们在谈到自己的朋友时都使用了这个词语。虽然高莉是女性，但是她对这个词语也十分熟悉，在谈到她的女友时也戏谑地使用了"铁姐们儿"这一变异形式。为了方便起见，我在下面的讨论中全部使用"铁哥们儿"这一阳性名词，希望不会有歧视女性的嫌疑。

一、对"铁哥们儿"的定义

我所调查的中国学生对"铁哥们儿"的定义都有自己的见解，以下的引言可以说明他们为这个词语所赋予的含义。

（1）焦林：好朋友就是"铁哥们儿"。"铁"是指相互吸引。……"铁哥们儿"是指可以相互依赖的朋友，朋友之间的关系如磁铁一样坚固。……如果我说我和某人的关系很"铁"，这意味着我们的关系是一个非常稳固、友好的关系，非常坚韧，而且持久。

（2）马国强：依我之见，我们可以定义一些朋友为"铁哥们儿"。……他们是和我特别好的一些人，和我在一起的时间最长，接触最频繁。

"铁哥们儿"相互交往的首要原则是讲"义气"。无论在什么情况下，只要对方有困难，"铁哥们儿"就会去鼎力相助。即使对方所做的事情触犯了法律，他们也不会去向当局告发。相反，他们会帮助对方渡过难关，并勇于为对方承担责任。如果必要的话，他们会为朋友"两肋插刀"。像大多数中国人一样，这些学生认为情感上对朋友真诚比理性辨析更为重要："'铁哥们儿'的交往靠的是情感和忠诚，而不是理性。无论在什么情况下，他们都会为我做他们所能做的事情。"（焦林语）

除了情感上的支持，"铁哥们儿"还彼此交流思想，在生活中互相帮助。为了在这个世界上更好地活下去，他们抱成一团，互相关心、互相照顾，共同抵御外面的不测风云。

> 他们对我很有帮助。当我有某一件事需要建议时，一个"铁哥们儿"就会给我提一些建议，我就会对事情有把握多了。我们对很多事情都没有经验，办事的时候会感到很紧张。……另外，"铁哥们儿"能够相互之间传递信息。我们经常在一起谈论政治，……聊生活中各种各样的事情。（马国强语）

"铁哥们儿"的另外一个标志是经常在一起吃饭，因为"吃饭可以增加彼此的感情"（马国强语）。如果一个哥们儿因工作获得了奖励，或是某个哥们儿恰逢生日，或者一个哥们儿要出门远行，或者某个哥们儿离家来访，那么所有的哥们儿便会聚集到一个哥们儿的家里，或大家一起出去喝酒吃饭。如果是在外面吃饭，通常只有一个哥们儿付账，下次另外一个哥们儿会自动付账。在吃饭期间，哥们儿之间会互相介绍，于是这个大"家庭"便会像滚雪球似的越滚越大。①

对"铁哥们儿"的具体形象，一些中国留学生在访谈中做了详细描述。例如，马国强在上中学时与3个男孩是"铁哥们儿"。由于他们彼此关系很好，后来这3个男孩与马国强的哥哥和父母也成了好朋友。马国强来到

---

① 在我的调查中，很多次我的研究对象都提到一起吃饭是增进友谊的重要手段。我认为这与中国的饮食文化有关，对中国人的人际交往与吃饭的关系进行深入探讨应该是一个十分有趣的研究课题。

北京以后，这3个男孩仍旧经常去拜访他的父母，在很多方面代替了他这个儿子的位置。马国强来到北京以后，实验室里年轻一些的同学都认他为"大哥"，彼此关系十分密切，经常在一起吃饭、聊天。既然自己比其他人年长，马国强自觉有责任照顾他们。如果一起外出吃饭，他通常主动做东，所有的费用都由他来付。来到美国之后，马国强又成了他所在学校几个中国学生的"哥们儿"。他们每天相约一起去上课，上课时总是坐在一起。如果遇到听不懂的地方，他们便私下用中文悄悄地相互切磋，或者递纸条传递信息。课后他们也总是凑在一起讨论学习问题，交流自己的看法。大家都是中国人，在一起使用英文觉得特别别扭，于是不知不觉便养成了在一起说母语的习惯。尽管有时候有"老外"在场他们不得不强迫自己说几句蹩脚的英语，但是只要和"哥们儿"在一起马上就换成中文。学习之余，他们经常凑在一起玩计算机游戏，或者一起出去吃饭，或者在彼此的家中轮流坐庄。如果经济条件允许，他们也偶尔一起出去看一场电影。

在中国时，易立华为了与自己一位朋友结成更为牢固的关系，正式与他结拜为兄弟。他们按传统的方式举行了结拜仪式：面对面跪在地上共饮一杯酒，象征着双方从此以后生死永结。他们相信通过履行这样的仪式，今后无论发生什么事情都会保持"亲兄弟"关系。作为朋友，如果彼此意见不合便有可能分手；而作为兄弟，他们已经血肉相连，密不可分了。血缘（虽然是拟亲）关系会使他们彼此更"铁"，对对方忠贞不贰。"把我们的友谊变成家族关系，我们能使它更加稳固、持久，"易立华说这番话时脸上熠熠发光，"我们作为朋友加兄弟感到更加亲密、更加安全了。"在中国时，易立华带我到他的"兄弟"家吃过一次午饭。我注意到他们彼此关系十分亲密，就像在一个和睦的家庭里一样。他们两人的举止都十分随意，易立华吃饭时毫无拘谨之色。他比这位朋友小两岁，因此他称这位朋友为"哥哥"，而他的朋友则十分自然地称他为"弟弟"。

这些中国留学生将"好朋友"称为"铁哥们儿"的做法，具有典型的中国文化特色。中国人的"人际关系"是从个人往外推出的层层由近及远的关系圈，其中离个人最近的就是家庭。因此，中国人最重视的人际关系是血缘关系（杨宜音，1995）。如果交往双方不存在这种关系，而又希望在交往中获得这种关系的实质性内容，他们就会想方设法通过拟亲的方式获得这种关系。将"朋友"变成"哥们儿"反映的就是这样一种心理需求。通过将非亲属关系转换成亲属关系，中国留学生们获得了一种只有在血亲关系中才可能体验到的亲情。在各种拟亲方式中，易立华和他的朋友所采纳的结拜就是一种典型的方式。通过结拜仪式，交往双方立刻变成了"一家人"。而"家里人"便是"自己人"，"自己人"之间的关系也就是很"铁"的了。易立华和他的朋友的行为说明，中国文化中人际交往的形式十分重要。交往双方获得了"亲缘"，才会有更深的"亲情"，也才会有相应的"人伦"。①

二、中国"铁哥们儿"与美国"朋友"的区别

来到美国一段时间后，一些中国留学生开始将自己在美国交的"朋友"与在国内交的"铁哥们儿"进行比较。"我认为这儿的朋友不如国内的铁。国内的朋友在一起时特别轻松。我们在同样的文化环境下长大，彼此都很讲义气。……在美国情况不同，……美国的朋友不像国内的哥们儿，不是那种可以和你交心的朋友"（焦林语）。中国的"铁哥们儿"区别于美国的"朋友"的一个重要的标志是：中国的"铁哥们儿"行事靠的是"感情"，而美国的"朋友"依据的是"理智"。"铁哥们儿"在交往中特别看重"义气"和"忠诚"，而美国"朋友"则比较理性化，即使关系很好也要"公事

---

① 对中国留学生而言，他们不但可以和朋友成为兄弟，也可以和兄弟成为朋友。例如，焦林把自己的家庭成员看作朋友，易立华把他的姐姐看作自己生活中的至交。在中国传统文化中，各种人际关系都是建立在以血缘为基础的家族主义之上的。在儒家5种人伦角色关系（君臣、父子、夫妇、兄弟和朋友）中，君臣和朋友关系在实质上是父子和兄弟关系的延伸。在中国人看来，一个人只要能处理好自己的家庭关系，就能处理好所有的人际关系。有趣的是，与此相反，美国人一般不认为朋友和家庭之间存在着必然的联系。一个人可以有很好的朋友关系，但是他的家庭关系可能一团糟。很多人，特别是年轻人，为了逃避家庭的束缚而外出交友，以此来求得个人自身的独立和自由。

公办":

> 他们（美国朋友）都是好人，但他们不能给你所需要的感情。而且他们不会主动帮你，不像中国朋友那样主动为你提供帮助。他们非常理性，不按感情办事。（焦林语）

由于中国人和美国人在"情""理"方面的差异，中国留学生们感到和美国人交往感受不到太多的"情"。例如，金多多认为自己在和美国同学交往时没有"情感交流"。虽然他自己做了很多努力，但在美国这样的文化氛围里难以发展真正的友情：

> 目前我对他们的感情还是很浅，没有多少情感交流。在这里不可能对美国人产生这样的情感，的确太浅。也许这种友谊在美国社会根本就不存在。在美国的文化中这种友情比较弱。如果你想在这里助长友情，你，一个外国人，在这个本来没有友情的地方迫使友情得以培养，那可不是一件容易的事情，几乎是不可能的。因此，到现在为止，我还没有感受到这种深厚友情的存在。

焦林在美国时，与以前在中国时结识的美国朋友又取得了联系，可是他发现和他们不可能发展"铁"的关系。他与一位老教授关系不错，但是老教授办事"非常理性"。焦林认为自己不能和他谈自己内心的感受，因为他"太理智了，他不可能理解中国人内心对深层情感的需求"。

中国朋友与美国朋友的另一个差异体现在对钱的态度和处理方式上。这些留学生在中国时与自己的"铁哥们儿"往往不分你我，彼此借钱是家常便饭。来到美国以后，他们意识到美国人在金钱方面彼此界限分明，自己不能再用以前的方式和美国朋友来往。焦林在中国时与一位"铁哥们儿"共同使用一本银行存折，彼此借钱十分随便，并且不必为还钱而烦恼。来到美国以后，他发现美国人对金钱问题十分敏感，美国人自己之间也不随便借钱。因此，他认为，即使是在紧急情况下自己也不会坦然地向美国朋友借钱。他必须时刻提醒自己中美文化在这方面存在差异，注意控制自己的行为。吴海对这个问题也有同感。当我问他如何看待美国朋友和中国朋友的异同时，他说：

> 他们无法相比，……存在着文化方面的差异。就拿借钱来说吧，向美国人借钱是不可能的，绝对不可能。因此我尽量避免这种事情发生，除非发生意外情况，没有其他的选择。现在我能做的就是避免这种事情。而避免事情发生，许多事情就无法得到证实。……你必须考虑他们怎么想你，你怎么对待他们。这里存在着文化上的差异。

由于在处理金钱方面存在文化差异，吴海与美国人很难建立亲密的关系。他担心自己的行为会违反美国社会的常规，只好采取回避的方法。而这种回避策略反过来又剥夺了他和美国人建立密切关系的可能性。

中国留学生们关于"不能向美国人随便借钱"这一印象，与他们在美国所体察到的社会风气有关。美国人重视个人自立，向别人（包括自己的家人和朋友）借钱被认为是自己无能的表现。因此，美国人彼此之间对钱都分得很清楚，即使对自己的父母和儿女也不含糊。朋友一起出去吃饭都是各付各的账①，夫妻之间也不乏分立银行账户的情形。相形之下，中国人则认为人与人之间可以相互依赖，向别人（特别是自己的家人和朋友）借钱不是一件不体面的事情。相反，他们把相互借钱当作关系亲密的一个标志。钱在这里不仅仅具有经济实用价值，而且变成了一个衡量关系密切与否的工具。有趣的是，一方面，中国人在交友时忌讳谈钱，"君子之交淡如水"；而另一方面，钱又被用来作为标示友谊深浅的一个符号。

---

① 中国人和美国人不同的吃饭付账方式还涉及回报问题，本章第六节有关回报的讨论中还会对这一点做进一步阐述。

尽管中国留学生认为美国的"朋友"和中国的"铁哥们儿"很不一样，但是他们也承认：由于自己与美国人交往有限，要对这两类人进行认真的比较难度很大。他们与美国人接触的频率都很低，接触的时间很短，往往只发生在"一瞬间"。再加上美国人一般都无意展现自己，因此交往只停留在表面层次。由于中国学生无法在现实生活的大背景下真正把握美国人的思维方式和行为规范，他们感到自己对美国人的整体形象仍旧缺乏全面了解。正如金多多所言："要我们举一个例子来说明我们在交友时文化背景方面的差异是十分困难的，因为我与他们的交往还没有达到如此高的层次。"

抱怨"在美国'铁哥们儿'难觅"的同时，有的中国留学生也在痛苦地思考其中的原因所在。"要在这里交一个好朋友实在是不可能的事情。我今天明确告诉你，这是绝对不可能的，"焦林若有所思地说，"我正在努力寻找原因，不仅仅只是做一些比较，……中国的朋友有多么好，这里的朋友有多么不好。……我在想是什么原因导致了这么一种差别。"从他下面这一大段痛苦的独白中，我们可以体会到他既困惑、沮丧，又愤怒、不满的复杂心情：

> 在中国我有很多"铁哥们儿"，他们为朋友可以两肋插刀。这是为什么呢？是因为那个地方不发达吗？无论我做什么，"铁哥们儿"都会来帮我，为我争面子。……后来我们都长大了，工作了，大家还是一样的铁。……不像这里，见不到"铁哥们儿"的踪影，一个也没有。我有时感到很烦躁，想找一个人聊聊。可是，没有人听我说话，没有人。每个人都在忙自己的事情。在中国，无论他们多么忙，都会放下手上的活儿立刻赶来。他们会来跟我聊天，跟我交流。在这儿没有一个这样的人。我在想，这里为什么会是这样呢？

焦林在思索"为什么在美国'铁哥们儿'难觅"这一问题时，还触及了社会发展与人际交往的关系问题。他在质问：是不是因为中国经济不够

"发达"，中国的"铁哥们儿"才更"铁"？在世界上的许多地方，人与人之间这种"铁"的关系以前可能也是存在的。但是，随着工业化、现代化和后现代化的发展，人和人之间的关系变得日益疏远、淡漠。即使是在西方，人们对业已逝去的乡土生活的怀念之情也是十分强烈的（何秀煌，1981）。

焦林等人发现"中国的'铁哥们儿'重感情，美国的朋友重理智"，这种差别也许与中国人和美国人的思维方式有关。中国人处世一般是情理合而为一，即使是将情理分开，它们之间的分配比重也是不一样的。西方人在交往中往往重理不重情，而中国人则比较重情不重理。梁漱溟认为："西洋人是要用理智的，中国人是要用直觉的——情感的。"（梁漱溟，1989）[479]林语堂说："对西方人来讲，一个观点只要逻辑上讲通了，往往就能认可。对中国人来讲，一个观点在逻辑上正确还远远不够，它同时必须合乎人情。实际上，合乎人情，即'近情'比合乎逻辑更重要。"（林语堂，1994）[100-101]儒家伦理的立足点不是理，而是情，情与理不但不相互对立，而且相辅相成，理就在情之中。如果中国人说某人"不近情"，就是不近理，而且不近情比不近理更为严重（韦政通，1988）。中国人重情不重理是因为传统的中国人不强调"有理走遍天下，无理寸步难行"（翟学伟，1995）[161]。他们一般很少离开生养自己的故乡，因此家庭和谐对他们来说是最重要的，即所谓的"家和万事兴"。而要维持家庭和谐，不能靠道理，只能靠情理。讲道理自然离不开辩论和争吵，而讲情理便免去了这一番麻烦。朋友之间更是如此——朋友关系靠的是感情和义气，而不是道理。由于中国留学生来自这样一个文化传统，他们在交友时不仅自己重情不重理，而且对自己的美国朋友过分重理也不太满意。

此外，中国留学生认为自己的美国朋友不够"铁"，也许是因为他们与这些人尚未结成兄弟般的情谊。据我个人的了解（特别是从电影和小说中得来的知识），美国人之间也存在着兄弟般的情谊，视忠诚和团结于其他任何事情之上。既然中国学生们遇见的美国人相当"热情"（比如称焦林为"兄弟"），这些中国学生可能真把这种关系看作"兄弟关系"了。而对美国人而言，他们可能在生活中已有自己的"兄弟"，对中国同学称"兄弟"

只是一种"热情"的表示而已。而中国学生出于自己对"兄弟"一词的理解，期待得到名副其实的待遇。他们不知道美国朋友对他们称兄道弟只是表示一种"热情"，这并不表示他们的关系已经达到了亲密无间的地步。由于这些中国学生需要超越文化的界限才能理解与美国人结下的友情，因此要感受与美国朋友之间的"铁"劲相比中国朋友来说更为困难。在一次小组访谈中，许多中国学生都提到了这一困难：

> 我们不知道美国人与他们自己的朋友怎么个铁法。就像我们一样，他们可能也有自己的好朋友。我们（指他们自己和美国人）之间的共同点可能比我们想象的要多一些，问题是我们自己不知道。

第四节 "说话算数"：友谊的衡量标准

我所研究的中国留学生们认为，友谊中另一个十分重要的原则是可信、可靠。朋友之间应该"说话算数""言出必行"，不能"信口开河""言而无信"。正如一则古代成语所言："君子一言，驷马难追。"原则上，如果一个人不能按自己所说的去做，就不应该事先做出口头上的承诺。汉语中的"信"字就是由"人"和"言"两个字根所构成的，意指一个人所说的话应该是可信的。在儒家的五德"仁义礼智信"中，"信"作为重要的道德原则，强调人与人交往要忠实可靠，不能虚情假意。"信"不仅是朋友伦理、交际伦理的规范，而且被扩展至一切伦理关系。

来到美国以后，一些中国留学生惊讶地发现有的美国人"说话不算数"。他们似乎经常喜欢口头上做一些"许诺"，可是过后却不付诸实施。下面易立华用第一人称所讲述的故事例证了中国留学生们在这一方面的反应。

片段分析之四

"他们说话不算数！"

来美国 8 个月以来，我对美国人很深的一个印象就是美国人在礼节上很虚伪，说话不算数。就拿我最近去过的一次晚餐约会为例吧。有一天，我们在实验室开完会以后，大家决定周五晚上一起出去吃晚饭。当时，我们谈到了见面的时间和地点。可是，周五晚上我到达指定的地点时，却没有一个同学在那儿。我等了很久，也没有其他同学露面。后来我去了一个住在附近的同学家里，敲他的门敲了很久，他才出来，看上去很吃惊的样子。我问他："大家约好了一起吃晚饭的，怎么一个人也没来？"他说："噢，他们一定给忘了。"我当时真是气得发晕。我真不理解他们怎么会把这事给忘了。可是，后来我才意识到，如果他们说在一起吃晚饭，他们可能并不真的是这个意思。他们平时见面时，总是落入一种虚伪的礼节："How are you?（你好吗？）我们一定要在一起吃顿饭。"诸如此类的东西。这样说话彼此显得很亲密，但是只要一转身，他们立刻就忘了。

后来，我和这个同学决定一起出去在附近一家饭店里吃饭。就在去饭馆的路上，他突然改变了主意，提出要到另外一个城市去参加一个聚会，因为那里有免费的晚餐。他说他知道那个地方，但是他实际上根本不知道。在路上他不断地停下车来问路，或者给他的朋友打电话问路。那天晚上，我们穿梭于两个城市之间，开了很久的车，还是没有找到那个地方，最后只好在一家饭馆吃的晚饭。当然，我们是按照这里的习惯，各付各的账。虽然，那天没有饿肚子，可是我强烈地感到这个同学说话也不算数。我们明明同意了一起到饭店去吃饭的，可是他……。不过，无论发生什么事情我都会原谅别人的，不会把这件事看得很重。

还有，在过去几个月里，我每次见到一个美国同学，他都会邀请我去打羽毛球。"我们一定要在一起打打球，天气多好呀！"每次他都这么说。而我就说："好啊，请给我打电话。"但是，他从来没有来过电话。我猜想下次他见到我时还会说"啊！我们一定要在一起打打球"之类的话。

还有，另外一个美国同学邀请我吃饭已不下10次了，但是我们还从来没有在一起吃过饭。这个人很古怪，每次见到我，他都会说："我们一定要在一起吃晚饭。下个周末怎么样？"我说："好，好。"但是到现在还没有吃过。每次见面他都表现得非常热情，但我发现他有点怪，热情得有点过分，不像是真心的。……每次他见到我的时候总是说，他多么希望可以使自己的诺言兑现，多么希望我们可以立刻一起去吃饭。可是，事后却什么事也没有发生。他看上去好像很伤心的样子，好像我们没能在一起吃饭对他来说很遗憾，好像这个话题对他很重要似的，但是他从来没有提到过吃饭的具体时间和地点。

我想如果他对这件事是真诚的，他应该明确地说一个时间。如果一个人想做某件事，他是一定能够找到时间的。这是我的想法。如果他只是在我们相遇的时候随便提起，这样就很难确定时间了，因为我们都没有准备。我想，他总是说这些可能是因为当时他没有其他的话可说，他并不真的是这个意思。每次我们见面时他总是"hi"一声，然后就没什么可说的了，因此话题就转到出去吃饭上头。这真可笑。（笑）

我认为美国人过分注意交往的形式，结果反而显得不够真诚。由于更关心形式，他们也许就忽略了对别人的信任和尊重这些实质性的问题。中国人没有那么多礼节，但是我们在和别人相处时更加敏感，对别人更加尊重。比如我自己吧，我对人表面上不是特别的热情。但是如果我说什么事情，我就是那个意思，我一定会按我所说的去做。甚至对我所喜欢的人，我也不会当面表现出过多的热情。即使我发自内心地喜欢一个人，我也不会在脸上表现出来。如果我显得太热情，就会感到很不自然。我不会说："How are you？"如此小题大做实在没有必要。如果我喜欢一个人，我会很认真地与他交往，而不是仅仅说点面子上的话，比如"我们一定要成为好朋友""一定要在一起吃顿饭"诸如此类的话。我不会这么做。这里的人大多如此，而这其中的大部分礼节都是虚假的。有些人一遇见你就会说"哎呀，你真是太好了！"，可是第二天见到你时早已经把你给忘了，视你为路人，扭头就走。

　　以上易立华对他的一些美国朋友"说话不算数"的行为所做出的反应揭示了几个方面的问题。一般来说，美国人更善于言语表达，行为具有外倾性。他们在人际交往中往往遵循一定的礼仪，而这些礼仪所表达的意思不一定和中国学生所理解的实质性意义相一致。比如，如果一位美国朋友说"我们一定要在一起吃饭"，这往往不是一个邀请，而只是一种热情的表示。而对中国学生来说，这么做未免有点"虚伪"，因为他们认为一件事如果自己并不打算做的话就不应该说出来。在中国社会中，衡量一个人诚意的标准是言行一致，表里如一。仅仅在表面上说一些好听的话，会被认为是"不真诚"。中国人相信行胜于言，做而不说要比不做而说或既做又说要好。"欲知其人，观其所行"和"观过知人"说的就是这个道理。

　　美国人比较重视"说"这一表面礼仪，这与他们的现代化社会形态有关。人员高度流动的社会使人和人之间缺乏进行长期性回报的可能性，因此他们必须及时地用语言来表达自己的意愿。人们没有时间和机会在一起慢慢从内心感受友谊，需要使用语言作为促进人际关系和谐的润滑剂。易立华上面谈到美国同学多次"邀请"他打球、吃饭却从未兑现这一事实便是一个很好的例证。这些同学自己非常忙，实际上并没有时间（甚至没有真正打算）与易立华开展上述活动。但是为了在遇到他时向他表示友好，他们必须说点什么，于是便有了上面的误会。

　　事实上，这些美国同学认为"说"本身就是一种"言语行动"（speech act；Austin，1962），表达了自己对对方的好感。而易立华（像大多数中国人一样）认为说得多没有意义，说而不做是"虚伪"的行为。他们来自一个相对传统的社会，在人际交往中（特别是朋友之间）不需要太多的语言。对朋友的情谊可以通过自己的行动在长期的交往中表现出来，不必即时匆忙地用语言来表达。因此，当他们看到有的美国朋友说得多做得少时，便很容易认为他们没有"诚意"。

　　此外，社会契约观念已经在美国社会的人际关系中繁衍生根，很多语言表达法已经变成了一种形式化的礼仪。这些礼仪的使用主要是出于职业、角色和社交场合的需要，本身已不具备实际意义。如易立华的美国同学见到他时经常说的"我们一定要在一起打球""我们一定要在一起吃顿饭"，这既不是一种邀请，也不是一种许诺，只不过是美国人常用的一些告别用语而已，意思等同于"再见""保持联系"。而中国留学生们对此尚不了解，以为这些形式具有其字面上所指的意义。如果这些"邀请"和"许诺"不但事后从未兑现，而且对方下次见面时不再提起的话，他们便很容易认为对方"言而无信"。

美国学者爱德华·T. 霍尔（Edward T. Hall）对时间的分析也可以帮助我们深入理解这一现象（Hall，1959）[10]。他将世界各国使用时间的习惯分成单向时间习惯和多向时间习惯。前者强调日程、阶段性和准时性，而后者安排时间比较随便，更富有人情味。美国人是典型的单向时间习惯，而中国人是典型的多向时间习惯。事先通知是单向时间习惯的一个重要特点。美国人认为邀请别人来做客必须事先通知，并确定具体的时间和地点，这样才能表现邀请者的真心实意，否则会被认为是临时补缺，没有诚意。因此，当他们说"有时间来我家吃饭"时，他们表达的只是一种客气，而不是邀请。而具有多向时间习惯的人认为任何时候到别人家里去做客都是可以的，不必事先通知。因此，他们往往把美国人的客气话当成了邀请。一些中国学生在美国待了一段时间以后也意识到了这一点。高莉经过仔细观察以后发现：

> 当他们说"咱们一起吃饭吧"，这只是一个提议，并不准备付诸实施。你必须表示有兴趣，和他们定一个时间。他们当时只是表示一下兴趣而已。如果你没有表示同样的兴趣，这件事就不会被加以考虑。

第五节 "亲密无间"：友谊中的心理距离

　　中国留学生们对"朋友"的定义涉及的另一个重要维度是"亲密"。"亲"既可指人和人之间的相融性，又可指血缘关系；"密"指的是人与人之间的距离十分接近。因此，"亲密"一词具有"如自己的亲人那样亲和密"的含义。在我的研究中，大部分中国学生使用了这个词语来描述人与人之间的友情。他们不仅探讨了中国人对"亲密"这一概念的理解和实施方式，而且还试图弄清楚在不同文化环境里朋友之间"亲"的程度和"密"的距离存在哪些差异。在他们自己的跨文化交友经历中，他们对中国人和美国人的"亲密"观念和行为方式都做了一番考察。

一、"亲密"的表现形式

　　我所调查的中国留学生认为，中国人交朋友喜欢彼此十分"亲密"。如果彼此已经成为朋友，会坚持对对方表示关心，即使这种关心在美国人看来也许过于"霸道"，甚至是对个人"隐私"的一种"侵犯"。真正的朋友应该像亲兄弟、亲姊妹一样互相照顾，互相帮助。似乎朋友之间只有这样相互依赖，关系才会显得"亲密"。在中国人的朋友关系中，最佳状态是"亲密无间"，也就是说，彼此之间没有任何距离。朋友经常在一起分享自己的"秘密"，通过"情感交流"实现彼此心理距离的接近。

　　"亲密"关系的一个重要标志是朋友双方均已到对方的家中吃过饭。在中国，邀请朋友到家里做客，标志着朋友关系的良好开端，也显示了主人的一片真诚。通常主人会事先准备好一桌丰盛的美味佳肴，客人则可以尽情地大吃一顿。盛宴之时，交往双方以精心准备的食品和开怀畅饮来传递彼此内心的情感。

　　与美国人有过一些接触之后，一些中国留学生发现要与美国人亲近十分困难。美国人强烈的"隐私"观念妨碍了他们自由地与美国人交往。在中国，人们第一次见面时就可以相互询问个人的私事，如年龄、职业、家庭、婚姻状况、工资收入等。中国人不认为这是打听别人的隐私；相反，他们认为这是人际交往时一个必须遵循的程序。中国社会对人际交往中的等级规范比较重视，交往双方只有在了解了对方的这些基本情况以后才知道如何与对方交往。如果他们在交谈开始时不这么问，那倒会显得有点不正常。而在美国，人们需要更多的个人空间，包括心理上的空间和行为活动上的空间。他们见面时一般不询问对方个人的情况，只是泛泛地谈一谈天气和球赛之类的话题。另外，中国人在路上相遇时喜欢相互评论彼此的体形、衣着、发式和面色，或者询问对方到哪里去，以表示自己对对方的关心和彼此关系的亲近。而对美国人来说，这么做被认为是极不礼貌的行为，因为这涉及他们的私人生活。

因此，中国留学生们在与美国人交谈时不得不加倍地小心。"我从来不同他们谈私事，没必要那么做。对吧？他们会感到很奇怪的：'你为什么跟我谈这事？'……如果我问他们生活如何，必须与工作有关才行。例如，有一个美国人以前在欧洲工作过，而我们不久要去那里。因此我们问他：'那儿的生活怎样？'只能问此类话题。我们不能问：'你结婚了吗？''你多大年纪了？''你每个月赚多少钱？'这样的问题是不可以问的。"（马国强语）既然不能跟美国人谈私事，那么同他们发展亲密的关系便变得十分困难。

> 你不可以问他们的年龄和婚姻状况。而这对中国人来说……有点……嗯，怎么说呢？……我们在中国时就听说美国人把私人问题看得很重，比如，财产啦，婚姻啦，年龄啦，家庭生活啦，等等。这些问题是不该问的。因此我从不问他们这些。但是如果我们想建立一种深厚的关系，彼此的个人生活就没有办法回避，我们不得不谈到这些问题。（吴海语）

在和美国人的接触中，他们还发现，如果他们自己主动提出要求，美国人是愿意提供帮助的。但是美国人不会对他们的私事主动表示关心。下面中国留学生的一组对话风趣地表达了他们对这一问题的看法——

高莉：你有困难，他们会帮你。但他们不像中国人，他们不会为你做饭，他们不会因为个人的事情来帮你。中国人会这么做，如果我对你好，我就会为你做一切事情。

金多多：从内心里表达我的关心。

高莉：对，从内心里表达我的关心，我们会感到很温暖。美国人却不是这样。他们可能会帮助你解决一些问题，要你照顾好自己。但是他们不会为你做事的。

金多多：问题越严重，他们越会帮你。小事情不行。

易立华：他们从不会问你的米缸里还有多少米。（众人大笑）

在美国的前 8 个月里，绝大部分中国学生从未被邀请到美国人家中做过客。既然他们认为被邀请到家中做客是亲密关系的标志，他们便不认为自己已经与美国人建立起了"亲密的关系"：

（1）吴海：如果我们说到亲密的关系，我们应该已经拜访过他们的家，对吧？可是至今还没有过。他们也没有到我的地方来过。

（2）董文：我从来没有机会拜访一个美国人的家。我猜只有我们逐渐成为朋友以后，他们才会邀请我。他们从不邀请我们，而我们也从来没有邀请过他们。现在让我邀请他们也是不可能的，我的经济情况也不允许。

中国留学生们感到在美国很难体会到"亲密"，这也许与中美文化对私人领域和公众领域的不同界定有关。由于西方人的人际交往通常建立在独立个体相互选择的基础之上，他们具有比较明显的"私人领域"和"公众领域"之分（杨宜音，1995）。在处理公众事务时，他们往往遵守"公事公办"的原则；而对个体的私人事务则采取尊重和回避的态度。相形之下，中国人的"自我"界限不太明确，因此"公众领域"与"私人领域"的分界及其对应的行为规范也没有西方明显（或者说中国人的私人领域比较宽泛）。中国人看来是可以公开的事情（如年龄、收入、婚姻状态等），西方人则认为属于个人隐私的范畴，不应该主动去"打听"。

中国留学生很少有机会到美国人家中做客，这也与美国人的私人观念有关。一般来说，除非是至亲好友，美国人不轻易邀请别人到家里做客。他们的家似乎比中国人的家更加隐秘，不希望别人随便进入。不经主人邀请并事先约定便擅自登门拜访，被认为是不礼貌的行为。即使被邀入室了以后，也不能随意在各个房间里走动，特别是不能往主人的卧室里窥视。美国人不轻易邀请别人到家里做客，还因为他们不像中国人这么重视吃。如果他们希望和别人进一步交往，与其花费大量的时间在家里做饭，不如一起去饭馆就餐。而出去吃饭往往是各付各的账，人情一了百了，不必为欠情而担心。由于美国人和中国人在这些方面存在一些差异，中国留学生们在与美国"朋友"交往时就难免觉得不够"亲密"了。

我个人与中国"朋友"和美国"朋友"的交往，也能说明这两类人在"亲密"的表现方式上存在一些差异。我在美国留学期间经常被邀请到中国朋友的家中做客，特别是逢年过节的时候。通常，主人会备有一桌丰盛的食物，客人则开怀畅饮，海阔天空地神聊到半夜。在席间，客人可以对主人的饭菜当众评论，并提出改进建议，如到哪里去买更好的、更便宜的原料，用何种方式烹调味道会更好，等等。主人似乎对这种"批评"并不在意，仍旧乐呵呵地将一道又一道"可以改进"的菜端上桌来。饭桌上大家说话很随便，互相打听和评价彼此的"私事"，如"最近是否又找了个新工作？""一小时多少美元？""你这衣服真难看，多少钱买的？"我当时的感觉是：中国人似乎只有这样，才会觉得彼此关系亲密。[1]"美国人决不会如此！"每当我面对这种场面时便情不自禁地对自己说。

---

[1] 戈夫曼（Erving Goffman）对戏班成员之间的关系所做的研究可以进一步说明为什么中国人在彼此熟悉以后可以相互随便开玩笑，甚至暴露自己的缺点。因为熟悉的人已经成了"内群体"，而"自己人"之间是不必过于顾全面子的（Goffman, 1959）。

　　我曾经和几位美国同学一起租用过一栋小楼，我们每天一起购物、烹饪，轮流打扫卫生。在我和他们的密切接触中，我从未听到过他们对别人的烹调当面提出批评。尽管事后他们有可能抱怨某某"厨师"饭菜做得不好，但当面他们总是千篇一律地赞美"厨师"。这种处理方式的一个直接结果就是，我永远也不能确定自己的饭菜质量到底如何。结果，我不仅对他们说话的态度产生了怀疑，而且他们所说的内容对我来说也没有什么实际意义了。

　　以上中国留学生和我自己的事例表明，中国人交友特别强调"亲密"，是朋友就必须"亲密无间"，亲如一家，彼此之间不分你我。中国人在真正的友情中是没有自我的，自我已和他人融为一体，成了大家庭中的一员（有趣但不令人惊讶的是，汉语中"大家"一词的字面意义就是"大的家庭"）。由于自我界限不明，朋友之间也就没有明确的个人"隐私"可言。朋友之间相互打听彼此的"私事"不仅不被认为是对他人"隐私"的"侵犯"，而且被认为是对他人的关心。

　　由于中国朋友之间讲究彼此"关心"，他们之间的"亲密"往往用比较"直"的方式表现出来。中国传统文化提倡交诤友，忌讳交谀友，朋友之间对彼此的过失应该以善相责（焦国成，1991）[77]。朋友之间责善，既是为了对方的利益，也是为了改进双方友情的品质。因此，朋友之间直言不讳是关系"亲密"的表示，而表面上的甜言蜜语则往往有"口蜜腹剑"之嫌。相形之下，美国人认为当面批评别人或评论别人的"私事"是极不礼貌的行为。

　　然而当我们说"美国人认为当面批评别人是不礼貌的行为"时，这是不是与我们前面所说的"美国人的表达方式比较直接、外露"存在矛盾呢？如果我们仔细对这个"矛盾"进行分析就会发现，其实这是一个形式和内容的关系问题。当我们说"美国人认为当面批评别人是不礼貌的行为"时，这指的是交谈的内容；而当我们说"美国人的表达方式比较直接"时，我们指的是交往方式。也就是说，与中国人相比，美国人比较喜欢将自己的想法直接说出来，在人际交往时言语化倾向比较明显，但是这并不表明他们认为任何内容在任何场合下都可以说。一般来说，他们在表达的内容方面有比较清楚的公私界限，不随便评论或批评别人的"私事"。以上这一对矛盾与我们在第六章中谈到的中国人在表达形式上"含蓄"，但在"情感交流"的内容上比较"直接"这一对矛盾十分类似。中国人的言语表达方式比较"含蓄"是因为他们重视"面子"；而他们在交流内容上靠近"情感"是因为他们的私人领域比较宽泛。因此，美国人虽然在言语表达方面比较外露，但是由于他们所表达的内容限制在一定的人际距离之外，结果中国留学生认为很难与他们建立"亲密"的关系。

二、对"亲密"的困惑

如上所述，中国留学生在与美国人的交往中发现美国人的"亲密"和中国人所熟悉的不太一样。虽然他们对其中的一些差异有所察觉，但是由于与美国朋友接触太少，他们仍旧不太明白这种差别意味着什么。在所有被调查的学生中，高莉对这个问题思考得最多。虽然她在宿舍里经常对美国同学进行仔细观察，但是仍旧对"美国式的亲密"感到困惑，而且常常不由自主地将这种"亲密"与自己和其他中国朋友的关系进行对比。下面先来看一看她对这个问题的观察和思考。

片段分析之五

"我不知道他们的亲密是什么！"

我发现美国朋友和中国朋友很不一样。总的来说，中国人喜欢关系特别亲密。如果他们关系很亲密，就一定要表现出来。而美国人即使对我们很好，我们和他们之间仍旧有一种距离感。也就是说，通常他们见到我们时，会说一句"hi"，但还是有一种距离感。……有时他们也会向我抱怨说学业繁重，说他们太忙、太累。但是至于他们是不是会采纳你的建议，这中间还是存在一定的距离的。对中国人，我会像姐妹一样去关心你。……
在我们的关系中，似乎有一种血缘关系，这种感觉可以消除我们之间的距
离感。对美国人，你会感到每个人都是平等的，……他们不依赖别人。……
对中国人，如果我们很亲密，在许多事情上我们都相互依赖。美国人却不
是这样，他们非常独立。中国人如果和你关系很铁，就会对你很随便，说
话直截了当。他们认为只有这样才能表示他们对你的关心。美国人却不是
这样。一般来说，他们总是保持一种距离。他们会告诉你他们是怎么想的，
但主意还得你自己定。他们个人之间的界限更加清楚一些。

　　我和同宿舍的几个中国女孩关系很亲密。就以那个台湾女孩为例吧，
她就像是我姐姐。从买东西到看电影，什么事她都执意要帮我的忙，还要
给我出主意。她做事的时候也很依赖我，老问我怎么想。我们很多事情都
一起做。

　　我想，就亲密而言，我们和他们很不一样。但是我不知道这种不一样
究竟是什么，很难说清楚。他们彼此似乎也很亲密，也经常大声地在客厅
里说笑。可是我还是不清楚他们彼此之间是一种什么样的关系。如果他们
关系很好，他们会怎样相处呢？有时候他们也在宿舍里聊天，大声说笑，
显得很亲密的样子。但是我不知道这种亲密究竟意味着什么。我和他们交
往太少，不可能知道得很清楚。

　　这儿的很多风俗习惯也很不一样。例如，每天见面时他们都说"How
are you？"。也许这和我们中国人所说的"你好"一样。但是，我每次听到
这种问候时的感觉是："什么你好？""你好什么？"这种问候总要求我做
出回答，我必须回答说"好"或者"不好"。我想我为什么一定要告诉他这
个呢？（笑）我感到很生气。为什么我要告诉他"我很好"，真是废话！我
为什么要告诉他这个？最初几次，我这么说了。后来，我真的很气恼。我
不知你（指我）是不是也有这种感觉。这种形式，这种礼节……。后来我
自己想，如果我们把这句话译成汉语也没什么了不起的，告诉他们也没什
么关系。但是我总觉得好像我必须告诉他们什么。我感到很厌烦。然后我
意识到他们并不希望我告诉他们实情，这只是一个礼节而已。最初我不知

道说什么才好。我觉得我必须说实话，没有别的办法。我不得不说"我今天很累"，或是"不累""我今天做了什么"这类废话，就是这些废话。真是烦透了。

如果我和自己的朋友很亲密，我会告诉他们我个人的一些事情。这么做很自然。但是如果我和他离得很远，我为什么要天天告诉他我做了什么呢？我为什么要让他知道我的想法？即使告诉他，他也不可能理解我。我为什么要这么做呢？我根本不想这么做。我和美国人一点也不近，所以我不想和他们谈我自己的事情。我不知道他们的距离感是什么样子的。每天他们对大家都说同样的话："How are you？"我觉得这真是没有必要。我不知道他们是什么感觉。但我觉得他们的行为很奇怪，每天互相说一些相同的话："How are you？"我不知道自己该怎么办，也不知道他们是怎么想的。

他们彼此关系不亲密时好像也有很多话说，这使我感到很不舒服，好像他们在佯装亲密。而我又不得不让自己也这么做。我不知道美国人自己对此有何感想。如果他们彼此之间有一定的距离，他们会做什么、说什么呢？我不知道。因此，我老在想这个问题。我不知道自己该怎么做，但我对这个问题很敏感。

正如在"铁哥们儿"或"铁姐们儿"的关系中一样，高莉与同宿舍的中国女友之间存在着一种亲情。她们一旦成为朋友，彼此就特别的亲近，像姐妹般互相照顾，无论做什么都相互依赖。然而，在她与美国人的交往中，平等与独立的意识使他们之间产生了距离。由于美国文化崇尚个人的自由和自主，即使是朋友之间也必须保持一定的距离，尊重个人自己的选择和决定。

高莉的叙述使我想起有一次在波士顿一个电影院里坐在我身旁的一位观众向我提了一个问题。幕间休息时我向他谈到我正在从事的研究时，他问我："既然美国人比中国人更讲平等，为什么中国学生在美国交友更加困难呢？"从那以后我一直在考虑这个问题，并且在我对高莉等中国留学生的研究中找到了一个可能的解释。这位观众所提的问题是建立在这样一种假设之上的，即"平等可以产生更多的友谊"。然而，高莉等人的经历却表明，这一假设是不正确的。在美国，人们彼此之间比较尊重个人的选择，不将自己的观点强加给别人。结果，这种平等在人们之间制造了更远的距离。既然平等意味着相同的权利、相同的利益和相同的个人空间，那么交往双方就需要一定的距离以清楚地看到并衡量这种平等。而且，追求平等势必导致更多的竞争和更少的友善，因为每个人都必须为获得相同的东西而同其他人竞争。因此，平等并不一定会促成友谊的建立和发展。

相比之下，中国人理想的方式是在日常生活中相互依赖，双方执意关心和照顾对方。交往双方不但主动为对方提建议，而且乐意接受对方的建议。他们更关心的是关系的亲近，而不是个人之间的界限。因此，这种关系使人们很自然地就走得很近，而不必担心失掉自我。尽管中国社会里不同社会阶层的人彼此之间不如在美国那么平等，因此彼此交朋友可能有一定的困难，但是同阶层的人之间交朋友却比较容易。由于中国社会更看重关系亲近而不是保持个性，所以中国人的人际关系比美国人更为亲近一些。

高莉的故事不仅反映了平等和友谊的关系问题，而且还体现了中国留学生们对"美国式亲密"的困惑。仅仅通过外部的观察，或者按照他们自己的标准，他们很难相信美国人彼此之间也很亲密。从表面上看，美国学生也在一起大声说笑，但中国学生觉得这种"很热闹"的方式似乎缺乏深层的"情感交流"。有的中国学生认为美国人相互之间或者对中国学生表示"亲密"的举动仅仅是一种礼节，并不包含真正的友谊所必需的"情感交流"。

> 在美国，亲密的朋友只是形式上的好朋友，他们在情感上的投入并不多。比如，那些与我们一起吃饭的人似乎很亲密，但其实并没有很深的感情。我想在美国，友谊很容易落入这种俗套，原因是这里的环境中有许多障碍阻止我们发展深厚的友情。（金多多语）

　　对金多多来说，尽管许多人似乎关系很亲密，而且交往甚密，但他们并没有达到思想上和精神上的"默契"："你可能有许多亲密的朋友，你们之间经常接触，但真正感情深的很少。感情深的朋友你能用心与他交流，在思想上、精神上和感情上你们均能达成一种相互理解和默契。"金多多这么说的意思是：美国的朋友一般表现得十分热情、有礼貌，看起来好像十分亲密，但是缺乏朋友交往中最重要的"默契"。他在这里使用的"亲密"与"默契"这一对词语非常有意义。就像"热情"与"温暖"、"emotional exchange"和"情感交流"这两对词语之间的差异一样，"亲密"这个词具有外倾性，指的是人际关系中人们显而易见的外部表现，而"默契"这个词比较内倾，指的是关系双方不言而喻的内心共情。"美国式"的朋友可以很"亲密"，因为他们看上去非常热情；而"中国式"的朋友彼此很"默契"，因为他们更重视精神上的"共鸣"。

　　中国留学生之所以对"美国式亲密"产生疑问，也许与美国人接待陌生人的礼仪习俗有关。一般来说，中国人有比较明确的"朋友"和"非朋友"之分，对与自己具有不同人际距离的人们态度有所不同（Jacobs，1982）。而美国人待人则比较"平等"，千篇一律地给予"友好"的表示。因此，他们不顾场合一概热情的态度往往给中国留学生一种错觉：他们希望与自己建立朋友关系。而如果他们一转身对别人也表示同样的热情的话，中国留学生就会对他们的动机产生怀疑。

　　高莉：看起来他们对每个人都很好。我们只对特殊的朋友才表示友好。对其他人，我们只是点个头就走。他们不一样，对每个人都很友好。他们对你很友好，一会儿又对其他人也很友好。特别是我刚来美国时，感到很迷惑："为什么他们总是这么友好？为什么我就不能这么做？"有时在早晨他们问我"How are you?"，然后到了下午他们又这么问。然后你会感到："你不是已经问过我了吗？我还能说什么呢？"他们就是这样。

　　易立华：你不能说"我下午病了"。（众人哄笑）

中国人和美国人在待人态度上有所不同，这与他们各自的社会组织结构有关。美国社会流动性比较大，人们调动工作和搬家十分频繁。他们必须经常与陌生人打交道，也就学会了对陌生人也比较友好。可是，与此同时，高度的社会流动性又阻碍了他们与别人建立深厚持久的友谊。因此，他们对自己的朋友也就不可能像中国的"铁哥们儿"那么"铁"和"亲密"。相形之下，中国社会相对稳定，个人日常交往的都是自己的家人、朋友、同学、同事和同乡。他们与外人交往的机会不是太多，而且与人交往视关系深浅而定。如果关系密切，双方便比较热情；而如果关系不密切，态度也就不热情。因此，当高莉等中国留学生看到美国人对他们热情洋溢时，便以为自己和他们的关系已经达到了某种不同寻常的深度。于是，他们便会对美国人今后的行为有所期待。而美国人虽然对中国留学生十分热情，但是可能还没有将他们视为"朋友"。由于中国留学生对美国人的"亲密"观念不太清楚，他们不知道应该以什么样的"亲密"态度来对待美国人，因此在日常生活中便很难与他们建立"亲密"关系。

除了对陌生人的态度存在差异以外，中国留学生发现，美国人的语言表达方式也令他们对"美国式亲密"产生疑惑。一般来说，中国人在人际交往时态度比较含蓄、间接，不像美国人那么外露和直接。中国人认为，一个人应当超越语言从内心去把握人与人之间的关系，并且通过自己的行为来表达自己的态度，而不是在口头上"夸夸其谈"。因此，高莉等人不愿意每天都对同样的人说"你好吗""我很好"之类的话。美国人严格遵守的"礼貌"形式对他们来说没有多少实际意义，因为这种方式不适合他们传递"感情"的内心需求。他们认为这么说只是"一种形式，只是在认知层面上训练出来的职业热情，不是发自他们的内心，也不因不同的场合而有所不同"（焦林语）。中国学生普遍喜欢带有实质性友情的交往而不是缺乏内容的礼仪。前者具有明确的目的和范围，而后者则不分场合和对象一视同仁。下面这一段来自焦点团体座谈的摘录反映了部分中国学生就此问题的看法：

金多多：来美国一年多了，有件事情我至今还是习惯不了。无论什么时候他们遇见你，都显得非常热情，"How are you？""I'm fine！ How are you？"
这让人感到非常热情，……让我感到……，而我还是习惯不了。

吴海：这只是一个日常性的问候而已。你这么用就是了，就这样。没
任何意思，没有什么实质性的东西。

金多多：至今我还是不习惯。我自己可以这么做，看上去很热情，但
是从我内心来讲，我真不愿意这么做。有时候他们问我，非常热情地问我：
"How are you？"我回答说："Very well！"但是我实在不想说出下一句："And
you？"（大家都理解地笑了）不这样做又好像你很不礼貌似的。

吴海：我发现我们必须向他们学习这样做，否则他们会认为我们不礼
貌。比如，商店的售货员一天到晚都这么说，这已经成了一种职业习惯。
因此我们必须学会这么做，才会看起来有礼貌。有时你认为说还是不说没
什么了不起的，你也许会发懒，你可能认为这无所谓，但是美国人会认为
你太冷淡。

金多多：实际上我们用眼睛和手向他们表达了我们的态度，并不是我
们不想……（众人大笑）

易立华：我们的方式太微妙了。

我：为什么我们认为他们的方式太热情？

金多多：这已经成了我的一个包袱，很难受。有时候，他那么热情，
但我确实不想回问他一句"And you？"。我担心自己看上去不礼貌，但我
又不愿意强迫我自己。

易立华：你已经很热情了。

金多多：是的，根据中国人的标准，我是很热情了，但是我对他们的
热情还是感到不舒服。

如果说上面这段摘录表达了中国留学生对"美国式热情"的不适应，
那么下面这段从另外一次焦点团体座谈中摘取的对话则表现了中国留学生
对这种"热情"的抵触情绪：

焦林：他们遇见你时会非常热情，但是实际上他们是非常世故的。他们口里说很多热情的话，但实际上他们并不知道自己都说了些什么。他们很热情，但是如果你要他们帮忙，那就是另外一回事了。他们的热情使你觉得他们很热情，但这只是一种职业习惯。无论他们喜欢你还是不喜欢你，他们看上去都很热情。这是一种职业训练。

严华君：像一个演员……

焦林：对，因为商业化的影响，非常世故，……我们学校的学生大都来自有钱有势的家庭，因此他们不像小地方来的人那么真诚。

由于"热情"已经变成了一种职业习惯，中国留学生们注意到美国人在首次见面时总要询问对方的名字。在对方介绍自己的名字以后，他们通常会马上高声重复一遍，同时做出努力记忆状。可是，"有趣的就是，人们很快就忘记了你的名字，但是每次介绍时这仍旧好像是一个必不可少的礼节一样"（高莉语）。美国人对个人身份十分重视，因此，他们在自我介绍时特别注意对方的姓名，把这当作对对方人格的尊重。而中国人的名字对他们来说十分难记，常常过耳就忘。因此，他们这种"愚蠢"的对形式的恪守在中国留学生眼里显得十分可笑。"这个礼节实在没有什么意义，但是每个人还都得按礼节办事。"（焦林语）美国人在日常生活中用得过于泛滥的"thank you"（谢谢你）也让中国留学生们感到很纳闷。无论一方给对方什么东西，比如在学校办公室里学生交给秘书一份材料，秘书开给学生一份收据，双方都得说"谢谢你"。即使这种交换是根据学校规定必须做的，不涉及任何个人的恩惠，双方也得这么说。更有甚者，当自己受到别人夸奖时也得说"谢谢你"。在中国留学生看来，这种"没有多少实际意义的礼节"实在是多此一举。而且，他们认为，在得到别人赞美以后说"谢谢你"有一种妄自尊大的嫌疑，好像自己对对方的赞美是认可的。在汉语文化中，规范的答语应该是"哪里，哪里""过奖，过奖""惭愧，惭愧"。这么做的目的是自谦，表示自己做得还很不够。由于中美文化在言语表达方式上存在很多类似的差异，中国留学生们对美国人的"亲密"概念和表达形式常常感到迷惑不解。

第六节 "回报"：友谊中的交换观念和方式

在对"交友"方式进行探讨的过程中，中国留学生们都谈到了"回报"这个概念，包括什么是中国式和美国式的交换观念和交换方式，以及中美两国在这方面有什么异同。在中国访谈时，很多中国学生都认为真正的朋友之间应该不思"回报"。朋友之间追求的是理解、信任和精神上的共鸣，而不是物质上的互利和互惠。朋友关系中的一方如果得到了对方的帮助应该及时给予回报，但不应该因自己帮助了对方而索求回报。中国人交朋友最重要的一个价值标准就是"重义轻利"，"君子喻于义，小人喻于利"。如果朋友之间按利施惠，便不是"仁人君子"。因此，我所调查的中国学生都认为，他们应该帮助自己的朋友，而不应该期望朋友的回报，这才是纯真友谊的象征：

（1）达誉生：朋友应该在真正的意义上帮助别人，也就是说为了帮助别人而帮助别人，而不是期望得到回报。……如果朋友之间相互利用，那么他们就不是朋友了。

（2）金多多：中国人不那么看重回报。中国文化中理想的友谊是十分纯洁的，不夹杂着回报的成分。无论做了多么大的一个牺牲，他们都不会吝惜的。这是因为他们不需要回报。

这些留学生们在谈到友谊的交换观念时也承认，在目前的现实生活中大多数中国人已不再完全遵循传统的"君子原则"了。他们的行为往往介于君子和小人之间，对"义"与"利"采取一种调和的态度，或者专门遵从"小人原则"：如果他们帮助了别人，便期望从对方那里得到同等程度

（甚至更多）的回报，否则就会感到不满意，甚至认为对方不仁义。当我问及"你们个人是如何处理这样的事"时，所有的中国留学生都说对于"真正的朋友"他们是会遵守"君子原则"的。用古人的话来说就是："人之有德于我也，不可忘也；吾有德于人也，不可不忘也"。①虽然目前大多数中国人很难达到"不思回报"的高尚境界，但是"君子原则"仍旧是人们心目中最理想的方式。上面达誉生和金多多的引言便集中说明了这一点。

如上所述，中国人的"回报"这一社会交往行为存在着角色差异，回报行为中的施与者和受施者因角色不同而有不同的行为规范。施与者作为帮助者一方应该不思回报；而受施者作为接受方，则应该加倍偿还对方的恩惠。正如金多多所引用的一句中国谚语所言："滴水之恩，当涌泉相报。"这是因为中国人的"回报"（repayment）观念在本质上与西方的"互惠"（reciprocity）观念很不相同。西方的社会交换理论将人际交往主要看成人与人之间社会资源的互换，其基本交换原则是公平互惠（布劳，1988）。而中国人的回报不仅仅是物质上的交换，而且还带有强烈的感情色彩。施与者所给予对方的不只是"好处"，还有"好心"。因此，受施者为了表达自己领情和还情之意，在回报时往往在数量上有所增值。结果，受施者原本得到的一分情在回报时便增值为一分以上。回报的规范倡导人们在每一次回报时都要有所增值，要报大于施。如果没有增值，则不足以表明受施者对施与者的感激之情。而施与者在接受了增值的报答以后又转变成新的受施者，必须再次启动互动关系，再次增值对方加以回报。这样一来二去，层层加码，朋友关系便在这种无限的增值循环之中变得更加紧密和牢固了。

中国人的施与报必须以不均等为原则，因为只有这样才能使人情关系延续下去。而西方的交换行为以均等为原则，为的是人际关系可以随时中断，双方都不必为欠情而担心。我访谈的一位美国同学告诉我，她与中国同学来往的最大困扰就是不知道如何回报对方。"我不知道对方对我的期待是什么，"她面带困惑地说。在美国，回报与给予是基本等值的，双方通过

---

① 出自《战国策》中的《信陵君杀晋鄙》（罗国杰，1995）[413]。

一次性回报便可以解决问题。而中国人的回报需要增值，如何在具体情境中衡量每一次增值的"值"又不是一件容易的事情。这位美国同学习惯了明算账、算清账，因此难免对中国人的回报方式感到不知所措。

中国人的回报具有关系性和感情色彩，交往双方回报时增值的大小还依赖于双方关系的性质和深度。如果对方是"自己人"，增值的幅度就比较大；而如果对方是"外人"，增值的幅度就比较小。中国人特别注重关系的远近亲疏、交情多少，因此回报时必然也会考虑到关系的深浅。这也就是这些中国留学生认为如果是对自己"真正的朋友"他们将"涌泉相报"的原因。如果对方不是"真正的朋友"，或者甚至是"小人"，他们在回报时就不会增值。

由于中国人的"回报"观念强调的是隐含在交换之内的人与人之间的往还关系，因此交换的具体方式只是这种关系的一个载体。这一观念的一个明显特征便是朋友之间避免金钱往来。"中国人通常不用金钱作为回报。那样我们会感到很尴尬。"（董文语）在"君子"眼中，金钱象征着利益，而君子之交应该与利益无关。真正的友谊是为了发展朋友之间的理解、友爱和信任，而不是为了获得或交换物质利益。一般来说，中国人处理金钱的方式比美国人更为含蓄，更具有人际关系特征。如果朋友一起出去吃饭，双方会争相付款，而不是公开讨论怎样分开付账。如果这次一方付了款，下次另一方绝不会忘记主动付款。通过这种方式，朋友之间的关系得以保持和发展。这是一个不断强化、周而复始的循环过程，在这个过程中朋友关系得到了巩固和加强（杨宜音，1993）。中国人不公开讨论钱的问题是因为中国人认为交换中的金钱价值并不重要，重要的是隐含在金钱交换方式中的人际关系。回报只是一种手段，其真实意图是强化朋友之间的关系。通过回报的增值和延迟，此时的人与彼时的人之间的关系便得到了整合、延续与发展。所以，回报不仅具有价值交换的作用，而且具有关系整合的功能。此外，由于中国社会流动性较小，回报的对象就在自己的身边，中国人随时随地都可以使用带有情感性的回报方式，而不必使用金钱这类等价物作为中介。

由于回报的目的是加强关系，而不是交换物质，因此，回报的效果在很大程度上取决于朋友之间是否有回报的打算以及这个打算的动机是什么。相比之下，回报本身的具体内容并不十分重要。正如金多多所指出的："有时候只要你有心，回报仅仅需要一个象征性的表示，并不需要一大笔物质上的回报。"如果回报的动机是为了今后追求更多的物质利益，那么无论回报的数量多大都不会达到预期的目的。

中国留学生来到美国以后，发现美国人的社会交换意识与中国人很不相同。在美国，所有的人际关系（包括友谊）都具有公平性、公开性、理性、即时性、短暂性和间断性的特点。这里的社会交换着眼于双方需求的公平互补，遵循的规范是互惠原则。通常人们在交换时以清算、明算、等价、不欠、公平为基本规范，对彼此之间的利害关系直言不讳。一些中国留学生来到美国以后，对这种直接、外露的做法很不习惯。

严华君在访谈时告诉我，当得知在美国找同学帮忙看作业也要按小时付钱时他感到十分震惊。他听说，在他所在的系里，一名意大利学生曾经帮助一名美国女生补习数学。辅导了一次以后，美国女生就问意大利同学："我应该付你多少钱？"结果不久意大利同学就停止了和美国女生的来往。"美国人对此一点也不难为情，他们公开谈论钱，"严华君皱着眉头说。

参加预研究的许多中国留学生也报告说，他们来到美国以后必须非常注意交往中的"公平"问题。一位姓肖的学生告诉我，他在中国时习惯于毫无顾忌地在朋友家中吃饭和睡觉。但是来到美国以后，他和朋友一起去饭店吃饭时也不得不各付各的账，甚至与在美国交的中国朋友交往时也是如此。如果有朋友开车带他到中国城去购物，他必须考虑事后请朋友吃饭作为回报。"要记住这些事很麻烦，很伤脑筋，"他面带苦恼地说，"我感到很不自在，不得不时刻注意自己的行为。"

由于中国留学生遵从的是关系性的回报原则，他们感到美国社会中互惠的原则有悖于自己理想中的价值标准。在美国，强烈的公平意识和高度的社会流动性使这些学生感到，这儿的人似乎期待着自己付出的努力立即得到回报。美国人通常以"公平"、即时的方式做事，以免留下债务事后难以收拾。因此，如果这些学生从别人那里得到了帮助，他们便会感到有义务立即设法回报。相比之下，中国社会比较稳定，中国人安土重迁的生活方式以及密切稳固的人际关系使中国人的交换方式具有长期性和连续性。由于有社会规范做保证，施与者和受施者的流动性小，回报不必立即进行。只要受施者有心，什么时候回报都为时不晚。中国人认为，算账和清账的行为都是不近人情的表现，人情应该是算不清、欠不完、还不够的，回报只是延续朋友关系的一种手段而已。

在我所调查的中国留学生看来，回报不仅仅是朋友之间应该遵守的一条原则，而且适用于社会中所有形式的人际交往。"回报"不仅仅是中国人行事的一般规范，而且已经成为中国人行动的一种动机（Hsu，1983）。孝顺父母是为了报答他们的养育之恩；尊敬老师是为了报答他们的辛勤培养之情；为朋友"两肋插刀"是为了回报他们的友情（黄坚厚，1988）。

"报"是中国社会关系的基础和实质，反映了人际关系中的相互性。而这种相互性又通过"报"中所隐含的"信"表现出来。人与人交往必须"言而有信"，"出尔反尔"的做法是违背"报"的基本精神的。出于这样一种文化观念，中国留学生们来到美国以后期待着他们的美国同学也用同样的方式与他们交往。严华君告诉我的下面这个例子便是一个典型。

新学期开始时，严华君和一位美国人、一位美籍日本人一起组成了一个学习小组。因为他初来乍到，整个学期他所做的事情在数量上都不如其他两位同学。在考试的前一天，这两位同学突然提出要他退出小组，理由是在这个研究项目中他做得不如他们多，因此他们认为把他留在组内是不"公平"的。他对此感到十分震惊。自那时起，他对美国社会，特别是这里的互惠原则一直持一种挖苦、讽刺的态度：

　　　美国社会是建立在利益基础之上的。如果双方利益一致，他们的关系就会持续下去。……去过中国的人希望更多地了解中国，而从未去过中国的人对我们就不感兴趣。……因此，美国社会是一个追求回报的、实用的社会，双方的利益必须一致。只有建立在这个基础之上，我们的关系才能发展下去。

严华君来美国之前听说美国人十分开放，而且待人非常友好，但现在他认为"单方面的朋友在这里是不存在的，或者这仅仅是一种理想或一个短暂的现象，而相互利用才是最真实的"。那些到过国外的美国学生愿意了解来自其他国家的人们，而那些只关注美国的学生则对外国学生不感兴趣。"我们有语言障碍，他们很难和我们有效地交谈，也就是说他们不能从中受益。"因此，严华君总结道：

> 我们在这里没有真正的朋友，主要的问题是我们不能给他们点什么。每个人的力量都是有限的。你有你的利益，我有我的利益，交朋友就是双方互相交换利益。利益交换了，生意也就成交了。因此，当人们说波士顿人很冷淡时，（这是指）他们有自己冷淡的个性。这种冷淡来自过高的期望、过分地工作和激烈的竞争。每件事情一开始时，利益就被划分得很清楚："这是我想要的，这是我要做的，你能帮助我吗？"如果他有兴趣的话，他就会去做。

严华君对学习小组中其他成员的行为如此气愤，还因为他们所做的事情有悖于中国人回报观念中的情感因素。他们在与严华君合作时考虑的只是公平，而没有想到他像大多数中国人一样在这个关系中投入了很多情感。他和他们一起学习工作，不仅仅是为了获得知识，还为了和他们建立一种感情上的联系。而现在他们不顾他感情上的需要，以不公平为由，断然将他排斥在外，这无疑对他的感情是一个极大的伤害。严华君（像大部分中国人一样）认为处理人际关系应该合乎"情理"，讲究礼之用，和为贵，有礼有节，人与人相处应该以情理、和谐、节制为基本准则。而他的两位同学却不顾情理，不避冲突，直截了当地向他发泄自己的不满情绪，这实在是不符合他心目中人际交往的基本道德规范。由于美国同学在人际交往中过分讲究"公平",严华君等中国留学生感到很难适应。在这个交往礼仪不同而且他们又不能充分了解这种礼仪的世界里,中国留学生要交上"好朋友"实在不是一件容易的事情。

第三部分
中景：留学生的变化故事

本部分描绘了中国留学生们在美国跨文化交往中所发生的变化，以他们自己的三个本土概念作为主题："局外人""自尊""变化"。第八章探讨的是，这些留学生在与美国人交往时所感受到的"圈子"界限：作为美国文化的"局外人"，自己在中国时的主人角色，现在被迫变成了被动的边缘人角色。第九章描述的是中国留学生们来到美国之后自尊心的急剧下降。由于对美国社会人际交往潜规则的无知，他们感觉自己就像"大小孩"，一切都要从头学起。第十章集中呈现的是，中国留学生由于遭遇剧烈的异文化冲击，而产生了文化认同危机，进而拷问自己："我"到底在多大程度上还是中国人？在美国"我"是否还需要继续坚守中国的文化传统？

第八章 "局外人"：跨文化人际交往的特殊形态

> "我并不了解他们。我对他们的生活几乎一无所知，……进入他们的圈子非常困难，现在我还是感到自己是一个局外人。"
>
> ——金多多

由于和美国人交往甚少，我所调查的中国留学生们经常用"局外人"这一词语来形容自己在美国的状况。"局外人"的字面意思是"被隔离在某些人活动范围之外的人"。就这些学生而言，"局外人"意味着游离于美国社会主流文化之外，不能进入本地人的社交"圈子"。在现实生活中他们常常感到"不知所措""不安定""孤立无援"。作为"局外人"，他们不知道如何评价周围发生的事情，也无法预测自己的行为会产生什么样的后果。因此，每天的日常生活对他们来说就好像是一场无休止的战斗，他们不得不时刻与困惑、不安和沮丧搏斗。我所调查的中国留学生都有高莉所表达的以下感受：

> 我感觉自己被封闭起来了，就像是一个局外人。我和他们根本没有办法交流，……我和他们之间存在着语言和文化方面的障碍，……要进入他们的圈子实在是太难了。如果你想接近他们，你就得和他们一起共事，但我没有这种机会。因此到现在我也不知道

他们都在想些什么，他们相互之间是怎么交往的。我也不知道自己
应该如何做才能与他们交往。

第一节 "游离在外"："局外人"的一般状态

常常被达誉生和金多多用来形容自己被隔离在美国社交圈子之外的一
个词语是"游离在外"，这个词语非常贴切地描述了这些中国留学生在美
国最初几个月的境况。即使达誉生努力尝试在校园中接近美国同学，他仍
然感到"我们常常游离于他们之外。没有人注意你。你确实有充分的'自
由'，但是你经常游离于美国学生之外"。即使金多多应邀参加了一个美国
家庭的晚餐宴会，他仍然感到大部分时间自己游离于晚会的中心之外："这
和到一个中国的普通家庭里做客很不一样。我经常感到自己游离出谈话的
中心。甚至当我们坐在一起时，我也可以感到和他们之间有隔阂。有时候
他们会有意把话题集中到你身上，或者你偶尔也会参加到他们的讨论之中
去，但是，只要稍不留意，你就会游离出来。"

这种稍不留意就会从谈话或注意的中心"游离"出去的感觉，几乎所
有与美国人接触的中国留学生都有。尤其是在美国人讲笑话的时候，这种
情况更是经常发生：

> 对我来说，这种场合最尴尬。我不知道他们在笑什么，我即使
> 听懂了他们的笑话，也觉得没有什么好笑的。他们的笑话没有感染
> 我，我也不知道他们为什么发笑。在这种场合你最容易游离出他们
> 谈话的中心。我感到很尴尬，因为我不愿意装作听懂了这个笑话，
> 和他们一起笑。但我又不能面无表情地呆坐在那里。（金多多语）

当老师在课堂上开玩笑的时候，董文也有类似被排斥在外的感觉："他们很
喜欢讲笑话，美国老师在课堂上也经常讲笑话。每当老师讲笑话的时候，

美国学生会哄堂大笑，在这里生活了多年的外国学生也会跟着笑。但是我们这些人却像木头似的坐在那里，不知所云。"在美国进行的第一次访谈中，马国强在介绍了自己用英语交流的困难之后告诉我："最痛苦的事情就是……。你读过中文《读者文摘》吗？上面有一篇文章说，中国学生在美国除了学会在他们并不想笑的时候如何自然地笑以外，再没有学到别的什么东西了。"他把这篇文章所描述的情况与自己的经历做了一个类比：

> 我也有同样的感受。我们班上有一个美国佬在英语课上讲话特别快，而且喜欢讲笑话。他讲笑话的时候就是我们最难堪的时候。我们觉得也没有什么好笑的。其他人都在哈哈大笑，而我们却坐在那里不知所措地看着他。……后来我们就不是这个样子了。他再讲笑话的时候，我们也跟着笑。这倒不是因为我们觉得他的笑话好笑，而是我们觉得他这个人看起来挺逗的。

中国留学生之所以不能理解美国人的笑话，是因为不同的文化中有不同的幽默感。"通常我们不能理解他们的笑话，因为我们的幽默感与他们的不同。他们觉得很多事情都可笑，但是我们却觉得那没有什么可笑的。……幽默依赖于个人的文化背景，……比如，有时候他们讲一个滑稽的双关语，我们却因为缺少背景知识而没有办法理解。"（马国强语）一种幽默感的培养往往需要一个人长期扎根于一种文化，或需要其在这种文化氛围中生活许多年。而对于一个"局外人"来说，也许需要花很长的时间来向当地人学习，才能品味出那些笑语中所隐含的细微语义差别。我所调查的这些中国留学生到达美国才几个月，因此他们面对美国式幽默当然只好"呆若木鸡"了。

对美国人的生活习惯缺乏了解，也是造成中国留学生"游离"于美国文化之外的一个原因。高莉在访谈中谈到了由于自己的"无知"，她在与美国人交往时往往不知道如何作答的窘态：

在这里我们两眼一抹黑。学习之余我们不知道该去哪儿。我们不知道怎么和他们交谈。当他们谈论某一部电影的时候，我常常一无所知。来这以后我还没有看过电影。如果他们谈论滑雪之类的，我又听不懂他们说的一些术语，比如滑雪靴之类的东西，所以，我不知道该说些什么。

有时即使是生活中最简单的行为，中国留学生也发现美国人具有不同的处理方式，比如打喷嚏、打嗝和擤鼻涕。美国人认为打喷嚏是不礼貌的行为，而打嗝和擤鼻涕却无可厚非。因此，每当他们在公众场合打一个喷嚏之后，一定要说一声"对不起"，而他们大声地、长时间地当众擤鼻涕之后，却不必做任何礼节上的修补。这在中国留学生看来实在是不可理解。中国人认为打喷嚏是个人不能控制的行为，不必当众道歉；而擤鼻涕可以自我控制，起码可以控制声响，或者避开公众的耳目。可是，虽然他们对这种文化规范不理解，他们还是不得不学着这么做。"每次打完一个喷嚏，我都得说一句'I'm sorry!'（对不起），这就是这里的规范。你不习惯也得这么做，"高莉无可奈何地笑着说。

我所调查的学生在中国都享有较高的社会地位，属于知识分子阶层。而来到美国以后，他们却经常感到被人"忽视"，一不小心就滑到了社会的边缘。这种待遇是他们在中国时始料不及的，因此不论是在理智上还是在情感上他们都很难接受。总结起来，他们认为，造成这种状况的主观原因是他们自己英语不够熟练，缺乏对美国幽默的欣赏能力以及对美国社会风俗习惯不了解；客观原因包括交流双方文化背景存在差异以及美国同伴对他们的需求和能力缺乏理解。

第二节　"圈子"：人际范围的界定

中国留学生"游离"于美国主流社会之外而成为"局外人"，这与他们在处理人际关系时所持的"圈子"概念有关。"圈子就是有共同点的一群人。"（马国强语）组成圈子的人就是"局内人"，不属于圈子以内的人就是"局外人"。"局外人"很容易脱离圈子的中心，因为他们不知道组成圈子以及圈子运作的规则。有时候出于礼节，一些中国留学生也被邀请参加美国人在圈子内组织的活动，如上面提到的金多多参加的家庭晚会。但是，由于他们并不属于那个圈子，所以他们在圈内活动的时间通常很短，而且很快便从圈子中游离了出来。作为陌生土地上匆匆停留的过客，他们认为美国人才是圈子的局内人，而他们自己却是在圈子外徘徊的边缘人。

在所有被调查的中国留学生中，焦林与美国人接触最频繁，也最密切。但是即使他也仍然感到："我不能进入他们的圈子。并不是我不愿意，而是他们不让我进入。"有一段时间他和美国人交往比较顺利，觉得自己差不多已经走进了他们的生活。然而，过后他又意识到，实际上自己离这个目标还有一段无法缩短的距离。以前和他称兄道弟的美国朋友现在在他面前突然都变得非常有礼貌了：他们和他说话时总是故意放慢速度，好像唯恐他的英文不够好，听不懂他们所说的话。他发现，自己以前以为已经进入了美国人的圈子，这只不过是一种错觉而已。由于他对美国人的真实想法不够了解，他以为他们对他态度十分热情便是接纳他为圈内人了。而现在对美国人的了解有所增加以后，他可以比较清楚地感觉到圈内和圈外的区别了。在美国生活的时间越长，他越能体会到这其中的微妙之处。

当中国留学生与一群而不是一个美国人在一起的时候，他们对圈内和圈外的感受更加强烈。几个美国人在一起时，他们共有的文化背景显得更加突出，在这一情形下一个"局外人"的加入比一对一的场合下更加困难。

> 和单个美国人在一起时我感觉好一些。我可以把他更多地视为一个独立的个体，并且尽量使我自己适应他的谈话方式。但是如果是和几个美国人在一起，我就会感到他们自己有一个圈子。（易立华语）

有一次，易立华参加了系里组织的有几百人参加的野外郊游。为了尽量多地认识一些人，在那次郊游的 6 顿饭中，他每次都尽量争取和不同的同学一起进餐。即使是这样，"我还是感觉就像是在一个没有人的荒漠里一样。我清楚地意识到他们属于他们的圈子，我属于我自己。我当时的情绪非常沮丧"。如果只和一个美国人交谈，他可以适应这个人的谈话风格，并积极参与对话："如果他非常害羞、沉默寡言，我就会问他一些问题，主动与他攀谈。如果他很热情、健谈，我更多的是做一个听众。这样我就能够适应不同性格的人。"但是如果五六个人在一起交谈，"我（就能）清楚地感到他们的文化背景和我的不同。他们之间有共同语言，而我却很难插上话"。

周围有数百人却会产生这么一种"身陷荒漠"的古怪感觉，易立华过后总结有两方面的原因：其一，美国同学说话速度太快；其二，他不熟悉他们谈话的内容，"如果他们谈论一部电影，比如说一部热门影片，而我却没有看过，显然我不可能知道他们在说些什么。再比如他们谈论一些你从来没有听说过的俗语，同样你也会不知所云"。

易立华举这些例子是想表明：文化这一现象非常复杂，不会只用语言这一唯一的手段来表现。一个外国人即使可以流利地讲本地的语言，也依然可能不能理解言辞交流中的文化含义。

除了美国社会的大圈子，中国留学生还注意到校园中的美国人还有一些自己的小圈子。易立华发现，在他所就读的学校中，不同种类的圈子之间有明确的界限。攻读硕士学位的学生有一个圈子，住在同一层楼的学生有一个圈子，甚至那些经常在同一个厨房做饭的人也形成了一个圈子。圈子之外的人往往对圈内发生的事情一无所知。有一些圈子相当势利，对社会等级、学术背景和人际关系十分看重。这种圈子通常由背景相同的人所组成，他们看不起圈子之外的人。在美国的前 6 个月里，易立华非常希望能加入一个美国人的圈子，以便更好地了解他们。为此他也做过一些尝试，包括经常参加学校和系里组织的晚会（尽管他经济上并不宽裕），以及主动提出和美国同学主持学术讲座。可是出于种种原因（包括语言上的障碍、生活习惯不同、某些美国同学傲慢势利等），他始终没有办法进入任何一个圈子。他经常交往的群体仍旧是所在学校的中国留学生。对此他并不满意，但也无可奈何。严华君尝试过与一个美国人和一个日裔美国人组成学习小组，但是后来也被他们"粗暴地拒绝"了。他希望通过进入美国学生的圈子来认识美国人，但最终发现这几乎不可能。在来美之前，他被告诫在美国应该远离中国人，以便早日融入美国的主流文化，可是来到这儿以后他发现这种想法并不现实。

除了美国学生的圈子以外，校园内还有其他类型的圈子，依学生来源不同而有所不同。严华君发现在他的学校里除了美国学生的圈子以外，还有欧洲学生的圈子、日本学生的圈子等。这些圈子之间界限分明，互不来往。他所在的系里只有 3 个中国人，除他之外另外 2 个来自台湾。他们平时对他"彬彬有礼"，但总是保持一定的距离。他曾经提出和他们组成一个学习小组，心想自己和他们都具有中华传统，而且没有语言障碍，彼此之间应该更容易交流。没想到遭到了他们的拒绝，理由是他们自己已经组成了一个学习小组。很显然，他们不想和他联盟。为此，严华君感到十分伤心。由于屡屡遭到学校里其他圈子的排斥，他最终还是只与学校里的中国大陆学生保持来往。

严华君的遭遇表明，中国留学生不仅很难进入美国人的圈子，而且也很难与其他地区的人密切交往。在访谈中，很多中国留学生表达了类似的看法。比如，吴海告诉我："我们系的研究生分成好几个圈子。美国学生是一个圈子，欧洲学生是一个圈子，印度学生参加美国学生的圈子，也许因为他们语言相通。没有人愿意和中国大陆学生组成圈子。"高莉也认为："从中国大陆来的人和其他国家的学生没法组成圈子。中国人的困难最大，而其他国家的人都要容易一些。从中国大陆来的学生最难和别的国家来的学生来往。"

一些中国留学生认为造成以上现象的原因除了文化差异以外，主要还是中国留学生经济拮据。与中国台湾和中国香港的留学生相比，中国大陆的留学生经济非常困难，几乎不可能参加其他圈子的任何社交活动。每当中国大陆的留学生在访谈中提到这一点时，他们脸上都有一种痛苦不堪的表情。他们常常为自己囊中羞涩而深感不安，不得不放弃很多有可能接触美国人的机会：

> 钱是一个重要因素。……我们有很多顾虑。没有什么地方可去。这是一个金钱世界。没有钱什么也干不了。（高莉语）

贫穷不仅限制了这些初来乍到的中国学生进入美国的主流社会，而且也影响了那些在100年前就移居美国的中国人后裔。通过在美的所见所闻，中国留学生们注意到，不仅他们自己，而且其他很多在美的中国人都和美国的主流社会保持着一定的距离。在最后一次的焦点团体座谈中，几位留学生都提到了这一现象以及他们的思考——

吴海：并不是只有我们游离于美国的主流社会之外，以前来的中国移民都是如此。

金多多：要到什么时候我们才能进入他们的圈子呢？

高莉：两种截然不同的文化。欧洲人也许更容易接受这种文化，但是中国人……

吴海：甚至那些在美国出生的中国人也会因为他们较低的社会经济地位而脱离主流……

中国学生在美国产生了一种十分强烈的"局外人"意识，这在某种程度上与他们的民族特性有关。一般来说，中国人具有较强的归属感，对圈内和圈外的界限划分得比较清楚（Hsu, 1981）。中国人特别强调"自己人"和"外人"之间的区别（这一点可以从我所调查的留学生们频繁使用"我们"和"他们"这类对比词汇中得到证实）。中国人的人际关系以个人为中心，组成一个个逐渐向外扩展的同心圆。这些"圈子"既代表了一个个利益共同体，又是一个个感情共生圈（彭泗清，1993）。中国人对"圈子"的划定具有心理上的情境性，圈内的人（即"自己人""自家人"）一般是根据一个特定的要素来认定此时此地的范围的，例如根据姓氏、邻里、口音、学校、工作单位、国籍等来确定同宗、邻居、同乡、同学、同事和同民族的范围。在一定的情境中，中国人可以从这些"圈子"中的人那里获得物质上和精神上的支持（Chu，1985）。大多数中国人对待圈内人和圈外人的态度是很不一样的。通常，他们对圈内人比较热情、诚恳；而对圈外人则比较冷淡、不太关心。

由于存在这种文化理念，中国留学生倾向于把自己和周围的人划分为圈内人和圈外人，并且用不同的标准来衡量不同群体的行为。来到一个陌生的社会以后，他们非常希望进入美国人的圈子，可是在美国这片国土上他们很难和美国人站在同等的位置上交往。如果他们有幸受到当地人的热情接待，并被主动拉入本地人的圈子，他们有可能会逐渐获得一种归属感。然而，不幸的是，美国的"主人们"不但没有做出任何积极的姿态，而且对他们所做的尝试反应消极，这就进一步强化了他们的"局外人"意识。

为了自我保护和在这块新大陆上寻求帮助，我所调查的中国留学生大都将目光转向了自己的中国同胞。他们中有的人与中国的朋友和家人保持密切的通信联系，有的人干脆在美国建立一个由中国人组成的圈子。比如，马国强就与自己来美之前认识的一些中国朋友组成了一个小圈子。他们每天见面，一起工作，一起吃饭，一起玩乐。他认为这种关系比他与美国同学的关系要密切得多："在这里我和中国朋友相处得很好。我们在一起时非常开心，我们都是好朋友。实验室里的那些'鬼子们'根本不能和我的中国朋友相比。我们和'鬼子们'之间几乎没有交往。"董文和吴海在来美一个月后就在自己所在的学校建立了一个中国学生联合会："我们都是中国人，在一个陌生的国家里需要互相帮助和支持。"（董文语）有了自己的组织，这些留学生不但可以团结起来共同对外，而且还可以与其他中国人一起分担困难。

由于许多中国留学生在心理上和现实生活中与国内和当地的中国人保持着更为紧密的联系，他们通常用"外国人"和"老外"来称呼美国人，用"外语"来代表"英语"。例如，在访谈中，高莉说："我和外部世界交往不多，尤其是和外国人。"吴海说："我现在还是生活在中国人的圈子里，还没有进入外国人的圈子。"马国强说："除了见面打个招呼，我从不与实验室里的老外说话。如果说中文的时候有一个老外过来，我们会感到非常别扭，因为我们不得不用外语交谈。"

当他们使用这些词汇时，他们在"外国人"和"本地人"之间进行了一次角色转换。他们自己身在"外国"，在"本地人"眼里，他们自己应该是"外国人"。可是，由于大多数时间都和中国人在一起，他们把这个社交圈子当作了自己基本的活动范围，只是在迫不得已的情况下，才走出自己的圈子与美国人打交道。因此，在这个意义上，其他中国人更像是"本地人"，而美国人对他们来说更像是"外国人"。由于真正的"本地人"并没有如他们所想象的那样"照顾"他们，他们只好在"外国"把自己的同胞看成是"本地人"，从他们那里获得支持和帮助。

虽然在美国与中国人保持密切联系使这些中国学生获得了更多的理解和帮助，但是同时也使他们陷入了一个两难困境。一方面，这种关系加强了他们的乡土意识，代替了他们与国内亲人和朋友的联系，从而使他们在心理上获得了一种稳定和安全感；但另一方面，这块中国人的"飞地"又进一步把这些学生和美国人隔绝开来，减少了他们说英语的机会，妨碍了他们与美国人有效地交往。在某种意义上，他们对安全感和稳定感的需求，恰恰妨碍了他们了解和适应新的文化。随着在美国的时间增加，这些学生自己也逐渐注意到了这种倾向以及这一倾向所带来的后果。在最后一次焦点团体座谈中，他们纷纷各抒己见——

高莉：在美国这样一个竞争残酷的社会里，中国人希望与中国人居住在一起。

吴海：中国人普遍的想法是，如果我不能进入主流文化，那就算了。因为我有自己的圈子，在那里我很舒服。

金多多：这也就是中国城能够存在下去的原因。

吴海：主要是为了自我保护，圈子之间互不干涉。

金多多：对，组成一个圈子来保护自己。

上述谈话反映了这些学生既希望进入美国人的圈子，又拒绝做进一步努力的矛盾心理。通过对其他中国人的心理进行分析，他们也表达了自己由于不得不徘徊于主流圈子之外所感到的困惑和痛苦。一方面，他们非常向往和美国人打成一片，和他们进行深入的交流；而另一方面，他们又害怕受挫，担心"丢面子"，不愿冒险把自己弄得"不舒服"。结果，他们不得不经常在这两者之间心猿意马，徘徊不定。

第三节 "不知所措"："局外人"的基本心态

作为"局外人"，中国留学生对新的文化环境里人们行为的规则和习俗尚不熟悉，因此他们在与周围的人交往时常常感到"不知所措"。他们不知道自己所说的话是否得体，说话的方式是否合适，所做的事情是否合乎规范：

> 我们不知道怎么和外国人交往，尤其是在开始的时候，我们的外语很糟糕。外国人有他们自己的交流方式。如果我们不知道，我们就没有办法跟他们深入交往，而只会客套地说一些"hi"之类的话。（高莉语）

在来美国之前，中国学生都读过或听说过美国人日常交往中的一些禁忌，比如不能问别人的年龄、婚姻状况和收入等等。"所以我不得不小心翼翼地说话，生怕冒犯了他们。和他们说话我感到很不自在。"（严华君语）美国社会的这些禁忌无疑在很大程度上限制了他们的行动，因为在中国谈这些话题并不犯忌讳。来到美国以后，他们一方面丧失了以前用以指导和约束自己行为的中国式规范，而另一方面他们又对美国式规范不太了解。因此，在日常生活中他们常常感到无所适从，举手投足都十分拘谨。

为了在新的文化环境里举止得当，中国留学生们意识到他们必须向"局内人"学习。他们需要了解很多新的"潜规则"，如：什么样的话题可以被美国人接受？在什么情况下可以提起这些话题？用什么方式提起这些话题？谈话时应该如何插话和转换话题？谈话时双方的时空界限在哪里？如何通过适当的交谈方式接近对方？……在寻求答案的过程中，他们尽自己所能做了各种努力，其中一个比较有效的办法就是模仿，即仔细观察"局内人"的行为，然后在自己的行为中复制。易立华在这方面所做的努力，在一定程度上反映了所有我所研究的中国留学生的情况。

片段分析之六

"我必须了解他们的规范"

易立华来到美国以后发现美国人有许多语言和行为方式令他感到不解，比如，"义务"（commit）这个词经常被使用于非常一般、抽象和"奇怪"的场合。诸如"我献身于科学事业"（I'm committed to science.）和"我对女友忠贞不贰"（I'm committed to my girlfriend.）这类在意义上风马牛不相及的句子都可以使用这个词。掌握这种单词的确切含义对他来说非常困难："好像在不同的语言背景下他们都使用同一个单词，非常抽象，也非常简单。"[1] 对于他这么一个来自具有悠久文化传统国度的人来说，他觉得这种用法十分愚蠢："好像美国的文化传统是如此的简单，没有其他更加生动、

---

[1] 易立华对这类词汇感到难以接受，也许有如下几个方面的原因。首先，这类词汇比较抽象，不太容易理解。跨文化交流研究表明，抽象层次高的词汇给交流带来的困难往往比抽象层次低的词汇大。语义学认为抽象层次高的词汇内涵和外延比抽象层次低的词汇大，因此比较容易在意义理解上引起歧义（关世杰，1995）[238]。其次，作为一个中国人，易立华也许如林语堂（1994）[94] 所说的，不喜欢使用抽象的词语："中国人的思想总是停留在有形世界的外围。这使得中国人能对事实更有感受。"中国人对抽象名词十分"厌恶"，经常使用具体形象的词语来代替抽象的词语（林语堂，1994）。

丰富的词汇可用了似的。"可是，为了在美国生存下去，他不得不学习这些规则："美国社会是一个非常讲究规则的社会，每个人做事情都依据一定的规则。如果你遵守这些规则，一切都好办；如果你不遵守规则，你就会陷于尴尬的境地。"而为了避免陷于尴尬，来自不同社会的人们不得不了解美国主流社会的行为规范。"如果你不了解这个地方的规范，你就会有一种压力。这就好像你的一个手指比别的指头长一些，它就会感到压力。如果你和周围其他人的行为都一样，你就不会感到压力，而且会活得很自在。"

为了说明习得本地规范的重要性，易立华对自己生活中的两次迁移做了比较。一次是他从中国的一个南方小城来到首都北京，另一次是从中国来到美国。去北京之前他从没有住过集体宿舍，一直和父母住在一起，衣食住行都有人照顾。来到北京之后，他住在学校的集体宿舍里，没有人照顾他的日常起居。他得自己注意什么时候吃早饭、吃中饭，每个月什么时候买饭票，衣服脏了该怎么办。为了能够独立生活，他必须一切都从头学起：

> 最初的时候我不了解这些规则，因此在做每一件事之前，我都要花时间想一下。在我了解了这些规则之后，它们就成为一种习惯了，就像条件反射一样，十分自然了。你脑子里就像有一个时钟，它会提醒你什么时候应该干什么。来美国之后情况也是这样。在你了解并且掌握了这些规则之后，它们就会成为你生活的一部分。这样，你就会感到很放松了，因为你不必再着急了，你知道该做什么了。

为了进一步说明自己的观点，易立华举了自己适应过程中的一个例子，以说明他逐步了解所住公寓楼内公共活动室里人们交往规则的全过程。1993年5月份我们在美国的第二次访谈就是在这个地方进行的。这个房间是专门为楼内学生社交或休息用的，面积大约有100平方米，房间里有5个沙发和4盏落地灯。当时我和易立华面对面地坐在沙发上，他向我详细讲述了自己了解这个房间里人们交往规则的过程。8个月前，他第一次来到这个房间的时候，感到十分惶惑，甚至不知道应该采取什么样的坐姿：

> 比如，有很多人坐在这个房间里。如果你不了解这里的行为规范，进来以后你会感到很紧张。是该站着还是坐着？应该和别人说话还是保持沉默？是应该和一个人说话还是和每个人都打招呼？应该对别人微笑还是开始谈话？应该把包放在地板上还是放在别的什么地方？是该这么坐着（他坐到沙发扶手上，把脚放在沙发上）还是循规蹈矩地正襟危坐（他坐回到沙发上，脚放在地上，手放在膝盖上）？这一切似乎都应该是不言而喻的。但是在开始的时候我对这一切都不了解。因此，我进到这个屋子里总是感到很不自在。

后来，他又到这个房间里来过几次。每次他都用心观察别人的言行举止，特别是他们对他进来以后的反应。通过几次细致的观察，他对自己应该怎么做有把握多了："现在我知道，如果在我进来的时候有人坐在这里，只要我觉得舒服，我可以这么坐着（把脚放在沙发上）。美国人不会感到吃惊的。他们也经常这么坐着，把脚放在沙发上。虽然这个坐姿不太雅观，但他们认为这很自然。"

起初他感到不知所措的一个原因，是他担心自己的出现会使房间里的其他人感到不愉快："我感到不自然，因为我认为他们见到我会不自然。"后来，他注意到："他们根本不会因为我是一个外国人而感到不自然，只不过多一个人而已。"无论什么时候他进来或出去，他们都不与他打招呼。"他们并不注意谁进来了，谁出去了。如果高兴的话，他们会凑在一起交谈。如果不高兴了，他们就独自看自己的书。谁进来都一样。他们进进出出随便得很，就好像这儿没有人一样。后来我也就跟着这么做了。"于是他得出一个结论："在了解了这些规则以后，你会觉得非常轻松。这些规则会内化为你生活的一部分。你不必考虑这个时候应该做什么，那个时候应该做什么。自然而然你就会做了。"规则的内化减轻了他的紧张情绪，并且让他把注意力集中到更加重要的事情上面："你不必一天到晚担心怎么与他们相处了，你可以更加集中精力学习。"

　　易立华上面这段话涉及了许多跨文化交流方面的问题。首先，他注意到中国人和美国人在公众场合的行为表现不尽相同。由于中国人的人际关系比较固定，大都是"先赋性"关系，因此人们彼此交往的模式也比较固定（杨宜音，1995）。在学校这种集体活动的地方，人际交往一般遵循群体规范，校园内的活动往往有特定的目的和内容，参与者必须遵守同一规则（Whyte，1974，1979）。而易立华所描述的公共活动室的交往模式对他来说是十分陌生的。美国人的人际关系以"获致性"为主，个人可以选择与人交往的方式，关系比较松散。因此，在活动室里，人际交往的规范比较个人化，个人可以自己选择和别人聊天，独自看书，也可以打瞌睡。人们的活动基本上以个人兴趣为主，没有集体统一的规则。因此，易立华不仅要弄清楚这里的规则，而且要改变自己原有的习惯来适应新的环境。

　　另外，易立华还注意到，公共活动室内人们的体态语与他所习惯的也很不一样。中国人一般对公共场合的体态语有一定的要求，所谓"坐有坐相、站有站相"，理想的状态应该是"立如松、睡如弓、行如风、坐如钟"，懒散的姿态被认为是"没有教养、举止粗俗"的表现。而在这个公共活动室里，易立华发现人们的体态姿势非常随便，有的人竟大大咧咧地将双脚放在沙发扶手上。此外，根据他原有的习惯，走进房间时不和别人打招呼也是既别扭又不礼貌的行为。可是，经过观察，他发现没有人对他的进出表示关注。美国社会比较重视个人的感觉，对公共场合个人形态动作的要求没有中国那么严格；美国人主要考虑的是个人的舒适感，而不是某种外在的社会规范。特别是易立华所在的地方是一个休息室，不是正规的社交场合，因此规范又更加随意一些。

　　尽管易立华通过模仿已经基本适应了公共休息室的规范，但是对大部分中国留学生来说，美国社会过分注重个人活动自由的倾向仍旧让他们不习惯。我曾经读过一个留美中国学生的故事（许龙根，1985），其中便谈到了这一点。这个学生来美国之前认为自己很散漫，不喜欢参加集体活动。

然而，来到美国以后，他却发现自己最不习惯的是学校里没有有组织的集体活动："没有集体活动令我很烦恼。"如果本来不喜欢集体活动的中国学生来到美国以后都感到不适，那么不难想象那些本来就喜欢集体活动的人来到美国以后有多么失望了。我所调查的大部分中国学生毫无疑问属于这一类人，而我自己也在此列。

虽然在美国留学时我参加了许多美国人组织的聚会，但是我从来没有尽情地享受过这些活动。我仍旧非常怀念在中国的聚会，人们为了某个确定的目的聚在一起，或唱歌、跳舞、做游戏，或讨论哲学、政治和人生问题[①]。在美国的聚会中，我常常感到在人群中迷失了自己。我不得不四处走动，向陌生人介绍自己，重复我的姓名、职业和国籍（大概是我的外表所致，总有人问我这样的问题）。在这种场合，我没有任何归属感。当然，这种聚会很自由，个人可以在任何时候到达或离开，可以选择与人交谈或保持沉默，也可以选择与某些人交谈而不和另外一些人交谈。可是，由于我对这种形式不习惯，在聚会中往往不知所措。有时候聚会完毕，我还不知道主人是谁，也不知道到会的都是一些什么人。"这不和到大街上随便抓一个人聊聊天差不多吗？我为什么要到这里来参加这个聚会呢？我为什么要和这些人瞎聊呢？"我常常这样问自己。我想，我所调查的中国学生在这方面也有同感。由于不了解（而且不习惯）美国校园内松散的人际交往方式，我们不得不重新学习这里的规范。

第四节 "不安定"和"不安全"：
"局外人"眼中的外部世界

由于中国留学生对美国的社会环境不甚了解，他们中很多人来到美国

---

① 不过，我不得不承认，自从 1995 年回到中国后，我发现人们（起码是大多数北京人）的生活方式已经发生了很大的变化。由于电话的基本普及，现在我与朋友之间相互联络比 1988 年以前要容易得多了，但是我们聚会的机会却远远少于从前。

以后都有"不安定"和"不安全"的感觉。"刚到这里时，我有一种不安定感。我不知道会发生什么事情。"（易立华语）"我觉得这个地方一点也不适合我。天黑后我们只能待在家里。没有一点安全感，……没有人会告诉你将来会是什么样子。"（达誉生语）他们的"不安定"感既有心理上的原因也有客观现实的原因。从心理上讲，他们离开了自己熟悉的文化环境，失去了以前怡然自得的归属感和家园感，现在处于异文化之中，情感上得不到足够的支持。从客观现实来看，他们没有稳定的工作或舒适的家庭环境，得不到学校或邻里足够的关心和帮助。

而"不安全"对他们来说则意味着在美国生活存在着现实的危险性，严重的社会问题（如高犯罪率和种族冲突）时刻威胁着人们的生命安全。对他们来说，美国不仅存在着一些社会问题和制度上的弊端，而且在人际交往方面也"人心叵测"：

> 在美国生活并不安全。这是一个开放的社会，但人们的心却是关闭的。如果你打算去拜访某人，你必须事先打电话预约。到那儿之后你也不能径直闯入，你必须先按门铃。双方都很警觉，都十分小心。（严华君语）

严华君的这番话揭示了美国社会的一种矛盾现象。一方面，这是一个开放的社会，人人都有言论和行动的自由；而另一方面，由于害怕他人，这里的每个人都把自己封闭了起来。我曾经听到不少中国同学抱怨说他们在美国从来没有接待过"不速之客"，因此也从来没有过意外的惊喜。

对外面世界的恐惧另一方面也来源于他们以前对美国种族关系的了解。虽然他们和美国的黑人并没有密切的个人交往，但他们还是讨厌在街上看到"贫穷而没有教养的黑人"。马国强告诉我，他第一次去市中心时被那里的景象惊呆了：

马国强：这是我到这里 8 个月以来最不愉快的一次经历。那天我去市中心给一个朋友取护照。到那儿时，满眼都是黑人。他们衣着邋遢，在那里四处游荡。天啊，我真是怕极了。从那以后我再也没有去过那里。这是一次非常令人不快的经历。为什么会有这么多穷人？这么多黑人？这使我很不舒服。

我：这是一种什么样的感觉？

马国强：很不安全！那些穷人的衣服破烂不堪，臭气熏天。他们是一群无家可归的人。你如果走近他们，会担心他们抢劫你。这种感觉……，我感觉很不舒服，……很不安全。不论什么时候见到黑人，我都觉得不舒服。

我：校园里不是也有黑人吗？

马国强：学校里的黑人受过教育。而那些黑人没有钱。他们的两只眼睛发出贪婪的目光（他双眼直愣愣地盯着我，眼里冒出一股凶光）。……有人靠近我，我就和他保持一定的距离。我害怕接近他们。他们也许会无缘无故地伤害你。

马国强接着讲了一个故事来证明他的担心并不是多余的。一天，他的一个中国"哥们儿"在街上碰到一个黑人，那个黑人手里拿着一只酒瓶。就在这"哥们儿"经过他身边时，酒瓶掉到了地上。那个黑人马上揪住这"哥们儿"，说是他碰掉了自己的葡萄酒，要他赔20美元。这"哥们儿"明明知道酒瓶里装的是水，不是葡萄酒，可是有口难辩，只好将身上仅有的10美元全给了他。为了自己的安全，他不得不忍气吞声，自认倒霉。由此，马国强认为，在美国缺少安全感的一个原因是这里各种人混杂在一起，种族关系十分复杂。在中国则安全多了，因为"那里所有的人都是黄皮肤，都是汉族人。即使各地方言不同，如果你不说话，谁知道你是从哪里来的？差别毕竟不是那么明显"。在美国，无论你走到哪里，你的外表就说明了一切："无论你走到哪里，你都显得很特别。但是在中国，在哪儿也没人注意你。人人都一样。"

马国强认为在美国缺少安全感的另一个原因是黑人比其他人更危险：

"如果我遇到一个白人，我不会担心出问题；但是如果我遇到的是一个黑人，我就得提高警惕。"说到这里，他似乎意识到自己对美国的种族问题存在偏见，马上补充说："当然这是一种偏见，但我宁愿抱有这种偏见。"像其他中国留学生一样，马国强以前从来没有到过美国，他对美国文化的了解主要是从各种传播媒介上获得的。事实上，我在中国和美国遇到的大多数中国人都对黑人抱有这种偏见。他们和黑人没有任何个人接触，但是都或多或少地认为他们行动迟钝、懒散，而且好打架斗殴。有学者对我国台湾的一些大学生进行了调查，发现他们也对美国的黑人存在着严重的定型观念（彭 等，1990）[205-206]。他们对黑人的评价用的几乎全部是贬义词：愚蠢、肮脏、迟钝、懒惰、无抱负和粗野。我所调查的一些中国留学生是在进入美国学校就读或与黑人一起工作后才开始认识到自己的这种偏见的。例如，董文最初来美国时，只要有黑人靠近他就怕得要命。后来，他发现学校里的黑人"既友善又文雅"。"他们也是和我们一样的人"，他在最后一次访谈时说，宽慰的笑容里隐隐露出一丝歉疚。

　　马国强和董文的经历使我想起另外一位中国留学生的故事，这个故事说明中国留学生的种族态度通常随着时间的流逝而有所改变。这位中国留学生到达美国几个星期后的一天，看见他的白人室友和一个黑人姑娘站在院子里聊了很久。为此，他感到迷惑不解。"你为什么和那个黑人女孩聊那么长时间？"后来他问室友。"她非常漂亮，"室友回答说。"你是说黑人姑娘也会很漂亮？"他非常吃惊地问。一年后，当他对我讲述这个故事时，他显得十分内疚："我无法想象当时自己抱有多么深的种族偏见，这种偏见使我对黑人的优点视而不见。"①

　　如果说中国留学生与黑人的紧张关系表现得比较明显和直接的话，那么相比之下他们与白人的冲突就显得要微妙和隐蔽一些。在访谈中，一些中国学生含糊地说道："也许这里的美国人潜意识里抱有某种种族歧视。我

---

① 我意识到这个故事有性别歧视的味道，好像这位白人男子和黑人女孩聊天就是因为她长得漂亮。我引用这个故事的原意只是想说明中国留学生中普遍存在种族歧视的倾向，而他们在美国与其他民族的人交往可以逐渐减少他们这方面的偏见。

很难说清楚，但是我有这种感觉。"他们似乎感受到了某些白人微妙的种
族歧视态度，但无法用语言确切地表达出来。"我不知道自己是不是受到了
白人的歧视。有时候你处于困境，但你却不知道这是否和你的种族有关，
是否和你是中国人有关。"（马国强语）因为很少与美国人接触，他们无法
确认这种歧视是否存在。"每一次和他们接触的时间都很短。即使他们歧
视你，要了解这种歧视也是非常困难的，因为你和他们的接触太有限了。"
（吴海语）马国强和吴海与美国人交往不多，因此对种族歧视的感受不太明
确。而那些与美国人接触较多的中国学生对这一点的感受似乎要强烈一些。
焦林在谈到自己与美国同学交流存在困难时说：

> 我感到在这儿受人歧视。……没有人指着你的鼻子对你说"黄
> 种人愚蠢"。这种事从没有发生过，但是有时候沉默便说明了一切。
> 他们忽视你。虽然他们很有礼貌，但是骨子里他们看不起你。我不
> 知道其他中国人是怎么看待这种事的，也不知道他们是怎么克服这
> 种感觉的。这个问题我想得越多，就越觉得难受。

达誉生认为美国人潜意识里的种族歧视是中国学生进入美国人圈子的
一大障碍："从中国大陆来的人感到即使他的英语无可挑剔，他的肤色和头
发也是没法改变的。他还是没有办法进入美国人的圈子。当然，有时候美
国人什么也没说，但是一个手势、一个眼神就足以表明他们对你的轻视。"
由于在美国感到不安全，一些中国留学生开始对美国式的民主感到失
望。马国强在访谈时义愤填膺地说：

> 这种社会制度并不好。……如果这就是民主给我们带来的成
> 果，我宁愿放弃它（大笑）。在这里日常生活都没有安全感。当然，
> 在中国也有歹徒和坏蛋，但你不必每天担心碰到这些人。

在中国留学生看来，美国虽然经济发达，但穷人和富人之间的差距却

令人瞠目结舌："这里为什么会有这么多穷人？"（马国强语）民主似乎并没有给这个国家的民众带来平等和安全，反而扩大了贫富差距。来美之后，许多中国留学生才意识到，以前中国政府披露的许多美国社会的问题确实存在。与中国相比，其实美国社会更不安全：

> 在这里我感到很不安全。即使在这里有稳定的收入，我也没有在中国的那种安全感。换句话说，在中国即使生病或者遇到意外的灾难，我也有安全感。这就是我在国内的一般感受，就好像无论发生什么事情，我都可以回家去说。（马国强语）

对马国强来说，安全感是建立在对环境的熟悉以及与家人的情感联系之上的。即使美国有比较"民主"的制度，但是如果对美国不熟悉，得不到其他人情感上的支持，他也会感到不安全。因此，从这个意义上来说，安全感更多的是一种个人感受。

中国留学生在美国所体会到的安全感除了受制于周围的环境和人以外，还与美国的社会制度有关：

> 在这里，除了学习，我们每天还要为住房和工作操心。在中国，有人会帮助你处理这些事情，你的生活很稳定。中国人的收入很低，但是中国人对生活的期望和要求不高。我们生活得很舒适。你不需要每天都过奢侈的生活，对不对？中国人希望在没有压力的情况下生活。（达誉生语）

在中国，虽然人们普遍生活水平比较低，但是人们对物质条件的要求也不高。① 中国实行的是社会主义制度，政府会满足他们的基本生活需要。而在美国，他们不得不自己操心生活中的一切事情，因此心理上的压力非常大。对他们来说，在美国生存下来是第一需要，因此没有多余的时间和精力参加社交活动。

> 我不得不考虑如何在这里活下去，怎么赚钱，怎么在学期末转专业，怎么熟悉新环境、接受新知识，等等。因此，我感到压力很大，不能无忧无虑地去交朋友。而在中国，我可以自由自在地交朋友。在这里非常困难。（金多多语）

由于在美国生存的外部压力特别大，这些压力在某种程度上抑制了他们内心对人际交往的需求。在我们最后一次的焦点团体座谈中，一些学生进一步阐述了这一点。

吴海：我们不得不为穿衣、吃饭、住房和交通操心，没有空闲来考虑其他事情。在中国，我们没有这些烦恼。

高莉：我们在这里只是暂时的过客，我们的生活中存在很多外部环境的压力。

吴海：如果你不是这里的公民，找工作会很困难。在中国就没有这种问题。现在中国进行经济改革了，如果你不喜欢这个工作，你可以去找另一个单位。在这里，你不可能这么做。这里的社会制度限制我们自由地找

---

① 这使我想到辜鸿铭在《中国人的精神》中所说的一句话："真正的中国人，我说，他是一笔文明的财富，是因为他作为一个人，只花销这个世界上极少或几乎不花费什么，就能规规矩矩就身秩序。"（辜鸿铭，1996）²⁵ 虽然现在距他说这番话已有 81 年了，这期间"中国人的精神"已经发生了很大的变化，但是我认为，与世界上许多国家相比，中国人仍旧保持了勤俭朴素、知足常乐的民族性格。林语堂对"真正的中国人"也表达了类似的看法："他对宇宙万物和自己都十分满意；他财产不多，情感却不少；他有自己的情趣，富有生活的经验和世俗的智慧，却又非常幼稚；他有满腔激情，而表面上又对外部世界无动于衷；他有一种愤世嫉俗般的满足，一种明智的无为；他热爱简朴而舒适的物质生活。"（林语堂，1994）³¹⁵

工作。

金多多：作为只有 J-1 签证的访问学者，我们没有安全感。我们不知道能在这里待多久，一切都依赖于科研项目的进度。没有人知道项目的安排，你得看老板的脸色行事。如果他认为你应该留下来，你就可以留下来；否则，你只好立刻走人。如果你还想在美国留下来，就要找其他的工作。有时候你不得不放弃你的护照和签证。很烦人，没有安全感。

这些学生在此提到了"自由"和安全、社会控制和社会安定这两对矛盾之间的关系。像美国这样的民主社会虽然比较"自由"，但是国民一般没有很强的安全感和安定感。比较宽松的社会控制和相对较少的道德说教使个人的潜力得到了较大的发展，但同时也使人性中潜在的恶比较容易释放出来，造成对社会的威胁。此外，自由宽松的社会环境为个人独立发展提供了比较多的机会，但是频繁的职业流动也给个人带来了很大的精神压力。相比之下，在中国个人行为受到的社会约束比较大，然而由于社会主义制度能够满足国民的基本需求，因此人们的精神状态反而比较放松。中国留学生们显然已经通过自己的亲身经历体会了马克斯·韦伯所指出的现代西方世界中一个最明显的悖论——"形式的合理性与实质的非理性"，这种悖论导致了现代西方社会"不合理的生活方式的合理化"（苏国勋，1987）。

除了上述政治制度方面的差异，我认为，中国人相对稳定的情绪还来源于他们在人际交往中获得的情感支持。中国人在日常生活和工作中通常与周围的人保持比较密切的联系，除了血缘关系以外，还十分重视许多其他的关系，如同乡、同事、同学和与老师的关系。个人在家庭、邻里、工作单位以及学校里形成的这些关系，组成了一张巨大的人际关系网，为个人提供了一种安全保护。当个人不幸从高处往下落时，起码有这张网在底下将其接住。而现在，中国留学生们来到美国以后，失去了这样一张人际安全网，因此感到特别的"不安全"和"不安定"。他们在美国"举目无亲""人生地不熟"，是社会主流之外的"局外人"，即使没有以上他们所谈到的社会问题，他们也会很自然地产生"不安定"和"不安全"的感觉。

第五节 "孤独"和"想家":
"局外人"的内心世界

作为"局外人",中国留学生在美国除了感到"不安全"和"不安定"外,还产生了强烈的"孤独"感。"我们感到很孤独,因为我们离开了中国的老朋友,在美国又还没有交上新朋友。"(焦林语)高莉在第一次访谈中所描绘的孤独感可以说代表了所有初来美国的中国留学生们的内心感受:

> 有时候,因为许多事情都不顺利,我感到很孤独。我不知道孤独的滋味是什么样子的,但是当我感到孤独的时候,我什么事情也干不了。我不知道其他人有什么感受,我是有一种失落感的。事实上,人是以个体形式存在的,但孤独却是一种状态,……很难对付。你感到没有人来帮助你,当然并不是真的没有人来帮助你,但你确实感到孤立无援。你对未来失去了希望,感到前途渺茫,好像无路可走,于是你感到孤独,……好像走入了死胡同。

尽管她经常独自一人,而且感到非常孤独,可是犹如"走入了死胡同"的失落感和绝望的心情使得她不愿意和任何人交往:"有一段时间我的情绪很低落,不愿意和任何人来往。于是我常常独自一人,……不愿意看见任何人。"当她感到实在无法忍受下去的时候,就会给几个中国朋友打打电话。除此之外,她就总是把自己关在房间里:"我不知道,如果和其他人说说话,我的情绪是不是会好一些。但那时候我真的不想见任何人,也不愿和任何人说话。"

如果说高莉的孤独感在很大程度上是一种心理状态的话,那么达誉生的孤独感则表现得更为直观一些。他不得不常常强迫自己做一些事情,以"拂去"那因远离家乡而常来烦扰的"东西":

> 夜深人静的时候,你会有什么感觉?我不知道。也许在异国他

乡你还没有过孤独的感受。这种孤独感和在故乡的孤独感是两回
事。……我们只好竭尽全力找一些事情做，通过工作来忘记一些烦
恼。这样，时间会过得快一些。但是夜深人静的时候，那种感觉、
那种无形的烦恼就会萦绕在你心头。

这种"无形的烦恼"在中国留学生心中是如此强烈，以至于我在听达
誉生讲述时，也能感到他内心的烦闷和绝望。他甚至对我也有一种抵触情
绪，好像我在故意装蒜，问他这样一个不言而喻的问题："你感到在这里生
活得怎样？"

我们刚到这里不久，生活在一个完全不同的环境里。一切都变
了，和中国完全不一样。你可以想一想，我们自己要考虑衣食起居
所有的问题。……（沉默）。你回到家，可以和你的家人聊天，时间
过得很快。而我回到家，却只有我一个人，感到很孤独。你想想，
一个中年人来到一个陌生的国家，外语又不太好，生活方式完全改
变了。你想想，在这种情况下他的生活会是什么样子？！

由于大多数中国学生独自生活，没有家人陪伴，因此他们很容易感到
孤独。更糟糕的是，他们在孤独的时候没有地方可以诉说。在下面的对话
中，吴海谈到了自己在面对孤独时是多么的"无能为力"：

吴海：有时我独自一人在家，家里没有信来，所有的中国同学都很忙，
也没有什么好看的电视。这时我往往感到特别烦躁。一个人在这里待着令
我感到窒息，书也读不进去，感到特别的孤独。我知道自己应该出去走走，
看看风景，或者和什么人聊聊天。我这种感觉特别强烈。
我：那么你都做什么了？
吴海：什么也没做，听之任之。
我：后来呢？

吴海：后来只好上街去逛商店。我不想看书，电视也没劲，没有其他地方可去，所有的同学都在忙，也没办法和他们联系，只好一个人出去走走。

吴海、高莉和达誉生以上谈到的是因为没有人说话而感到的"孤独"，而另外一些中国学生则因为不能在他们所希望的思想层次上与人交流而感到孤独。这是一种更深层次上的孤独，是人在寻求精神共鸣失败以后的一种痛苦。金多多说，他之所以感到孤独就是因为自己是一个"局外人"，不能如愿地与美国人在精神层面上进行交流。刚到美国时，他非常"希望了解他们，与他们接近，表达自己的内心思想，与他们获得感情上的共鸣"。但是他的努力在几经周折以后总是以失败而告终。虽然他现在依然抱有一线希望，但是"这种希望是遭受挫折后的希望，一种遭遇挫折后的失落感。既没有完全绝望，也没有抱太大希望。因为我不能准确表达我的思想，也没有办法理解他们，所以我感到非常孤独"。

由于经常感到"孤独"而又无人诉说，我所调查的大部分中国学生都表达了一种强烈的思乡之情。"现在我远离家乡。有时候我很想家，有时候又很孤独……总是孤独……真没有办法……"（董文语）达誉生离开他的妻子和女儿独自一人来到了美国。他悄悄告诉我："说真的，我在国内的生活比在这里好得多。如果你让我现在就走，我会高兴死的，……我一点也不喜欢这个地方。"即使他现在与两个中国人住在一起，"这和在自己家里还是两码事。一个人在这里待着，就会特别想家。如果我们几个中国人一起谈论这个，想家的情绪会更加强烈。和其他单身汉住在一起无济于事"。当回答我的问题"你来美国以后最愉快的经历是什么"时，他回答说："收到家里的来信时我最高兴，没有收到信我就特别烦闷。"对达誉生来说，与在美国生活的人们交往并不使他感到特别高兴，只有与国内的家人保持联系才能给予他感情上的支持。由于他现在远离故土，家庭的支持比其他任何时候都显得更为重要。在我们第一次访谈结束的时候，达誉生便向我详细地询问了在哪里能买到便宜的礼物，以便回国后送给他的家人和朋友。在到达美国后的第 3 个月他就已经开始认真考虑 9 个月以后回家的行程和购物计划了。

对一些中国留学生来说，他们是在离开家之后才开始意识到家的可贵的。金多多离开了自己的妻子和 3 岁的儿子，独自来到美国。他告诉我，在来美国之前，他对自己的家庭生活很满意，"但是那种感受没有现在这么强烈。现在我对家庭的感受更加深切和具体了。家庭是生活的真谛所在"。来到美国以后他才认识到家庭曾给予他多么强大的感情支持。"现在我离开了家庭，离开了那个熟悉的环境，我感到很难过。"他觉得自己现在患有"轻度的抑郁症"，主要是因为大多数时间他都待在自己的房间里，不像以前那样经常出去和朋友交往。"抑郁症的一个表现就是社交活动减少，即使个人自我感觉还不错，"金大夫神情严肃地对我说。

我所调查的很多中国学生来到美国以后比在中国时更看重他们的家庭，因此，当他们看到其他一些中国学生在美国的生活情况时着实"吃了一惊"。在美国的大部分中国留学生经济都比较拮据，加上生活流动性大，对自己家的布置都比较随便。很多人只是从街上捡几件旧家具，或者从已经搬走的其他中国同学那里"过继"一点衣被对付一下日常生活。因此，这些人的家看起来大都破败不堪，里面没有一件像样的家具。达誉生在观察了波士顿地区一些中国学生的家庭后，心情十分沉重。百感交集之余，他对在美国居住的人们心目中"家"①的概念提出了质疑：

> 我觉得他们没有家的概念。我所说的家是中文里家的意思。在中国，如果一谈到家，一定包括家具和其他物品，对不对？家应该看起来像一个家。在这里，你已经看到了，根本不是这么一回事。你不知道什么时候就得搬走，因此，你没有原来那种家的概念。任何东西都是凑合着用，因为这儿的人总在不断地搬家，到处流浪。

---

① 有趣的是，中文里的"家"这一词既指一个人的"住所"（home），也指"家庭成员的总和"（family）。

中国学生在美国经常搬迁，一般不会花太多时间和精力去建立一个稳定的家。美国的住房市场变幻莫测，在其他地方随时可以找到更加便宜的住房。此外，如果他们在其他地方找到了一份更好的工作，马上就得举家搬迁。因此，追求更好的个人发展机会（包括挣钱的机会）使得他们传统的"家"的观念变得淡漠了。

即使很多中国留学生在美国生活贫穷拮据、动荡不安，没有一个稳定的"家"，他们也愿意长期留在美国。达誉生对此大感不解："我不能理解为什么这些学生愿意留在美国。他们在这儿并没有一个真正稳定的家。我真的不理解你在追求什么。你说你追求生活的意义，但是我却发现你每天都那么凑合地活着。这是何苦呢？"

一些留学生发现，不仅很多中国学生没有真正的家，他们的一些美国老师和同学也没有家。高莉对此发现感慨道："在我周围的许多人没有家庭生活。我的导师就是单身，他们没有考虑过家庭生活。我认为这种生活太可怕了。从人情的角度来看，这样的科学家是非常可悲的，生活对他们太残酷了。我真的不喜欢这种生活。"美国社会激烈的竞争和个人对事业的追求剥夺了许多人正常的家庭生活，而中国留学生仍旧比较看重家庭的实际作用和象征意义，对自己看到的情形极为震惊。

这些中国留学生对家庭的眷恋和重视，得到了一些研究文献的证实。有研究表明，中国学生来美之后的思乡之情比其他国家的留学生更加强烈，而且这种乡愁更多地影响了他们在美国的生活（Perkins，1977）。他们十分留恋中国国内"和谐温暖的家庭生活"和"家庭成员之间亲密的关系"，而对美国日益破裂的家庭结构和家庭内松散的关系感到很不满意（Chang，1972）。

从文化的角度看，中国留学生对家庭的重视与他们的自我建构和文化传统也有关系。中国人的"自我"不是一个独立的个体，而是与其家庭密不可分的"家我"（family-oriented self）（杨宜音，1995）。个体的"自我"概念不仅包括自己，而且包括对自己在家中相对位置的意识以及家中其他的成员。因此，中国人在心理上对家有一种难舍难分之情。一旦离开了家，他们就会有"背井离乡""举目无亲"的感觉。中国传统文化十分重视家族的存在和发展，家庭在实质上是社会的雏形（Mei，1967）。中国人的家庭不仅是社会结构的基础（家国同构），而且是儒家伦理的出发点和人际关系的基础（翟学伟，1993）。儒家五种人伦关系（臣君、父子、兄弟、夫妇和朋友）中，就有三种直接与家庭成员有关，而君臣关系和朋友关系在实质上是父子关系和兄弟关系的延伸。家庭关系不仅反映的是家庭成员中个人的关系，而且代表了中国社会中所有的人际关系，一个人的家庭关系体现了个人的价值取向和道德规范。

"中国人明确认为：人生的真谛在于享受淳朴的生活，尤其是家庭生活的欢乐和社会诸关系的和睦。……幸福首先应在家里找到。确实，家在我看来，是中国人文主义的象征。"（林语堂，1994）[110, 117] 中国人理想的幸福不是西方人所重视的施展个人才能，而在于享受简朴的田园生活，求得各种社会关系（特别是家庭关系）的和谐。事实上，现代中国人所使用的"社会"一词在古代中国人的思想中是不存在的。"在儒家的社会与政治哲学中，我们看到了由'家'向'国'的直接过渡，这是人类组织形式的两个连续阶段。"（林语堂，1994）[177] "修身、齐家、治国、平天下"是中国传统知识分子的座右铭，中国人概念中最接近现代西方舶来品的"社会"这个词的本土词语是"国家"，即"国"与"家"之和。因此，中国人对自己的家实在是非常非常重视的。

第六节 "自由"与"自在"："局外人"
看法律与存在的关系

在美国经历了"局外人"的生活之后，一些中国留学生开始重新思考"自由"这一概念的意义。在来美国之前，他们像中国其他一些年轻人一样崇拜美国的"自由"。现在他们对美国的现实有了一些了解以后，开始从不同角度来思考"自由"的含义。例如，焦林在谈到自己在这块新大陆上的感受时说：

> 在这里你绝不会感到很轻松。在美国"自由"但不"自在"。

焦林使用的"自由"和"自在"这两个词语，反映了大多数中国学生来美之后的窘境。有意思的是，在中文里，"自由"和"自在"这两个词语中都包含"自"（意指自己）这个字，使得这两个词语在形式、发音和语义上都十分对称。"自由"中的"由"是"随心所欲"的意思，而"自在"中的"在"指的是一种"存在"状态。"自由"是一个法律词汇，指的是个人可以在法律允许的范围内随心所欲地行动；而"自在"却表达的是人与自身或与他人相处时一种轻松自如的状态。为了区别这两个词的内涵和外延，我把"自由"翻译为"freedom"，而把"自在"翻译为"freeness"①。

中国留学生来到美国之后，他们在名义上拥有了法律上的"自由"，但是这种"自由"并没有给他们的生活带来"自在"的感受。即使在美国有很多的"自由"，但是他们并不知道如何享受和运用这种"自由"。作为美国社会的"局外人"，这种"自由"对于他们来说似乎并没有太大的实际意义。正如金多多所说的：

> 如果我们不能自如地运用这里的语言，如果我们和别人交往时总是感到不自在，如果我们没有时间和金钱去做我们想做的事情，那么"自由"对我们又有什么意义呢？

虽然他们现在在美国享有更多的"自由"，但是他们却失去了原来在中国生

---

① 胡适在《自由主义》一文中指出："'自由'在中国古文里的意思是：'由于自己'，就是不由于外力，是'自己作主'。在欧洲文字里，'自由'含有'解放'之意，是从外力制裁之下解放出来，才能'自己作主'。在中国古代思想里，'自由'就等于自然。'自然'是'自己如此'，'自由'是'由于自己'，都有不由于外力拘束的意思。"（胡适，1991b）⁷⁹

活时的自在。来到美国以后他们才意识到：自己以前在中国的生活相当自在。以前他们置身于同一社会环境里，没有比较参照。而现在他们身在异国，可以站在一定的距离之外对自己过去的生活重新进行评价：

> 在中国我的生活很自在，不必为任何事情操心，生活也比较宽裕。我对那里人们的行为规范也很熟悉，我可以和任何人交谈，甚至包括我们单位看门的老头。我可以随时向我的朋友借钱，我们从不计较这种小事。我对那种自在的生活很满意。来到这里以后，我感到很不自在。我说每句话都得小心翼翼。说英语本身就不如说汉语自在，向老师请求帮助也不自在。总之，这里的生活没有国内的自在。（焦林语）

在焦林看来，影响一个人生活自在的因素除了稳定的收入、流利的语言和重要的人际关系以外，还包括对社会准则的了解。他在其他场合也多次强调，在美国生活必须注意"政治正确"。由于对这里人们谈话的禁忌不了解，他稍不小心就有可能犯政治错误，在不合时宜的场合以不合适的方式谈论敏感话题，如种族冲突和性别歧视。从表面上看，在美国似乎有较大的"言论自由"，但是对一个"局外人"来说，谈论政治问题要冒很大的风险，他们不了解美国社会问题的复杂性，也不知道美国人交谈内容和方式中的"游戏规则"。而更糟的是，他们在刚到美国时很容易被这里表面的"自由"气氛所误导，以为任何人在这里都可以畅所欲言。几经碰壁之后，他们不得不经常给自己敲警钟以避免麻烦。而在中国，在家里或与朋友在一起时他们可以自在地谈论任何事情。由于他们对中国的政治制度和社会行为规范比较了解，他们知道如何绕过政治上的敏感点。因此，对他们个人来说，在自己祖国的生活反而更加"自在"一些。

中国留学生在美国和美国公民一样享有法律上的"自由"，可以使用大多数公共设施。但是，由于他们不能进入主流社会的"圈子"，因而他们不能"自在"地享用这些设施。正如金多多以一种不无讽刺的口吻所指出的那样：

这里很"自由"。他们对我们这些局外人很宽容。就拿进图书馆来说吧，你所应该做的就是和美国人一样出示你的身份证。但问题是很难进入（他们的圈子）。我觉得我还是一个局外人。

这种"不自在"是一种无形的、难以捉摸的感觉。有的中国留学生在美国感到"不自在"，并为此而烦恼，但是他们并不知道这种感觉到底是什么东西，更不用说如何去面对它了。高莉在访谈时面带苦恼地说："什么是自在？自在就是尽情地生活。如果我的生活不自在的话，我甚至不知道自己该怎么办。我甚至不知道不自在是什么样子的。我甚至不知道问题在哪里。在这里，我只是感到不满意，很不自在，不能很好地生活。"

对一些中国留学生来说，在美国待的时间越长，他们对生活就越感到"不自在"。在最后一次焦点团体座谈中，严华君说："第一年确实很痛苦，但现在的情况更糟糕。第一年主要是学习压力，现在的问题是想弄清楚我到底是谁。"他之所以问这个问题是因为他认为在这个陌生的世界里他永远不可能感到自在，因为周围的人不可能平等地对待他："在我找工作接受他们的面试时，他们把事情表面上弄得看起来很公平，但是实际上一点也不公平。我们常常受到不公平的待遇。"中国留学生们在美国待的时间越久，他们越能够感受到"美国式自由"的实质，因此也就越发感到"不自在"。通过找工作这类经历，他们发现一些美国人口头上高喊"自由民主"，但实际上他们对外国人常常是不公平的。由于遭受了不公正的待遇，中国留学生们不得不常常问自己："我是谁？我到这里来干什么？"他们对美国社会了解得越多，就越容易面对深层次的文化认同问题，而对这种问题的思考往往给他们的情绪带来惊扰，使他们感到"不自在"。

与严华君等人的感觉不同，其他一些中国学生感到在美国待的时间长了以后，自己"不自在"的感觉会逐渐减弱。下面的访谈摘录表达了达誉生对这个问题的看法：

达誉生：在这里待的时间长了，你对环境也就逐渐熟悉了。这样，你也就比以前感到更自在了。

我：这是什么意思？

达誉生：我的意思是，当你初到一个新地方时，你谁也不认识，而且你还不熟悉当地的语言。无论你走到哪里，你都害怕，对不对？现在，过了一段时间，你就不会过分担心了。

另外一些中国学生虽然在美国感到"不自在"，但是随着在美国生活的时间长了，开始尝到了美国社会里"自由"的甜头。至少，在这里人际关系比较简单，没有人来"管"他们。"在美国，如果自己不主动争取，没有任何集体会来管你，也没有像中国那种单位里的每周例会。"（金多多语）尽管他们初到美国时都期待着有人来"管"他们，可是现在他们也开始感到没人"管"的轻松了。

然而，他们获得这种意义上的轻松感并不是没有代价的。和以前相比，在美国他们作为政治人的重要性大大减弱了。如果现在他们在大街上高呼"反动"口号，没有人会理睬他们；相反，他们多半会被认为是精神上有毛病。结果，他们在美国生活常有"无名小卒"之叹，深感自己的价值不能得到美国社会充分的认可。他们在这里获得了"自由"却失去了"社会"，而作为中国人，他们骨子里还是喜欢参与社会事务的群体人。

总的来说，我所调查的中国留学生在美国生活的前 8 个月内仍旧感到自己是一个"局外人"。由于缺乏对美国社会及其行为规范的了解，他们好像置身于一个"雷区"，随时有可能意想不到地踏响某一枚地雷。他们总是处于一种不安全状态，在日常生活中犯错误的可能性很大。而更糟糕的是，在美国没有人主动来帮助他们，为他们做一些必要的解释。即使是他们陷入困境时，也没有人来拉他们一把。而他们出于自己的文化观念，又不愿意主动向别人寻求帮助。结果，他们脱离了本土文化之根以后，不得不独自在异国的空中飘荡，一切都得靠自己去摸索、去探寻。彷徨不定时，他们没有可以依靠的社会参照系；陷入困境时，他们没有可以求助的社会支持系统；遇到失败从空中往下落时，也没有社会安全网来接住他们。

这些中国留学生的经历告诉我们：美国的大学里缺乏一种使外国学生和美国同学相互了解的机制。也许双方都希望更好地了解对方，但是双方都缺乏一种有效的办法去了解对方的所思所想。结果，中国学生只好依靠自己有限的资源，用有限的知识和经验理解和解释周围的事情。即使美国的许多大学设立了处理国际学生事务的机构，但这类机构所能提供的帮助却非常有限，只安排鸡尾酒会和茶话会之类的活动，国际学生可以在那里相遇、相识，但很难深交。[①] 这类活动往往形式松散，与会者们自行其是，四处游逛，为了和对方谈话而做一些自我介绍，然后相互问一些简单的问题。一般来说，中国留学生对这种活动不太适应。他们比较习惯于集体活动，活动有一个集中的主题，大家围绕着这一主题而开展活动。

此外，美国大学这些机构组织的活动通常只有外国学生参加，他们还是没有机会结识美国同学和老师。进一步说，即使美国的大学校园里不时有一些社交活动，但泛泛的社交对中国留学生与美国人的日常交往仍旧没有太大的裨益。鸡尾酒会和茶话会这类活动为他们提供了和美国人见面的机会，但是不可能有效地帮助他们深入了解美国的人民和文化，更不能满足他们和美国人深交、成为"局内人"的愿望。[②]

---

① 有研究表明，汉语中没有类似英文中"cocktail party"（鸡尾酒会）的本土词语，"鸡尾酒会"不论其语言表达还是内容形式都是西方的舶来品（Hu, Grove, 1991）[33]。

② 罗斯（S. Ross）的"不完全社会化"理论可以用来解释这一现象（鲁洁，吴康宁，1990）[610]。这一理论原用于同一文化之中，指的是个体在社会化过程中出现了不连续现象，使个体在成人时不具备成为社会正式成员所必须具备的一切。在跨文化环境中，个体由于缺乏对异文化的了解，不具备在异文化中生存发展的能力。这种"不完全社会化"的现象在人际交往方面则表现为不了解异文化中人际交流的规范，不具备基本的交流能力。在我的研究中，不论是中国留学生还是他们的美国同学都存在"不完全社会化"的情况。我们可以通过延长最初社会化过程的方式，在他们相遇之前为双方提供更多的相互了解的机会。如果这么做有困难，我们还可以通过补课的方式，在他们相遇之中和之后对其进行知识和能力上的训练和提高。

第九章 "自尊"：跨文化人际交往中的自我评价

"来到美国以后，我们的自尊一落千丈。"

——高莉

自尊是一个人衡量自我价值、自我成就的主观尺度，不同文化的人们在衡量这一尺度时所使用的标准和方法均有所不同。一般来说，来自个体主义取向文化、具有较强自我意识的人们衡量自尊主要依靠自己的感受，可以比较自由地选择自我发展的程度，从而获得相应的自尊。而来自群体本位取向文化的人们则倾向于将自尊与群体中其他成员的认可联系在一起，如果得不到社会的承认，便会感到自尊心受挫。中国文化在这个意义上倾向于群体本位取向，因此中国人个人的自尊往往与他们所生长于其中的环境和群体中其他人的认可紧密相关。[①] 正如严华君所说的：

> 自尊可以是你自己对自己的看法、社会对你的评价以及你对社会对你的评价所做出的反应。中国人往往通过社会的评价来评价自己。

---

① 有关"个体主义""集体主义""个人主义"的区别，见余英时等人的讨论（《文化：中国与世界》编委会，1987）。

来到美国以后，我所研究的大多数中国留学生都感到自己的自尊心受到了一次新的挑战。作为"局外人"，他们与美国人交往不多，很难交上美国朋友，尽管努力与美国同学接触，结果还是不能如愿以偿。来到一个人生地不熟的环境里，他们中许多人感到自己一下子变得"没用""无知"，甚至"愚蠢"了。从身心发展的角度看，他们觉得自己又回到了童年，被周围的人视为"大小孩"。在社会地位上，他们也有一种落差感，觉得自己现在"低人一等"。而在经济地位上，他们经常是囊中羞涩，生活比较拮据。与此同时，由于远离祖国，他们产生了更加强烈的民族自尊感，把自己视为中华民族的代表，为了自己祖国的尊严而忍辱负重。因此，在与不同文化的人们相处时，他们不得不十分审慎，注意处理好个人行为与祖国形象之间的关系。

第一节 "大小孩"：从人的身心发展所做的评价

"你突然之间像是变成了一个大小孩。你有一个大人的脑袋，但是嘴上长的却是小孩的嘴巴。你还是可以像大人一样思考问题，但是说起话来就像小孩牙牙学语，就像是一张小孩的嘴长在了一个大人的头上。"

——一位中国留学生

在谈及最初几个月里与美国人交往的经历时，许多留学生都用"小孩"这一词语来形象地比喻自己。他们认为自己在这个新的世界里不配做合格的"成人"，而且以为别人也是这样看待他们的。如果回忆一下第三章焦林的故事，他谈到自己的经历时曾多次直接或间接地自喻为"小孩"："要是你向他们请教，他们便会慢吞吞地、以一种居高临下的态度为你做解释，就好像你是一个小孩似的。""小孩"指的是尚未成年的人，他们必须通过长期的社会化过程，习得所在社会的行为模式和道德规范，才能成长为合格的"成人"。"小孩"的这一社会化过程包括自我意识、角色扮演、文化接受和语言获得几个方面的内容。从某种意义上来说，每一个儿童在生活和成人面前都有自卑感（阿德勒，1991；许金声，1988），因此如果"小孩"这个词语用在一个成人身上，往往带有"幼稚""不成熟""无知"等贬义。

我所调查的中国留学生们已经在自己的母文化环境中长大成人，已经（而且是非常成功地）完成了社会化过程。而现在来到美国以后，他们不得不又返回到"孩提时代"，重新开始一个新的社会化过程。这就不可避免地给他们的自尊心一个巨大的打击：重新开始一个新的社会化过程意味着他们原有的努力和成功在美国社会不被承认；而从成人状态返回到儿童状态重新开始，这个过程比他们以前所经历过的要艰难得多。作为中国的成人，他们已经习得了中国社会的文化规范，很难改变自己根深蒂固的行为习惯，并重新学习美国社会新的法则。因此，大多数中国留学生都认为自己在新的文化环境里显得很"无能""无知"，就好像一个"大小孩"闯进了一个属于成人的迷宫。

尽管这些中国学生来美国之前都在英语考试中获得了很高的分数，但是来到美国以后他们发现自己与美国人交谈还是"非常困难"。"他们这儿用的英语和我们在中国学的不一样，"不止一个留学生惊讶地告诉我。他们刚到美国时感到最为吃惊的是："我一踏上美国本土就发现我一点儿也听不懂这儿的人在说些什么。"（达誉生语）他们在中国所学的大都是英语的书面表达法，而美国人在日常生活中都不使用那些用法。因此，刚到美国时，他们很难与本地人进行语言交流。很多人都感觉自己好像突然丧失了人类交际中最重要、最基本的能力——语言表达能力：

　　我很想同他们讨论问题，但是不知道用什么词语来表达我的意思。我找不到确切的词语，……而那些"鬼子们"讨论问题时使用大量的俚语，从字面上根本不可能理解他们在说些什么。我参加过一次他们的讨论，就是这种情况，把我气坏了。后来我溜了出来，再也不想和他们一起讨论了。（马国强语）

有的留学生发现英语中有些词汇听起来非常"奇怪",他们以前在中国学习英语时从来没有碰到过。但是现在为了适应美国的生活,他们必须学会使用这些词语。"就以'you're welcome'(不用谢)为例吧 ①。美国人是在别人说'thank you'之后才说'you're welcome'。真奇怪啊!这到底是什么意思呢?……如果你踩了别人的脚后跟,说声'sorry'(对不起),他也会说'you're welcome'。这是否意味着你还可以再踩他一脚呢?……这些词语我过了很久才逐渐习惯,我想我应该这样回答才行。"(马国强语)

由于对美国人的语言习惯不了解,这些留学生们在和美国人交谈时虽然"竭尽全力",但还是经常听不懂美国人所说的话。与此同时,他们还担心美国人也听不懂他们所说的话。比如,董文在访谈时告诉我:

> 我的语言还不行,我发现说英语挺难的(他尴尬地笑了笑)。我体会不到英语语言的微妙之处,有时我甚至不能清楚地表达自己的想法。有时候他们说得很快,而且老开玩笑,而我就是听不懂他们说了些什么。有时候他们开始笑了,而我们这边却毫无反应。在这种情况下我们不可能和他们进行交流。

起初,对于这些留学生来说,无论是他们自己说英语还是听别人说英语都很费劲,一天下来经常心衰力竭、疲惫不堪。"有时我在谈话的过程中,会突然发现自己提不出问题,好像突然忘记了自己想要说什么。说汉语时我从来没有遇到过这种情况,我根本用不着多想。所以,在最初的几个月里,我感到身体很疲乏,精神上压力也很大,不想和很多人接触。"(高莉语)如果要认真地听美国人讲英语,并且揣摩出他们所说的话中一些概念之间的意义联系,他们必须高度集中自己的注意力。正如高莉所亲身

---

① 英文中"you are welcome"的字面意义是"你是受欢迎的"。由于这句话的字面意义与其使用时的实际意义相差甚远,中国学生在学习这句话时往往有理解上的困难。

经历的：

> 他们对一件事会有许多不同的表达方式。如果我不是一直聚精
> 会神地听的话，我会被弄得稀里糊涂的。……因此，我必须仔细地
> 听，这样很快就累了。他们用了很多我不知道的词语，我还得认真
> 思考这些词语之间的逻辑关系。嘿，真累人。

由于听不懂班上美国同学之间会话的内容和含义，高莉不能马上做出相应的反应。而如果她不断地停下来，问美国同学一些他们看来是非常简单的问题，她又担心对方会厌烦："我只能听懂一些简单的句子，我不会用那些转弯抹角、冗长复杂的句子。要是我老问这是什么意思，那是什么意思，我猜他们也会厌烦的。……如果他们谈的内容非常复杂难懂，我可以请求他们用简单的方式再说一遍。可是，下一次你还是弄不懂那些晦涩的句子。"

由于不能清楚流利地用英文表达自己的想法，一些中国留学生在最初几个月里"一直怕说英语，总是感到精神很紧张。……用英语和他们交谈很不自在，很不方便，有时候你绞尽脑汁，还是词不达意"（马国强语），用英语不像用汉语那样得心应手。而对马国强这种"忠实于中国文化，汉语是我唯一能够运用自如的语言"的人来说，使用英语更觉得不方便："如果我们说汉语，不知该有多少种表达方式来描绘一件漂亮的衣服。而要说英语，比如说足球吧，除了'Great!'（好极了！）这句话外，我们还能说什么呢？我们只能说出一个大概的意思，而说不出其中细微的感受。""汉语是一种心灵的语言、一种诗的语言，它具有诗味和韵味。"（辜鸿铭，1996）[106] 而中国留学生发现如果用英文把中文翻译过去就完全失去了其中的高雅和深沉。英文比中文行文质朴，往往一句精美的成语、一个意味深长的典故一经翻译便变得平淡无味了。

大多数中国留学生在出国以前都以为来到美国以后自己的英语不会有太大的问题，每天与美国人生活学习在一起，耳濡目染，应该可以无师自

通。可是来到美国以后，他们发现自己很难听懂美国人讲话，特别是当他们讲话速度快，并且夹杂着许多俚语和省略句时。此外，来到美国也并不意味着有比国内更好的学习英语的条件，因为英语在美国是第一语言，人们对英语的教学没有像中国这样的国家重视，教材和教学手段都不如中国先进。加之，中国留学生为了寻求帮助和节省房租，大都和中国人住在一起，没有机会和美国人接触。尽管他们可以天天在街上和校园里见到美国人，可是真正与美国人交谈的机会却很少。许多留学生感叹："在美国学英语的条件还不如在中国。早知如此，我应该在国内学好了英语再出来。"

除了语言障碍之外，这些留学生们原有的一些知识、经验以及在中国行之有效的行为准则在美国社会里也不再奏效了。他们每件事都得重新开始学习：

> 一切东西都得从零开始，比如说开银行账户啦，结账啦，打电话啦，找工作啦，采购食品啦，向人问候啦，自我介绍啦，上课提问啦，与人告别啦，等等。一切的一切都得从头开始。(吴海语)

焦林也有和吴海一样的感觉："每件事都得从零开始：学习方式、课程内容、与同学交往，每一件事！这些事一下子全部摆在我面前，让我根本无法一下子消化。所有这些东西都需要我集中注意力，一天下来我总是累得精疲力竭，惨极了！"高莉说她来到美国后的第一印象就是她不得不使用比在中国多得多的"thank you"和"I'm sorry"这一类话。即使别人为她做了一件非常微不足道的事情，比如在餐厅里服务员递给她食品，或者进门时有男生为她让路，她都得说"thank you"。如果别人因为此类小事谢谢她，她也得马上跟上一句"you're welcome"。如果她在走路时不慎轻轻地碰了别人一下，或者只是要从人群中穿过去，她也得不停地说"excuse me, excuse me …"（对不起，对不起……）。日常生活中一些基本的礼仪，诸如如何介绍自己的名字、专业和国籍，她在刚来的时候都得认真地、一点一滴地去学习。①

　　除了平时与人交往，中国留学生发现美国大学课堂上和小组讨论中群体互动的方式也与中国"大相径庭"。美国的班组结构比较松散，个人有较大的自由。上课时师生互动非常活跃，老师讲课时间不长，留下大段的时间让学生自己讨论。而中国的班组则恰恰相反，课堂组织较为集中，课堂气氛比较沉闷，教学以老师授课为主；师生关系表现得彬彬有礼、温文尔雅，学生不习惯于随便在课堂上向老师提问题。因此，中国留学生们来到美国以后在处理师生关系和同学关系方面也很不适应。如果他们总是积极参与课堂和小组讨论，便会感到自己"太好强""太不懂规矩""太不讲礼貌"。而如果他们总是闷着头不发言，他们的老师和同学则会认为他们"没有想法""害羞"。因此，他们不得不强迫自己做一些行为上的改变。正如严华君所言：

　　　　我不得不改变自己的学习方式，重新学习所有对我来说是陌生的东西。这样做并不容易，我每天下来都感到非常疲倦。

　　由于中国学生过去从群体交往中获得的知识和技巧在美国"无用武之地"，他们来到美国以后经常有"力不从心"之感，用他们自己的话来说就是，外部"客观条件"已经发生了变化，而自己对这个变化一时还把握不住，因此，更谈不上自己主动去适应了。在一次小组访谈中，吴海和金多多两人之间的对话表明了这一点。

　　吴海：这里的客观条件对你不利，你没有更多的选择。所以你的自信心也就随之减弱了。

---

① 中国传统文化原本是十分注意交往礼仪的，可是近100年来，出于种种原因，特别是人口激增，中国人在日常生活中的空间十分小，与人相碰撞是家常便饭，不被认为是不礼貌的行为，因此也不必道歉。中国留学生到了美国之后，除了对美国人这方面的礼仪感到惊羡以外，也有人对此感到大可不必。

　　金多多：所以你就产生了一种能力下降的错觉。关键在于外部原因。

　　吴海：在语言、环境之外还有很多困难。和美国人相比，我们的弱点更容易表现出来。你是一个中国人，即使你和美国人一样有能耐，也会因为你不熟悉环境而显得没有能耐。你在其他方面存在劣势。你本来的能力可能并不这么差劲。

　　由于不熟悉美国的行为规范，他们不能用过去的标准来评判自己的行为，因此他们变得缺乏自信，较之过去更多地依赖别人对自己的评价来衡量自己。焦林认为自己在美国人眼里很"愚蠢"，因为他觉得美国同学对他的问题不感兴趣。而且他们同他说话时还故意放慢语速，好像他是一个小孩，听不懂大人所说的话似的："这非常令人失望。起初，如果我不理解他们说的是什么，我会请他们再说一遍。现在他们再这么着，我也不想再问了。我觉得他们这么做是瞧不起我。"在开始的几个月内，焦林从不在助教办公的时候去问问题。他担心自己的问题过于"愚蠢"，不但他自己会因此而感到内疚，而且还会"浪费"别人的时间："我觉得自己很愚蠢，……他们把我当成一个3岁小孩。在他们眼里我是个大傻瓜。这种感觉让人很难受。"跟周围的美国人比起来，焦林认为自己对每一件事都显得很"无知"。他"甚至"不知道在工作的地方怎样准备早餐，因为他以前从未见过或吃过美国的食品，不知道这些食品的名称和用途。当他和几位美国同学一起计划去滑雪时，他觉得他们不相信他具有清楚表达自己想法的能力："他们仍旧不信任我。虽然我打了好几个电话安排滑雪的事情，他们仍旧不相信我说的，反复地问我'Are you sure？'（你能肯定吗？）、'时间和地点定好了吗？'，简直是把我当傻瓜。"

　　焦林的导师对他的学业所做出的反应也进一步强化了他的"无用"感。有一次，导师听说他学习上有困难，马上降低了对他的要求。以后每次他遇见焦林时都要问他是否能挺得住，甚至还建议他取消一门课程。这种差别对待使焦林感到很难受，后悔当初不该把真情告诉导师。由于他与导师见面的时间每次只有15分钟，而且见面的频率也很低，"告诉他这些具体困难根本没有任何帮助"。因此，从那以后，他把困难埋在心里，不告诉任何人，自己一个人埋头苦干。为了避免导师像对待"劣等生"那样对待自己，他再去见导师时，只谈自己学习中乐观积极的一面，而对自己面临的困难和苦恼则避而不谈。

焦林上面的例子表明，如果导师对中国学生期望过低，有可能导致他们的自信心下降；而其他人的例子表明，如果导师对他们期望过高，同样也有可能使他们产生"无能"的感觉。比如，易立华发现自己在导师面前"非常紧张"，因为导师看上去对他期望很高。他如果做实验时偶然出了差错，便会感到"非常内疚与不安。……老师的面部表情让我感到我应该做得更好一些，我这样做是不对的。他使我觉得'这个家伙的水平怎么这么低？！'我想他是这么看我的"。易立华与一位美国同学以及实验室里一位同事的接触进一步证实了他的这一想法。有一天与他住在同一宿舍里的一位美国同学告诉他，学校里有一个亚洲学生联合会，建议他去参加。她提出要亲自带易立华到负责人的办公室里，而不是把那个办公室的地址告诉他。这让他大吃一惊："她这么做真是既热情又愚蠢。我想，不是她认为我笨，就是我认为她蠢。"在他看来，学校里的一个办公室是轻而易举就能找到的，根本不需要她亲自前往。她这么做一定是以为他太"蠢"了，连一个办公室都找不到。易立华在实验室里也有类似经历：每次他需要实验器材时，他的同事不是直接告诉他放器材的地方，而是亲自把他带到放器材的仓库里去。不断重复发生这类事情迫使他反问自己："这里面是否存在一个文化差异的问题？"他自己的初步解释是：因为美国文化相对来说比较年轻，美国人的思维方式也不够"老练世故"，因此，他们以为中国人也很"愚蠢"，所以用这种"愚蠢"的方式来帮助他。

根据我的经验，易立华的同学和同事这样做也许是因为担心他是外国人，对周围的环境尚不熟悉，怕他找不着路。而他们在帮他的时候，或许低估了他的能力。但是，从易立华的角度来看，人们对待他的方式取决于他们对他能力的评价。后者对他来说至关重要，因为他初来乍到，希望知道别人怎么看他。而且他对自己今后事业方面的发展十分重视，不喜欢别人把他当成"傻瓜"。他对这个问题特别敏感，因为他本人就不喜欢"愚蠢"的人。在中国时当我问他最不喜欢和什么人打交道时，他回答说"思维迟钝，谈吐没有情趣"的"蠢人"。由于他沉浸在有朝一日能获得诺贝尔奖的向往之中，现在被别人当成"傻瓜"一定使他感到十分懊恼。

随着与美国人交往逐渐增多，中国留学生能够更加贴切地意会到美国人所做反应的微妙之处，因此也为自己未来的前途倍感不安。"我与外界接触越多，越觉得自己无知，"焦林说。在来美第 15 个月的最后一次焦点团体座谈时，不少中国学生仍旧显得十分悲观，不知道自己是否有可能"同化"到美国的主流文化中。焦林谈到了和一位美籍华裔朋友马克的对话在他心中激起的波澜。有一天，马克在他面前评论了班上两个外国同学的英语水平。其中一个 12 岁时便来到了美国，而另一位移居到美国时才 13 岁，而他们的英语仍旧很差。马克说，一听他们说英语就想："为什么他们的口音这么糟？这可不是我们说的英语！"焦林当时听马克这么说，心往下一沉：

> 当时我像是被人当头打了一闷棍。这些人小时候就到美国来了，口语还不过如此，那我这样的人还能怎么样呢？……在这儿我们总也抬不起头来。英语中很多微妙之处我们都理解不了，而且我们这些人说英语都有口音。马克是一个很好的小伙子，既然他也提到了这个问题，这就意味着这是一个非常严肃的社会问题。我问他对外国人的口音怎么这么清楚，他说他从小就在美国长大，能听得出谁是加拿大人，谁是蒙大拿人。言下之意就是说，这些不知从什么地方来的人说话总是有口音。……就是这么一种感觉。他是一个很好的人，可是即使是他也会这么说……

焦林强烈地感到："有些事你在中国能办到。但是到了这里，你永远也办不到。比如你的肤色和口音，你永远也改变不了。"

由于从周围人处得到的反馈以负面为主，有些中国留学生觉得自己的心理年龄与实际年龄有一个巨大的落差。这种落差使他们很难清楚地认识自己，对自己做出准确评价。用焦林的话说，一方面"在这儿学习很困难。我都快30岁了，跟那些20来岁的孩子坐在一起，我觉得自己心理上要老得多"；而另一方面，他又觉得自己被人当成小孩，比坐在他身边那些真正的"小孩"还要小："我感觉压力很大，又没有别的办法。我一切都得从零开始。对我来说真是太累了，我不再是一个小孩了，我不会再像一个小孩那样对什么事情都充满好奇心。如果老得去学些新东西，我会觉得很难受的。"我所调查的中国学生中年纪最大的达誉生则以近乎绝望的口气对自己所承受的压力表示了哀叹："我已经40多了，已过了学外语的年龄了，但是我还是得一切从头学起，就像婴儿一样开始牙牙学语。"

认为自己社会无能的现象，在美国的中国留学生中非常普遍。由于语言障碍和缺乏对美国大学运作机制的了解，中国留学生在来到美国的早期都有非常明显的受挫感（Sue，Zane，1985）。我个人对此也有深切的体会。刚到美国时，我觉得自己在许多方面都像是一个"残废"。尽管来美之前我在中国的一所大学里教授英语多年，来到美国以后却发现自己很难理解班上同学所说的话，尤其是那些从其他国家来的同学。我们在中国学习的英语不包括美国人的日常口语，因此在美国无法理解或使用一些贴切的英语表达法。由于来自一个科技不够发达的社会，我在日常生活中还得学习如何使用计费电话、各种投币机、计算机等现代化设备。美国的生活节奏比中国要快得多，我必须强迫自己在做每一件事之前做好计划。以我个人的经历，我可以强烈地感受到这些留学生们所说的沦为"小孩"的感觉。几乎每天我都会遇到新的问题，需要努力调整自己的期望以适应和现实之间的差距。在美国留学期间，我经常听到中国留学生抱怨说："我们干吗到这儿来受洋罪？！到美国来就像是'洋插队'。"这说明他们（包括我自己）都在怀疑自己到美国来留学的实际意义。尽管他们在美国见了世面，学了不少新东西，受到了西方人的"再教育"，但是他们为此而受到的痛苦和折磨却非常深重。

第二节 "低人一等"：从社会分层所做的评价

由于被人当成"小孩"，而且不得不像"小孩"那样行事，许多留学生在美国有一种强烈的"低人一等"的感觉。他们生长在一个等级观念较强的社会，看重自己的社会地位。在中国时，他们全部属于精英阶层，在社会上享有一定的荣誉和声望。尽管有些人的家庭背景处于社会底层，但是来美国之前，他们都已进入大学或国家机关里学习或工作。然而，到了美国之后，一切都发生了变化，他们发现自己的社会地位比以前降低了很多。他们不能像以前一样在社会上层占据一个位置，像"真正的成年人"那样发挥作用。他们中有些人由于不能熟练地掌握英语或缺乏在美国工作的经验，连最低贱的工作都找不到。当外出打工时，美国社会浓厚的商业气息进一步削弱了他们的自我价值感。

> 我们生平第一次尝到了自己的价值被充满了铜臭的金钱所衡量的滋味，真不好受。……这儿的生活并不舒服，你的价值是由你所赚的钱来衡量的。如果你去打工，他们就会告诉你，你的价值是每小时多少钱，这种感觉很不好受。……在中国不一样，你会感到自己的工作有意义。（达誉生语）

社会地位相对降低这一事实，对中国留学生的社会优越感无疑是一个沉重的打击。焦林来到美国后的第三个月抱怨说："我已掉到了社会的最底层。"尽管他是一所名牌大学的博士研究生，但是他把自己置于一个很低的社会阶层，或许要比别人普遍认为的低很多："我已沦为社会最底层的人了。一切都要从零开始，我得从这儿开始往上爬。未来的生活对我来说非常艰苦。"当我问他"这是一种什么感觉"时，他动容地答道："很悲惨！在中国时我非常自信，虽然算不上最优秀的，但至少也算得上是一个有鼻子有脸的人。现在到了这里，突然一切都变了。"现在，他不能很好地把握自己的生活，没有丰盈的收入。而且更重要的是，他已丧失了在中国作为一名政府官员所拥有的关系和特权，突然从一个"有鼻子有脸"的人变为一个时刻有可能"丢脸"的人。这一点令他实在难以接受："所有这些问题积压在一块，让我觉得很悲惨！在中国我受过不少苦，但从来没有像今天这样难过过。这种心理上的压抑，你知道吧？……"

由于来到美国以后自己的社会地位和经济地位下降，中国留学生们普遍产生了失落感。[①]虽然那些不需要打工的人所受到的影响没有那些不得不打工的人来得直接和强烈，但这种落差感仍旧是无法回避的。达誉生在访谈时讲述了另一个中国留学生的故事，让我觉得他是在通过别人的故事来间接表达自己的感受。那位留学生过去曾是中国某大学的讲师，授课深受学生欢迎。然而，来到美国以后，为了谋生她不得不到一个美国家庭里为别人看孩子。"她父母压根儿也没想到他们心爱的女儿会'幸运'地成为某一美国家庭的佣人，"达誉生不无讽刺地说。作为一个 15 岁女儿的父亲，他在说这件事时看上去忧心忡忡。在我看来，他似乎不只是为这位女"佣人"的父母感到心疼。当他讲述这个故事时（其内容比我现在所介绍的要详细生动得多），我可以明显地感到他的社会等级观念和羞愧之情，他好像对包括他自己在内的中国留学生们可怜的社会地位感到难堪和羞耻。他使用了"佣人"这一词语来表示保姆这一职业，这说明他对这一职业有一种明显的歧视态度。据我个人的了解，美国人一般不会认为给别人当保姆就如此低贱。

在美国"低人一等"的感觉使大部分中国留学生十分沮丧，自尊与自信也明显下降。一般来说，那些英语说得比较好、与美国人联系较多的留学生比英语水平较差、与美国人来往较少的留学生，更加敏锐地感到了自尊心所受到的挫折。例如，焦林是在我所调查的留学生中和美国人交往最

① 心理学方面的有关理论可以用来解释中国留学生们在社会地位骤然降低时的感觉。人的满足感可以分为绝对的满足感和相对的满足感两种。前者受制于个体的生理条件，而后者则在很大程度上取决于个体的心理活动。衡量相对满足感的一个方式是比较，即将自己感受到的现实与自己的期望值相比较。如果比较的结果达到了自己预先的期望就会感到满足，否则就感到不满足，便会产生强烈的"落差感"。我所调查的中国学生面临的正是这样一种由主观的期望和客观的现实相对照而引起的失落感。

多的，而他觉得："我越了解他们，越觉得自己丢脸，自尊心就越低。他们的交往方式中有很多微妙之处，我很难真正理解这些东西。"相比之下，马国强等人与美国同学交往很少，平时尽量避免和他们交谈，因此，在自尊方面所受的打击就小一些。

中国留学生来到美国以后自尊心受挫也与他们为自己所设立的高标准密切相关。由于他们过去在中国时事业上都很成功，因此他们希望在美国也能出类拔萃。然而事与愿违，他们很难达到预期的标准。

> 我初到美国时有一种失落感，因为我不能马上适应这里的环境，在语言和人际关系方面我没有办法和他们很好地沟通。在中国时我对自己做学术研究有很高的期望，但是到了美国以后才发现我的期望不可能立刻实现。因此我感到一种强烈的失落感。……来了以后，我不知道该怎么办，这也使我的自信心受到了很大的影响，也影响到了我生活的其他方面。（高莉语）

于是，他们不得不一方面力争维持自己的自尊，另一方面又不愿意放弃自己原有的期望，而要在一个陌生的环境里保持这两者的平衡不是一件容易的事情。董文在下面这段对话中表达的就是这么一种矛盾的心情。

董文：我有很大的心理负担，压力很大。也许我的自尊心太强了，我想什么事情都做得很好。如果别人干得比我更出色，我就会感到难受。我就是这样要求自己的。如果自己做得不好，我就会觉得很不舒服。因此，有时候我会拿自己和别人相比。如果我发现自己不如别人，情绪就很低落。

我：那你觉得自己什么事不如别人呢？

董文：嗯……比如讲英语，要是我见到系里那个德国人和美国人讲得很流利，而我却不行，心里就很难受。

像董文一样，高莉也把自己的英语水平与自尊心联系起来加以考虑。

由于自己英语水平较低，来到美国以后她的自尊心也遭到了沉重的打击："与他们（美国人）谈专业很困难，许多专业术语我都不知道，英语思维还有问题。如果说不好，就会丧失自信心。而丧失了自信心，你就会说得更差。"一方面她的英语不够好，而另一方面她又将自己的语言水平和自尊联系起来，结果无形中就形成了一个恶性循环：不能娴熟地掌握英语和缺乏自信心彼此之间相互作用，妨碍了她像一个自立的成人那样有效地与美国同学交往。

除了自己的"无能"和"无知"外，这些留学生在美国遭遇到的一些不愉快的经历也影响了他们的自尊心。当遭到学习小组里另外两位同学的拒绝后，严华君决定不再与他们有任何来往。当我问他为什么不向他们好好解释时，他说：

> 人都有自尊。我只有尊重自己才能赢得那些小人的尊敬。我为什么要去向他们做解释呢？！我并不想让他们了解我，我只是想要他们知道他们所做的已经伤害了我的感情，刺伤了我的自尊。用中国人的话来说，他们已经断了后路；按美国人的话来说，他们得不到上帝的保佑。上帝要人们博爱民生，他们怎么能这样伤害别人的感情呢？！因此，我不想和他们谈，不想去赢得他们的宽容或怜悯。不，对不起，决不！我想要他们知道如何尊重别人。我会永远记住这件事的，我再也不会对他们面露微笑了。

表面上看来，严华君似乎是想通过"不与他们交往"这一处罚性的报复手段来维护和赢得自己的自尊。但是，从他气愤的语气和严厉的措辞中，他似乎在说："我受了很大的伤害，我不想让自己的自尊再受任何伤害了。"[①]

---

① 翟学伟（1995）[244, 317] 在《中国人的脸面观》中所提到的中国人面子观念的情境性可以用来解释为什么严华君不想再理睬这两位同学。当严华君加入学习小组时，他把他们当成了"自己人"，希望从他们那里得到帮助。一旦他们"背叛"了他，使他丢了面子，他便想把他们排除于"自己人"之外，从而挽回自己的面子，自己给自己台阶下。

这些中国留学生在美国待的时间长了以后，有些人开始意识到自己的自尊心下降与他们在学校所处的不平等地位也有关系。严华君曾对这一点做了精辟论述：

> 自尊有时候是通过社会对你的评价来评价你自己（你会通过社会对自己的评价来评价自己，进而影响自己的自尊）。更具体地说，你来到这里以后，特别是如果你是学文科或者学管理的，文化背景是一个很大的障碍，有很多东西你不了解。因此，即使你得到一个和美国人相同的评价，你（也）是和他们处在一个不平等的位置上竞争的。所以，这是一个不公平的评价。即使你知道这是不公平的，但是教授们不会这么想。这就会导致你的自尊下降。自尊的问题不仅涉及被评价的人，而且还涉及评价者和评价的标准。为什么来到这儿以后你的自尊会受挫呢？因为评价标准改变了，做评价的人也不同了。

通过详细阐明上述似乎有点抽象的观点，严华君意欲说明，人们对自己的评价不得不通过他们赖以生存的社会得出。在中国时由于表现出色，社会给予了他们正面的反馈，因此他们的自尊感比较高；而到了美国以后，他们不仅不能像以前那么出色，而且评价的标准和评价者也不同了。他们从评价者那儿得到的反馈不如以前，而且评价者使用的是一套不同的标准，因此他们的自尊心受到了很大打击。

除了因社会地位相对降低而带来的羞辱感之外，这些留学生作为美国名牌院校的研究生和学者同时也有一种优越感与自豪感。在他们的心中，低贱与优越、羞辱和自豪交织在一起，不断交替地压迫着他们的神经。一方面，他们感到像"大小孩"一样"软弱无力"——"好像没有人注意我，在小组讨论和日常生活中他们从不看我，没人理我，好像我根本不存在似的"（焦林语）；另一方面，他们又把自己当作由中国政府"派遣"或受美国大学"邀请"的"学者"或"研究生"，占有很"重要"的社会地位——

"我不知道美国学生根据社会地位会怎么看我，他们一定感到很奇怪。我在这儿有一个办公室。他们碰到我时也跟我点头打招呼，而且他们知道我是他们学校邀请来的"（达誉生语）。尽管达誉生对他的导师在课堂上讲解中国问题时错误百出感到气愤，但是他没有办法对他的错误进行纠正，因为：（1）他的英语说得不好；（2）他担心有损美国教授的面子；（3）最后，也是最重要的，没有人来与他这个从中国本土来的"中国问题专家"就有关问题进行商榷：

> 如果他来请教我，……如果他是一个治学严谨的教授的话，如果他认为自己所说的应该是正确的，他就应该首先来问问我。……他从来不考虑这些。他以为他什么都知道。……如果这位教授来请教我："我说得对吗？"我会很乐意告诉他的。但是，如果他认为自己说的是正确的，我又何苦呢？我为什么要做这样的事呢？……如果有学生来问我，我也可以就我所知道的和他们谈一谈。……如果他们课后有兴趣来找我，那也好，因为那位教授已在课上说过："达先生是从中国来的专家。"但是，他们这些学生不来问，我也就管不着了。

尽管达誉生一再强调说他"管不着"，但是从他说话的语气中可以看出，他确实很关心，而且心里非常难过。他意识到：在美国，自己已经失去了作为学术权威的地位，不可能像一位真正的"专家"那样，在自己苦心经营的学术领域里和美国人平起平坐地讨论问题。

自豪与自卑交织在一起折磨着这些中国留学生们，致使许多人不能面对生活的现实。达誉生借用另外一位留学生的故事刻画了他们试图用美化西方世界来为自己换回面子的心态。有一次，达誉生遇到一位中国留学生，这位留学生想给家里寄一些自己在美国拍的照片：

> 我说你想干，就干得现实一点。他说："如果现实一点，我妈妈

会伤心难过的。"我说："那怎么办呢？"结果，他穿上从别人那里借来的衣服，在家里临时摆一些借来的家具，整理一番。相片照出来确实很美，看不出什么破绽。我说："如果你把这些相片寄给你妈妈，你不是在欺骗你妈妈吗？"他说："我妈妈会很高兴的，看过照片后她老人家放心就行了。"我说："你不是在欺骗你妈妈吗？"我说："你在这儿一点也不好。你睡在地板上，只有一张床垫，为什么还要假装在那儿摆一张沙发呢？"我说："你应该面对现实，告诉她真相。"可是他说："我家里会担心的。"他不愿让父母为长大成人了的儿女牵肠挂肚。我说："你的现实就是这样的嘛！"

达誉生向我述说这件事，是为了批评某些中国留学生对家人报喜不报忧的做法。他们只告诉家人自己生活中好的一面，不暴露他们面临的困难。结果使国内的人们产生一种幻觉，以为在美国一切都好："他们不谈自己的真实情况，好像在美国很容易赚钱，什么事都很容易。而事实上，这里没有一件事是容易的，非常困难。"当然，除了在自卑和自豪之间挣扎以外，这类故事也反映出留学生们为了顾念远方的父母，不得不做一些违心的事情。尽管他们为自己可怜巴巴的处境感到屈辱，但是为了让父母感到宽慰，他们宁愿隐瞒真情。从面子的角度看，他们不仅希望保全自己的面子，而且希望为父母的面子增光，让父母为他们感到自豪，更重要的是，让父母在国内其他人面前不会丢面子。

其他学者的研究也证明，中国留学生受到自尊心与自豪感的夹攻与他们自己的面子观念有关。由于希望按照某一标准达到完美的境地，他们通常对当地人的消极反馈特别敏感（梁锡华，1987）。来到美国之前，他们大多事业有成，已经进入了社会的上层。而现在，尽管他们是名牌大学的学生，但不少人为了谋生不得不在中国人开的餐馆或美国人家里打杂。因此，他们感到有失体面。有一项个案调查十分典型地反映了中国留学生们的这种面子观念。接受调查的这位留学生极力劝说自己的中国同胞千万不要到有很多中国顾客的餐馆去打工。对他来说，为了赚点小费而侍候其他中国人，这其中的耻辱是不堪忍受的。

但是，随着时间的推移，有些中国留学生也开始意识到，美国人的等级观念并不像中国人这么强烈。中国的"绅士们"受孔夫子"唯有读书高"的影响轻视体力劳动，而美国人不像中国"绅士们"那样瞧不起体力活。一位中国留学生吃惊地发现，与他一起在餐馆打工的一位小伙子竟然是市议员的儿子，而来就餐的一位衣着华贵的美国太太竟然从地上拾起一个一美分的硬币。相形之下，他想，即使自己身无分文也不会屈尊这么做的（余得泉，1985）。基于这种认识，有的中国留学生开始注意对别人的反应不再过分敏感，渐渐地重新树立起自信心。

我本人在美国留学时也有同感。由于缺乏足够的资助，我来到美国以后不得不立即去找工作。我在这个国家既没有社会保险又没有工作经验，在申请工作时遭到了很多挫折。当时，我的心情很沮丧，自尊心也急剧下降。作为一名中国的大学教师，我这辈子也没有想过自己会落到如此悲惨的境地。由于不能像自己所期望的那样表现自己，我觉得周围的人都看不起我，神经变得脆弱，对别人的反应也很敏感。当我最后终于在学校找到一份体力活时，最担心的就是被学校里的教授和同学碰见。一旦有这种可能，我就设法躲起来，不让他们看到我。后来我与美国朋友谈起此事时才明白，一般来说，美国人不像中国人那样有如此强烈的等级观念。他们不把个人的社会地位与其职业联系得如此紧密，而且他们比较容易接受学生干体力活这一事实，因为在美国的研究生院里大多数学生都得靠打工来养活自己。

第三节 "民族自尊"：从国际权力格局所做的评价

中国留学生的自尊意识不仅与他们个人有关，而且还与他们的祖国紧密相连。所有的留学生都表达了这样一种观点，即离开自己的祖国以后他们产生了更为强烈的民族自尊意识。有趣的是，"民族自尊"这个词语可以被看成是中国人将"自我"与"民族"联为一体的一个典型缩影。在这个词语里，一个民族被视为一个自我，而这个民族的自尊又被这一民族内所有的个人所共享。由于个人自尊与民族自尊有密切的关系，个人认为自己的行为就是民族形象的体现。中国人对自己民族的强烈认同根源于他们的文化信仰，即个人是国家（或者倒过来说家、国）的一部分，个人自己的自尊与民族这一大集体的自尊是息息相关的（Metzger，1989；Wilson，1989）。一般来说，中国留学生在国内时其民族概念在他们的自我概念中并不占据重要位置。但是，一旦离开祖国，民族便在他们的自我构成中变得非常重要。在美国，中国留学生们通常视自己为中华民族的代表，而不是具体的个人。因此他们对自己作为"非官方大使"的角色有强烈的意识，对自己肩上的重任不敢随意懈怠（Chang，1973）。

我所调查的中国留学生在离开祖国之后，都产生了一种非常强烈的民族自豪感。远离祖国为他们提供了一个空间距离，让他们更加"客观公正"地观察与体会自己与祖国的关系。正如达誉生所说的：

> 在国内人们没有很强的国家概念。一旦离开了，这种概念会变得非常强。我来到这儿以后，才对祖国这一概念有了更深刻的感受。我强烈地感到这儿不是我的祖国，不是我的国家！

对个人来说，自己在生长于其中的社会中所植下的根是十分重要的（Josselson，1995）。一旦离开了自己赖以生长的土壤，个人就会强烈地感受到留在自己身后的千丝万缕的联系。反过来，个人会对自己所在的新土壤产生一种陌生感，而这种对新国度的陌生感又会加强自己对祖国的眷恋和思念。达誉生上面这段话表达的就是这样一种情愫。

一般来说，留学生的民族自尊感，在很大程度上取决于他们的祖国与他们所在东道国之间的相对政治经济地位（Lee，1960；老康，1987）。如果他们祖国的政治经济地位相对东道国较低，其民族自尊心就比较弱；而如果他们的祖国在世界政治经济格局中占有重要的位置，其民族自尊心也就比较强。由于中国的地位（特别是经济地位）相对美国较低，中国留学生们在民族自尊方面常常有"低人一等"的感觉。因此，他们对美国人对中国人的反应也就十分敏感。有些中国留学生在美国经常被当成日本人，为此他们感到十分恼怒：好像因为日本比较富裕，比中国发达，在美国的黄种人就应该全是日本人似的（余得泉，1985）。在一次访谈时焦林告诉我，他总是习惯于把自己的自尊与祖国的命运联系在一起。如果有美国人对中国发表不良言论，他就会有强烈的反应：

> 如果有人说中国的坏话，我会非常敏感；如果他们说中国人和中国文化怎么样，怎么样，我就会受不了。要是他们只说中国人好，中国文化好，或者是有关我的好话，很显然他们根本不了解我们。但是，要是他们说些坏话，我又会非常气愤，受不了。

焦林似乎想说：文化是一种非常繁纷复杂的现象，任何评论（不论是正面的还是负面的）都不可能公正。如果美国人对中国文化只说好的一面，他会认为对方没有认真考虑；而如果他们只说消极的一面，或进行诽谤，他又不能容忍。①

由于具有强烈的爱国心，中国留学生们对美国新闻媒体中有关中国的报道都十分敏感。董文告诉我，他们学校里很多中国留学生对美国电视中有关中国春节的报道深感不满。这些节目根本没有体现出中国人的爱国心态与源远流长的文化底蕴，相反却播放了新加坡华人庆祝春节的盛况："这些节目看上去好像在说我们大陆人还不如新加坡华人那样热爱我们的祖先、

---

① 具有讽刺意味的是，尽管焦林对美国人评论中国文化过于简单化有非常强烈的反应，然而他自己（和我所调查的其他所有留学生一样）却认为美国文化是一个单一的实体，对美国文化有许多定型观念，常常有以偏概全的倾向。我认为，这是因为他们对美国文化尚不了解，只能设法从自己文化的角度，从自己已有的十分有限的知识来对周围发生的事情进行评价与判断。从心理学的角度来看，中国留学生们来到美国这样一个不熟悉的文化环境里一般会产生心理焦虑。为了减少自己心理上的压力，他们必然会借助一些定型观念来帮助自己尽快地把握周围的事物。

崇尚我们古老的文明似的。我们看了非常气愤。很多人说'我们应该打回
中国去，大大发扬我们的爱国热情'。这种情绪在这里非常强烈。"

在我收集资料期间，有一部关于中国留学生的电影在美国非常流行。
然而，许多中国留学生看完这部电影以后，对其中千篇一律的模式十分反
感：影片描述了一个中国大陆的女人，"贫穷、贪婪，一心想嫁给一个美国
人以进入美国社会"（易立华语）。他们对这部电影不满，原因是认为这部
影片侮辱了自己的骨肉同胞。

易立华告诉我，他看了一部反映种族主义的电影以后反应也十分强烈，
很长一段时间心情都不能平静。这部影片讲的是一位白人男子来到一家朝
鲜人开的店找零钱打电话，朝鲜人店主执意要他花 85 美分买一罐可乐，才
找给他零钱。电影把这位朝鲜人刻画为一个贪婪的家伙，设法对顾客敲诈
勒索，而且说起英语来满口的外国口音，听起来非常别扭："erty fav canz"
（85 美分）。相反，这位白人男子却被塑造成一位英雄形象，争吵之中他打
倒了那位朝鲜人店主，并把商店砸得粉碎，最后他从柜台上抓起一把零钱
扬长而去，而那位朝鲜人店主则倒在地上浑身发抖，吓得面露惨相。临走
时，白人男子问朝鲜人："你是中国人吗？"这时，易立华神色非常紧张。
"如果那人说他是中国人，我的脸都不知道该往哪儿搁了，"他说，"如果他
说他是中国人，我会感到非常耻辱。"后来，他意识到如果有朝鲜人在看这
部电影，他们肯定更会有受侮辱的感觉。"这儿种族问题非常严重，"易
立华心情沉重地摇着头说，"作为一个亚洲人，我看这种电影觉得非常
难受。"

在最后一次焦点团体座谈中，易立华谈到了自己在邮局里的一次经历：
"一次我去发信，忘了写邮政编码。当我向邮局的女服务员要回那封信时，
她问我什么原因。我说：'我忘了写上邮政编码。''在中国你们也有邮政编
码吗？'那个女的问，看上去很惊讶的样子。……当时我觉得她真是很愚
蠢，"易立华大声笑着说。向大家讲述这件事时，他和我所调查的其他中国
留学生已经在美国生活了 15 个月。此时，尽管对美国人所提的"愚蠢"问
题仍旧感到懊恼，但是他们已经可以带着一种幽默的语调来谈论这类事

情了。

通过对美国人的日常观察，他们了解到美国人对美国之外的事情了解甚少。他们对中国的了解，远远不如中国人对美国的了解多。由于美国和中国在国际上的不对等地位，中国人对美国的兴趣远远大于美国人对中国的兴趣。美国的媒体只是在中国问题成为世界新闻的焦点时才对中国的情况加以一点报道，而且这种报道往往与美国自己的利益有关。因此，中国留学生们对美国人问这类"愚蠢"问题的动机已经比较能够理解了。他们意识到：美国人这么问主要是出于好奇心或善意，而不是敌意。

> 吴海：美国人不太关心世界上的事情，他们更加关注自己国内的事情，而不是世界各国的事。
>
> 金多多：他们没有恶意。
>
> 高莉：他们似乎对中国感到好奇。他们会问："你们也有这个吗？"落后国家的人来到发达国家，他们对我们通常有某种好奇心。他们认为"我们是一个强大的国家，我们可以来帮助你们"，这是一种屈尊的态度，没有什么恶意。①

由于中国留学生把自己的自尊与国家的尊严联系在一起，他们非常注意自己的行为对祖国的影响。当他感到被某些美国人小看时，焦林觉得这种屈辱不仅仅涉及他个人，而且也给整个中华民族抹了黑："这意味着中国人没用——整个民族，整个文化。这不仅仅是我个人的问题。要是只涉及我个人，这倒没多大关系，个人可以更加努力去奋斗。但是我发现这已经

---

① 中国留学生们认为美国人对中国的无知和傲慢不是没有根据的。有研究表明，美国的大众文化中确实存在着歧视华人的定型观念。一项对美国和加拿大图书市场的调查发现，有华人担任角色的小说占全部小说的 1.5%—2%，其中每 100 本小说中，担任歹角的占 75%，配角的占 9%，闲角的占 15%，正角的占 1%（关世杰，1995）[423]。在这些小说里，华人不是被描写成男盗女娼、走私贩毒之徒，就是苦工和流氓。美国大众传媒借助自己强大的物质载体已经形成了"电子殖民主义"（electronic colonialism），作为一种文化知识系统用其意念来左右世界人民的思想和价值观念。

牵涉到了整个民族。"在一个中国朋友潜移默化的影响下，金多多觉得自己由于英语不好，为自己的祖国"丢了脸"：

> 由于我的英语很糟糕，我忍受着巨大的精神压力。我本可以比较轻松地处理这件事情的，可是我的一个中国朋友不知怎么地让我觉得，我的英语不好就是给我们的党和人民丢了脸。我感到很羞愧，心情很不好。每天从早到晚我都感到很羞愧，好像我在为我们的人民丢脸，对不起人民似的。我真后悔，英语没学好就跑到这儿来了。

尽管金多多的语气和使用的词汇有调侃戏谑的意味，但是他确实在认真考虑个人、祖国和人民之间的关系问题。他在讲上述这番话时表情十分严肃，脸绷得紧紧的。很显然，他为自己不能帮助祖国树立一个良好的民族形象而感到内疚。就像以前来美国的中国学生一样（Lee，1960），他担心自己的行为会有损于祖国的形象[1]。

由于国家与他们自身的行为密切相关，中国留学生们来到美国以后开始重新反省自己来美国学习的意义。对有些学生来说，来到美国学习或许是自身的一种荣誉和机会，而对另外一些人来说却是自己祖国的耻辱：

> 留学不是什么光荣的事，而是"奇耻大辱"。远在一百多年前，我国选派第一批留学生的目的，在吸取西洋人的科技新知，回来用以建设自己的国家。等到留学生够用了，等到自己的国家建设成功，就不必再派人出去留学，只等着外国人来我国留学了。可是很

---

[1] 台湾诗人和作家余光中曾经说过："在中国，你仅是7万万分之一的中国，天灾，你可以怨中国的天，人祸，你可以骂中国的人。军阀，汉奸，政客，贪官污吏，土豪劣绅，你可以一个挨一个的骂下去，直骂到你的老师，父亲，母亲。当你不在中国，你便成为全部的中国，鸦片战争以来，所有的国耻全部贴在你脸上。"此段引言转引自学林出版社1994年出版的林语堂著、郝志东和沈益洪译的《中国人》的"1994年版译者附记"。原书没有标明出处，因此我不知道这段引言写作的具体时间。从引言的内容看，我估计是在1949年以前。

不幸，一百多年之后，今天我国的学生出国留学的人数，不但没有减少，而且越来越多，这不是说明过去这一百多年我们失败了吗？（老康，1987）[40]

　　我在美国留学期间经常听到中国留学生（包括我自己）问这个问题："我们为什么来这里受洋罪？什么时候轮到这些'洋鬼子们'也互相争着到中国去留学呢？"

　　自我与民族之间的联系不仅影响到中国留学生们在美国学习时的心理状态，而且影响到他们学成毕业后对未来职业的选择。当我问马国强毕业后的打算时，他说想回到中国去："如果我在这儿找到一份工作，我不知道自己在干什么，好像在为别人工作，不是为自己。也许我们寻根意识太强了。每次朋友们聚会时，他们就会说：'你这小子，怎么看上去像个老学究似的。'"（笑了）当一些年轻的留学生就自己毕业后的去向征求达誉生的意见时，他回答说：

　　　　如果你待在这儿，就一直是寄人篱下。即使你能当上教授，你还是受别人雇佣，对吗？等你头发花白了再回去，祖国还是非常欢迎你的。但是我认为到那时为时已晚了，……你或许可以带回去一些钱，几百万？你或许会成为百万富翁，你的后代也许会从中受益。但是除此之外，还有什么呢？到那时，父老乡亲会问你："这个国家已经变成这个样子了，你贡献了多少？"那时你可就无言以对了。

　　这很像一个传统中国知识分子的声音。作为受过教育的社会精英，他们关注得更多的是自己对祖国的责任（Orleans，1988）。中国的文化传统认为：个人所受的教育、拥有的知识，甚至整个生命都不属于个人自身，而是属于自己的祖国和人民，包括抚养自己长大成人的父母。因此，从道义上讲，他们毕业后应该回去报效祖国，服务于那些帮助他们成长起来的人民,"以天下为己任"仍然是中国知识分子理想的座右铭。

由于个人的声誉与祖国的形象密切相关,这些留学生们意识到在国外大家应该团结起来,一起努力来改善自己祖国在东道国人民心中的形象。如董文所言:"我们想要中国强大,就必须热爱她。我们需要有一种凝聚力,不管将来是回去还是待在这里,我想这儿的中国人应该团结一致。因为都是中国人,都有一个共同的目标,希望我们的祖国强大。祖国强大了,我们的社会地位也就不同了,我们的日子也就好过多了,对吧?"董文和吴海来到美国不久,就在学校里成立了中国同学学生会,通过组织的形式将周围的中国同学团结起来。他们意识到,在异国他乡必须有自己的组织,否则自己的民族自尊心很容易受到伤害。

中国留学生们强烈的民族自尊心,在一定程度上也反映了,一方面,他们对美国的文明既抱怨又羡慕;而与此同时,他们对自己的祖国也是既羞愧又自豪。我认为中国学生的这种矛盾心态与中华民族的近现代历史有关。在鸦片战争之前,"中国人一直受到周围民族的奉承,一直生活在一种他人低贱、我自尊大的氛围中"(史密斯,1995)[70]。而过去150年以来,中国不断受到西方列强的侵略。"中国再生为现代民族的历程,与其说是一场喜剧,不如说是一场悲剧。多少年来,在外族入侵面前,中国人感到手足无措;他们一直犹豫彷徨,企求同情,采取逃避战术;请求别人做无效的调解;在别人失约之后气得捶胸顿足;最后幻想破灭,不得不决定鼓足勇气去面对这个家庭的新气氛。"(林语堂,1994)[342]

对许多中国人来说,他们经历了一个从"文化自我中心"到"文化自卑"的痛苦心路历程,体验了中华民族从强壮到衰微的苦涩。在炫耀自己的悠久历史和灿烂文化的同时,中国人已陷入这样一种两难的困境之中:或迎头赶上世界发达国家,或一味维护自己古老的文明。世界的关注点已从过去的"中央王国"(中国的字面意义)转到了所谓的"蛮荒之地"(中国人对外国的贬义称呼)。因此,对在美国的炎黄子孙(包括我所研究的中国学子和我自己)而言,个人自尊乃至民族自尊都是一个十分敏感的话题。

尽管民族自尊对大多数中国留学生来说是一个敏感话题,提起来就有点伤心，但是，也有人在美国生活了一段时间以后意识到自己原来的民族观念过于狭隘了。在最后一次访谈时，焦林似乎已经在这方面有所超越：

> 渐渐地，我不再热衷于这种狭隘的民族感情了。我不会在自己的行为中努力去保护中国人的自尊和利益了。我也不会把一切事情都放到很高的标准上来衡量了。个人与集体有联系，但是它们两者是不一样的。我初到美国时，如果一个中国人做了坏事，比如偷东西，我就会觉得这不仅为他自己，而且也为整个中国人丢了脸。后来我想，整个中国人有什么丢脸的呢？你自己，你为自己丢脸吧，这是你个人的问题，别把责任全推在中国人身上。

焦林等人的这种转变似乎是在从更广的意义上来看待民族与个人之间的关系，而没有减弱或排斥自己的民族感情，只是使他们站到了一个辩证的高度来看待自己与祖国的关系。他们在美国接受了更多的个体主义教育之后，学会了为自己的行为承担更多的责任，而不是把一切都归咎于自己的民族和文化。

简而言之，在来到美国的前 8 个月之内，我所调查的中国留学生的自尊心经历了一场严峻的考验。他们在长大成人以后不得不又回到孩提状况接受另一种社会化过程，这并不是一件令人愉悦的事情。在新的文化环境里，他们感到自己"无能为力"，一筹莫展，常常处于孤立无援的境地，而社会经济地位的相对降低又影响了他们的个人尊严。作为异国他乡的"旅居者"，他们萌发了一种非常强烈的民族感情。一些人对"外国人"对他们祖国的反应非常敏感，而另一些人开始在新的土地上为自己所做的事情承担起更多的责任。

第十章 "变化": 跨文化人际交往对个体文化认同的影响

"一旦你的眼睛睁开了, 你所看到的就再也不是以前那个样子了。"

——焦林

跨文化交流是一个文化与另一个文化之间撞击、冲突和适应的过程。在个人层面上, 这是一个不同文化中的人们相遇、相知或相对的过程。在这个过程中, 一个文化中的人们必然受到另一文化的熏染, 而这种熏染反过来又会对他们本身的文化变迁产生一定的影响。不同文化之间的接触和撞击既给各自文化本身带来危机, 又为这些文化的发展提供了新的契机。对于个人来说, 这种文化撞击既给他们带来了认同危机, 同时又孕育着自我身份的超越。我所研究的中国留学生们在美国正是经历了这样一个文化冲击、文化变迁和文化涵化的过程。在美国受到不同人际互动方式的冲击之后, 他们开始重新评价自己原有的文化传统, 习得美国文化中他们认为优秀的东西, 同时逐步改变自己一些不适应跨文化交往的行为习惯。

在美国的 8 个月内, 中国留学生们作为"大小孩"和"局外人"的经历使他们认识到, 自己的一些行为和思维方式与美国社会不相适应, 必须加以调整。但与此同时, 他们所固有的价值取向和行为模式又在很大程度上对这种变化进行着无形的和有形的抵制。在文化心理变迁过程中, 他们不断受到来自母文化的"心理原型"和来自异文化纠正机制的夹击。因此，他们不断地问自己："我应该变还是不变？我是不是已经变了？变了多少？我还是不是百分之百的中国人？我应该怎么变？"这些问题在他们的心里激起了无尽的感情波澜和价值冲突。

本章所揭示的就是中国留学生们在中美两种文化的冲击下扑朔迷离的心理动态。在异文化的挑战面前，他们中有的人感到"很不舒服""不知所措"；有的人执意坚守中国文化传统，以"不变应万变"；还有的人开始挑战自己原有的价值观念，逐步建立起一种跨文化的自我身份。在他们各自的文化变迁过程中，我们可以看到美国文化和中国文化相互撞击的火花和结晶。

第一节 "不舒服"：对异文化的排斥心理

中国留学生们在谈到自己在美国生活的体验时，很多人都提到了"不舒服"这个词。例如，焦林说："在这儿，我感到很困惑。我不得不在这么大年龄时改变自己原有的习惯。真有点儿受不了，……我觉得很不舒服。"中文中的"舒服"有很多意思，如舒适、愉快、轻松、身体上感觉不错等等。"不舒服"是"舒服"的反义词，既可以指身体上的不适，也可以指精神上或情绪方面的不愉快。在所有被访的中国留学生中，马国强对这一点感触最深。他觉得在美国生活十分"别扭"，总的感觉是"十分不舒服"。下面这一段叙述可以使我们对他的心态窥见一斑。

片段分析之七

"在这儿我觉得特别不舒服！"

到美国 8 个月以来，我基本上没有跟美国人打什么交道。平时见到他们时只是跟他们打个招呼，说声"hi"，仅此而已。我甚至感到说英语都很不舒服。有时候，我在炒菜的时候，我的室友会突然问我："你在炒什么菜啊？"我说："我不知道！"他就说："你吃这个菜，还不知道叫什么啊？"我就对他说："我不知道。"于是便冲回自己的屋里去查字典。（笑）你看，事情就是这样。我觉得非常不舒服，我只要跟他们说话就觉得不舒服。

我们学校里有很多中国留学生，我跟他们关系很好。我们在一起时总是说中文。在这儿我没想过要去说英语。在中国朋友之间，我们曾经多次讨论过这个问题。有时候，我们决定只说英语，但是过了一会儿，就会有人大叫："是谁出的这个馊主意？"中国人在一起时说英语很不方便，起码开不成玩笑。如果我们决定只说英语，大家突然一下子就都没话可说了，大家一下子都沉默下来，觉得有点怪怪的。如果这时有老外在场，那就更糟糕了，那我们就不得不说外语了。中国人在一起时说英语还可以随便一点，即使我说错了，对方也能听得懂。但是跟"鬼子"在一起时就不同了，他们好像总是在评判我们的英语水平。对这一点，我也觉得非常不舒服。

如果我的电话坏了，我就打电话给电话公司的中文服务台。如果中国服务员解决不了问题，建议我找"鬼子"时，我就会说英语。跟他们谈当然很不舒服，可是有什么办法呢？于是我便强迫自己用英语同"鬼子"交谈。……我说英语时感到不舒服，主要是因为我不能很好地表达中文中一些微妙的意思，我不能肯定英语是不是能够表达中文原意中的细微之处。我的英语水平只能大致表达一下大概的意思，不能传递其中的微妙之处。我对这些微妙的东西很在意，因为我太熟悉自己的文化了！再熟悉不过了！而我的英语却不够好，许多微妙的意思只能用中文才能表达出来。我不愿说英语还有一个原因，那就是我希望忠实于自己的文化。我是中国人，我想在自己身上保存自己的语言和文化。

谈到变化，我自己很难指出自己身上究竟发生了什么变化，因为我正处在这个变化的过程当中。我觉得自己是非常认同中国文化的，但是新来的中国人可能觉得我已经变了。刚来的人往往都会有这种感觉，而在这儿待了一段时间的人感觉就不是这么明显了。我目前所接触的中国学生大多是和我在同一时间来到美国的，所以，如果我变了，他们肯定也以同样的速度在变。因此，我们也就感觉不出各自的变化了。至于美国文化在更深层次上对我的影响，我现在还看不出来。如果有什么影响的话，也是很慢的。我现在还感觉不到。

有些比我们早来美国的中国留学生跟我们在一起的时候总是说英语，对这一点，我也觉得很不舒服。他们好像想忘掉自己的根，想尽快地融入美国这个大熔炉里去似的。我有过一次很不愉快的经历，那是在我们学校第一次中国学生联谊会上。会议开始时，台上那家伙说话时夹杂着中文和英文，好像他们来这儿已经很久了，忘记了自己的母语似的。我觉得很不舒服。所有出席会议的人都是中国人，他为什么要讲英语呢？于是我的一个哥们儿叫道："我们听不懂！"旁边有人立即说："对了，有的人刚到这儿，他们的英语不好，听不懂。你得慢点说。"你看，他们反而倒打一耙。（笑）

我发现有的中国人到这儿一段时间之后，他们的思想也变得有些混杂了。他们的语言是混杂的，他们再也记不起中文了，而且他们的思想也是混杂的。我能够理解他们为什么会这样，因为有时候用英语来表达我们在这儿学到的一些概念更容易一些。可是我总是尽量避免这么做。我对这些人的变化感到很不舒服，他们好像看不起自己的文化传统，竭力要去迎合西方人的口味。

有一天我在学校的休息室里和几个哥们儿聊天，碰到了一个从中国来的女同学。她的举止有点怪，非常非常怪，好像她想要炫耀自己，但同时又想尽量隐瞒自己的身份似的。我们问她："你在中国是哪个学校的？"就连这种问题她都不愿意回答，好像她不想和任何中国的人和事有任何联系似的。当时我们觉得特别不舒服。她走后，我们的心情都很不好，几个哥们儿话都不想再说了。后来我们再碰见她时，连招呼都懒得跟她打了。后来，我发现她和我的一个朋友在一个班里上课。那个朋友告诉我，她从不和中国人讲话，只和美国人说话，好像想竭尽全力融入美国这个大熔炉里去似的。这是我在美国所遇到的最不开心的事情，一想起来就觉得怪怪的。这件事情我想了很久，还是不明白她为什么会是这个样子。真奇怪！

我也不想去理解她。这儿什么样的人都有，很有意思。我简直不知道她在想些什么。她肯定想留下来不回中国了，肯定是来了一段时间后也有了美国人所谓的隐私观念了。但是，这算是什么隐私呢？不就是一所学校的名字吗？……肯定还有其他的原因。我猜想她肯定很想融入美国这个大熔炉里去，忘掉自己的过去。我真不明白她为什么不愿意和中国人接触，而喜欢和外国人打交道。我想她一定很孤独。西方人很难理解她，他们不可能给予她所需要的帮助。

对她这种人我觉得很不舒服，他们好像特别想抛弃过去。那些一天到晚只说英语的人有他们自己的目的，他们似乎想以忘记自己的母语作为代价而去操练英语。这些人让我觉得很不舒服，好像我们中国的东西很差劲似的。我们中国的东西难道就那么差吗？也不见得就那么差，对吧？这些人这样做是因为想留在这儿。这对他们个人来说也许是一件好事儿，可我总觉得这会让我们自己的祖国失望的。在中国，我们的社会地位和一般人不一样。尽管我们很穷，可是我们比其他人有更高的社会地位。国家花了这么多的钱培养我们，如果我们学完了不回去，这对祖国的人民是不公平的。

在我所调查的 9 名中国学生中，马国强的心态比较极端。他好像在故意努力地说中文，交中国朋友，用中文思考，以此来保持自己的中国文化。他认为他对另一种文化、另一种语言以及其他中国学生的变化感到"不舒服"，是因为他忠实信守自己的文化。他对自己的这种忠诚引以为豪，而且主张中国留学生都这么做。尽管他对于美国文化对自己的影响以及英语在日常生活中所起的作用表现出一种爱恨参半的矛盾心理，可是他似乎并不像其他中国学生那样因远离主流文化而烦躁不安。

从跨文化交流学的角度看，马国强似乎对美国文化有一种强烈的"消极性定型观念"，不愿意主动与美国人进行交流。即使迫不得已需要交流时，他也把这种交流降到最低限度。他对其他中国留学生身上的变化反应如此强烈，也说明了他不愿意认同美国文化。他似乎对中国文化有一种特殊的感情，不仅自己恪守不移，而且不容外人亵渎。虽然一般来说在跨文化交流中新的文化价值观念往往会对个体原有的体系形成冲击，但是马国强对自己的文化价值观念固守不渝，没有给新观念以冲突与较量的机会。因此，他原有的价值观念仍旧在他的认知体系里占上风。虽然他感到"不舒服"，可是他并不想找到自己"不舒服"的真正原因，从而让自己变得"舒服"一些。

　　加拿大学者加德纳（R. C. Gardner）和兰波特（W. Lambert）的学习动机区分理论以及美国学者舒曼（J. H. Schuman）的文化涵化理论（acculturation theory），可以帮助我们理解马国强这种"不舒服"的感觉（Gardner，1985；Schumann，1978）。加德纳和兰波特把学习者的动机区分为"整合式"（integrative）和"工具性"（instrumental）两种。持"整合式"动机的学习者对第二语言和文化一般抱有好感，准备接受或完全采纳第二文化的生活方式；而持"工具性"动机的学习者学习第二语言主要是基于某种实用的目的，如攻读学位、谋求职业等。该研究结果表明，持"整合式"动机的人在学习第二语言时，要比持"工具性"动机的人学得好。舒曼进一步认为，人们在学习第二语言、接触第二文化时会产生强烈的文化归属心理矛盾，而语言学习的成功程度取决于个体"文化涵化"的程度。那些完全放弃本民族文化归属、全盘接受第二文化生活方式和价值观的人，第二语言往往学得比较好；而那些出于"工具性"动机、恪守本文化传统的人，第二语言往往学得不够好。

　　马国强来到美国学习基本上是出于"工具性"的动机，他学习英语不是为了加入当地的社团，而是为自己的学业服务。因此，他没有投入很大的热情去认真学习英语。此外，他十分"固执地"（这是我的话）恪守中国文化，保持自己的生活习惯，甚至故意抵制美国文化对他的影响。由于他在心理上仍旧归属于中国文化，不愿意认同美国文化，结果他不仅不认真学习英语，而且连说英语都感到"不舒服"。

　　从另外一种意义上来说，马国强对美国文化的抵制也是一种适应的方式。根据教育人类学家斯平德勒（G. Spindler）的理论，马国强的反应是他在工具性文化适应失效以后，对自己文化的重新肯定以及在新文化面前的退缩（冯增俊，1991）[209-210]。在斯平德勒定义的五种可能性反应形式中 [重新肯定型（reaffirmation）、退缩型（withdrawal）、建构边际型（constructive marginality）、双重文化主义（biculturalism）和同化（assimilation）]，马国强的表现基本上是第一种和第二种形式的结合。他在面临文化冲突的时候，对自己的传统文化更为迷恋，热忱地恪守中国文化的行为准则。与此同时，他对新的文化规范无所适从，进而采取敬而远之的态度。根据斯平德勒的研究，自我受到威胁是导致重新肯定、自毁或退缩的原因。马国强的表现可能说明他的自我校验能力来到美国以后已经有所下降。

与马国强相比，其他中国留学生在价值观念和行为方式上经历了更多的变化。尽管他们大都承认自己变得越来越"独立"了，可是有些人对于自己身上"中国化"的东西究竟改变了多少却不敢肯定。如果沿用斯平德勒的分类方法，他们中有的人（如易立华和达誉生）表现出明显的重新肯定型适应，在来到美国以后对中国文化中的精华更为欣赏。有的人（如严华君）采取的是退缩型适应方式，在文化冲突时表现得很不安，拒绝再和美国人进一步交往。有的人（如吴海和董文）基本上采取的是建构边际型适应方式，既不完全坚守中国文化的传统，也不趋同于美国文化的观念，他们吸收了两种文化中一些相似之处，形成了一种新的文化适应，在一定程度上与主要冲突保持一定的距离。另外一些人（如焦林和高莉）试图进入双重文化身份，同时扮演两种文化角色，与人交往时因对方的文化身份不同而调整自己的态度和方式。还有的人（如金多多）则表现出同化适应的倾向，尽管在思想意识上对中国的文化传统有深刻的认识，并且在情感上有强烈的依恋，在行为上却表现出对主流文化的趋同。

第二节 "文化认同"：个体与文化的所属关系

中国留学生们在美国生活的时间越长，对自己在"文化认同"方面所发生的变化就越有意识。正如我在第二章里所论述的,"文化认同"这一概念并非土生土长的中国本土概念,这一词语在 20 世纪初传入中国,在 20 世纪 80 年代为从事文化研究的知识分子们所广泛使用。目前,随着跨文化研究在中国的兴起,"文化认同"这一概念已经成为中国知识界常用的一个术语。我之所以采用这一个"文化客位"概念,是因为我无法找到一个更好的"文化本位"概念来表达我想描述的现象。"文化认同"这个词语能够最好地表现我的调查对象们在试图维持或改变自己的文化特征方面所做的努力。尽管有的中国留学生在我第一次使用这一词语时不知其义,但后来他们都认为,用这个词语来表示我们所研究的现象是再合适不过的了。在讨论"文化认同"这个问题时,中国留学生们不仅谈到了自己身上所发生的变化,而且对他们所看到的其他中国留学生身上的变化也进行了热烈的评论。他们通过反省自己和观照别人这两种方式,对"什么是中国人""什么是中国人的人际交往方式""在美国是否一定要(或者如何)保持中国人的方式"这些问题进行了深入探讨。

一、"我还是中国人吗?"

来到美国一段时间以后,我所调查的中国留学生们都面临着一个"变还是不变"的问题。在美国生活了 8 个月之后,有的人开始经历文化认同方面的剧烈变化,而有的人则声称他们根本没有任何变化。在后者看来,中国文化是他们安身立命的精神支柱和意义追求所在,不能随意抛弃。比如,达誉生就认为他自己目前仍在按照中国人的方式同美国人交往:

> 也许变化对于我来说不是一件很容易的事情。对于我这样的人,中国文化已经使我们定了型。即使是美国文化也很难改变我。我总是按中国方式行事,从不使用美国人的逻辑。直到现在,说实在的,我认为美国人的逻辑也没有什么了不起的。其实,你(指我)告诉我,什么是美国人的逻辑?你在这儿有好几年了。我问

你：究竟什么是美国人的逻辑？美国人做事情的时候他们关心的是什么？我不知道，不知道。

在上面这段话中，达誉生一方面否认自己身上发生了任何变化，好像自己固守中国传统是经过深思熟虑以后做出的选择；而另一方面，他又反问我什么是"美国人的逻辑"，好像他对美国社会并不了解。因此，从某种意义上来说，他的"不变"并不是在充分了解了美国文化之后所做出的一个主动的选择。所以，他说话的时候语气显得有点沮丧，似乎要竭力反对某种他并不十分了解的东西。在其他场合我曾经检验过，他所说的"美国人的方式"在他的理解中到底是什么含义。在访谈中，我发现他对于美国人的"隐私"观念还是有自己的看法的。他不喜欢美国人"不关心别人"的做法，而且尤其讨厌有些中国留学生对这种习俗的过分模仿。[1]

在对达誉生的观察中，我发现他来到美国以后一直在有意识地保持着中国式的行为规范。有一次访谈结束后，我们走进录音室去感谢提供录音设备的技术员。不巧他出去吃午饭去了。当另外一位技术员问我们怎么回事时，我向他说明了情况。在介绍我们自己的身份时，我当时不知道如何介绍达誉生为好。如果我使用中国社会的常规，应该称呼他为"达先生"或者"达老师"；而如果按照美国人的习惯，我可以直接叫他的名字"誉生"，这样会显得更加"亲密"和"随便"一些。在我日常与美国人（包括与已经年逾 60 岁的导师）的交往中，我已经习惯了以名字相称。可是，在我和达誉生的交往中，我们双方一直坚持使用中国式的称谓方式：我叫他"达老师"，他叫我"陈老师"。虽然我意识到这种称呼不符合美国人的习惯，但是由于我和他都是中国人，平时我并没有觉得特别别扭。而现在我们是在和一个"老外"打交道，不同的语境使我意识到必须有所选择。中美两种称谓具有不同的关系指代意义，选择其中任何一种都是对当时当地人际关系的一种选择和确认。

---

[1] 本节后面将进一步讨论这个问题。

正当以上这些想法在我脑子里翻腾时（当然，这些想法只是发生在一瞬间，可能只有几秒钟），达誉生毫不犹豫地走上前，对那个技术员说："我姓达，达先生。"我当时很明显的一个感觉就是：他不想按照美国人的习惯让人家直呼他的名字。他希望别人按照中国的方式正式称呼他的姓并加上一个尊称"先生"，以此来保持自己的社会地位和尊严。他在称谓方面的这种偏好在其他场合也有所体现。在访谈时他曾经谈到，他的美国教授们平时就是称他为"达先生"的。撇开这些教授们的谨慎小心不谈，达誉生自己主动选择比较正式的称呼方式，这说明他不愿意改变中国人的惯常方式。因此，从这个意义上来说，他在美国选择"不变"的态度是主动和被动相结合的结果。

和达誉生一样，金多多也认为自己来到美国以后文化观念上还没有发生太大的变化。由于没有很多机会同美国人打交道，他还没有面临深刻的价值观方面的冲突。与此同时，他也在有意识地保持自己原有的生活方式："如果你在和美国人打交道时保持自己的方式，他们同样会对你感兴趣的。至少，你可以平等地和他们交往。我从不放弃自己的东西去迎合别人，我总是说我想说的话。"与达誉生相比，金多多的选择似乎更具有主体意识。他坚信自己的文化传统在国际上占有独一无二的地位，因此这种文化具有自己独特的价值。一个人在和来自另一文化背景的人交往时应该利用自己的优势，而不应该放弃自己的特色，一味迎合别人。如果一个人竭力去模仿别人的文化，最终他会把两种文化都丢掉的。

金多多举了一个古老的中国寓言故事"邯郸学步"来说明这个问题。古时候，有一个人到另外一个城市里去学那个城市里的人如何走路。结果，他不但没学会新的步法，反而连自己原来的步法也忘了，最后他不得不羞辱地爬着回来。这个寓言在中国十分有名，被用来耻笑那些盲目学习别人的人。在西方留学 11 年后回到中国的辜鸿铭曾经表达过与金多多类似的看法：

　　　　我完全可以肯定，当我们都由中国人变成欧式假洋人时，欧美人只能对我们更加蔑视。事实上，只有当欧美人了解真正的中国人——一种有着与他们截然不同却毫不逊色于他们文明的人民时，他们才会对我们有所尊重。（辜鸿铭，1996）[237]

达誉生和金多多都非常肯定自己在文化认同方面没有发生什么变化，而其他中国学生在谈到变化这个问题时则表现出一种模棱两可的态度。从表面上看，他们所说的话似乎存在着很多相互矛盾的地方，但仔细探究，则会发现他们的话中显然有自己的一套"逻辑"。比如说，有一次易立华告诉我他很难改变自己："我是一个典型的中国人，不会轻易改变自己。和美国文化相比，中国文化更为保守，更为怀旧。如果我们中国人认为某个东西是好的，即使它是旧的，如旧的生活方式、旧的环境，我们也宁愿维持它。所以我到美国来以后，非常思念那儿的生活。"他认为自己很难从一个中国人完全变成一个美国人："尽管一个人可以十分具体地理解美国的文化，但却不能完全变成一个美国人，像他们那样为人处事。"他这么说的主要理由是一个人的第一文化常常会阻碍第二文化对自己产生影响：

> 我们有自己的文化，它会把另一种文化限制在一定的范围之内。对我们来说，美国文化就像英语一样。美国文化是我们的第二文化，我们的第一文化会把它限制在一定的范围之内。我觉得没有人会把另一种文化覆盖在自己的文化之上，就像没有人会把另一种语言说得比他的母语更好一样。即使一个人知道在自己的文化中有某些不好的东西，他也会努力去消除那些不好的东西，向另一种文化学习好的东西。但是，他自己的文化框架还是不会改变的。我们中国人的价值观念永远也不会改变。比如，就学习来说，无论这里的博士学位多么难拿，也没有人会放弃学习中途回国的。

易立华认为，由于美国文化是一个全新的东西，所以对它不如自己所生长于其中的本土文化那样舒服自在："美国文化是某种移植到你体内的东西，某种对我们来说陌生的东西，某种你总是觉得不舒服的东西。尽管在这种文化中有许多好的东西值得我们学习，但是它无法代替我们自己的文化。如果我们同意美国文化是一种不同的东西，那么和美国人交往就是一件不同的事情，它不可能像和中国人交往那样自然。在这两者之间总好像有些什么隔阂。"因此，他总结道："我觉得我不可能成为他们中的一员，我和他们不一样。"

而在另外一次访谈中，易立华又认为：尽管自己无法融入美国文化，可是他目前唯一的出路却是适应美国文化："既然你来到了美国，你就得接受美国文化，按美国人的方式做事。所以你必须调整自己，你必须改变自己的行为，你必须知道他们是怎么做的，尽量按照他们的规范去做。只有这样，你才有可能在这里生存下去。"他前后所说的这两段话似乎表达了一种貌似荒谬的悖论："即使你不能做，你也得去做。"然而，在我看来，他前面所说的是一个事实，而后面所表达的则是一种态度。尽管这两种说法相互之间存在矛盾，但是这一矛盾反映了中国留学生目前所面临的客观现实。中国留学生在美国的现实就是充满矛盾的：无论他们多么努力都不可能变成"纯正的美国人"，但是为了生存他们又不得不适应美国社会。

与易立华相似，焦林在我对他的 4 次访谈和多次观察中也表现了对文化认同在思想上的困惑和态度上的变化。在第一次访谈中，焦林告诉我，由于不同文化背景的人对他所做出的反应不同，所以在与他们交往时，他学会了使用"双重标准"。每当他与别人相遇时，他都会问自己：

> 他是中国人还是美国人？如果他是中国人，我就用中国方式；如果他是美国人，或者是半美国人，就是那些在美国出生的中国人，或者是那些从中国大陆来的但是已经有很大变化的中国人，那我就用美国方式。

焦林在与人交往时首先试探对方的文化背景，这是认定彼此关系的一个重要部分（关世杰，1995）[330]。通过认定对方的文化身份，他可以随之决定采取何种方式与对方进行交往。我在课堂上和社交场合观察他时也发现，他对具有不同文化背景的人使用的语言和交谈态度是不同的。和中国人在一起时他显得无拘无束，用中文交谈，语速很快，面部表情轻松自如，而且不时地开怀大笑；而与美国人在一起时，他看上去比较拘谨，小心翼翼地用英语造句，语速比较缓慢，脸上矜持地做微笑状，频繁地借助形体动作（如点头、挥动手臂）来表达自己的意思。[①]

尽管焦林在第一次访谈时谈到他常常使用双重标准，可是在第二次访谈中他却固执地认为自己不可能改变："中国有句古老的谚语——'江山易改，本性难移'。我并非自吹自擂，说自己爱国什么的。我就是这种人。我已经长这么大了，已经定型了，不可能再变成其他什么人了，更不可能变成美国人了，这是不可能的。……我现在做事的方式和在中国时一模一样。"尽管他指出今后有变化的可能性，"但现在，我想我使用的仍然是原来的行为方式"。

此后，在第三次访谈时，焦林说，他发现自己已经可以欣赏美国文化中某些优秀的成分了，但是还是不能轻易地就接受美国的文化观念。他认为自己的价值观念和生活方式已经基本定型了，即使他希望有所变化也不是那么容易的事情："我能理解美国文化中好的一面，但那不是我自己的东西。这种理解有可能逐渐影响我，但是在思想上我对美国还不太了解。我是中国人。即使我想改变，也是不可能的了。我欣赏他们文化中的某些方面，但不会对它佩服得五体投地，也不会把中国文化贬得一钱不值，更不会变成一个美国人。我想，如果有可能的话，经历一下另外一种生活方式也是很有意思的。但是我不可能这么做，我有各种各样的限制。"他所说的限制之一就是美国人可以疯狂地欢乐，但他由于身体不好不可能这么做。如果他一夜不睡，过后得要几天的工夫才能恢复过来。

然而，在表达了强烈的"不变"立场之后，焦林在最后一次访谈中道出了自己生活中的两难境地："你在这儿生活的时间长一些以后，你就既不

---

① 事实上，我在很多场合观察其他中国留学生时，发现他们也有类似的行为表现。

是中国人也不是美国人了。你什么都不是了，非常困难。"他把自己从中国
到美国的经历与从前从农村到北京的过渡进行了一个类比："我从北京回到
家乡后，我的口音已经变了，村里的人不再把我当本地人了。而我再回到
北京时，北京人又把我当外地人了。我到商店里去买东西，他们听出我有
口音，就把我编入外地人一类了。"尽管他现在觉得自己无论走到哪里都是
一个"局外人"，但是如果有机会选择的话，他仍旧十分了解自己内心的
意愿：

> 无论如何，我们身上中国的东西还是要多一些，我们不可能变
> 成美国人。想想我们为人处世的方式究竟倾向于哪一边呢？还是中
> 国这一边。就拿人际交往来说吧，如果我们现在就回中国去的话，
> 我们也许会觉得不自在。但是哪种方式更不自在呢？还是一个大环
> 境的问题。我觉得还是中国的生活方式使我们更自在一些。比如说
> 我们家乡的人情味儿就很浓，很有吸引力。即使现在中国也在变，
> 但是古老的传统还在。

以上焦林在 4 次访谈中所说的话以及他在这段时间内的行为表现，再
现了他在跨文化人际交往方面的变化过程。当他对不同文化背景的人使用
"双重标准"时，他刚刚来到美国，正在新的环境中重新构筑自己的文化
价值体系。第二次访谈（即来美 5 个月后他主动邀我谈话那一次）中他表
示没有改变的可能性时，他正处于情绪的低谷，因苦于无法和美国人交往
而闷闷不乐。第三次访谈时（他来美 8 个月后），他已处于适应过程中的上
升时期，更多地看到了美国文化中好的一面，正在逐步地适应美国大学里
快速的生活节奏，也交了几个美国朋友。最后，在我们的焦点团体座谈中
（也就是他来到美国 15 个月后），他意识到了文化认同这一问题的复杂性，
而且对美国社会采取了一种更为接纳的态度。尽管他仍然喜欢中国的生活
方式，但是他知道自己和以前已经很不一样了，现在他已经变成一个"没
有文化身份的人"了。焦林的变化过程基本上符合一般人在跨文化适应过

程中所走的"U"形曲线。虽然他在开始时很快就撞到了"适应高原"，但是他基本上经历了一个从兴奋、沮丧、调整到适应的过程。[①]

和焦林一样，严华君也把自己从老家到北京的经历与他从中国到美国的经历进行了类比，以此来说明他所遇到的和焦林一样的两难境地。他初次从北方的老家来到北京时，举目无亲，孤独寂寞，如浮萍一般"无根无基"。现在从中国来到美国，他再一次感受到了在陌生地方的孤寂和无助。相比之下，这一次搬迁比上次更加艰难，因为上一次毕竟是在同一文化国度内迁徙，而这一次他是从一个熟悉的文化环境搬到一个完全陌生的文化环境。在美国"无根无基"的生活给他思想上平添了不少压力。"人不能没有根，根没了，人的精神上就会有压力，"严华君面色沉重地说。他认为，像他这样的人现在只可能有两种选择：要么回到自己的根基所在之地，要么在陌生的地方过一辈子无根无基的生活。"无论是哪一种方式，你都注定要感到孤独，因为无论你如何日夜思念，你的根基所在的地方都已经不再适合你了。而你如果一辈子待在这个无根的地方，你也会不高兴的。这就是一个人生活中的困境。"像焦林一样，严华君指出了中国留学生在美国生活的两难境地：一个人一旦离开了自己的家，就再也"回不去了"。对这一难题，他们没有很好的解决办法。他们所能做的只是面对复杂的现实望洋兴叹。

以上易立华、焦林和严华君的例子表明，这些中国学生始终在获得与失去、追求与放弃之间经受精神煎熬和行为选择。事实上，对每一位从一个地方搬到另一个地方、需要重新定位的人来说，这都是一个必须经历的过程。一方面，为了适应新的文化环境，他们不得不改变自己原有的思维方式和行为习惯；但另一方面，为了保持自己心理上的稳定性和连续性，他们又不得不恪守自身文化中的一些价值观念和行为习惯。而要在这二者之间寻求平衡很不容易。

美国心理学界曾经有人对一些精神病患者进行了长达 10 年的临床观

---

① 有关"U"形曲线在中国留学生适应过程中的具体表现和有关讨论，见第十二章。

察，发现大多数受到精神疾病困扰的"外国人"通常是那些既远离美国人，又与自己的同胞不相往来的人（Klein，Miller，Alexander，1981）。这类研究说明，在跨文化环境中，一个人不仅不能完全放弃自己从中获得生命意义的本土文化，而且必须将其与自己目前赖以生存的客体文化进行创造性的融合。要获得一种生活上的稳定性和连贯性，移居他乡的人们必须在两种文化之间找到一种平衡。我所调查的中国学生们在来到美国以后，意识到了这个问题的重要性，他们已经在自己的日常生活中开始进行这方面的调适。[①]

二、"他们还是中国人吗？"

除了反省自身的变化，中国留学生们几乎无一例外地会对那些比他们更早来到美国的中国学生身上所发生的变化评头论足。他们似乎把这些中国人当作一面镜子，以此来观照自己身上所发生的变化。最初踏上美国国土时，他们一看见本国人总是感到喜出望外，无论什么时候见到一个黄皮肤黑头发的人，都会走上前搭讪几句。可是他们这样尝试过几次以后，发现自己的努力往往是徒劳无功的。有时候，他们主动热情的举动甚至显得十分荒唐可笑。他们发现，在美国这样一个多元文化共存的国度里，仅仅依据人们的肤色和长相来判断他们的国籍或语言几乎是不可能的。焦林在访谈时告诉我：

> 刚到美国时我很傻，一见到黄皮肤的人我就想他是中国人，于是就跟他谈中国的事情。结果，他要不就是一个 ABC[②]，根本不会说中文，要不就是说广东话的，我根本就听不懂。后来，我再见到这种人，我就总是先问："你是哪里人？是大陆的吗？"如果他愿意聊中国的事情，我就和他聊。否则，我会继续用英语和他交谈。但是，一开始我对这种事情很不习惯。

---

① 在本书的第三部分，我将对他们的文化传承和文化迁移做更详细的讨论。
② ABC 是英文 "American born Chinese"（在美国出生的中国人）的首字母缩写。

我所调查的中国留学生对有的中国学生来到美国以后不再使用中文感到十分难过。他们认为语言如同一条无形的纽带，可以将使用同一语言的人们的思想和感情联系到一起，增强他们之间的凝聚力。可是，他们在美国遇到的这些中国学生似乎都放弃了这一连接纽带，好像打算这辈子不再和中国人来往了似的。在访谈中，焦林举了一个例子来说明他所观察到的这一现象。有一天，焦林在他工作的地方碰到一个中国人模样的人，他立即用中文和这个人谈话。结果这个人却用英语简单地回答了他几句，然后就扭头看他的书去了。

> 看起来这个家伙来美国有好几年了，很有点美国化了的样子，没有什么人情味。你简直不能和他聊天。他或者用的是一种典型的美国方式，跟你用几句话谈谈工作上的事情，就那么几句话，有关工作的，就这么多。然后，他就坐在那儿，做他该做的事情，或者闭目养神。如果我和他谈中国的事情，他好像极不情愿开口的样子。这种人往往显得非常有礼貌，用半中文半英文和你讲话，这种"假洋鬼子"的样子实在让人受不了。

焦林在谈到这件事情时心情很不好，他万万没有想到，自己远渡重洋来到美国，而自己的同胞兄弟竟会用这样一种态度来对待他。这个中国人的态度使他想起了班上一些美国同学对他的态度。他称这种态度为"典型的美国式"态度：不愿聊天，对别人的愿望和感觉没有知觉、漠不关心，只关心自己的事情。更有甚者，这个中国学生竟然连中文都不想说，一开口就是英语，很显然他是想通过语码的选择和转换来表示他不想和其他中国人来往（姚亚平，1990）[180]。这使焦林确信他看不起自己的文化，希望努力变成一个美国人："他们为什么会这样呢？难道中国文化就这么差吗？我决不会强迫自己为了适应别人而说自己不是中国人。我绝对不会那样做的。"

　　和焦林一样，其他中国留学生与比他们早来美国的中国留学生接触几次之后，也惊奇地发现他们中有的人变化非常大。吴海来到美国以后几经周折终于找到了自己以前在中国时结交的几个朋友。正当他满怀欣喜准备和他们共述旧情时，却惊讶地发现他们中有的人已经变得面目全非了："有些中国学生来到美国以后，价值观念发生了很大的变化。他们和在国内时已经很不一样了。就拿我以前的一个同班同学来说吧。我到了美国以后，他对我说，既然你也来了美国，你就得付你在国内打电话时我给你付的钱。当时，我听他这么一说，心里真是十分地震惊，非常震惊。但后来，我尽量设法理解他。如果我是他，我是不会这么做的。但他毕竟是他，所以……"

　　接着，吴海告诉了我有关电话费的事情。其实，事情的起因与这位朋友自己需要帮助有关。吴海和这位朋友在国内时关系不错，这位朋友出国以后他们一直保持着通信联系。后来，这位朋友听说吴海即将赴美留学，便请他帮忙把自己的孩子带到美国来。可是，由于签证拖延，事情没有办成，所以，吴海只好打电话告之情况。由于从中国打国际长途费用特别昂贵，完全超出他个人经济能力所能够承担的范围，于是他便遵从这位朋友的建议，使用了对方付款的方式。在电话中他顺便提到希望这位朋友能够到波士顿机场去接他，并代找住房。这个朋友去机场接了他，也给他提供了有关房子的信息。吴海来到美国以后得知，对方付费电话比普通电话要贵很多，于是他向这个朋友表达了歉意。但是他万万没有料到这个朋友会向他要钱："他向我要电话费，我真是很吃惊。这也许是因为他对钱的看法不同了，他来到美国以后变了。这是没有办法的事情，一个人总会随着他生活环境的变化而变化的。"

　　当我问吴海这件事情对他个人有什么影响时，他回答说："不太大。但是，如果说到价值观念嘛，……这个人来美国已经有好几年了，所以我对他的印象也发生了变化。既然他现在这么看重钱，我和他交往时就得更加小心了。"他尽自己最大的努力去理解朋友的变化，并且采取相应的方式与他交往。但与此同时，他自己却希望仍然保持原有的价值观念："如果我是他，我是不会那么做的。昨天有人从澳大利亚打电话给我，我马上叫他挂了，我给他打过去。这点儿钱我还是付得起的。一般来说，我会自己掏钱，不愿意麻烦人家。这就是我对生活的态度：不要对借钱给别人这类小事大惊小怪。如果我的朋友向我借了点儿钱却没还给我，我是不会介意的。没必要为这些事情劳神。"①

　　与焦林和吴海一样，达誉生也对一些中国留学生的表现不太满意。不过，他注意得更多的是他们受美国社会人情味不足的影响，拼命模仿美国人"对别人不闻不问"的做法：

　　　　美国人对别人不关心，一些中国人也学着这么做，赶时髦。我不喜欢这样。说实在的，并非中国的东西都是不好的。你不妨带一些好的风俗习惯过来，……你也可以去影响他们嘛！如果你按部就班地模仿美国习俗，你会变得没有人情味儿的。我认为这样做很不好。

达誉生发现有的中国留学生处理个人"隐私"的方式十分过分，简直令他不可理解："一些中国人竭力向美国人学习，不打听别人的事情，然后又在自己的行为中学着模仿。对这一点我很不喜欢，很不喜欢。的确，中国人有打听别人隐私的毛病，我在中国时就意识到了这一点。做得过分时，也确实令人讨厌。但是打听别人隐私和关心别人是有区别的，而且打听别人隐私和了解社会情况也是不同的。"在达誉生看来，打听别人隐私与关心他人、插手别人的事情与获得信息之间的界限是十分清楚的。但是对于那些盲目模仿美国习俗的人，他们却看不到这一点。达誉生认为，他们的所作所为实际上违背了自己到美国来的初衷：

　　　　说实在的，我到这儿来的目的是了解美国社会，进而了解这个

——————————
① 有关这些中国留学生对朋友之间回报的看法，可参见第七章第六节。

社会的人民，各个年龄、各个阶层的人民。我是来观察他们，了解他们的。我认为只有通过询问、观察才能了解他们。如果我不这样做，一天到晚待在家里，我能看到什么呢？我在美国的大街上散步，在美国的商店中逛，我才能知道中国商品在美国的档次。如果我整天闭门不出，我能看到这些吗？

这些中国留学生发现，有的中国留学生过分认同美国主流文化，结果他们对自己的同胞十分冷漠，甚至还不如世界其他地方来的人热情。"我到这儿以后，发现有些中国留学生比美国人还美国人。……他们在这儿生活的时间越长，对陌生人就越冷漠，尤其是对我们这些新来的。"（达誉生语）吴海在谈到其他中国留学生时也有类似的看法。他来到美国以后，从未受到学校里比他早来的中国学生的邀请。节假日时，他总是独自一人待在公寓里。宿舍里其他的人都出去了，没有中国学生邀请他参加任何社会活动："这跟中国很不一样。在国内，学校里来了新同学，老生们总是尽力想办法照顾他们。我发现，这儿的中国人和国内的学生不一样，对新同学态度很冷淡。"

这些留学生发现一些早来的中国留学生身上的变化是如此之大，以至于他们认为这些人已不再是"正宗的中国人"了。他们来到美国以后将自己在美国看到的中国人与他们记忆中国内的中国人做了对比，结果生平第一次如此强烈地感到什么是"正宗的中国人"。比如，易立华认为，"美国的中国人"和"中国的中国人"有"很大的不同"。当他使用"中国人"这一词语时，他指的是在中国土地上土生土长的那些人："说到中国人，我不是指那些在美国生活的中国人，他们不能代表中国人。因为他们已经十分美国化了，已经在很大程度上接受了美国文化的影响。只有国内的人才算是真正的中国人。"在对"正宗中国人"和"非正宗中国人"进行区别时，他们也表达了在这个多元文化环境中尽可能维持自己文化正宗性的愿望。

在对一些中国学生的惊人变化做评价时，这些留学生也曾试图寻找他们变化的原因。通过热烈的讨论，他们一致认为，社会环境是一个主要原因。美国社会快节奏的生活迫使中国学生改变了自己原来的生活方式，他们总是忙于学习和为生存奔波，没有时间和精力交朋友。此外，美国社会对个人独立的推崇以及人与人之间激烈的竞争，在中国学生之间也形成了壁垒。一些学生抛弃了中国人相互依赖的习惯，接受了美国人独立自主的原则。他们不再像以前那样热情地帮助别人，而与此同时他们自己也尽量避免向他人寻求帮助。在美国，中国学生与美国同学本来接触就不多，而这种"不干涉"策略使得他们自己相互之间也隔绝起来了。

在我所研究的中国学生眼里，美国社会改变外来人的力量是如此之大，即使他们把中国所有的"铁哥们儿"都搬到美国来，这些人也会在新的文化环境里很快发生变化的。在最后一次焦点团体座谈中，几位学生都谈到了这种可能性——

金多多：我觉得在这儿很难有铁哥们儿。

吴海：只有在中国才有可能……

金多多：有一种检验的办法……

易立华：这儿的中国人也不铁……

金多多：例如，你在中国有一个铁哥们儿，他和你一起到美国来了。这也许可能性不大……

我：你是想？

金多多：我想知道他来到美国以后是不是会变？

高莉：他会变的。我有两个朋友，她们以前非常铁，可是到这儿以后，她们各自的经历不同，后来因为钱的问题吵了起来，双方都说对方欠了自己的钱……

易立华：所以他们本来就不是铁哥们儿！他们是假的。

高莉：因为在这儿她们都不能维持生活，没有钱交房租。而且她们的矛盾涉及以前彼此欠的钱。她们以前相互帮了不少忙，但现在就不是那么容易分得清了。

金多多：看他们到这儿来以后是不是变了，这会是对他们是不是铁哥们儿或者铁姐们儿（高莉：对，铁姐们儿）最好的检验。即使是一对儿，到了美国，当他们面临生存的选择时……，这也是一个对他们是不是会变的很好的考验。这会是一个很好的考验。可我不知道结果会是什么样子。

吴海：即使我们把所有的铁哥们儿都搬到这儿来也无济于事。如果他们来了，到某个公司干活儿，他们会把公司的利益放在第一位，把友谊放在第二位。朋友之间可以帮忙的机会很有限，在这里，公司的利益是第一位的。而在中国，人们可不在乎这一点。即使是律师，也可以调到公司里来为我们自己办事。

在以上这段对话中，谈话者们触及了中美两个社会中许多有趣的现象。高莉的两位朋友来到美国以后不再是"铁姐们儿"了，这是因为她们对友谊的关切已经被更加迫切的生存需要所代替。在众多影响因素中，经济上的压力剥夺了她们保持友谊所需要的良好环境。吴海有关"铁哥们儿"来到美国以后也会发生变化的论断也很有道理，因为美国社会在友谊和法律之间更强调法律，中国人到了美国之后也会把组织机构的利益置于个人对友谊的需求之上。不同社会里人们所看重的东西不同，因此社会所提供的形成和发展友谊的环境也有所不同。由于环境有所变化，在中国形成的友谊在美国不一定能够继续保持下去。

中国留学生认为中国学生来到美国以后之所以发生变化还有另外一个原因，那就是美国社会衡量成功的标准和中国不尽相同。在中国，一个人成功与否往往取决于这个人在社会之中的人际关系。然而，在美国，物质上的成功是最重要的标准。为了顺应这一潮流，一些中国学生在选择职业时也开始改变自己的价值取向。金多多告诉我："在中国，知识分子有做纯理论研究的传统。但是他们到这儿以后，很多人改变了自己的职业，他们都转向了某些物质的、外在的东西。"由于价值观变了，那些打算毕业后留在美国的中国留学生声称他们拥有追求个人幸福的权利。有的人为了使自己适应美国人才市场的需求，不惜以牺牲自己的兴趣和祖国的需要为代价而转到更为实用的研究领域（王宁，钱婷，[1989]）。这种趋势也影响了我

所调查的一些学生。在最后一次焦点团体座谈中，我问他们在自己身上看
到了哪些变化时，一些人这样回答：

高莉：来到这儿以后，许多观念都在改变。我们是应该多学习还是应
该多赚钱？这儿大部分人考虑问题都从实际出发，所以你不得不考虑赚钱
的问题。在中国如果你获得了一定的学位，你就会沿着一定的轨道走下去。
而在这儿，你可以做很多选择。

吴海：在这儿，学习只是一个饭碗，为了生存而已。

金多多：在中国，学习意味着财富，"书中自有黄金屋"。

学习在中国意味着"黄金屋"，而在美国却意味着"饭碗"。他们将这
两者进行对比是想说明：在中国，学习可以帮助个人获得荣誉、财富以及
可以在社会上立足的人际关系；而在美国，学习主要是为了找到一份待遇
优厚的工作。由于对成功有不同的衡量标准，一些中国学生在这两种价值
体系中进退维谷。尽管他们批评别的留学生变化太大，但这几个月来，我
也能看到他们自己身上发生的一些变化。在最后一次访谈中，他们中有好
几个人都认为自己有可能往一种更为实际的生活方式转变。其中有两人为
了适应美国的劳动力市场需要或者为了在美国多待一段时间，已经转换了
专业。在对其他中国学生的变化进行评论的同时，这些中国学生自己也在
试图将新的价值观整合到自己原有的价值体系之中。

第三节 "独立自主"：个体与他人的关系

在美国生活了 8 个月以后，我所研究的中国留学生们都开始意识到了
"独立自主"的重要性。在做"大小孩"和"局外人"的经历中，他们逐步
地认识到，要在美国这样一个资本主义社会生存下去，必须学会个人独立。
以前，他们在一个群体本位的社会里长大，习惯了依靠集体和他人。现在，

他们来到了美国这样一个崇尚个体主义的社会，不得不改变自己的行为方式。尽管他们对一个人独来独往的生活方式很不习惯，也不得不学着这么做。在日常生活中，他们不得不对一切事情做出自己的判断和选择。美国研究生院里激烈竞争的气氛也迫使他们"各自为战"，放弃从别人那里得到帮助的指望。"如果你希望别人帮你的忙，"严华君愤愤地说，"那你注定是要失望的。"

来到美国以后，高莉意识到"这里和中国很不一样"，她必须依靠自己完成每一件事情：

> 在这里，每一件事儿都得靠你自己动手。你自己得做出每一个决定。你必须靠自己去发现你究竟喜欢什么工作。在中国，情况就很不一样了。在大多数情况下，你只做你应该做的事情，而不管你喜不喜欢。如果你不喜欢某项工作，你也得强迫自己去喜欢。所以在国内的难题是，如果你对某一项工作没有兴趣，你还是得去做。而在这儿的难题是，你得自己去发现你究竟想干什么。最初，这对我来说是一个大问题。……我们必须自己去考虑和处理一切事情。

来到美国4个月以后，出于种种原因，高莉决定转换专业。这对她来说是一个很大的挑战，不仅要和系领导协商，而且还要面对自己内心的选择："我的导师告诉我，必须自己做出决定。如果你自己不做出选择，那将是你自己的错误。为自己做出选择，是你自己的权利。"此外，在一个新的国土上独自生活的经历也逐步增强了高莉"独立自主"的能力："这儿的经历教会了我如何一个人独自生活。过去，虽然我也上过大学，可我的家在北京，每个周末我都回家，即使是结婚以后我也每个周末回家，以前我自己从来没有单独生活过。现在，长时间独自生活对我来说是一个新的挑战。"

当我问达誉生是否与导师协商过自己的研究计划时，他也谈到了"独立自主"的必要性：

　　我一到这儿就发现不可能依靠导师，因为他和我接触不多，而且他自己也很忙。别人告诉我他人不太好，……他比较善于为自己拉关系，总是想尽一切办法为自己的研究弄钱。所以，他也没有时间花在我们身上。其实，我也不可能经常去找他。你知道，我甚至担心他会不耐烦。所以，到这儿以后，我基本上一切靠自己。如果我对自己研究领域里的一些问题比较关心，就自己到图书馆去收集资料。

　　易立华也向我讲述了自己如何在工作中学会"独立自主"的故事。他转到第二个实验室的时候，老板显得很"傲慢"，对他态度很"粗鲁"。老板从不告诉他下一步该做什么，甚至连到哪里去拿仪器都不告诉他："如果我去问他，他会说我不够独立，他会说你应该自己去找。可是我已经尽了最大的努力，还是不知道东西在哪儿。这个实验室里的人真奇怪。我必须自己动手做所有的事情。"起初，他想向老板借点化学样品，因为他认为没有必要花时间自己再重新做一遍。结果老板对他很不满意，批评他不够"独立"。实验室里有一位中国女技术员，她对所有的人包括易立华都非常友好，对大家的要求有求必应。后来，这位老板到实验室来工作以后订立了一条制度：未经事先预约，任何人都不得去找那位技术员。易立华对老板的做法感到很不解："也许老板是想对我们严格要求？也许这对培养我们的独立意识有好处？我真不明白。"

　　由于中国留学生们来自一个有尊崇谦逊的文化传统的国度，他们刚到美国时在日常言行中表现得十分谦虚。一般来说，他们在课堂上和社交场合不轻易发言，如果不得不说点什么的话，他们也总是尽量避免让自己所说的话听起来十分肯定。他们一般不当众显露自己的长处，即使自己有能力也要竭力自谦，以表现出"谦谦君子"的风度。但遗憾的是，他们的美国老师和同学们却持有一套不同的衡量标准，往往把中国学生的谦虚看成是"没有竞争力""畏缩不前""害羞""表达不清楚"。在美国生活了一段时间以后，中国学生意识到，美国社会的主流文化是"竞争文化"，与中国的"礼让文化"很不一样。中国文化传统所重视的"谦虚""谨慎"等美德在美国这一重视实际利益和功效的社会里已经不适用了。[①] 为了在美国的学院环境里具有竞争力，中国学生必须学会在公共场合"有意显露"自己，抓住机会显示自己的才能。只有这样，他们才能向别人证明自己有能力。

> 你必须刻意地表现你自己，不然的话，他们不知道，他们以为你没能耐。在中国，我们有能耐也得说自己不行，而在这里，有八分能耐得说到十分，否则他们会认为你这个人无能。（严华君语）

虽然他们对这种"自吹自擂"的做法很不习惯，但是他们不得不强迫自己这么做。在课堂上和社交场合，他们开始仔细观察美国同学的行为表现，然后通过模仿、调整、反馈等手段强行改变自己的行为习惯。来到美国8个月以后，几乎所有的中国留学生都说自己在行为表现上比以前自信多了。

有的中国学生在努力培养自己独立自主能力的同时，也对美国同学所表现出来的自信感到纳闷。无论是在课堂上还是在小组讨论时，这些美国同学似乎个个都是演说家，无论就什么问题都能说一大堆话。即使是那些看起来"最不起眼"的人，说起话来也是头头是道，滔滔不绝。他们似乎对自己所说的话坚信不疑，在老师面前说话也是一副信心十足的样子。更使中国学生惊奇的是，美国学生在和老师说话时也一个个昂头挺胸，目光直视老师，一点儿也没有"谦恭""羞涩"之感。中国学生猜想，也许这主要是因为美国人相信自己个人的衡量标准，认为自己所说的话是正确的。而相比之下，中国人更习惯于在自身之外寻找判断事物的标准。焦林下面这段独白可以反映中国留学生们对这个问题的思考：

---

① 在此，我不得不指出，近年来随着改革开放以及西方思潮涌入中国，现代中国人（特别是城市里的年轻人）的竞争意识在很大程度上已经比西方人有过之而无不及了。当然，理想的传统观念依然存在，但是很多人的实际行动与他们的理想之间有很大的差距。

美国鼓励个人主义，相信个人的言论。只要其他人不能证明某
个人所说的东西是错误的，那么他就是正确的。……在中国的传统
文化中每一件事情都有一个外在标准。每个人都有这种意识，知道
在自身以外有一个正确的标准。而他们美国人却不这么想，他们认
为：我说的就是对的，我能创造世界。……在课堂中做练习也是如
此。按理，任何事情都应该有正确和错误之分。但是在这儿，美国
人没有这种概念。他们不认为有错误的东西。他们只说你所做的事
情前后不一致，他们从来不说你做错了。

焦林对这一现象的解释，与研究界认为中国人有权威主义倾向的观点
不谋而合。由于中国人更尊重权威和智者，所以认为衡量事物往往有一个
外在的、权威的标准（Munro，1969）。"人的理智意识和思考能力并非来自
人类智力本身，而是来自宇宙的既定秩序。"（墨子刻，1990）[66] 个人应该
努力地去达到这一标准，而不是靠自己的主观意念做出判断。一位"真君
子"的行为应该是"战战兢兢、如临深渊、如履薄冰"。《中庸》强调在把
握"道"时要"谨慎""戒惧"（墨子刻，1990）[113]。在人际交往中，对一个
典型的中国人来说，最好的行事策略是遵从权威，事先把他人当成一个权
威人物（墨子刻，1990）[118-119]。

心理学界有人对中国人和美国人的言语流畅度做过比较研究，发现中
国人在言语表达方面得分低于美国人（彭 等，1990）[75-77]。研究者所做的
解释是：由于中国人比美国人习得了更多的诸如"尊敬长者"之类的行为
准则，因此要求中国人对一个刺激条件说出尽可能多的想法是与"尊敬长
者"这样的行为准则相抵触的。根据"同步处理模式"，如果中国人在对一
个刺激做出反应时不得不比西方人考虑更多的行为准则的话，那么他们的
反应速度和所做出的决策就必然会受到更多的约束。

另外，"尊敬长者"的规范不允许低位者对高位者采取"不敬"的行为，
如学生和老师谈话时长时间地直视老师的眼睛。因此，中国留学生们在美

国的课堂上和社交场合中都比较沉默，而且大多数时候"低眉顺眼""洗耳恭听"。他们认为如果自己的想法不够成熟，就不应该在课堂上"浪费大家的时间"，应该听老师多说一点。由于他们对权威比较尊重，当看到美国同学在老师面前"行为放肆""无所顾忌"时，便很容易感到困惑不解，甚至产生反感的情绪。①

　　许多中国留学生抱怨说美国的研究生院里竞争太激烈，但他们中有的人在美国学习了一段时间以后已经开始理解这种竞争的正面效应了。他们发现，竞争使自己精神上变得更加亢奋，做事情比以前更有效率。董文在担任了8个月的教学助手以后说："在这儿我能学到一些东西，因为竞争十分激烈，我们不能像在中国那样一天到晚懒洋洋、慢腾腾的。你不得不努力地学习和工作，慢慢地也就习惯了，对自己所做出的成绩也感到很高兴。"美国社会比较松散的人际关系也帮助中国学生变得更加独立了，逐步学会了处理自己的事情。高莉在和宿舍里的美国女孩有了一些接触以后说："与美国人打交道，我变得更加独立了。他们为你提供一种独立的环境，接不接受是你自己的事情。……他们不指望你帮助他们，你也不要指望他们帮助你。"一些中国学生逐渐意识到，这里的社会结构比较松散，人和人之间所受的牵绊不像在中国那么多。

　　在美国生活了一段时间后，这些中国留学生回过头来反省自己在中国的生活才发现，中国的社会结构比较严密，个人活动的时空余地都比较小。尽管在中国，人们总想对其他人表示关心，可是有时候他们显得过于关心，反而打扰了别人的生活。高莉在访谈时告诉我："在中国，人们，尤其是老年人，非常喜欢关心别人的个人生活——'你男朋友怎样了？'；他们总想给你出主意——'千万别做这，别做那！''当心上当受骗！'；等等。在某种

---

①　这里还涉及一个面子的问题，而面子是与中国人的权威主义密切相关的。中国人的面子观念使中国人十分在意自己在他人（特别是权威人物）面前的印象整饰。如果个人偶有不慎，在公众面前（特别是在诸如老师之类的权威面前）说话不当或表演失常，个人就会感到十分丢脸。由于害怕在权威人物面前暴露自己的缺点，中国人往往采取回避的方式，尽量不发表自己的看法。

意义上说，生活在这儿更舒服一些。人们相互独立、相互尊重，我们自己也因此而变得更加独立了。"

在中国，有许多人来帮这些中国学生的忙，而这种帮助有时会分散他们的精力，使他们不能专心致志地干自己的事情。而在美国，没有人来帮他们，他们可以把全部精力投入到自己的工作中去：

> 在这儿我更加自主了。我有了更多的自己做决定的能力和机会，不论在经济上还是职业上做选择时都是这样。同时，我自己也很少花精力去管别人的事情。在中国，有很多人来帮你的忙，很多人都参与进来，而在这儿，我可以全力以赴干自己的事情。（金多多语）

在中国，对集体的依靠在某种意义上剥夺了这些学生个人做选择的权利，而他们个人也无须对自己的行为负太大的责任。而在美国，他们必须对自己的行为负责，如果做了一个错误的选择，自己必须承担全部后果。因此，他们变得更加有主见，办事的独立性和自主性也有所增强。

对"独立自主"重要性的认识，使一些中国学生以一种新的眼光重新看待"自私"这一概念。在中国传统文化中，"大公无私"是一个带有浓厚道德成分的价值观念（Elvin, 1978）。不考虑个人利益、有意识地为他人谋求幸福，被认为是道德的行为；而对社会不关心、以自我为中心，被认为是不道德的行为（杨国枢, 1988）。而现在，我所研究的中国学生生活在一个强调个体自由的环境里，所以他们对那些从中国传统道义角度被认为是"自私"的行为宽容多了。既然美国社会崇尚竞争和独立，那些以前他们认为是"自私"的行为现在似乎也变得很自然了。易立华在观察了美国人的行为以后说：

> 如果我们说美国人有点自私，有些美国人还真是很自私。但是我发现，在美国社会里，自私不是一个缺点。人们对自私已经习以

为常了。他们必须为自己的权利而斗争。所以在争斗的过程中，他们不会说自己是自私的。自私这个词本身有不好的含义，听起来不道德，所以他们不会公开地说"我很自私"，或者有意地显得很自私。……为了竞争，他们不得不自立。他们必须有力地与对手展开竞争。①

在所有的中国留学生中，严华君对于个体主义、独立自主和自私自利这类问题的反应最为强烈。下面他以第一人称叙述了自己在这方面的经历及看法。我认为，在被调查的中国学生中，他的观点虽然比较极端，但是在个体本位还是群体本位、独立自主还是依靠他人这个问题上，他的看法有一定的代表性。

片段分析之八

"我不得不依靠我自己！"

这门课刚开始的时候，我和一个美国人及一个美籍日本人组成了一个学习小组。但是就在全班报告研究结果的前一天，他们突然告诉我："大部分的工作都是由我们两个人做的，如果你也参与报告研究结果，这不公平。"这无疑给了我当头一棒。我不得不连夜赶出一份自己的研究结果来。一整夜我几乎没睡什么觉，紧赶慢赶总算赶出了一份报告。结果，我是班上唯一单干的学生。好笑的是，我的事迹被登在了校报上（严华君面带骄傲的神情把报纸拿给我看）。这件事情使我深切地感到，塞翁失马焉知非福。

但是我对他们所做的事情感到十分气愤，我觉得他们做得太过分了。他们这么做完全是不守信用，不顾自己的名誉。这么轻易地就改变了主意，

---

① 从某种意义上来说，我所调查的这些中国留学生通过自己的亲身经历了解了"个体主义"和"自我中心"之间的区别。

这说明他们自己的信誉本来就不好。我对他们很不满意，现在我根本不想见到他们。我一辈子都会记得这件事的。我准备把这份报纸拿给他们看看。后来我自己想了想，算了，忘了它吧，……不值得为这些小人而气恼，不必浪费自己的时间和精力。

有一段时间，我觉得他们这样做的确有点自私。后来我想，也许我不能这么说。我应该对自己说："你必须自给自足，独立自主！"在这里和人交往，个人的自信和能力十分重要。这件事情给我上了很好的一课，这就是：在任何情况下，依靠你自己，不要指望别人。如果他们不想要我参加制作研究报告，我就自己做自己的。……无论如何，我觉得，在美国你必须独立工作，始终保持很强的竞争能力。否则，你就不行。不能依靠别人。……现在，我就是一个人独自为战。

我们学校非常势利，他们所做的事情表明他们宁愿"锦上添花"而不愿"雪中送炭"。他们看重强者，轻视弱者，这就是他们办事的原则。起初，他们拒绝给我经济资助，后来他们听说我拿到了世界银行的资助，马上又给了我一份奖学金。你看，在这儿你必须有能耐！他们把你的能耐看作是一个起点，这种能耐既可以给你带来利益，也可以给你带来权力。如果你没能耐，他们连看都不看你一眼。

我觉得我们学校正在使学生成为越来越独立和具有竞争能力的人。我听人家说我们学校志在培养有雄心壮志、独立自主、有拼搏精神的人。……因为环境的压力，你别无选择。……每个人都很忙，……毕业以后大家彼此都不认识。所以有人说："究竟谁是我们的校友？我怎么不知道？"……百分制的计分制度使大家为获得高分而相互争斗，那些在乎分数的人是不会帮助别人的。……他们不会花时间和中国人交谈的，因为存在竞争，而且十分激烈。我不知道我的理解对不对：我们学校在培养学生自立能力的同时也在校园里造成了一种很不好的风气。也许学校这么做是为我们走上社会做准备。

这儿的人际关系很冷淡，来自学校和同学的竞争压力很大，没有人照顾外国学生。他们只是让你自由沉浮，这是一种自我选择、适者生存的过程。因此我尽量和老师、同学们保持一定的距离。我不指望他们会关心我，或在工作中帮助我。我想走自己的路，在学习上超过他们，从而赢得他们对我的尊重。

在这个国家里最公平的原则就是互利互惠。如果一个人不能从别人那儿获利，他就不会去帮助别人。所以，如果你不能给别人以帮助，就别指望别人能帮助你。这儿的每一件事都是公平交易，就像市场上的买卖交易一样。即使是美国的民主制度也是 200 年前白人拿着枪来到美洲大陆，在暴力和和平的妥协之下才获得的。这种精神随着历史流传下来了。如果你想生存下去，就得按这儿的习俗行事。在美国人的信仰体系中，所谓不错的人，所谓好人，都是考虑彼此利益的人。我为你工作，你得到什么好处，我又得到什么好处。……如果你希望别人免费给你什么东西，那是靠不住的。只有互相利用才是最可靠的。如果你上当受骗了，不要怪别人，责怪你自己吧，问问你自己是不是想不付出任何代价就从别人那里白白得到点什么。（不自然地笑了笑）

在我看来，严华君和美国同学合作不成功这件事对他刺激很大，以至于他变得十分偏激，用一种愤世嫉俗的态度来评价美国社会。他的心中似乎积压了很多愤怒和怨恨，也许还有"丢面子"以后所感到的羞辱。由于他自己的行为很容易让别人觉得他想"不付出任何代价就从别人那里白白得到点什么"，因此他的内心里也许有一种难言的隐痛。其实，我认为在这一事件中双方应该事先已经达成了一种默契，即严华君加入小组的一个前提是希望从其他两名成员那里得到帮助，而这一前提应该已经被另外两名成员所接受。这本身就不是一个"公平的交易"，而是建立在人与人之间相互理解和同情之上的一桩"善行"。我想，严华君也是这样理解的。这也就是为什么当他的同伴们在"善行"即将结束的前一天突然宣布他们玩的是"公平游戏"时，他的反应是如此的强烈。他们对彼此默契的"背叛"是如此的直截了当，以至于他感到既恼羞成怒又义愤填膺。他们的行为完全出乎他的意料，而且没有给他留一点"面子"。

因此，这件事所涉及的问题与其说是一个公平与否的问题，不如说是来自不同文化的人们对人际交往的期待和原则存在差异的问题。严华君需要这两位"当地人"照顾，可是出于自尊他又不好明说。而他的同伴却无法理解他的苦衷，对他无法言说的愿望充耳不闻、视而不见。如果从"人情"的角度来评价这个事件，他们的所作所为不仅没有"人情味"，而且"不尽情理"。严华君来到美国还不到 3 个月，他对这里的"公平交易原则"尚不了解。而他们对一个来到美国才几个月的外国人采取如此"无情"的行动，未免也太"不公平"了。

这件事情既使严华君感到愤怒和羞辱，同时也使他强烈地意识到了个人"独立自主"的重要性。像所有其他中国留学生一样，他认识到自己过去在中国养成的行为习惯现在在美国已经行不通了。

概言之，在来到美国的前 8 个月中，大部分中国留学生们在价值观和行为方式上已经发生了一些变化。虽然有的人对跨文化人际交往仍旧感到"很不舒服"，但是他们也意识到自己原有的一些行为方式不符合美国社会的规范。他们发现自己过去在心理上过于依赖别人，现在必须学会自己照顾自己。在美国这个竞争激烈的社会里，他们必须独立自主才会具有竞争力。在自身性格和能力发生变化的同时，他们也开始对自己的文化认同进行反省。有的人认为自己仍旧是百分之百的中国人，不论在价值观念还是行为方式上都没有发生任何变化；而另外一些人的心情则比较矛盾，在变与不变之间举棋不定。通过在美国接触来自不同文化背景的人们，他们的文化认同意识受到了一次前所未有的冲击。

我认为，中国留学生来到美国以后所发生的变化，既可以归因于中美文化方面的差异，也可以归因于中美两国现代化程度的不同。在谈论中美的文化差异时，很多学者认为，由于美国社会现代化程度高于中国，因此美国文化比中国文化带有更浓厚的个人色彩，更富于竞争性。如瞿秋白就认为"东西文化的差异，其实不过是时间上的"（刘伟，1988）[212]。然而，也有学者指出，中美文化的差异并不在于两国现代化程度的不同，西方个体主义的起源可以上溯到古希腊时代，西方社会强调个人独立和自由的传统已有几千年的历史（Hsu，1981）。

我个人认为，中美文化差异是文化遗产和现代化共同作用的结果。这也就是为什么中国留学生的一些价值观发生了改变，而其他一些价值观却得以保留的原因之一（瞿海源，杨国枢，1988）。从一个"不够发达"的国家来到一个"高度发达"的国家，他们身上发生的变化既可以归因于美国文化，也可以归因于那里较高的现代化程度。同理，他们身上尚未发生变化的那部分，也许既可以归因于他们对中国传统文化有意识的信守，也可以归因于他们从一个"不够发达"国家所带来的某些特性。事实上，一个文化人群的社会心理及行为模式的转型是一种深层结构上的转型，它既不可能与该文化的物质变迁和制度变迁完全同步，也不可能与其完全脱节。深入探讨这个变化的过程将是一件十分有意义的事情。

第四部分
深景：思考的故事

在前两部分，我对9位中国留学生在美国与美国人交往的经历和感受做了初步的描述和探讨。下面是我对这些资料所做的进一步理论分析。在对原始资料做结论的过程中，我发现中国留学生们在跨文化人际交往中不仅受到自身文化的影响，而且采取了一些措施以适应新的文化环境。基于这一观察，我初步得出如下两个结论：（1）文化对个体的"自我"和"人我"概念以及人际交往行为具有定向作用；（2）跨文化人际交往具有对个体文化身份进行重新建构的功能。这两个结论可以统摄于一个主题之下：文化对自我和人我关系的建构。中国留学生们在跨文化交流中的感受和行为方式都与他们对自我和人我关系的文化建构有关。他们对自我和人我关系的定义直接影响到他们：（1）对人际关系的基本形态——"交往"的定义；（2）对人际交往的基本原则——"人情"的恪守和向往；（3）对人际交往的情感基础——"情感交流"的理解和渴望；（4）对人际交往的最佳形态——"朋友"的定义，以及对交朋友的方式的界定；（5）对跨文化人际交往的特殊形态——"局外人"的界定，以及对在一个异文化环境中做"局外人"的滋味的界定；（6）对跨文化人际交往中的自我评价——"自尊"

的定义以及评价方式；（7）对跨文化人际交往给他们自身所带来的"变化"进行的思考和反省。

在中美两种文化的冲击和交汇之中，他们以自己的亲身经历重新审视了以上这些概念。事实上，他们在逐步把握新环境时所做的努力，也就是一个重新构建其文化认同的过程。在这一重构过程中，他们习得了美国社会中人际交往的规范，找到了处理文化差异的策略，并且对自己的价值观和行为方式进行了理性的抉择。

第十一章着重讨论了中国文化对中国人的"自我"和"人我"概念的定向作用，以及这些概念对中国留学生跨文化人际交往的影响。这涉及文化的濡化（enculturation），即个体受本文化的熏陶，逐步适应本文化的过程（冯增俊，1991）[199]。同时，这也是个体学习文化、形成特定社会生活能力的过程。

第十二章探讨了中国留学生们在中美两种文化的融会中重新构建自己的文化认同，从而塑造一个新的"自我"的过程。这涉及文化的涵化问题，即不同文化之间的移入、整合及适应的问题。在不同文化相互接触的过程中，一方或双方原来的文化方式都有可能发生变化。

第十一章　跨文化人际交往中自我和人我关系的文化建构

"文化就是人类生活的式样。"

——梁漱溟 [1]

"马克斯·韦伯提出人是悬在他自己所编织的意义之网中的动物，……我以为所谓文化就是这样一些由人自己编织的意义之网。"

——克利福德·吉尔兹（Geertz，1973）

在讨论中国文化对中国人人际交往行为的影响之前，有必要先澄清一下本书对"文化"这一概念的定义。有关文化的定义，学术界仁者见仁，智者见智，没有一个统一的标准。追溯"文化"这一词语的起源，在汉语中"文化"最初指的是"文德教化"，是与"天"（自然）和"武力"相对应的一个概念（刘伟，1988）[31]。文化的基本含义是对人施以文治教化，指向把自然人培养成文明人的过程（丁恒杰，1994）[48]。现代汉语中使用的"文化"这一概念与英文中的"culture"类似，大约在19世纪末从日文转译而

---

① 这句引言转引自汤一介、闵惠泉 1996 年发表于《现代传播》第 3 期的《文化历程的反思与展望》一文。

来（李宗桂，1988）[5]。英文中的"culture"源于拉丁文"cultura"，意即"耕种出来的东西"，是与"自然存在的东西"相对立的"人造自然物"（刘伟，1988）[27]。目前，文化研究界一般认为，文化可以有广义和狭义之分。文化，"从广义来说，指人类社会历史实践过程中所创造的物质财富和精神财富的总和。从狭义来说，指社会的意识形态，以及与之相适应的制度和组织机构"（辞海编辑委员会，1980）[1533]。

本书使用的"文化"这一概念是狭义的，与英国文化学家泰勒（E. B. Tylor）的定义类似："文化是社会成员在社会上所学得的复合整体，它包括知识、信仰、艺术、道德、法律、风俗等，以及其他能力与习惯。"（刘伟，1988）[28]具体地说，"文化"是某一传统中一个特定人群所共享的价值体系和行为规范，是这一群体中大多数成员所表现出来的中心倾向。这一倾向为他们的个人生活所体验，并且对他们具有心理意义。

"文化"是一个"认识系统"，即同一文化中人们日常社会交往的理解基础（Lutz，1988）。这一认识系统由一些引导人们的行为并且为人们的行为提供意义解释、动机和目标的"文化模式"所组成（Quinn, Holland, 1987）。在一定的历史时期，这些"文化模式"为该文化中的大多数成员所共有，对他们的思维方式和行为习惯产生直接或间接的影响。尽管部分成员的行为与此倾向可能有所偏离，但是，代表了大多数人的"中心倾向"（central tendency）是存在的。对于该文化中的大多数成员来说，这些模式类似荣格（C. G. Jung）所说的"集体无意识"，即该模式产生于从祖先那里继承下来的隐藏于个体人格深处的一种意识原型（荣格，1987）。

本研究旨在从中国留学生的角度，探讨他们在某一特定时间和环境下所感受到的文化心态。这种心态的表现方式可以有外显和内隐两个方面，既包括他们的感官经验又涵盖他们的内省体验和意义建构。

对一个特定人群的文化心态进行探讨，必然要涉及共性和个性的关系问题。虽然在一个文化中个体的行为不一定完全一致，但是一旦个体离开自己所属的文化，其所属文化的类似性就会表现得尤为突出。特别是当自己的文化与另一文化相遇时，个体会更加强烈地感受到自己文化的特殊属性。当与自己文化中的人们相处时，个体一般不太容易感受到彼此价值观念的共同性；而一旦置身于异文化之中，个体便会强烈地感受到两种文化之间的异质性，从而对自己文化的特性产生前所未有的深刻理解。

我所研究的中国留学生们作为一个群体，所表现的就是这样一种心理态势。走出中国与美国文化接触以后，他们身上中国文化的共性就突出地表现出来了。他们虽然对新的文化环境各有一些不同的反应，或者反应的程度不太一样（这将在下一章详细讨论），但还是表现出了一些共同的行为倾向。本章主要讨论的就是这种共性。

第一节　中国人的自我定义

我们的生活常识和以往的研究表明，文化会影响个人对自我和人我关系的理解和认识。哈洛韦尔（Irving A. Hallowell）、施蒂格勒（James W. Stigler）和斯威德（Richard A. Shweder）等人的研究都表明，不同文化传统对该文化中人们的自我意识以及与他人的关系有很大的定型作用（Berry, Lonner, 1975; Brislin, 1981; Shweder, LeVine, 1984; Stigler, Shweder, Herdt, 1990）。虽然人和人之间存在着一些个体特征差异，但是相同文化内的人们在理解自我和处理人我关系时往往表现出类似的观念和行为模式。在本研究中，所有的中国学生都认为他们自己是中国人，所以他们处理事情的方式与美国人不太一样。正如高莉所指出的：

> 由于我们不同，从中国来到美国就要经受一种文化冲击。要不然的话，我们也就不会有这样多的麻烦了。

易立华甚至认为：

> 文化差异是人们交流中的一个障碍。如果要和具有不同文化的

人们交流，文化就成了一道鸿沟。这也就是为什么同一文化中的人交朋友会比较容易，一个美国人同另一个美国人交朋友也会比较方便。我们必须把个人置身于他的文化背景之中。……你必须明白这一点，在与人交往时，你首先要清楚这个人是来自哪个文化传统的。如果这个人来自不同的文化，那我们就必须在许多方面做出妥协。

一、文化和自我

在中国文化中，个人的自我认同主要是在群体中形成的。事实上，"自我"这个词语并不产生于中国本土，是 20 世纪初从西方引进来的。而中国人通常用来指称他们自身的词是"自己"。"自我"指的是一个独立的实体，而"自己"则是在与他人的关系中针对个人自身的一种表达方式。在多数情况下，汉语的"自己"被作为一个形容词或反身代词来使用，就像英语中的"myself"（我自己）或"mine"和"my"（我的）所起的作用一样。汉语中的"自己"这个词很少像英语中的"self"（自我）那样被当作主格或宾格代词来使用。

例如，如果中国人说"我自己做的饭"，这意味着是"我"而不是其他人做的饭。"自我"只有在诸如"自我意识"和"自我认同"之类的词语中才被使用，而这类词语都是西方的舶来品。在我与中国留学生们的交谈中，他们都用"自己"这个词来指称自身。在最后一次焦点团体座谈中，我对他们如何看待"自我"这一概念做了检验。以下这段对话从一个侧面表现了他们各自对这一西方词语在思想上感到的困惑以及在理解上存在的分歧——

金多多：中国人本身并不说"自我"。中国人不思考诸如"我是谁？""我有哪些特性？"和"我想要什么？"之类的问题。真的，中国人不这么想。

高莉：什么是"自我认同"？我还是不明白它指的是什么。它是怎样产生的?

金多多:中国人的"自我"产生于个体的幼年期,受到我们父母的影响,并且蕴涵在我们的文化之中。这是一个自然的过程,"自己"自然而然地就完成了。我认为,这一过程最突出的特点就是它在我们意识到它之前就形成了。

吴海:每个人的"自我"都一样。

金多多:中国人的"自我"更具有和他人的关联性,更具有反思的特点。在社会中形成的"自我"决定了我们对社会外界必然会有各种反应。

尽管这些中国学生对"自我"这一词语不甚了解,但都一致认为中国人并不把"自我"看作一个独立的实体。"自我"是个体在社会中与他人相互交往、一起成长这一过程中产生和发展起来的。中国人的自我往往服从于一个或数个群体,如家庭、朋友、学校、工作单位和国家,对自我的评价通常依据这些群体的标准和准则进行。

高莉:中国人在集体中认同自己。因为依赖于相互之间的情感交流,所以中国人更有人情味。他们通过他人对自己的评价来评价自己。这样,与他人的情感联系就成为自我评价中的一部分。

吴海:中国人自我意识很淡薄,他们往往服从于集体。这是中国特有的社会文化心态。

金多多:当我们评价自己时,我们总是与周围的人紧密地联系在一起,并且把他们的评价作为自我评价的主要标准。

高莉:如果是在家里,家人说的话往往促使你明白你应该怎么去做。

金多多:对。如果是在单位,那就是你的上级和同事。要是他们给你很高的评价,你就会如鱼得水,非常愉快。即使没拿到什么奖励,只要"铁哥们儿"记得你,你就会感到很愉快。拥有这种人际关系真的很重要,他们帮你评价你自己。

社会心理学界对"人际关系"和"自我"的研究与我所调查的中国留学生们上面所表达的意思十分相似。台湾学者杨中芳在比较了中西方文化对个人与社会关系的意义以后认为，西方文化主要建立在"个人定向"的社会结构之上，而中国文化则以"社会定向"为价值基础（杨中芳，1991）。中国社会以人伦为经、人际关系为纬，组成上下次序等级，强调个人对社会的责任和义务。台湾心理学家杨国枢（1988）认为，中国人的传统性格模式表现为：集体倾向、他人倾向、关系倾向、权威倾向、服从性、抑制性和脆弱性。中国传统道德的核心是一个"仁"字，而"仁"便是"二人"，就是两个人之间的关系。一般来说，中国人在认识他人时很少将对象与其社会关系分开。与西方社会中独立的"人"相比，汉语中的"人"更具有关系性。

中国人通常认同自己所属社会群体的目标期望，并按照他们所认为的这一社会群体中全体成员所共有的观点来对事情做判断。有两位中国心理学家按照哈佛大学教授科尔伯格（Lawrence Kohlberg）的范例，对200多名中国青少年进行标准晤谈，结果发现他们在道德判断方面具有较强的他律性（彭　等，1990）[123]。当个体利益与集体利益发生冲突时，典型的中国人往往将集体置于个体之上。而同类型跨文化研究表明，美国人在做道德判断时表现出较强的自律型，不太受外在集体和权威的影响。还有研究者发现，美国人喜欢的生活方式是对自我实现的自主追求，而中国人则倾向于与集体和他人合作。这些研究都表明，中国人的自我不是一个孤立的实体，而是在与他人的关系和集体认同中被定义的。

二、文化、自我与跨文化人际交往

中国文化对于自我的构建，对中国留学生在美国的跨文化人际交往有着极其重要的影响。由于习惯于通过群体来认同自己，他们在美国有强烈的参与群体活动的愿望和要求。他们把真正的"交往"看成是自己与群体内其他成员之间频繁、深入的交往，把自己当作群体中一个有效的组成部分。然而，来到美国以后，他们发现自己很难参与到美国人（包括学校和个人）组织的活动中去。除了语言和经济条件方面的限制，美国人的交往方式与他们过去所习惯的交往方式很不一样。他们在中国时常用的交往方式大都具有群体参与、相互关注和情感投入的特点；而在美国的学院里，人们的交往方式则表现出更多的个体独立、自我选择、相互平等和实用主义的特征。由于中国社会相对稳定，中国文化注重"人缘"、"人情"和"人伦"（翟学伟，1993），因此中国人的人际交往通常发生在一定的群体范围之内。交往各方对群体中其他成员的行为举止比较关注，在互动过程中注意向对方传递感情。相比之下，美国社会流动性较大，美国文化比较崇尚个人的自由和独立，因此美国人在与人交往时比较注重个体对他人关系的选择、交往双方的平等权利以及互惠原则。

在中国留学生的日常生活中，中美两种文化的差别具体表现为组织结构和活动形式方面的群体本位和个体本位倾向。在中国，大学的组织结构比较严密，学生都有固定的班级、同学、教室，甚至宿舍。学校的教学和课外活动大都由学校统一组织，参与者对自己在群体中的位置比较清楚。由于班级制度稳定，中国学生概念中的"同学"和"老师"（或"班主任"）具有一致的特定含义。

而在美国的大学里，学生没有固定的班级，学生只是在共同上某一门课的时候才聚在一起。学生宿舍一般不按照班级分配，学生可以根据自己的经济条件、兴趣和爱好选择住地。因此，在美国，"classmate"（同学）这个词很少有人使用（也许这也是人们普遍使用"朋友"这一词语作为替代的原因之一）。每个人都是一个独立的个体，自己必须独自决定应该做什么和怎么做。这对于中国学生来说无疑类似一种"强制性的隔离"。来到美国以后，他们不得不改变自己的习惯，学会自己做抉择，包括修什么课、听什么讲座、参加什么课外活动。几乎所有的事情他们都得自己拿主意、订计划，因此他们感到精神上压力比较大。

中国人的群体本位倾向和美国人的个体本位倾向，在中国留学生们的社交活动中也有所体现。在中国，聚会往往有一个共同的中心议题，组织者事先对此有所安排。一般情况下，组织者会介绍参与者的姓名和背景，让他们了解自己在聚会中的关系位置，便于根据关系远近适当行动。由于聚会有一个共同的主题，每个人都围绕着同一话题讨论或活动，很容易产生群体归属感。通过这种聚会，群体成员不仅能够增进了解和信任，而且更重要的是，群体凝聚力得到了加强。因此，中国留学生们都比较习惯于这类以群体为中心的社交活动。

来到美国以后，他们发现这里的交往方式很不一样。在美国人组织的聚会上，个人没有固定的位置，大家四处游荡，向陌生人介绍自己，需要吃喝得自己取。这类聚会往往话题分散，自己当时逮住谁就和谁谈，内容各别，各谈各的。如果加上震耳欲聋的背景音乐，双方不仅很难将谈话深入下去，而且有时连对方的话都听不清楚。因此，中国留学生们普遍反映不习惯这种松散的"分权制"社交规则。由于习惯有人"引见"和"照顾"，在这种场合他们经常不知道以什么方式向陌生人介绍自己、如何开始交谈、谈什么既比较合适又比较有意思。结果，聚会结束以后，他们经常感到自己不论是在思想上还是情感交流上都没有收获。来到美国以后，他们在中国社会里习得的群体交往模式已不再奏效，而他们又还没有学会美国社会分散的、以个体为中心的人际活动规则。因此，他们常常有力不从心之感，不知道在人际交往中应该如何表现自己。

中国文化的群体化倾向不仅影响到中国留学生们的人际交往方式，而且对他们的个人归属感产生了重要的定向作用。他们来到美国以后仍旧保持了强烈的群体归属感，希望被当地的社会所接受。由于过去赖以生存的人际网络已不复存在，他们期待着在美国这片新的土地上建立起新的联系，重新获得一种家园感。出于他们的人际"圈子"观念，他们很自然地把美国人视为这里的"局内人"，希望自己也能加入这些"圈子"。可是，来到美国以后，他们却发现自己很难进入"他们"的圈子。由于语言和文化的隔阂以及缺乏深入交往，他们感到在美国自己仍旧是一个"局外人"，没有自己可以认同的集体。

第二节　中国人的自我形象

作为社会中的人，每个人对自己的自我形象都有所意识。瑞士心理学家荣格认为，人的自我有三个原型：内我、暗影和假面。内我和暗影是一个人内心真实自我的部分，而假面则是表现在外的社会面人格。美国象征互动理论的奠基人米德（G. Mead）根据美国哲学家詹姆斯（W. James）提出的人的"社会我"（social me）以及杜威（J. Dewey）的意识对环境的适应理论，提出了"主我"（I）和"客我"（me）的概念（翟学伟，1995）[216]。"主我"是个体与生俱来的、保证自身生存的一种积极动力，而"客我"是人在社会化过程中从他人那里获得并理解意义的一种功能，它使"主我"转化为一种可行的、最佳的、符合社会规范的行为。库力（C. H. Cooley）提出"镜中我"（reflected or looking-glass self）概念，认为个体的自我感受是通过他人的反射而形成的，"人对人是一面镜，照出面对者的身影"（翟学伟，1995）[217-218]。

在与人交往时，个体首先会设想自己在他人面前的形象、他人对这一形象的评价，以及这种评价给个体带来的自我感觉，如自豪和耻辱。美国社会学家戈夫曼（Goffman，1959）将社会交往类比为戏剧表演，每个人都有自己适合社会情境和与他人协调的自我表现方式。每个人在特定环境下都力图保持一个适当的形象，以求得到他人良好的评价。"情景一致论"也认为，在特定的社会环境下，每个人都有一套特殊的、与该情景相一致的行为模式，以帮助个人进行有效的自我形象选择和整饰（彭 等，1990）[211]。在人际交往中，个人会选择适宜的言辞、表情、动作、姿势和衣着，期望在他人心目中留下良好的印象。泰代斯基（J. T. Tedeschi）在社会心理认知的基础上提出了"形象整饰"（impression management）理论，认为他人的期待会使个人产生一致性自我形象的要求，从而导致个人自我态度和行为上的改变（翟学伟，1995）[38]。

尽管"形象整饰"是世界上所有人都关注的问题，但是不同文化的人们对其关注的方式和程度却有所不同。以上西方学者的研究一般以西方个体主义文化为基础，把自我形象看成是个体在一定情境中的精心设计，没有讨论不同社会等级结构和文化意识对自我的影响。与西方文化相比，中国文化更注重差序结构和群体意识，因此群体中他人（特别是权威）的评价是一条衡量自我的重要标准。西方文化中的人际关系通常以社会角色为主，自我形象以个人自主为准绳；而中国人的自我表现、自我效能感、自我监控以及自尊均与群体准则紧密相关。在中国人的主观感觉里有一个"议论系统"，渗透于个体周围的环境之中，对个体的举止和行为进行着调节。这个"议论系统"来自个体周围的"社会圈"（social circle），它由个体所认同的重要社会成员所组成，包括家庭、家族、乡里、朋友、组织、帮派、非正式群体乃至整个民族（翟学伟，1995）[93]。中国人的自尊在很大程度上受到这个"议论系统"的影响。如果这些重要他人（significant others）对个体持肯定态度，个体的自尊便会上升；而如果这些人对个体持否定态度，个体的自尊便会下降。

　　中国人在"形象整饰"上常用的一个本土概念是"面子"。中国社会心理学家翟学伟认为：面子是个体为了某一社会圈认同的形象而表现出来的规格性心理与行为在他人心目中产生的序列地位。这是一种心理地位，与人的社会地位不一样。[①]中国社会是一个讲究"面子"的社会，个人的行为必须符合某种社会规范，否则便会被认为"丢面子"。个体一旦进入人际互动关系就必须自始至终顾及自己和对方的面子，注意自己的一举一动是否会影响到自己在他人心目中的形象。中国人评价自己的行为在很大程度上取决于他们在心理上所认同的"参照群体"（reference group），这个群体已经超越了他们的隶属群体，如家人。因此"留面子"不仅仅是个体自己的事情，而且涉及所有与自己有关系的人。中国人的面子观具有强烈的伦理色彩，与中国传统社会的家族制度、等级结构、儒家伦理和君子人格等密切相关。

---

① 翟学伟将"脸"和"面子"分开进行分析，认为"脸"是个体为了某一社会圈认同的形象而表现出的规格性心理与行为；而"面子"是这一心理与行为在他人心目中产生的心理地位（翟学伟，1995）[64]。本书没有将这两个概念分开来讨论。

中国人特别看重"面子"是因为他们对"礼"十分重视。中国社会是一个尊卑有序的社会，遵守社会中既定的"礼"在人际交往中是至关重要的。"礼是全部中国人思想的缩影。"（史密斯，1995）[125] "'礼'不仅包括外部的行为，而且涉及了所有规范礼节及其行为动机的正确原则。"（史密斯，1995）[126] 个人在与他人交往时必须明白自己与他人的相对关系，采取相应的合乎"礼"的行为与对方交往。只有交往双方都遵从一定的"礼"，良好的社会人际关系才能得以维持和发展。由于群体中他人对个体的评价往往不采用当面直说的方式，个体必须学会体会他人的意向，在社会化的过程中逐步学习和实践"礼"。

中国人的道德取向决定了他们在自我形象整饰中，重视群体中他人的反应。根据弗洛伊德的理论，"人心"（human mind）可以分成三个层次：本我、自我和超我。当自我按照本我的欲望做出非法行为时，超我便会使内心产生道德良心上的自我谴责。然而，由于在人的社会化方式和过程方面存在差异，东方人和西方人在道德感方面也有不同的体验方式。简单地说，西方文化呈现出"罪感取向"，而东方文化大都为"耻感取向"。罪感来自个体的宗教信仰和道德原则，而耻感大都来源于他人对个体行为的反应。

从一定意义上来说，中国文化是一种耻感文化，孟子所说的君主"仰不愧于天，俯不怍于地"便是耻感取向的典型表现（王和，1993）[20]。中国人在判断自己的行为时特别注重他人的反应，"人人以对方为重"（王和，1993）[24]。他们往往根据群体中他人对自我的评价设计自身的行为、愿望和要求。反映在人际关系中，中国人特别重视群体和谐以及与他人关系的融洽，强调忠、孝、节、义等道德原则。当然，中国人在体验"耻"的同时不可能不受到自己良心和道德的谴责，但是他们的耻感往往具有"体验 – 情境"的倾向。中国人不具备西方人完全的自我罪恶意识，他人的期待对自我形象的塑造起着十分重要的约束作用。从这个意义上说，中国人的自我修养与他人监控是密切相关的，"修身、得体和受人称赞都是完整而不可分割的"（翟学伟，1995）[228]。

中国文化对自我形象的设计，对中国留学生的跨文化人际交往产生了很大的影响。由于来自一个有重视人际关系的文化传统的国度，他们刚到美国与人交往时仍旧十分重视他人对自己的反应。他们将当地的美国人（特别是美国同学）作为自己应该归属的群体，用他们的行为准则来衡量自己的行动。由于美国在世界政治经济上占有相对优越的地位，被美国主流文化群体所接受对他们来说不仅意味着自己具有人际交往能力，而且标志着某种权力和声望。因此，他们十分看重自己的行为是否合乎美国社会主流群体的规范，自己在美国人眼里的样子，以及美国人如何评价他们的祖国——中国。总之，他们希望被美国社会的主流文化所接受，重新获得一种归属感和家园感。

然而，在来到美国以后的前 8 个月中，他们发现自己很难进入美国文化的主流。尽管他们想方设法与美国人接触，但仍旧没有建立起自己所希望的人际关系。由于所做出的努力没有得到美国同学相应的回应，他们对自己的社交能力产生了怀疑。在这个人生地不熟的国度里，他们感到自己各方面都很"无能"，不得不重新回到孩提时代，一切从头开始。同时，中国人的"面子"观念又进一步强化了他们在社交活动中的无效感和无力感。他们常常因为自己的努力没有奏效而感到自责，甚至认为自己给中华民族带来了耻辱。

由于无法进入美国同学的"圈子"，他们感到自己没有一个可以被认同的群体。而没有群体便意味着失去参照对象，行动没有一个评价的标准。这种意想不到的缺失常常使他们感到惴惴不安：

> 我们大多数人都感到自尊心一落千丈，因为一开始还不习惯。你感到困惑时，怎么还会有自信呢？……在你做出一个选择之前，你必须对自己做一个判断。但是到这里来以后判断的标准已经变了，和以前不一样了。现在当你做出一个判断时，你不知道自己该置身何处。在这里没有办法比较，只是感到困惑。我们都不清楚自己到底在什么地方"漂浮"。（高莉语）

如果仍旧采用以往在中国时使用的标准来衡量自身的价值，那么他们就会发现：由过去所获得的荣誉而引发的高期望，来到美国以后也出乎意料地被打了折扣：

> 过去，我们都有较高的社会地位，因此对到美国来学习、生活抱有很高的期待。而现在并不能实现自己的期望，于是我们感到有很大的压力，自尊心也就有所下降。（董文语）

由于在美国失去了参照坐标，中国留学生们现在不知道如何评价和塑造自己的自我形象。他们过去曾经享有的优秀形象现在已不被认可，只能任凭自己受着一种他们自己根本无法捉摸的外部标准的左右。因此，中国留学生们来到美国以后，其自我形象都受到了意想不到的冲击。外部负面的反馈以及认同群体的缺失，使他们不得不重新审视、估量和定位自己在他人心目中的形象。

第三节　中国人的自尊和自我实现

中国人对群体和他人的重视并不意味着他们没有个人"自尊"这一概念。他们的自尊更多来自自己作为群体中合格的成员而获得的一种价值感，而不是来自个人的自我发展。如果获得了一项成就，他们往往更多地将其归功于自己的家庭、学校、社区乃至国家，而不只是他们个人的努力。[1] 他

---

① 心理学界有关成就动机的研究成果，可以用来分析中国人的自尊与集体的关系。一般来说，人的成就动机有两种类型：一种倾向于个人取向，另一种属于社会取向。前者是一种功能自主化的欲望，在这种欲望的支配下，与成就有关的行为过程和评价标准都取决于行为主体自身。而后者则是一种功能非自主化的欲望，其评价标准和行为的实施都取决于那些对个体有影响的人物、家庭、群体以及整个社会。前一类动机产生于强调独立的个体主义社会，而后一类动机则产生于强调社会依赖的集体主义社会。中国人的成就动机属于典型的社会取向。西方心理学家对中国"文化大革命"以来出版的 252 个儿童故事进行了分析，发现故事中所表现的个人成就几乎全来自集体性、非个人的行为（彭 等，1990）[102-106]。

们以能为群体争光而感到自豪，因为群体的荣誉可以给个人带来尊严和荣誉。群体利益的实现亦是个体利益实现的途径，是个体生命的价值所在。我所调查的中国留学生在民族自尊方面所表现出来的热忱，就是一个强有力的例证。他们来到美国以后产生了强烈的民族自豪感，这并非意味着他们没有自我意识或自尊心。相反，他们的自尊来自把自己当作民族中有价值的一员，并从中获得一种归属感（Metzger，1989），其个人尊严不仅与自己祖国的声望紧密相关，而且取决于他们自己是否能够为祖国争光。如果他们在美国不能像自己所期望的那样表现出色，他们就会认为自己在给祖国"丢脸"，并因此而感到羞愧难当。

中国人的自尊主要取决于家庭、群体与社会的认同，而这种认同是在一定的人际关系中体现出来的。个人如果能够很好地协调自己与其他成员的关系，得到群体的认可，就能从中得到自尊和自爱。"在中国文化中，积极的自我概念是与和谐的人际关系和愉快的生活联系在一起的。"（彭　等，1990）[205] 与西方"我思故我在"的孤悬的自我相比，中国人的自我更具有关系性。西方人的自我必须斩断与外在世界相维系的锁链才能享有"真正的自由"，而中国人的自我则是通过层层人际关系由近及远地表现出来的。中国留学生来到美国以后自尊心骤然下降，就是因为他们失去了群体的认同。他们过去赖以生存的人际关系已不复存在，而在新的环境里又还没有建立或进入任何群体。因此，群体的缺失使他们开始怀疑自己作为社会人的价值。既然群体已不存在，他们便无从知道自己该如何成为群体中有意义的一员了。

中国人的自尊来自自我与他人的认同，这与中国文化传统中理想的自我概念密切相关。美籍华裔学者杜维明（1996）指出，中国文化的主体——儒家学说认为，个体不是一个孤立的实体，而是人际关系的中心，个体的自我实现是通过与层层扩大的人际关系之间的互动来完成的。儒家的自我必须有他人的参与，人际关系是个体追求精神实现的不可缺少的组成要素。个体珍惜与群体成员之间的关系，是因为这种关系是个体在道德和精神方面提升自我修养的必要条件。

个体能够安心于自己在人际关系网络中的既定位置，这并不意味着他已经完全服从于这一社会角色的要求，而是因为他认为这是使自己学会做人的最有效途径。自我通过与其他自我产生共鸣，其固有的内在源泉可以得到丰富和扩展。如果个体的人际关系和谐，这说明处在这种关系之中的个体自我修养良好。从这个意义上来说，儒家不仅把自我当作人际关系的核心，而且把其当作自我精神发展的一个动态过程。儒家关心的不仅仅是社会秩序的稳定和谐，更重要的是个体自我理想的实现。

当然，反过来说，个体自我修养的完善必须依赖于良好的人际关系，而良好的人际关系又必然导致社会秩序的和谐。从这个意义上来说，前述有关"中国文化属于耻感取向"的说法并不能完全成立，中国人之所以重视他人的反应不仅仅是因为他们有羞耻感。既然他人是自我修养的必然参照体，他人的评价也会给个体带来道德上的自律和罪感。

我所研究的一些中国留学生来到美国以后，使用了人际交往中自我调节这一手段来达到提升自我修养的目的。比如，吴海在与室友意见不一致时，要求自己"体谅"和"容忍"对方，不要被金钱等小事所困扰。董文和高莉等人在与美国同学交往不顺利时，告诫自己应该首先检讨自身，看自己在哪些方面还做得不够。通过与不同文化的人们交往，严华君和易立华等人也意识到自己身上还存在一些"弱点"，如过分依赖别人、过于看重别人的评价、自尊心比较脆弱等。由于在中国这些行为不被认为是"弱点"，或者说中国的价值取向和社会结构没有让他们的这些"弱点"暴露出来，他们以前对此没有足够的意识。

而来到美国以后，通过与个体取向的美国人接触，他们才意识到了自己这方面存在的"弱点"，开始向自己敲响警钟。环境和社会规范的变化使他们认识到自身在自我独立和个体自尊方面存在问题，需要调整和改进。因此，从这个意义上说，他们的自我在跨文化人际关系中得到了扩展和升华。

在众多人际关系中，中国人的自尊和自我实现在其与权威的关系上表现得最为充分。尽管跨文化研究一般认为中国人权威主义观念严重，有盲目崇拜权威的倾向，但是实际上中国人的尊卑关系具有一种道德上相互依赖的精神气质（墨子刻，1990）。儒家观念中的父子关系便是一个典型的悖论：父子关系一方面意味着强迫、限制和支配，另一方面又为父亲和儿子各自的自我修养提升提供了必要手段。支配父子关系的一个基本原则是相互性：儿子应该孝顺父亲，而父亲应该树立父亲的形象。儿子的孝是对父亲的慈的反馈，父亲在期望儿子热爱和尊敬他之前，必须为儿子树立起爱人和值得尊敬的榜样。只有这样，儿子才能以一种最适合自我认同的方式去实现父亲的自我理想（杜维明，1996）[131]。

中国留学生们反复提到的中国的师生关系，表现的就是这么一种具有相互性的尊卑关系。在这种关系中，如果高位者具有令低位者信服的权威人格和道德操守，低位者便会心甘情愿地采取卑下的态度。下级的被动性自我不但不会被社会所轻视，反而会被认为"恰如其分"，就像上级对下级表示关心和爱护是"恰如其分"的一样。中国学生尊重老师是因为老师具有"为人师表"的榜样作用；而老师关心学生是老师自己提升自我修养的一种方式。这也就是达誉生、严华君和董文等中国留学生看到美国老师对外国学生"不闻不问"而深感不满的原因之一。当他们说美国的老师"没有多少人情味""不会体谅人""不顾面子""不懂礼节"时，在他们的内心深处都隐含着对老师理想人格的期待。

中国文化强调在人际关系中塑造和实现自我价值，这一点对于中国留学生来说意味着，群体认同是他们自身情感升华和自我实现的关键。因此，在美国是否能被当地的群体所接纳，对他们具有十分重要而丰富的象征意义。如果与美国人的关系能够进入比较深的层次，他们便会产生一种已经进入"圈子"的感觉，自己的自尊和自信也会有很大的提高。而如果他们与美国人缺乏"交往"，便很容易认为自己"无知""无能"，对自己的社会适应和人际交往能力产生怀疑。由于美国在世界政治经济格局中的特殊地位，与美国人交往还带有一种能力和权势的意味。作为美国社会的"客人"，他们与东道国的"主人"们能否建立具有一定深度和广度的联系，直接影响到他们的自我意识。同理，出于群体本位思想，中国留学生们认为自己在美国的人际交往能力不仅是自己能力的标志,而且代表了自己的祖国。如果和美国人有比较愉快的交往,他们就不仅会对自己的跨文化交往能力产生自信,而且还会觉得自己在为祖国争光;否则,他们不仅会对自己丧失信心,而且还会为自己没有为祖国带来荣誉感到羞耻。

在各种各样的人际关系中,朋友关系是中国人实现自我认同的一个十分重要的方面。对我所调查的中国留学生来说,友谊是他们获得他人认同的一个重要标志。拥有稳固和可靠的友谊意味着他人对自己价值的认可,自己在社会上便会有安全感和自我价值感。正如以下几位中国留学生在访谈中所指出的:

> 高莉:拥有朋友就是有人承认你,认可你在做的事情,你从他们那里能得到共鸣和理解。当然,你也才有机会承认他人。从这一点来说,因为有了可信赖的对象,人们才感到快乐。

> 金多多:假如没有朋友,人们就会像一个失败者一样感到不顺心。这就是典型的中国文化,个人需要获得社会和他人的认可。

出于这样的文化理念,中国留学生们来到美国以后仍旧期待着与当地人建立深厚的友谊。当他们发现要和美国人建立中国人意义上的"朋友"关系十分困难时,自尊和自信便受到了严重的挫伤。由于把与美国人的友谊当作一个衡量自身价值的标准,他们在美国常有金多多前面所说的"失败者"的感觉。

第四节　中国人的群体界定

中国社会的基本结构是"差序格局",人际关系是以个人为中心层层向外扩展的同心圆。这些同心圆与个人的距离是不一样的,最靠近个人的是家人,然后是朋友、同乡、同学、同事、邻居等等。有的朋友成为"至交"

以后也有可能进入最内圈。在每一个圈子里都存在着"自己人"和"外人"的区别。比如，在最内圈里，"自己人"是家人，其他的人都是"外人"；在朋友这一圈里，所有的朋友都是"自己人"，所有的非朋友都是"外人"；在民族这个圈子里，中国人都是"自己人"，而外国人都是"外人"。"自己人"的圈子是用"人情"水泥来加固的，因此对外自然是关闭的。"关系"的"关"（其繁体字是関）字本身便有关门的意思，只有在圈子里关上门以后，"自己人"之间才会相互"关心"、"关怀"和"关照"（张老师月刊编辑部，1990）[32]。

由于人际关系对个人来说具有远近、内外之分，中国人在与人交往时遵循的是"内外有别"的原则。孔子认为，人不可能像关心自己的亲人那样去关心陌生人，人的感受性需要恰当而又有区别的表现形式（杜维明，1996）[146]。如果我们像对待自己的父母那样对待陌生人的话，那么我们对待自己的父母也就会像对待陌生人一样了。因此，人和人交往时必须首先弄清楚彼此的关系，然后才能采取适当的方式与其交往。否则，"名不正则言不顺，言不顺则事不成"。在中国人看来，保持一定的尊卑、亲疏、远近关系是人之常情，符合人的自然天性。中国人的称谓便保持了明显的等级序列，对不同身份和年龄的人的称呼是不一样的。如中国人没有英文中普遍使用的、不分长幼的"sister"（姐或妹）、"brother"（哥或弟）、"uncle"（父母辈男性亲属）、"aunt"（父母辈女性亲属），而必须使用"姐姐"或"妹妹"，"哥哥"或"弟弟"，"伯伯"、"叔叔"或"舅舅"，"姑姑"或"姨妈"来区别长幼和家族。

这些留学生们是在中国文化的熏陶下成长起来的，因此来到美国以后仍旧采用自己习惯的人际交往模式，根据具体情境来决定人际界限和亲疏距离。初到美国时，他们以自己为中心，将自己就读的学校当作一个群体，试图接触这一群体中的其他成员。他们认为，既然自己和学校中其他同学（包括美国同学）都属于同一群体，有一定的"关系"，就应该同属于"自己人"。"自己人"之间应该"以诚相待"、付诸"人情"，而不应该"公事公办"，不顾"人情"。可是，他们来到美国以后发现美国同学并没有把他们当"自己人"。美国同学不仅很少对他们谈自己的私事，而且也很少关心他们个人的事情。美国同学在口头上表现得十分"热情"，但是从来没有"过问"和"管"过中国同学的生活和学习。在处理日常事务时，他们并没有因为自己和中国同学具有某种关系（比如是同学、同事、"朋友"）而对他们"区别对待"。相反，他们往往在所有的场合都采取一视同仁的态度，"公事公办"，不留"面子"。对中国留学生来说，美国同学的隐私观念、公私界限和一视同仁的态度与他们所熟悉的人际行为方式很不一样。因此，他们无法了解自己和美国同学的相对关系位置，因而也不知道如何采取合适的方式与他们交往。

美国人对"朋友"的定义和态度，尤其使中国留学生感到迷惑不解。他们对所有的人都十分"热情"，往往把只有"一面之交"的人也称为"朋友"。因此，中国学生来到美国以后失去了判断标准，不知道在美国什么是"朋友"，什么是"亲密"，什么是"铁"。在中国，"朋友"和"非朋友"有明显的界限。一般来说，中国人对自己的"朋友"总是十分友好，而对不是"朋友"的人则比较冷淡。在"朋友"之内还有"一般的朋友"和"好朋友"之分。"好朋友"属于最内圈的"自己人"，像家人一样亲密。好朋友被称为"铁哥们儿"，彼此"亲密无间""肝胆相照"。

由于中国学生对"朋友"的定义比较严格，他们来到美国以后对美国式的"朋友"定义不太习惯。特别是当美国同学刚刚对他们"热情"地以"朋友"相称以后，转过背又将其他一些"点头之交"作为"我的朋友"介绍给他们时，他们常常感到十分"莫名其妙"。美国同学这种千篇一律的"热情"态度，经常使他们"丈二和尚摸不着头脑"，不清楚自己是已经被当成了"朋友"，还是仅仅被当成他们众多泛泛之交中的一员而已。

在中国留学生眼里，美国人的群体界定似乎不太严格，因此他们不知道自己到底被划入了什么群体。一方面，他们分不清楚"朋友"和"非朋友"的界限，不知道自己是否已经进入了美国人的"朋友"圈子；另一方面，他们也不知道自己在学校的大环境里究竟占有什么位置，是不是属于主流文化的"局内人"。他们希望自己被学校的大群体所接受，从而使自己的归属感有所寄托；可是，同时他们又感到自己无法被学校的主流文化所接受，始终是局外人。于是，他们开始求助于中国留学生自己的小圈子，希望和其他中国同学结成团体。可是，他们又发现，有的中国学生已经变得"面目全非"了，已经不是"正宗的中国人"了。因此，在美国短短的（对他们中有的人来说也许是长长的）8 个月中，他们不得不重新调整和界定自己可以认同的群体。由于对美国社会尚不了解，而且他们自己原有的文化观念和行为习惯对任何变化都会形成阻力，因此，这种调整和界定对他们来说显得格外艰难。

第五节　中国人群体本位观的形成因素

　　文化心理学的研究表明，一个民族的文化心理结构是"民族历史地形成的生存条件的内化和民族的观念形态的文化在社会中的人的心理中的凝结沉淀，是由共同的民族文化背景所塑造、陶冶而成的共同的基本人生态度、情感方式、思维模式、致思途径和价值观念诸方面所组成的有机的总体结构"（刁培萼，1992）[97]。一个民族的文化心理结构受到其广义文化结构中的物质文化、制度文化和精神文化的制约和影响。中国人在自我和人我关系方面所表现出来的群体本位倾向，就与中国的经济状况、社会政治制度和哲学思想紧密相关。

　　首先，中国人在自我认同上的群体本位倾向与中国的生态环境和经济地理有密切的关系。虽然改革开放以来中国的经济已经逐步向工业化和商业化发展，但中国仍旧是一个内陆型农业大国，几千年小农经济的生态特征仍旧在影响着中国的经济形态和社会结构，进而影响中国人的社会化方式，塑造着中国人的特殊心理特征。中国自古代以来一直以小农生产为主要经济结构，劳动单位以家庭或宗族为主（李宗桂，1988）[284]。这种生产方式要求个体之间协同劳作，一起抵制自然灾害的侵扰。个体必须从属于一个群体才能得以生存，个人的力量只有通过群体才能得以实现。此外，中国人长期生活在封闭的内陆型地理环境里，安土重迁的思想非常严重。他们与自己长期生存的故土有特殊的感情，特别注重与自己密切相关的各种群体关系。虽然自 20 世纪 80 年代以来中国的经济已经有了飞速的发展，但是几千年来形成的文化观念仍旧存在，仍在影响着中国人的思维方式和行为习惯。

另外一个影响中国人群我观念的因素，是与中国的经济结构相联系的社会政治制度。在中国几千年的封建社会中，社会的"塔尖"是专制王权，其社会模式具有等级分层、集团化、家庭本位、结构紧密和社会同质等特点（彭 等，1990）。王权强大的社会势必重视人际关系，因为这种制度要求个体服从家族和国家的利益（中国现代文化学会，1993）[21]。严格的等级分层要求个体按照既定的社会角色行事，个体必须注意群体和群体中他人的反应。在这样的文化生态环境中，中国人的社会化方式主要表现为对依赖性、一致性、自我控制、谦虚和羞耻感的培养。中国人在人际关系中所表现出来的权威主义便是几千年王权政治的结果。当然，正如我们前面谈到的，中国人的权威主义并不只是盲目地顺从权威——即使权威的行为违背了"天命"也俯首帖耳，中国的权威主义的另一面是，如果权威人物的行为"不近情理"，处于低位的人们就会揭竿而起、奋起反抗，中国历史上多次农民起义和大臣上谏就是例证（Metzger，1989）。

中国人在自我认同方面所表现出来的群体取向还与他们的政治理念和哲学思想有关。在中国的哲学和政治思想中占主导地位的儒家学派十分注重建立和维护一个合理的社会秩序，个人自尊和自我理想的实现必须体现在人际关系之中。虽然儒家也强调个人修身养性，但目的是促使人们内化社会规范，在等级社会结构中举止得体，在自己的角色位置上做一个有道义、懂礼节的好人。修身养性的目的不是西方意义上的自我发展，而是扩大精神性自我，包容他人和整个世界，最后达到与宇宙合一，消除一己小我，而实现宇宙之大我（焦国成，1991；孙隆基，1983）。因此，中国人没有西方意义上的个人生活，只有社会伦理生活（辜鸿铭，1996）[6]，个人的自我价值体现在个人与社会关系的互动之中。儒家的宇宙观崇尚天人合一，自我不仅在人际关系中得到体现，而且"与天、地、万物合为一体"。儒家理想的人格具有一种精神自我，"自身参与到本体实在无限的、内在的善的涌流中去。……个人达到与宇宙的一体性，同时也就达到了与团体的一体性。……如果离开与不可分割的宇宙融为一体的进程，个人的自我实现是说不通的"（墨子刻，1990）[75,76,78,117]。这种宇宙大同的意识给人带来一种身体上和精神上的愉悦感，因为它满足了人们消除社会分裂和距离的情感需要，减少了因宇宙分裂而达不到"仁"的心理焦虑。

道家学说崇尚自然，追求终极的道，推崇个人与自然的结合。在《道德经》中，功利主义屡遭谴责，因为它对于名利"存有欲望"，而对名利的欲望则破坏了人在与自然相结合中所做出的努力（Chan，1967b）。在道家的理念中，个人必须通过内心的虚灵知觉去体认宇宙的变化大道，我、人、物不过是自然大道展现自己的外在形式而已。个人必须达到忘掉自我的境界，与大道合而为一（焦国成，1991）。

佛教传入中国后，给中国人带来了一种更为精致的个人概念。其五种要素（形式与物质、感觉、知觉、情感状态、顿悟）处于一个不断变化的状态之中。个人不是一个永恒的实体，而要"无条件地压制个人的感觉来达到一种四大皆空的终极境界"（Hegel，1985）。"佛教哲学本谓一切无常，我亦无常，'我'是'四大'（土、水、火、风）偶然结合而成的，……我既无常，可牺牲以为人。"（胡适，1991a）[58]佛教的无我论采取顿悟的方法认识世界，结果发现世间的一切包括人我在内都是不真实的。正是通过这种心灵的觉悟，佛教思想使人获得了对世事的彻底解脱（焦国成，1991）[191]。

综上所述，由于中国的社会结构具有等级差别的特征，经济操作依靠家族群体，政治理想追求秩序稳定，人文哲学重视仁爱礼让，因此，中国人的自我概念具有强烈的群体本位倾向。我所调查的中国留学生们来自一个具有这样文化传统的国度，因此他们在美国与人交往时也带有强烈的群体意识，希望认同一个群体，通过这个群体来塑造自己的自我形象并实现自我价值。然而，在美国前8个月的经历使他们感到，美国社会个体主义的倾向比较严重，他们在这里找不到自己的群体。他们过去赖以生存的行为准则（如"人情""情感交流"）在美国不受重视，中国文化推崇的行为方式（如谦和、忍让）也与美国社会的主流风气格格不入。由于没有群体可以认同，他们觉得自己是美国社会的"局外人"，个人的自尊和自信也受到了冲击。他们不得不重新反省自己的一些文化观念和行为方式，在美国这片新的土地上寻找自己可以安身立命的位置。

第十二章　跨文化人际交往中个体文化认同的重构

　　"变陌生为熟悉，变熟悉为陌生。"（To make the strange familiar, and to make the familiar strange.）

——兹尔尼瓦斯①（冯增俊，1991）⁵²

　　文化与人的关系是一个互动的关系，文化不仅为人所创造，而且同时也在不断地创造着人本身。同样，人不仅被文化所影响，而且也在不断地创造文化。文化不是一个固定不变的单一实体，它在与人的互动关系中不断地变化和发展着。在现实生活中，个体的人作为文化所塑造的存在者，对塑造着他们的文化总是毫不怀疑，不加反思地接受。他们之所以在自身文化的氛围里感受不到文化的存在，是因为没有足够的意识和心理距离来反省自己的文化——这就是所谓的"文化无意识"（丁恒杰，1994）¹⁵⁸。而当个体步入一个不同的文化，强烈的反差往往促使他们反观自己的文化，对其进行再认识、再理解和再评价。只有当自己的文化与异文化形成一种对照，而且具有了一定的空间距离之后，个体才有可能对自己的文化进行反思。

---

① 兹尔尼瓦斯是婆罗门人类学家，上述引言出自他在芝加哥大学的一次讲学，原引文中没有此人的英文原名。

　　我所调查的中国留学生们从中国来到美国，便经历了这样一个重大的、心理上的文化变迁。在来到美国最初的短短的 8 个月里，他们的文化心理深层结构发生了一次很大的震荡。他们自己的文化意识在美国文化的冲击下开始觉醒，他们开始重新对自己赖以生存的中国文化进行审视和反省。为了适应新的文化环境，他们尝试着逐步改变自己原有的一些思维方式和行为习惯，重新检视自己的价值观念和道德理想。

　　在对中国文化进行反省的同时，中国留学生们也在积极寻找对策，以应付美国文化带给他们的新挑战。他们开始学习美国社会中人际交往的规范，并根据自己的需求选择和借用一些对他们来说具有意义的行为准则和方式。由于他们有机会在与自己的文化迥然不同的另外一个文化中生活一段时间，因此他们不仅有条件认识和反省自己的文化，而且能对这两种文化的异同进行比较和对照。现在他们具有立于两种文化之上的优势，能够比单一文化中的人们更加客观地、综合地看待问题。也就是说，在对两种不同的文化进行观察、体验和比较时，他们有一定的资源对文化之间的异同进行反思和整合。

　　正如美国学者墨子刻（Thomas Metzger）所说的："文化传播是一条双轨线，它同时取决于输入的观念的有效性和促成这种输入的内部刺激的广泛性。两者中任何一方都不可或缺。"（墨子刻，1990）[17] 中国留学生们在美国生活了一段时间以后意识到，美国文化中有很多观念和行为方式对他们来说是有效的，而且他们出于自身的生存需求也需要吸收一些新的东西。因此，他们在对自身的文化进行传承和创新的同时，还对美国文化进行了必要的吸收和剔除。在中美两种文化的交锋和交融中，在与美国人日常的互动中，他们一步步重新构筑起对自己有意义的社会"现实"，逐步形成了一种新型的自我，一种超越两种文化之上的文化身份，而这一身份在很大程度上有益于他们在日常生活中处理两种文化之间的差异和冲突。①

第一节　跨文化人际交往中的应对策略

中国留学生来到美国以后，在自己的日常生活中进一步体会到了中国文化中隐含着的一个悖论：群体本位与个体自我实现之间既相互依存又相互制约。一方面，中国文化强调个体的自我实现依赖于自己置身于其中的人际关系，社会秩序和谐的目的在于个体自我理想的实现，"人人皆可成圣人"；而另一方面，中国社会强调群体统一，个人利益必须服从群体利益。从理论上讲，这两者之间并没有不可调和的矛盾。个体可以在和谐地处理人际关系的同时完成自我的修养和升华，在各种同心圈关系中动态地形成和扩展个体的自我内涵。可是，这样的人格理想一旦接触现实生活，便变得不切实际了。对群体和他人关系的过分重视必然导致自我的萎缩，而内外有别的人际交往原则必然导致圆滑世故和人与人之间待遇的不公平。

中国人是在关系中实现自我的，但是偏内圣还是外王，是重修身还是人际关系，一直是一个难以客观衡量的问题。儒家学说认为，自我是置身于社会之中的，不是封闭的，也不是盲从的。因此限定自我的社会角色的双向关系结构不是固定不变的，这种关系结构不得不经常地与时隐时现地变化着的环境氛围交织在一起而发生变化，而自我正是在这种不断变化的关系中获得自己的生活位置的（杜维明，1996）[141]。因此，中国人在待人处世上常常有一种"变通"的观念，即许烺光所说的"情境中心论"。

但是，中国人重视的"人情"在中国人的现实生活中不仅具有正面的

① 传播学者伯杰（C. Berger）和卡拉布雷泽（R. Calabrese）的减少不确定性理论（uncertainty reduction theory）与我的研究对象们所采取的应变策略不谋而合。这一理论认为，一个人进入一种新的文化，犹如"陌生人"进入一个他不熟悉的群体。认识上的不确定性使个人不能十分有把握地行动，因此心理上感到焦虑。该理论设计了一些方法帮助个人调整其期望值，对他人的态度、行为和意义解释做出预见，以减少自己认识上的不确定性，从而改变自己焦虑的状态。

功能，也产生了负面作用。一方面，"人情"反映了中国人对人的自然情感和道德力量的重视，有利于社会人际网络的稳定和持续；而另一方面，"人情"的实际运作却出现了极端化、虚伪化和世故化的倾向。结果，原先的道德之礼变成了客套之礼，原先的自尊变成了自大，原先的真情变成了虚情，原先的礼面变成了场面（排场），原先的人情变成了面子（翟学伟，1995）[356]。

于是，处在这样一种人际关系之中的个体，便面临着在做人方式上是"方"还是"圆"的困境（翟学伟，1995）[178]。做"方"不但达不到，而且达到了在社会上也吃不开；而做"圆"又与中国人的"君子"理想相去甚远。因此，中国人在理想和现实、价值和行动之间面临着很大的矛盾冲突——这是中国人成人上的一个重大危机，即做君子的不可能性。儒家认可的君子是经过概括、抽象和综合的，是一种理想型的人格，任何一个具体的个人在生活中都很难真正达到。儒家要求君子在人际关系中实现自我，这不但很难操作，而且很容易导致自我道德的蜕化和原则的丧失。由于个人在真正意义上实现君子理想不大可能，大多数人便把注意力集中到他人对自己的评价上，即自己是不是君子已不重要，重要的是他人是不是把自己看成君子。结果，中国人在人际交往时便特别注重为自己留面子。

中国留学生们是在中国的文化环境中成长起来的，因此他们在自己的日常生活中也经常面临上面所说的两难。在人际交往中，他们不得不经常考虑：如何因人而异使用变通的法则达到传递和交流"人情"的目的，与此同时又保持自己的"君子"理想及其道德规范以保证自己的个人修养？从更宏观的层面来说：如何既保持社会关系和社会秩序的和谐顺畅，又杜绝因"人情"而带来的社会不公和道德沦丧？在中国的现实面前，他们常常感到不知所措、一筹莫展。

而来到美国以后，中国文化中这无法解决的悖论使中国留学生们受到了前所未有的"文化冲击"。一方面，他们对美国社会"人情淡薄"深感不满，对没有人来"过问"和"管"他们很不习惯；而另一方面，他们又觉得自己对别人的反应过于在意，对"面子"过于敏感，结果使自己遭受了很多"不必要的伤害"。他们对美国人做人过于"方"，感到不可理解、不可接受；而他们对于大多数中国人（包括他们自己）做人过于"圆"，又觉得十分难受、十分累。

来到美国与美国人有了一些接触之后，他们逐渐认识到自己面对的是一种不同的人格范式。尽管他们在与美国人的交往中有很多迷惑、沮丧、误会，甚至愤怒，但是他们日益体会到，美国文化在某些方面为更好地处理人际关系提供了新的可能性。

因此，中国留学生们在美国的文化适应过程中，一方面运用中国文化的资源，注意保持和谐稳定的人际关系，在人际交往中修炼自我；另一方面他们又放弃了中国文化中的一些价值观念，去掉过多的人情约束，变得更为独立和开放了。出于生存需要和异文化环境两方面的制约，他们正在逐步调整自己的价值观，力图获得外在与内在之间的最大协调。通过自我适应、自我超越和自我重新定位，他们开始慢慢地调适自己在跨文化交往中的理想期待和行为模式。

一、自我适应

心理学界有人将"初级控制"和"中级控制"的概念引入对社会或个体自我调整的分析之中（彭　等，1990）[94-95]。在"初级控制"中，个体希望通过影响既存现实来实现控制，经常使用个人力量、权力进行支配，甚至使用侵略等行为来实现控制。而在"中级控制"中，个体通过可以选择的途径来追求控制，试图使自己与既存现实结盟，与其他个体、小组或团体联合起来，在心理上与他们达成共识，从而对自己的心理冲突进行调控。我所研究的中国留学生们在美国采取的应对措施基本上就是一种"中级控制"手段。当原有的价值观念与美国文化发生冲突时，他们中的大多数人认识到，与其对现实愤愤不平，不如选择正确的方式调整自己，以实现心理平衡。

中国留学生们普遍采取的一个应对策略是：面对文化差异时首先树立

一个正确的态度。正如吴海在访谈时所言：

> 毛主席曾经说过："内因起主要作用。"……我们以前的生活方式和行为模式是在中国文化中形成的，然后再加上一些个人的特点。我有很多中国人的特征。但是，来这儿以后我尽量使自己开放，我还是一个开放系统，努力了解美国人。虽然有时候有点发懒，不想更多地了解他们，但是开放的态度还是存在的。

虽然在我看来，吴海上述所言听起来有点学究味——引用了毛泽东的语录，还借用了"系统"这一西方概念来描述他理想的生存方式，但是他所说的话却反映了绝大多数中国留学生希望采取的态度。受到毛泽东关于内因外因之辩证关系论述的影响，吴海认为随着外部情况的变化个人应该调整自己的态度。在最后一次焦点团体座谈中，4位学生都使用了"入乡随俗"这一成语来表明他们应当采取的理想态度。他们坚信，为了生存就必须调整自己，开放自己，努力了解并掌握美国社会的行为规范。

　　为了用开放的态度来适应当地人的生活习惯，他们采取的第一个步骤是在行动之前对美国人的言行举止进行细致观察。例如，高莉、马国强和易立华等人都谈到了他们是如何潜心观察美国同学的一言一行，然后在自己的行动中加以模仿的。高莉发现，在言语交流方面，美国人在相互问候中采用比中国人更为礼貌的语言表达方式，经常向对方表示感谢；而与此同时，人们在日常问候中为了显示对他人的熟识，又必须直呼其名。马国强意识到，当对方说"thank you"之后必须回答"you are welcome"，即使在他看来这一用语在语义上显得"很奇怪"。[①] 除了语言交际形式上存在文化差异以外，他们还发现美国人在非语言沟通方面和中国人的规范也很不相同。在公共场合，美国人的动态姿势和静态姿势、辅助语言和类语言都与

---

① 如前所述，"you are welcome"的字面意义是"你是受欢迎的"，其字面意义与实际使用时所表达的语义（"不用谢"）不太一样，因此中国学生在使用这个表达法时经常感到不习惯。

中国留学生们所期待的很不一样。比如，易立华观察宿舍楼公共休息室内美国同学相互交往的规律后发现，在那里人们可以自行其是，每个人都可以按照自己的愿望选择坐姿，进出休息室时不必和任何人打招呼。

在对美国社会人际交往的基本规范进行观察之后，中国留学生的第二个步骤是试探性地检验这些规范的使用范围。比如，金多多通过反复观察之后，形成了这样一种语言交流理论：首先，通过与对方交谈逐步密切关系，如果对方没有什么反应就马上打退堂鼓，如果话题引不起对方的兴趣就更换话题：

> 交朋友时务必小心谨慎，这就好像使用汽车刹车一样，要周期性地使用。你向别人提了一个问题后，一定要察言观色，斟酌他的语气和态度是不是可以让你继续问下去。如果不是，你就得转换话题。

在了解了美国社会人际交流中的一些禁忌（如不打听别人的年龄、婚姻状况和收入等）以后，大多数留学生在与美国人交谈时都十分注意，尽量不触及这些话题。在所有被调查的人员中，只有达誉生对美国人"过分忌讳个人隐私"的做法不屑一顾。他经常向所在学校的蓝领工人打听他们的收入和家庭情况，而且相信自己这么做的意图有别于犯忌："搜集信息不等于打听他人的私生活。我觉得我所做的是搜集、研究信息，而不是干涉他人的生活。"

中国留学生们在跨文化交流中使用的另一个策略，是因人而异选择交流方式。在美国待了8个月之后，高莉学会了视特定情境和交往对象的不同对他们区别对待："针对不同的人我采取不同的方法。……首先我同每个人交谈，看他们个人是什么样子的。在初次谈话以后，如果他们不再和我交谈，我也就不同他们说话了。"焦林在见到陌生人时总是设法先弄清楚该人是美国人、美籍华人还是中国人，然后根据其文化背景选择合适的交往方式和交流语言。严华君在受到台湾地区同学的轻慢以后，再见到黄皮肤的人时一定要弄清楚此人来自大陆、台湾还是香港。虽然他们属于同一个中华文化，但不同地区的政治经济条件也可能对这一地区人们的交流方式有很大的影响。

如果不慎做错事情而冒犯了美国同学（如焦林有过的经历），这些中国学生就会变得十分小心谨慎，更加仔细地审视自己的行为。令他们感到苦恼的是，在美国没有人就这些事情向他们做解释，只能完全靠自己"吃一堑长一智"。如果自己被美国人（如严华君的小组成员和董文的学生）冒犯了，他们就会竭力想办法找到事情的原委，设法从这些不愉快的事情中解脱出来，避免类似事件再度发生。

随着在美国生活时间的增长，他们对美国人的交往方式慢慢地变得"见怪不怪"了——"怪事"见多了，自然而然也就不再感到那么惊奇和不解了。他们意识到，要在美国建立自己所憧憬的那种生死与共的友谊十分困难，于是开始调整自己的期望值。他们不再希冀在与美国人的交往中得到精神上和情感上的"共鸣"了，而只是期望从中获得一份轻松和乐趣而已。正如金多多所说：

> 在这儿交朋友需要采用一种新的标准和策略，不能用我们原来的那种标准，不必苛求情感交流的深度，联系也不必那么频繁，也不需要在交谈中谈那样多实质性的问题。只要每个人都感到舒服，能以一种轻松的方式交往，能给双方带来愉快，那就够了。我想，这基本上就可称为朋友了（无可奈何地笑）。从中获得一些东西，例如轻松和乐趣，就行了。在这里不可能用一种高标准，不可能找到很多朋友，不可能很满意。绝对不可能像以前那样了。这也就是说只能将就着过，只能这样。

从发展的角度看，中国留学生在美国最初 8 个月的变化过程与杜波依斯（Du Bois，1956）多年前所描述的外国移民在美国的适应过程十分类似。首先，他们刚来到美国时欢欣鼓舞，对周围的一切都感到惊奇和兴奋；然后，他们进入了文化适应的高原状态，新奇感逐渐消失，慢慢看到了新环境中令他们不满意的地方；最后，随着时间的推移，他们的心情渐渐趋于平缓，开始以一种接受的态度来对待新的文化环境。以下高莉对自己经历的叙述，可以大致表现出这一由三个阶段组成的适应过程。

（第一阶段）最初来到这里的时候，我并不那么瞻前顾后。我同所有的人谈话，而且感到很兴奋。

（第二阶段）但是渐渐地，我发觉自己越来越在意别人对我的反应。我不知道该怎么办。我发觉真正与他们交往起来并不容易，而且我对他们的反应越发敏感起来了。接着，也就再没有办法向别人诉说什么了。于是，我对外面的世界感到很麻木。

（第三阶段）现在，我对周围的事情不再那么注意了。我可以鼓起勇气和他们交谈。……我觉得这主要是心理上的问题。我现在对事情的微妙之处更有意识了。我能更好地控制自己了。

吴海在描述自己的变化时所使用的"饱和"概念，与上面高莉的"阶段理论"交相辉映。作为一名物理学家，他觉得使用"饱和"这一术语有助于描述自己来美国8个月以来发生的变化。

有这样一条饱和曲线。起先，上升很快，接着很快便达到了稳定的饱和状态。在达到饱和之前，你会有许多新发现，发现许多新的东西。但是，一旦一段时间过去以后，达到了饱和状态，就趋于平缓了，再没什么大不了的，与过去也没有什么特殊的差别。这就是饱和曲线。

吴海相信一切事物都包含有这种特性，饱和曲线存在于物理学以及人的心理活动、知识积累和人际关系之中："饱和状态的形成需要相当长的时间。一旦某一特殊事件发生，就会很快促成你进入第二阶段或者第二级层次。这样，你对事物的理解也就加深了。"

吴海还用自己从中国来到美国的切身体验印证了这一理论：

> 还在中国时，我就做了一些准备，包括向别人询问美国的情况。这是一个上升阶段。到这里以后，我遇到了很多不懂的事情，如买东西、租房子、做饭、说英语、和人交往等等，所有这些都得尽快掌握。当然你可以把以前的经验搬来，但是对你来说还是有很多新情况，如开银行账户啦，用支票付款啦，（探索）学校的组织结构是什么样啦，（了解）系里的教授和课程啦，等等。这些事情你都得知道，而且和过去都不一样。一连串事情就像水一样，哗哗哗地一下子都凑到一起来了。你必须在极短的时间内掌握这些情况，大约两三个月光景吧。这是生活中的一个飞跃。接下来，这个过程逐渐趋于平缓。发生了某一件事，你领会到了这件事的意义。就这样，曲线变得越来越平缓了。

到 8 个月结束时，吴海已进入了饱和阶段，感到自己的心情比以前稳定多了。尽管进展比较缓慢，但是他在平缓地、逐步地积累着有关的信息和经验。他意识到，自己对这一状态所采取的不同态度，会导致性质完全不同的后果：如果积极对待，就会成为一种生命的积累；但如果消极处理，就会产生个人的惯性和惰性。"我知道要突破自己的惯性，主动和别人交往，但我就是不可能做得那么好。"

像高莉和吴海一样，几乎所有的中国留学生都在不同程度上经历了这样一个从不适应到比较适应的过程。在这个过程中，他们学会了采取开放的态度，使用观察和模仿的方式了解美国人的思维方式和行为习惯。与不同文化的人们交往，使他们懂得了如何从不同的文化视角来看待问题，谨慎地处理两种文化中的差异。如果看法和期待与美国人的不一致，他们也必须尊重当地的文化习俗。

二、自我超越

除了适应当地人的风俗习惯之外，有的中国留学生还返回中国传统文化，求助于"内省"的方式来调整自己的心理状态。中国传统文化强调个人在一生中必须使自己的性格和道德品质臻于完善，而要达到完善自己必须不断反省和体察，修身养性，提高自控能力。中国的教育历来重内省而不重外求，强调通过内倾式思考认识自我和完善自我。中国留学生们从小受到这一文化传统的熏陶，对内省的作用具有自觉和不自觉的体验。因此，来到美国以后面临困难时，他们便自然地转向这一方式来获得自救。他们意识到，要与其他文化中的人们交往，首先必须克服自身的弱点：有时候产生问题的原因并不在外部，而在自己身上，需要突破自我。

> 事实上，每个人都想和别人交流，但是矜持掩盖了我们的真实愿望，我们身上包裹了很多壳，……我们身上有很多局限性。说实在的，最大的局限就是我们自己，最难的就是突破自我。（高莉语）

而"突破自我"的一个途径，是在与他人交往时保持一种良好的精神状态。有一段时间，高莉厌倦了对美国同学只是点点头、招呼一声"hi"的做法，"但我实在不知道该怎么同他们交谈。其实，有时候一句话可以引发很多有意思的话来，但我就是不知道怎么把那句话说出来，只好点点头，擦肩而过，什么也没说"。现在回想起来，"这跟我的精神状态有关。假如我豁达一点，对周围的一切都有兴趣，我就能聊很多。如果我老在想我自己的事情，我整个人就会变得很麻木。在这方面我必须克服自我"。

而"克服自我"的一个办法，是不必为"丢面子"而忧心忡忡。刚到美国时，中国留学生们对面子的过分关注，曾一度妨碍了他们在课堂上积极发言以及平时与美国人交流。他们对周围人对自己的反应十分在意，担心自己在公共场合会"出洋相"。虽然他们在上课时有时对老师的教学内容有疑问，但是由于不知道自己的问题是否太"愚蠢"，会不会耽误别人的时间，他们经常缺乏当众发言的"勇气"。后来，他们发现，美国同学并不怎么注意保全面子，他们想到什么就说什么，想到哪儿就说到哪儿：

> 他们（美国人）想说什么就大胆地在班上说。问题在于你是不是有这种勇气。他们对这一点好像并不怎么在乎。什么时候想说了他们就说。但是一到你想说点什么的时候，你就得花上很长时间来考虑是不是该说。我们总会想："问这个问题行吗？""现在提这个问题合适吗？"所以，问题在于缺乏勇气。（高莉语）

在课堂上对美国同学进行了一些细致的观察后，一些中国学生意识到，美国老师和同学并不轻易取笑别人，他们更能容忍不同见解。即使有些见解在中国学生看来近乎"愚蠢"，美国同学也表现得十分宽容。以往他们在中国课堂上的经历使他们坚信，在公共场合发言必须做到"滴水不漏""尽善尽美"，而现在美国的课堂好像并不如此"苛求"。因此，他们感到有必要（也有可能）改变以往的一些思维定式：

> 我发现美国人能够容忍非常愚蠢的见解，他们认为再愚蠢的见解也比没有见解好。但是中国人要求在公共场合表达的见解必须是有价值的。有时候有些美国人提一些非常愚蠢的问题，而下面居然也有人做出热烈的回应。一些我认为是不言而喻的愚笨想法，居然也有人热烈地做出回应。所以，只要你不怕丢面子，在这里你什么都可以说。（易立华语）

尽管中国留学生们一时难以摆脱"面子"观念，但是来到美国以后，他们意识到自己不必像过去那样过于看重别人的意见。

除了削弱自己的"面子"观念，中国留学生采取的另外一个策略是减少焦虑。初到美国时，他们所有人都为自己是否具有生存（包括与美国人交往）的能力而日夜担忧，常常自问：为什么到美国来"受洋罪"？为什么自己在异国他乡如此"无能"？随着时间的推移，他们发现，如果自己在这方面有一定的调适能力，焦虑是会有所减弱的：

> 随着时间的推移，我发现自己成熟了很多。以前我总喜欢担忧。刚来这儿的时候，我总是感到很沮丧。现在我已经意识到我必须承认自己没有别人出色，但是我有自己的长处。我要保持内心的平静，过一种平静安宁的生活。（焦林语）

在与美国人的交往中，有的中国留学生发现自己在行动上过于被动。作为"外国"的"客人"，他们总是习惯于等待"东道国"的"主人"们来首先接近他们。如果"主人"们态度不甚积极的话，他们就会感到很失望，可是自己却不会主动去接近对方。后来，他们了解到，如果他们自己不表示主动的话，他们的"主人"们就不知道他们希望交往，而且也不知道如何与他们交往。下面来自最后一次焦点团体座谈的引言表明这些学生已对自己的被动态度有所意识。

易立华：我们太被动了，总是等着别人来接近我们。现在必须主动起来。
高莉：他们也不知道怎么对待我们，他们也有许多……
易立华：偏见……
高莉：他们会说："你为什么不笑呢？我对你笑，可是你却不笑。"于是，他们就不想再跟你交谈了。他们不知道怎么对待你。这是我们自己的问题。
易立华：我想美国人对中国人有很多偏见。如果你不和他们说话，他们就认为你属于某一类人。你必须让他们知道你和他们所想的不一样。

简言之，在美国的8个月里，中国留学生们采取了很多策略来超越自身原有的弱点。他们意识到如果自己希望在跨文化交流中有所突破，就必须主动向自己挑战。过去在中国的文化环境里他们身上的一些"优点",来到美国以后已经不再奏效了。他们必须改变自己的一些思维方式和行为习惯,在适应新生活的同时提高自己的修养和精神境界。

三、重新定位自我

除了习得当地人的生活习惯以及自己修身养性以外,中国留学生们采取的另一个重要步骤便是在新的社会竞争舞台上重新定位自我。

> 一定要找到自己的价值和你在社会上的位置。如果你需要自尊,就要在新的环境中重新定位自己。作为海外学子,我们过去曾拥有自己的社会关系网。来到这里后产生了新的问题:我们失去了过去的纽带。这样,在新的社会背景中我们不得不重新寻找自己,重新与他人建立联系。这一过程的特点是:它带有原有特征的痕迹,但需要通过了解新的社会和理解新的环境来重建一个社会关系网。这样做的途径和渠道是多种多样的。(严华君语)

在"定位自我"的途径中,其中一种是在美国社会找到一个新的参照系。来到美国以后,许多中国留学生感到失去了衡量自己行为的标准。在中国时,他们对自己的评价主要是一种关系性的价值判断,依据自己与他人的关系来评价自己的行为。来到美国以后,他们感到这种标准已经不再适用了,美国社会似乎更加重视一些外在的、实用的评判标准,对人际关系中他人的认可不太在意。他们意识到,如果要在美国找到精神上的寄托,就必须求助于美国社会中公认的判断标准。例如,金多多认为:

> 在中国,我们在和他人的联系中获得对自己的评价,这是一种发自我们内心的评价标准。这是一种内心的感受,它看不见、摸不着。在美国,这种中国人习惯采用的评价方式极为罕见。据我所

知，美国人的方式更实用、更外在一些，不太涉及人的心灵。我来这里以后，已经失去了以前的评价方式。也许我可以用一些更实用的、触摸得到的、有形的标准来评价我自己。比如说，挣更多的钱，或者是拿一个博士学位。

金多多试图采取的策略并不能完全代表我所调查的所有中国留学生的做法，但是我相信他说出了大批中国留学生想说的话。金多多是一位只有学士学位的访问学者，要在美国拿到博士学位必须做出很大的努力。他不得不通过繁杂的移民程序，想方设法从美方学校获得奖学金，还必须苦读很多年。尽管如此，他还是打算留下来，继续学业，并且设法挣一些钱。在美国的生活已经改变了他的价值取向，使其转向了"外在的、更加实用的、美国人的参照系"。

然而，像我所研究的其他中国学生一样，金多多终究是一个中国人，不可能轻易就放弃中国人的价值标准。尽管目前他不得不用美国社会的标准来衡量自己的价值，但是他最终所关注的还是超越他个人的群体利益。当他谈到今后的打算时，他仍旧把自己的利益与家庭乃至祖国联系在一起来考虑："如果我回国时还拿不到一个博士学位，那我就无脸见江东父老了。我举这个例子是想说，如果我们自己要对自己感到满意，必须有一个外在的标准。""江东父老"在这里使用了举隅法，指的是在他生活中占有重要地位的所有人，如家人、邻居、朋友、同学、同事和老师。这些人的认同对他来说具有决定性的意义。如果他不能满足这些人对他的期望，他不但自己脸上无光，而且也会给他们"丢脸"。

除了调整自己的坐标参照系以外，在新的世界中"重新定位自我"的另外一个办法是同其他中国留学生一起组成自己的"圈子"。大部分中国留学生来到国外以后才深切地意识到自己与中国文化血脉相连，不可能摒弃自己原有的文化之根而将自己嫁接到异国的文化之树上。因此他们组成了自己的小团体，以此来保持自己与祖国文化的联系，在美国社会里向中国文化靠拢。他们这么做，除了在异国给中国文化添注一些活力以外，还可以起到自救、自助的作用。由于大多数中国留学生与美国人都没有深入持续的来往，在这类组织中他们可以和其他中国人联合起来互相帮助、互相支持：有与自己文化类似、观点一致的人在身边，他们可以得到一些情感上的鼓励和安慰。例如，董文和吴海抵达美国 3 个月后就在学校里组建了中国学生联合会，组织了许多活动，吸引了包括我在内的波士顿地区的许多中国人。

不过，这种组织形式也很容易产生副作用。留学生和其他中国人结成"城中之城"，这有可能使他们与美国文化进一步隔绝。得到其他中国同胞的支持，有可能降低他们与美国人交流的愿望，妨碍他们进一步了解当地的文化。因此，从这个意义上来说，和其他中国人"扎堆"就像是一把双刃剑，不但有正面效果，而且也有副作用。

除了团结自己的同胞以外，有的中国留学生还利用母语来"重新自我定位"。因为说英语存在困难，而且感觉"很不舒服"，有的中国学生在课堂上和实验室里便求助于母语。马国强在系里有好几个中国朋友，遇到英语障碍时就用汉语同他们交谈：

> 有时出了点事，我们两个中国学生就用汉语讨论。"鬼子们"就会感到很纳闷，不知我们在一起谈什么。对我们来说，用英语理解某些问题实在太难了，只有用汉语才能表达清楚。在我所在的实验室里，教授是德国人，还有一个德国学生。于是，在紧要关头他们就说德语。于是，两个中国学生说汉语，两个德国人讲德语，实验室就像一个联合国。"鬼子们"对发生的事情实在是大惑不解。（仰面大笑）

在跨文化交流中，语言的选择和转换具有十分重要的文化认同意义。马国强等人在"紧要关头"选择自己的母语作为交流工具，这说明他们在心理上仍旧与中国文化贴得更近。虽然他们已经来到了一个新的文化环境，但是他们仍旧要依靠自己的母语来为自己的文化身份定位。

　　总之，在来到美国的前 8 个月内，中国留学生们采取了各种应对措施来调整自己的思维方式和行为倾向，尝试进行跨文化的整合。一方面，他们注意吸收美国文化中有用的东西，重新建构自己的知识体系和生活体验，实现文化同化；另一方面，他们又在自己原有价值观念无法解决新问题时改变自身的价值体系，进行文化顺应（冯增俊，1991）[173]。这种调整在某种意义上遵循的是人际交往的交换模式（transaction model）（冯增俊，1991）[46]。该模式认为，在文化传递中交往双方各自原有的认知图式、世界观、行为习惯和心理倾向都会发生不同的冲突和整合。在交换过程中，交往双方实现各自的身份（identity）意义，并共同协商出新的具有认同意义的契约。交换模式一旦建立起来，交往双方的行为程序（agenda）便随之形成。而当信息或知识的交换导致认知图式发生变化时，交换过程就完成了，与此同时文化传递也随之产生。中国留学生们采取各种策略调整自己的过程就是一个在和美国的东道主们相互交流、协商之后改变自我认知的过程。在这个过程中，他们获得了新的意义解释和文化认同。

第二节　困惑与探索

　　在采取各种途径适应新生活的同时，有的中国学生对自己的文化认同仍旧感到彷徨和困惑。既要保持自己原有的文化身份，又要在目前的社会中取得某种认同——这实在是一件极其困难的事情。他们觉得自己对这一问题的复杂性仍旧不太了解，希望能够更加深入地进行探讨。在我第 5 次访谈焦林时，他表示了自己对文化认同这一问题的困惑和兴趣：

　　　　这个（文化认同）问题非常有意思，……我得花一些时间来考虑这个问题。……我应该怎么对这些事情做出反应？这些经历是怎样影响我的内心世界的？很有意思。我要再好好想一想。（沉默

良久）

　　在波士顿地区生活了 8 个月之后，我所调查的大部分中国留学生们对新的环境仍旧感到不太适应。"要在一个地方感到自在，就要完全放松，做事情的时候不需要想，……处于一种潜意识的状态。而我们在美国生活的时间还不长，不容易这么快就有自在的感觉。"（焦林语）从文化意义上说，他们还是美国社会的"局外人"；从人的发展角度来看，他们还是"大小孩"。一旦离开了自己的本土文化，他们就不可避免地要在生活中遭到情感和价值方面的各种冲突。"一旦你的眼睛睁开了，你看到的就不再是过去那个样子了。"在最后一次访谈中焦林说出了一段十分精彩的话："一旦你离开一个地方，就会有无休止的冲突和痛苦。……别人在你脸上看不到有什么变化，而在你心里就像是倒海翻江一样。"

　　尽管中国留学生们感到在美国前途未卜，但是由于身处另一种文化之中，他们可以同时反省这两种文化对自己的影响。这一前所未有的经历给予他们和我自己一个启示：不同文化的交锋和交融有可能造就更为全面发展的新人。随着"世界"日益缩小，在人类未来的"地球村"里必定会发展出超民族的文化，一种融合各种文化传统的价值体系。而我们——曾经对一种以上的文化有过亲身体验和反思的人，有可能塑造一种整合两种文化之长处的新型人格。只要我们真正透彻地理解了这两种文化，具有足够的自觉性，能够有意识地生活和学习，就应该可以创造一种目前在这个世界上尚未诞生的新型人格。拥有这种人格的人既有独立性又有能力与他人建立密切的关系，既"自由"又"自在"，既有"情感关系"又有"角色关系"，既直截了当又含蓄微妙，既"现代"又"原始"，既"热情"又"温暖"，既有"emotional exchange"又有"情感交流"，既有"人情"又能"公事公办"。这些特性有可能以一种有机的方式组合起来，形成这一星球上一种全新的人格。这一人格将具有美国学者罗伯特·科根（Robert Kegan）在《演化的自我》（*The Evolving Self*）中所描绘的"交互个体性"（inter-individuality）（Kegan, 1982）。尽管科根对人类获得这种特性的可能性表示怀疑，但我认为这是人类未来发展的理想目标。我在美国旅行时曾经遇到一位中国留学生，她说的下面这番话表达了很多中国留学生对这一新型人格的向往：

> 我在这里（指美国）待的时间越长就越被自我和群体、个体主义和集体主义之间的矛盾所困扰。在中国，人们的自我意识往往依赖于群体。美国人经常说你们中国人没有自我意识。我不同意这种说法。我认为，中国人的自我意识不同于美国人。我们从群体、家庭、学校、工作单位以及社会中获得自我意识。但是有时候中国人的自我过于依附群体，以至于我们意识不到个人的需要和情感。然而，在美国，人们过于孤立地认同自我，他们有极为强烈的隐私观和个人界限。结果，大家彼此都很孤立。我也不喜欢这种极端的行为。我想，最好的办法是对两者进行整合。在维持与他人联系的同时保持个人的独立，做到既相互独立又相互依赖。

根据人格心理学和社会心理学中的"交互决定作用"假设，个体的行为是由其自身特点和所处环境特点共同决定的（Pervin，1990）。个体在某一具体环境中的表现既反映了文化环境对个体的影响，同时也反映了个体自身的某些特点。个体的生理因素、心理状态和思想意识在与社会情境交互作用时表现出个性的特征。个体在依据某种文化共识对文化进行选择时，常常因为自己的特殊经历或个人特点对文化现象产生不同的认识。在人际交往中，任何一个个体身上都不同程度地存在着既指向自身又指向他人的需要、感情和价值观念（石秀印，1993）。因此，个体在进行人际交往时必然会根据自己的需求采取不同的交往方式。

虽然我在上文中对 9 位中国留学生在美国最初 8 个月的生活经历进行了整体性的介绍，但是他们个人的经历并不完全相同。他们作为一个整体存在许多共性，但是每一个人都有自己适应新生活的特有方式。个性特征、性别、生活经历、学习的专业等因素使他们在面对新生活的挑战时各自采取了一些不同的态度和策略。除前面章节提到的一些差异外，以下我再概括性地勾勒一下这些学生中存在的主要差异，这也可以体现他们在共同的跨文化情境挑战下更加个性化的探索。

在跨文化交友方面，除了马国强以外，所有中国留学生都表示了强烈的与美国人结识的愿望。马国强多次声称自己并不急于与美国人交朋友，其中主要的原因是他在自己的学校里已有许多中国朋友，他们基本上满足了他对友谊的需求。除此之外，他的专业是物理学，不像其他学文科的同学那样需要了解美国的人民和文化。同时，他获得了所在学校相当可观的资助，不必出去找工作。尽管他每天都要到实验室去做实验，但他的工作稳定，而且与他自己所做的研究有关。因此，他不必为自己找工作时如何和美国人建立联系而担心。另外，他在美国学习一年以后便会去欧洲深造，没有在美国长期待下来的打算。当然，除了以上"客观原因"以外，马国强对自己文化的忠实以及他对自己母语的信守也是十分重要的因素。

相比之下，焦林是所有中国留学生中与美国人"交往"最多的一位。但是，有趣的是，他对周围事情的反应却比其他人更为强烈。对此，我的一个解释是，他在中国是一位英文翻译，和美国人打过很多交道，因此，他对来美国生活有很高的期望，对自己的适应能力也十分自信。由于他对即将面临的困难没有足够的思想准备，一旦受到挫折就感到难以接受。此外，由于与美国人接触较深，他能够比较敏锐地觉察到别人对他的态度中的微妙之处。而对于那些与美国人接触较少的人来说，他们也许没有如此敏锐的触角，对别人的反应不如焦林这么敏感。有研究表明，那些从未接触过外国人的人可以毫不犹豫地就说出自己对外国人的定型观念，而同外国人有较多接触的人反而感到很难对外国人做出笼统的评价（韩向明，1993）。焦林之所以感触更深，很可能是因为他对美国人了解得比较多，很难简单地对美国人的形象做出一个单一的完满的结论。

大体说来，焦林、金多多、达誉生和严华君等人对其理想与现实之间的差距更为激愤，而董文、高莉、马国强、吴海和易立华的批评则比较温和一些。我认为，这种差别可能与他们所学的专业有关。有研究表明，理工科专业的外国留学生对美国的评价一般比其他专业的学生要好一些，因为他们的学科领域与社会文化问题之间的关系不如人文科学和社会科学那么紧密（Selltiz，1963）。

我想在此进一步补充的是，理工科的外国留学生对美国的评价高于其他学科还与他们在美国的经济情况有关。学理工科的学生通常能从美国大学获得更多的经济资助，所以他们在美国生存下去的压力也相对要小一些。董文、高莉、马国强、吴海和易立华的学业都具有半工半读的性质，他们作为校内的助教，工作稳定，声誉较好，不必像焦林和金多多那样每个学期为找工作而担忧。虽然达誉生也想像别人那样找一份工作来弥补自己的开支，但美国的法律禁止他在学习期间打工。因此，他只能靠中国政府发给的每月 400 美元资助过着一种非常清贫的生活。

理工科的中国学生所遇到的困难往往小于其他学科的学生，除经济因素以外，还因为美国的自然科学课程比中国同类课程要容易一些。中国学生在国内已有良好的专业素养，来到美国以后专业方面一般都没有什么困难。而学习自然科学对语言技能的要求又没有人文科学和社会科学那么高，所以这些学生适应起来比其他学科的学生要容易一些。

尽管我的样本中女性数量太少，因而难以对性别差异做出推论，但研究结果表明不同的性别之间还是存在一些差异的。在所有被调查的学生中，高莉最关心人际交往中的亲密程度问题，这也许与她的性别有关。虽然她是一名物理学博士生，对自己的学业和工作极为关心，但是她对微妙的人与人之间的亲密程度比样本中的男性表现得更为敏感。在最后一次焦点团体座谈中，当男性参与者宣称男人更加独立、能够为朋友"两肋插刀"、拥有更多的"铁哥们儿"时，高莉高声强调："女性有她们自己表达情感的方式，女性的感情更加细腻。我们的交往中爱的成分比男性多。我们用来体现独立和奉献的方式不一样。"

美国心理学家卡罗尔·吉利根等人的研究也表明，女性对人际关系中的情感方面更为关注（Gilligan，1982；Gilligan，Lyons，Hanmer，1990）。女性思考问题时比较侧重于情感感受和人际关系，而男性则主要依赖于理性思辨和逻辑推理。中国学者对女性的研究也表明，女性的社会性情感体验比男性更为深刻和强烈（任平安，赵艳屏，1986）。

虽然我所调查的研究对象年龄跨度很大，从 23 岁到 46 岁不等，但他们在经历上并没有太大的差别。虽然，一般来说，年长者比年轻人在适应方面似乎困难更大一些，但所有人都反映在校园里与美国人交往有很大的难度。总的来说，年龄的影响主要反映在两个方面：第二语言的习得和文化适应。在我的样本中，年龄大的人学习外语似乎比年纪轻的人难度更大一些。比如，年纪最大的达誉生便多次提到年龄太大是他学习外语的一大障碍。

此外，中国留学生们的年龄大小还可能影响到他们受本土文化的濡染程度以及他们自己的文化根源意识。年龄大一些的学生对自己祖国文化的价值观念理解得比较深刻，因此自己的文化情感也更加深沉、强烈。而年纪轻一点的中国学生对自己的本土文化没有如此深切的个人体验，因而在适应新环境方面也就容易一些。易立华是样本中最年轻的一位，虽然他也热情洋溢地谈到自己对中国文化的热爱，但是与其他人相比，他受陌生环境的困扰显然要小得多。

可能是受到他们所生长于其中的社会环境的影响，我所研究的大多数中国学生谈话时都喜欢引经据典、旁征博引。例如，当我要他们叙述在美国的具体生活经历时，他们总是反复提到影响自己生活的种种历史、社会、政治和经济方面的原因。相比之下，只有董文说话比较具体、细致。这或许是因为他的性格比较内向，而且来美国以后对"气功"产生了强烈的兴趣。另外，在所有的中国留学生中，金多多对人际交往中的情感交流格外敏感，这也许与他的职业有关。作为一名职业精神病学家，他似乎比其他人更加关注人际交往中个体的心理动态以及交往模式的心理分析。

总而言之，来到美国以后，我所研究的中国留学生们不仅遇到了许多文化冲突，而且获得了许多有益的经验和教训。在中美两种文化的反复推拉（push and pull）之中，他们在逐步重构自己周围的"现实"。他们中一些人仍旧使用群体取向来认识自我和人我的关系，而另一些人则开始获得了一些个体主义的独立意识；他们中一部分人变得比过去更加自信了，而其他人则仍在为如何评价自己而苦恼；他们中大多数人仍然与美国的主流文化比较隔绝，而有的人已经交上了"美国式朋友"。他们在了解美国社会人际交往规范的过程中常常感到惊奇、不解，而同时又觉得深有启发。在与美国人接触的过程中，他们不仅了解了美国的文化，同时也对自己的文化传统重新进行了审视和思考。结果，他们经历了只有在跨文化环境下才有可能发生的进步和成长。

附录一

联 系 信 件

给有可能参加此项研究的中国同学们的信

_____，您好！

首先请让我对您被_____大学录取表示最衷心的祝贺！

我叫陈向明，是美国哈佛大学教育学院四年级博士生。我通过_____
_____大学招生办／您所在的出国留学培训班／您的朋友（老师、同学）获知您即将来美国留学的消息。写信给您，是为我的科研项目向您求助。

我是1988年来美国留学的。在这儿学习生活了3年以后，我对留美中国学生的跨文化人际交往十分感兴趣，决定选择这个题目做我的博士学位论文。为了记录下中国学生从中国来到美国以后在交友方式方面发生的变化，我打算做一个追踪调查。调查对象即像您这样已经被波士顿地区的大学录取的中国学生。如果您愿意参加的话，我希望先在中国访谈您两次，并且和您一起参加两次社交活动做现场观察。您来到美国以后，我打算再访谈您两次，做两次观察。所有的访谈和观察都可以在您认为方便的时间和地点进行。在整个研究过程中，我会严格遵守保密原则，不暴露您的真实姓名和身份，研究报告将使用虚构的人名和地名。同时我会向您介绍研究结果，请您阅读论文草稿，您的意见和建议会得到认真的考虑和采纳。

以我个人的经验，我知道您现在正忙于为来美留学做准备，可能没有时间参加我的研究项目。但是，我希望，通过这项研究您能得到一些意想不到的收获。我从事这项研究的一个主要目的是帮助留美中国学生了解我们自己，并且帮助美国人了解我们。因此，通过这项研究，您有可能对跨文化问题有更加深入的了解，同时对您自身的发展有更深刻的反省。此外，您还有可能了解其他中国同学来到美国以后的文化适应情况。

如果您愿意参加此项研究，请填写随信附上的问卷。表填好以后请尽快寄到如下地址（随信附有一个已贴好邮票并附有回信地址的信封供您回信时使用）：

（我在美国的通信地址及电话略）

我将于 6 月 15 日左右到达北京。如果您在那以后给我回信，请寄到我在中国的如下地址：

（我在中国的通信地址及电话略）

如果您有急事可以给我打电话，在整个研究过程中您所花费的电话费和邮费都将由我支付。我盼望着尽快得到您的回复，如果您能参加此项研究，我将不胜感激。

祝愿您来美学习准备工作顺利！

此致

敬礼

陈向明

1992 年 5 月 10 日

附录二

问　　卷

姓名_____　　性别_____　　年龄_____

婚姻状况 { 未婚_____　　　　已婚_____
　　　　　离婚_____　　　　分居_____
　　　　　配偶职业_____
　　　　　您有孩子吗? 有_____　　没有_____ }

职业_____　　　　工作单位_____

居住地_____　　　　生长地_____

受教育程度 { 学士_____　　　　硕士_____
　　　　　　博士_____　　　　其他_____ }

父亲职业_____

母亲职业_____

已被录取的美方学校_____

所学专业_____

攻读学位 { 硕士_____　　　博士_____

博士后_____　　　其他_____ }

申请签证类型 { J-1_____　　F-1_____　　　　其他_____

J-2_____　　F-2_____ }

估计在美学习时间 { 两年_____　　三年_____

四年_____　　五年_____　　五年以上_____ }

在美学习经济来源 { 国家资助_____　　美方学校资助_____

亲友资助_____　　其他_____ }

托福成绩_____　　　　　EPT 成绩_____

GRE 成绩_____

您以前出过国吗? { 出过_____　　没有出过_____

如果出过 { 出国地点_____

出国时间: 从_____　　到_____

出国原因_____ }

我到达中国以后如何与您联系?_____

附录三

在中国第一次访谈的提纲

1.请您谈谈您对"朋友"这个概念的理解。

追问：

您认为什么样的人才能做您的朋友？

您认为哪些品质是做朋友的必要条件？（可靠、可信任、善良、忠厚、忠实、乐于助人、关心别人、理解人、有耐心、宽容、无私、有共同的生活态度 / 人生哲学 / 兴趣爱好等。）

2.请您谈谈您平时是如何交朋友的。

追问：

您的朋友是谁？

您为什么喜欢他们？（有共同的兴趣爱好、家庭背景、经历、受教育程度、性格、看法，具有以上所提到的做朋友的品质。）

你们是怎么成为朋友的？（是同学 / 同乡 / 邻居 / 同事，同在一个运动队 / 文艺队 / 学习小组，通过朋友 / 家人介绍，等等。）

你们在一起通常干什么？［聊天（聊什么？说不说心里话？什么样的心里话？）、打球（多久打一次？）、吃饭（在哪吃？谁付钱？）、看电影（怎么付钱？）、去彼此的家（什么时候开始的？先去谁家？谁先提出来的？多久去一次？）。]

您的朋友遇到困难时您通常怎么办？您自己遇到困难时通常怎么办？当您高兴 / 不高兴的时候，您通常做什么？

你们是如何保持友谊的？

在你们的友谊中出现过问题吗？什么问题？如何处理的？

您和您的朋友中断过关系吗？如何中断的（是急剧变化还是逐渐冷淡）？为什么这么做？

3. 对您来说，交朋友的意义是什么？

追问：

有朋友对您来说意味着什么？

为什么朋友对您来说非常重要？

如果您没有朋友会是一种什么情况？

有朋友对您有什么影响？（有归属感、群体感、互相依赖感，有感情上的依托，自我价值得到肯定，自信心增强，有机会与人交流，可以得到物质上的帮助，办事情方便，有机会帮助别人。）

4. 您对美国有什么了解？（文化、社会、学校、人民、生活习惯、交朋友方式等。）

追问：

您是通过什么途径了解到这些情况的？

附录四

在美国第一次访谈的提纲

1. 个人简历。

追问：

(1) 您来美国以后在问卷上填的情况是否有变化？

(2) 对已婚者：您的配偶／孩子也到美国来了吗？

(3) 现在您住在哪里？（和中国人同住、和美国人同住、和自己的配偶／孩子住在一起、住在学校的宿舍里。）

(4) 您的护照和签证类型是什么？

(5) 您的经济来源是什么？

2. 请您谈谈您来美国以后是如何交朋友的。

追问：

您现在有朋友吗？

他们是什么人？

你们是如何成为朋友的？你们的友谊是如何建立、保持、发展或结束的？

作为朋友，你们在一起通常都干什么？［谈论学习、参加社交活动、看电影、打球、去饭馆（如何付账？）、去朋友家吃饭（什么时候开始的？谁先提出来的？去谁家？多久去一次？）、聊天（聊什么？深入到什么程度？多久聊一次？）。]

在美国交朋友和在中国有什么不同？

您认为这些不同是如何产生的？

您认为为什么会有这些不同？

来到美国以后，您的交友方式有什么改变？

您在美国交朋友有困难吗？有什么困难？（语言障碍、缺乏对美国文化的了解、对交朋友有不同的标准和期待、交朋友的方式不同等。）

3. 请您谈谈您来美国以后对"朋友"这一概念的理解。

追问：

您认为美国人有哪些交友方式？

这些方式与您在中国交友的方式有什么不同？

您来到美国以后对"朋友"这个概念的理解有没有变化？如果有的话，是怎么变的？

您目前对"朋友"概念的理解以及分类与从前有什么不一样？

您现在交友的方式和在中国时相比有没有变化？如果有，是什么变化？

您认为是什么带来了这些变化？

4. 您如何看待自己来到美国以后与美国人交友的经历？

追问：

您与美国人交友的经历对您的生活／个人成长／文化认同／个人自尊有什么影响？

您认为自己已经失去了一些中国文化传统或价值观念吗？

您是否认为自己已经变得有点美国化了？

您是不是觉得自己更像一个“世界公民”，而不是纯粹的中国人了？

您喜欢自己在美国与人交往的经历吗？喜欢什么？不喜欢什么？

中国人和美国人的交友方式，您更喜欢哪一种？为什么？

附录五

观察指南（以聚会为例）

1. 聚会的目的

2. 聚会的场景

聚会的地点

聚会的时间

聚会的组织者

聚会的布置

与会者的人数

与会者的特点（性别、民族、种族、年龄、所属单位）

与会者的衣着

3. 观察对象的行为模式

他们坐／站的地方

和他们坐／站在一起的人，和他们谈话最多／时间最长的人，和他们跳舞次数最多的人

他们与其他人谈话的方式（通过观察他们的面部表情、形体动作和说话的语气来判断他们的谈话方式是简短的／长时间的、兴奋的／

礼貌性的、正式的／随意的、放松的／拘谨的、无精打采的／很有兴致的等）

他们谈话的内容（问候、学校生活和学习、政治、时事、中国文化、个人简历、个人生活经验、生活中的困难、家庭、其他的朋友、个人的看法、延展对方的观点、向对方挑战、就以上各点问问题等）

与对方相比他们说话的时间长短、说话次数、轮流规律

他们吃东西／喝饮料的方式（自己主动去取／等待主人提供、被提供食物时所说的话和行为表现等）

他们在聚会上停留的时间长短

参考文献

《文化：中国与世界》编委会, 1987. 文化：中国与世界：一 [M]. 北京：生活·读书·新知三联书店.

阿德勒, 1991. 理解人性 [M]. 陈刚, 陈旭, 译. 贵阳：贵州人民出版社.

布劳, 1988. 社会生活中的交换与权力 [M]. 孙非, 张黎勤, 译. 北京：华夏出版社.

陈国, 1985. 中国房客与美国房东 [M] // 梁建中, 黎小江. 当代中国留学生在国外. 广州：花城出版社 : 566-568.

陈振明, 1992. 法兰克福学派与科学技术哲学 [M]. 北京：中国人民大学出版社.

陈之昭, 1988. 面子心理的理论分析与实际研究 [M] // 杨国枢. 中国人的心理. 台北：桂冠图书 : 155-237.

辞海编辑委员会, 1980. 辞海：1979 年版 [M]. 缩印本. 上海：上海辞书出版社.

刁培萼, 1992. 教育文化学 [M]. 南京：江苏教育出版社.

丁恒杰, 1994. 文化与人 [M]. 北京：时事出版社.

杜维明, 1996. 儒家思想新论：创造性转换的自我 [M]. 曹幼华, 单丁, 译. 南京：江苏人民出版社.

段宏俊, 1970. 留学生与留学问题 [M]. 台北：大西洋出版社.

费孝通, 1985. 乡土中国 [M]. 北京：生活·读书·新知三联书店.

冯增俊, 1991. 教育人类学 [M]. 南京：江苏教育出版社.

弗洛伊德，1986. 弗洛伊德著作选 [M]. 贺明明，译. 成都：四川人民出版社.

辜鸿铭，1996. 中国人的精神 [M]. 黄兴涛，宋小庆，译. 海口：海南出版社.

关世杰，1995. 跨文化交流学：提高涉外交流能力的学问 [M]. 北京：北京大学出版社.

哈贝马斯，1989. 交往与社会进化 [M]. 张博树，译. 重庆：重庆出版社.

韩向明，1993. 北方沿海省市居民国民刻板印象的调查研究 [M] // 李庆善. 中国人社会心理研究论集. 香港：香港时代文化出版公司：147-157.

何秀煌，1981. 哲学智慧的寻求 [M]. 台北：东大图书有限公司.

胡适，1991a. 大宇宙中谈博爱 [M]// 胡适. 人生大策略. 2 版. 长沙：湖南文艺出版社：57-58.

胡适，1991b. 自由主义 [M] // 胡适. 人生大策略. 2 版. 长沙：湖南文艺出版社：79-85.

胡适，1991c. 我们对待西洋近代文明的态度 [M] // 胡适. 人生大策略. 2 版. 长沙：湖南文艺出版社：174-186.

黄光国，1988a. 人情与面子：中国人的权力游戏 [M] // 黄光国. 中国人的权力游戏. 台北：巨流图书公司：7-55.

黄光国，1988b. 中国人的权力游戏 [M]. 台北：巨流图书公司.

黄坚厚，1988. 现代生活中孝的实践 [M] // 杨国枢. 中国人的心理. 台北：桂冠图书：25-38.

黄新宪，1995. 中国留学教育问题 [M]. 长沙：湖南教育出版社.

霍克海默，1989. 批判理论 [M]. 李小兵，等译. 重庆：重庆出版社.

焦国成，1991. 中国古代人我关系论 [M]. 北京：中国人民大学出版社.

金耀基，1988a. 人际关系中人情之分析 [M]. 杨国枢. 中国人的心理. 台北：桂冠图书：75-104.

金耀基，1988b. "面"、"耻"与中国人行为之分析 [M]. 杨国枢. 中国人的心理. 台北：桂冠图书：319-346.

老康，1987. 留学生活不是梦 [M]// 马星野，等. 我的留学生活. 台北：中华日报社：30-41.

乐国安，王小章，李秋洪，1991. 当代中国人心理 [M]. 北京：知识出版社．

勒法格，1980. 中国幼童留学史 [M]. 高岩，译．香港：文艺书屋．

李庆善，1993. 中国人社会心理研究论集 [M]. 香港：香港时代文化出版公司．

李亦园，杨国枢，1988. 中国人的性格 [M]. 台北：桂冠图书公司．

李中华，1994. 中国文化概论 [M]. 北京：华文出版社．

李宗桂，1988. 中国文化概论 [M]. 广州：中山大学出版社．

梁建中，黎小江，1985. 当代中国留学生在国外 [M]. 广州：花城出版社．

梁漱溟，1989. 梁漱溟全集：第一卷 [M]. 济南：山东人民出版社．

梁漱溟，1994. 儒学复兴之路 [M]. 曹锦清，编选．上海：上海远东出版社．

梁锡华，1987. 留学点滴 [M]// 马星野，等．我的留学生活．台北：中华日报社：172-178.

林间，1985. 来自布朗大学的家书 [M] // 梁建中，黎小江．当代中国留学生在国外．广州：花城出版社：186-190.

林语堂，1994. 中国人 [M]. 郝志东，沈益洪，译．上海：学林出版社．

刘伟，1988. 文化：一个斯芬克斯之谜的求解 [M]. 北京：人民出版社．

鲁洁，吴康宁，1990. 教育社会学 [M]. 北京：人民教育出版社．

罗国杰，1995. 中国传统道德 [M]. 简编本．北京：中国人民大学出版社．

罗洛夫，1991. 人际传播：社会交换论 [M]. 王江龙，译．上海：上海译文出版社．

马尔库塞，1988. 单向度的人 [M]. 张峰，吕世平，译．重庆：重庆出版社．

马塞勒，等，1988. 文化与自我：东西方人的透视 [M]. 任鹰，等译．杭州：浙江人民出版社．

马星野，等，1987. 我的留学生活 [M]. 台北：中华日报社．

孟昭兰，1989. 人类情绪 [M]. 上海：上海人民出版社．

墨子刻，1990. 摆脱困境：新儒学与中国政治文化的演进 [M]. 颜世安，高华，黄东兰，译．南京：江苏人民出版社．

内山完造，1995. 活中国的姿态 [M]. 龙炳圻，译．兰州：敦煌文艺出版社．

帕金，1987. 马克斯·韦伯 [M]. 刘东，谢维和，译．成都：四川人民出版社．

彭，等，1990. 中国人的心理 [M]. 邹海燕，等译．北京：新华出版社．

彭泗清，1993."埋"怨与解怨：中国人人际不满情绪表达方式的初步探析 [M]// 李庆善 . 中国人社会心理研究论集 . 香港：香港时代文化出版公司：171-192.

彭泗清，1994. 示范与回应：中国人人际互动的本土模式 [C]. 第二届中国人社会 心理研讨会，呼和浩特 .

瞿海源，杨国枢，1988. 中国大学生现代化程度与心理需要的关系 [M]// 李亦 园，杨国枢 . 中国人的性格 . 台北：桂冠图书公司：393-422.

任平安，赵艳屏，1986. 妇女心理学 [M]. 沈阳：辽宁大学出版社 .

任世雍，1987. 遨游寒暖流的鱼 [M] // 马星野，等 . 我的留学生活 . 台北：中华 日报社：179-185.

荣格，1987. 寻求灵魂的现代人 [M]. 苏克，译 . 贵阳：贵州人民出版社 .

石秀印，1993. 中国人对自我与他人关系的处理方式 [M] // 李庆善 . 中国人社 会心理研究论集 . 香港：香港时代文化出版公司：203-238.

史密斯，1995. 中国人气质 [M]. 张梦阳，王丽娟，译 . 兰州：敦煌文艺出版社 .

史仲文，徐慕坚，1989 . 人际关系学 [M]. 北京：书目文献出版社 .

苏国勋，1987. 马克斯·韦伯与"资本主义精神"[M]//《文化：中国与世界》 编委会 . 文化：中国与世界：一 . 北京：生活·读书·新知三联书店：161-209.

苏炜，1988. 远行人 [M]. 北京：北京十月文艺出版社 .

孙隆基，1983. 中国文化的"深层结构"[M]. 香港：壹山出版社 .

汤一介，闵惠泉，1996. 文化历程的反思与展望 [J]. 现代传播 (3):1-8.

王和，1993. 汉民族"群体本位"文化的内涵与作用 [M]// 中国现代文化学会 . 东西方文化交融的道路与选择 . 成都：四川人民出版社：17-31.

王简，1985. 留美学生面面观 [M]. 邵亚民，杨忠宽，译 // 梁建中，黎小江 . 当 代中国留学生在国外 . 广州：花城出版社：191-198.

王宁，钱婷，1989. 在这块神秘的土地上：中国自费留美生的生活写实 [N]. 人 民日报（海外版）.

王奇生，1992. 中国留学生的历史轨迹：1872—1949[M]. 武汉：湖北教育出版社 .

韦政通，1988. 伦理思想的突破 [M]. 成都：四川人民出版社 .

吴江霖，戴健林，陈卫旗，等，1993. 民族社会心理学：民族文化和社会心理

[M]. 广州：中山大学出版社.

许金声，1988. 走向人格新大陆 [M]. 北京：工人出版社.

许龙根，1985. 啊，那无缘的牛排 [M] // 梁建中，黎小江. 当代中国留学生在国外. 广州：花城出版社：267-271.

杨国枢，1988. 中国人的心理 [M]. 台北：桂冠图书.

杨宜音，1993. 报：中国人的社会交换观 [M] // 李庆善. 中国人社会心理研究论集. 香港：香港时代文化出版公司：158-170.

杨宜音，1995. 试析人际关系及其分类：兼与黄光国先生商榷 [J]. 社会学研究(5): 18-23.

杨中芳，1991. 试论中国人的"自己"：理论与研究方向 [M]// 杨中芳，高尚仁. 中国人·中国心：人格与社会篇. 台北：远流出版事业股份有限公司：93-145.

姚亚平，1990. 文化的撞击：语言交往 [M]. 长春：吉林教育出版社.

颖之，1980. 中国近代留学简史 [M]. 上海：上海教育出版社.

余得泉，1985. 一个自费留学生的喜怒哀乐 [M]// 梁建中，黎小江. 当代中国留学生在国外. 广州：花城出版社：153-176.

余英时，1987. 从价值系统看中国文化的现代意义：中国文化与现代生活总论 [M] //《文化：中国与世界》编委会. 文化：中国与世界：一. 北京：生活·读书·新知三联书店：38-91.

翟学伟，1993. 中国人际关系的特质：本土的概念及其模式 [M] // 李庆善. 中国人社会心理研究论集. 香港：香港时代文化出版公司：239-257.

翟学伟，1995. 中国人的脸面观 [M]. 台北：桂冠图书.

张老师月刊编辑部，1987. 中国人的面具性格：人情与面子 [M]. 3 版. 台北：张老师出版社.

张老师月刊编辑部，1990. 中国人的人情与面子 [M]. 北京：中国友谊出版公司.

张素初，1985. 今日美国拉杂谈 [M] // 梁建中，黎小江. 当代中国留学生在国外. 广州：花城出版社：404-433.

张志学，1993. 社会心理学研究的反省与更新 [M] // 李庆善. 中国人社会心理研究论集. 香港：香港时代文化出版公司：19-42.

中国大百科全书出版社《简明不列颠百科全书》编辑部，1985a. 简明不列颠百科全书（1—10 卷）：3[M]. 北京：中国大百科全书出版社.

中国大百科全书出版社《简明不列颠百科全书》编辑部，1985b. 简明不列颠百科全书（1—10 卷）：4[M]. 北京：中国大百科全书出版社.

中国社会科学院语言研究所词典编辑室，1996. 现代汉语词典 [M]. 修订本. 北京：商务印书馆.

中国现代文化学会，1993. 东西方文化交融的道路与选择 [M]. 成都：四川人民出版社.

Alethen G, 1994. Learning across cultures[M]. Washington D.C.: National Association of International Educators.

Austin J L, 1962. How to do things with words[M]. Cambridge, MA: Oxford University Press.

Berry W, Lonner W J, 1975. Applied cross-cultural psychology [M]. Amsterdam: Swets & Zeitlinger Group B.V.

Bogdan R C, Biklen S K, 1982. Qualitative research for education: an introduction to theory and methods [M]. Boston: Allyn & Bacon.

Bond M H, Pang M K,1989. Trusting to the Tao: Chinese values and the re-centering of psychology [C]. Proceedings of CCU-IUP International Conference: Moral Values and Moral Reasoning in Chinese Societies, Taipei, May 25-27.

Bourguignon E, 1979. Psychological anthropology: an introduction to human nature and cultural differences[M].New York: Holt, Rinehart Winston.

Bredo E, Feinberg W, 1982. Knowledge & values in social & educational research [M]. Philadelphia: Temple University Press.

Briggs C L, 1986. Learning how to ask: a sociolinguistic appraisal of the role of the interview in social science research[M]. Cambridge, UK: Cambridge University Press.

Brislin R W, 1981. Cross-cultural encounters: face-to-face interaction[M]. New York: Pergamon Press.

Carrithers M C, Collins S, Lukes S, 1985. The category of the person: anthropology, philosophy, history [M]. Cambridge, UK: Cambridge University Press.

Center for Chinese Research Materials, 1974. The Chinese Students' Monthly 1906-1931 [Z]. Washington D.C.: Association of Research Libraries.

Chan W, 1967a. The individual in Chinese religions [M] // Moore C A. The Chinese mind: essentials of Chinese philosophy and culture. Honolulu: University of Hawaii Press: 286-306.

Chan W, 1967b. The story of Chinese philosophy [M] // Moore C A. The Chinese mind: essentials of Chinese philosophy and culture. Honolulu: University of Hawaii Press: 31-76.

Chang H B, 1972. A study of some attitudes of Chinese students in the United States[D]. Austin: University of Texas.

Chang H B, 1973. Attitudes of Chinese students in the United States[J]. Sociology & Social Research, 58(1): 66-77.

Chen X M, 1991. Self, other and interpersonal relationships in Chinese culture and Chinese students' experiences in American universities [Z]. Cambridge, MA: Harvard Graduate School of Education.

Chu G C, 1979. Communication and cultural change in China: a conceptual framework [M] // Chu G C, Hsu F L K. Moving a mountain: cultural change in China. Honolulu: University of Hawaii Press: 2-24.

Chu G C, 1985. The changing concept of self in contemporary China[M] // Marsella A J, DeVos G. Culture and self: Asian and Western perspectives. New York: Tavistock Publications: 252-277.

Chu L, 1979. The sensitivity of Chinese and American children to social influences [J]. The Journal of Social Psychology, 109(2): 175-186.

Domino G,1989. Social values: a comparison of Chinese and American children [C]. Proceedings of CCU-IUP International Conference: Moral Values and Moral Reasoning in Chinese Societies, Taipei, May 25-27.

Douglas J D, 1976. Investigative social research: individual and team field research[M].

Beverly Hills: Sage.

Du Bois C A, 1956. Foreign students and higher education in the United States [Z]. American Council on Education.

Duck S, 1991. Understanding relationships[M]. New York: Guilford Press.

Eisner E W, Peshkin A, 1990. Qualitative inquiry in education: the continuing debate [M]. New York: Teachers College Press.

Elvin M, 1978. Self-liberation and self-immolation in modern Chinese thought [M]. Canberra: The Australian National University Press.

Ely M, Anzul M, Freidman T, et al., 1991. Doing qualitative research: circles within circles[M]. New York: Psychology Press.

Fingar T, Reed L A, 1981. Survey summary: students and scholars from the People's Republic of China in the United States, August 1981 [R]. Washington D.C.: National Academies.

Gardner R C, 1985. Social psychology and second language learning: The role of attitudes and motivation [M]. London: Arnold.

Geertz C, 1973. Thick description: toward an interpretive theory of culture[M]// Geertz C. The interpretation of cultures. New York: Basic Books: 3-30.

Gilligan C, 1982. In a different voice: psychological theory and women's development [M]. Cambridge, MA: Harvard University Press.

Gilligan C, Lyons N, Hanmer T J, 1990. Making connections: the relational worlds of adolescent girls at Emma Willard School [M]. Cambridge, MA: Harvard University Press.

Glaser B G, Strauss A L, 1967. The discovery of grounded theory: strategies for qualitative research [M]. New York: Aldine de Gruyter.

Glesne C, Peshkin A, 1992. Becoming qualitative researchers: an introduction[M]. White Plains: Longman.

Goffman E, 1959. The presentation of self in everyday life [M]. Garden City, NY: Doubleday/Anchor Books.

Gudykunst W B, Kim Y Y, 1992. Communicating with strangers: an approach to intercultural communication [M]. 2nd ed. New York: McGraw-Hill.

Hall E T, 1959. The silent language[M]. New York: Doubleday.

Hallowell A I, 1955. Culture and experience [M]. Philadelphia: University of Pennsylvania Press.

Hammersley M, Atkinson P, 1983. Ethnography: principles in practice[M]. London: Routledge.

Haus P E, 1986. Culture and the attribution process [M] // Gudykunst W B. Intercultural communication theory. Beverly Hills: Sage.

Havens L, 1988. Making contact: uses of language in psychotherapy [M]. Cambridge, MA: Harvard University Press.

Hegel R E, 1985. An exploration of the Chinese literary self [M] // Hegel R E, Hessney R C. Expressions of self in Chinese literature. New York: Columbia University Press: 3-30.

Ho D Y F, 1979. Psychological implications of collectivism: with special reference to the Chinese case and Maoist dialectics [M] // Eckensberger L H, Lonner W, Poortinga Y H. Cross-cultural contributions to psychology. Lisse: Swets and Zeitlinger B. V.: 143-150.

Hsu F L K, 1949. Under the ancestors' shadow: Chinese culture and personality [M]. London: Routledge & Kegan Paul.

Hsu F L K, 1979. Traditional culture in contemporary China: continuity and change in values [M] // Chu G C, Hsu F L K. Moving a mountain: cultural change in China. Honolulu: University of Hawaii Press: 259-279.

Hsu F L K, 1981. Americans and Chinese: passages to differences [M]. 3rd ed. Honolulu: University of Hawaii Press.

Hsu F L K, 1983. Rugged individualism reconsidered: essays in psychological anthropology [M]. Knoxville: University of Tennessee Press.

Hsu F L K, 1985. The self in cross-cultural perspective [M] // Marsella A J, DeVos G. Culture and self: Asian and Western perspectives. New York: Tavistock Publication: 24-55.

Hsu F L K, Chu G C, 1979. Changes in Chinese culture: what do we really know? [M] //

Chu G C, Hsu F L K. Moving a mountain: cultural change in China. Honolulu: The University of Hawaii Press: 396-417.

Hu W Z, Grove C L, 1991. Encountering the Chinese: a guide for Americans [M]. Yarmouth: Intercultural Press.

Huang L C, Harris M B, 1973. Conformity in Chinese and Americans: a field experiment [J]. Journal of Cross-Cultural Psychology, 4(4): 427-434.

Hui C H, Triandis H C, 1986. Individualism-collectivism: a study of cross-cultural researchers[J]. Journal of Cross-Cultural Psychology, 17(2) : 225-248.

Jacobs J B, 1982. The concept of Guanxi and local politics in a rural Chinese cultural setting [M] // Greenblatt S L, Wilson R W, Wilson A A. Social interaction in Chinese society. New York: Praeger: 209-236.

Josselson R, 1995. The space between us: exploring the dimensions of human relationships [M]. San Francisco: Jossey-Bass Publishers.

Kauffmann N L, 1992. Students abroad: strangers at home [M]. Yarmouth: Intercultural Press.

Kegan R, 1982. The evolving self [M].Cambridge, MA: Harvard University Press.

Kim Y Y, 1989. Intercultural adaptation [M] // Asante M K, Gudykunst W B. Handbook of international and intercultural communication. Beverly Hills: Sage: 275-294.

Klein J, 1987. Our need for others and its roots in infancy[M]. London: Routledge.

Klein M H, Miller M H, Alexander A A, 1981. The American experience of the Chinese student: on being normal in an abnormal world [M] // Kleinman A, Lin T Y. Normal and abnormal behavior in Chinese culture. Boston: Dordrecht: 311-330.

Kuhn T, 1962. The structure of scientific revolution [M]. New York: University of Chicago Press.

Kuo S Y, Spees E R, 1983. Chinese-American student life-styles: a comparative study [J]. Journal of College Student Personnel, 24(2): 111-117.

LaFargue T E, 1987. China's first hundred: educational mission students in the United States, 1872-1881 [M]. Pullman: Washington State University Press.

Lampton D M, Madancy J A, Williams K M, 1986. A relationship restored: trends in US-China educational exchanges, 1978-1984 [M]. Washington D.C.: National Academies Press.

Lee M Y, Abd-Ella M, Burks L A, 1981. Needs of foreign students from developing nations at US colleges and universities [R]. Washington, D.C.: National Association for Foreign Students Affairs.

Lee R H, 1960. The Chinese in the United States of America [M]. Hong Kong: Hong Kong University Press.

LeVine R A, 1973. Culture, behavior, and personality: an introduction to the comparative study of psychosocial adaption [M] . 2nd ed. Cambridge, UK: Cambridge University Press.

Luo H L, 1974. Yung Wing: first Chinese graduation from a U.S. university [M] // Lyman S. The Life, influence and the role of the Chinese in the United States, 1776-1960. San Francisco. Chinese Historical Society of America: 207-215.

Lutz C A, 1988. Unnatural emotions: everyday sentiments on a Micronesian atoll and their challenge to Western theory [M]. Chicago: The University of Chicago Press.

Maxwell J A, 1992. Understanding and validity in qualitative research [J]. Harvard Educational Review, 62(3): 279-301.

Maxwell J A, 1996. Qualitative research design: an interactive approach [M]. Thousand Oaks: Sage Publications.

McCunn R L, 1988. Chinese American portraits: personal histories 1828-1988 [M]. San Francisco: Chronicle Books.

Meade R D, Barnard W A, 1973. Conformity and anticonformity among Americans and Chinese [J]. The Journal of Social Psychology, 89(1): 15-24.

Mei Y P, 1967. The status of the individual in Chinese social thought and practice [M]// Moore C A. The Chinese mind: essentials of Chinese philosophy and culture. Honolulu: University of Hawaii Press:323-339.

Meng C, 1981. Chinese American understanding: a sixty-year search[M]. New York:

China Institute in America.

Merriam S B, 1988. Case study research in education: a qualitative approach [M]. San Francisco: Jossey-Bass.

Metzger T A, 1989. How we ought to study how Chinese make ought statements: some reactions to recent Kohlbergian work on Chinese moral thinking [C]. Proceedings of CCU-IUP International Conference: Moral Values and Moral Reasoning in Chinese Societies, Taipei, May 25-27.

Munro D J, 1969. The concept of man in ancient China [M]. Stanford: Stanford University Press.

Orleans L A, 1988. Chinese students in America: policies, issues, and numbers [M]. Washington D.C.: National Academies Press.

Patton M Q, 1990. Qualitative evaluation and research methods[M]. 2nd ed. Newbury Park: SAGE Publications.

Paul R, 1977. Reflections on fieldwork in Morocco [M]. Oakland: University of California Press.

Perkins C S, 1977. A comparison of the adjustment problems of three international student groups [J]. Journal of College Student Personnel, 18(5): 382-388.

Pervin L A, 1990. Handbook of personality: theory and research [M]. New York: Guilford Press.

Pike R, 1966. Language in relation to a united theory of the structure of human behavior [M]. The Hague: Mouton.

Pogrebin L C, 1986. Among friends: who we like, why we like them, and what we do with them [M]. New York: McGraw-Hill.

Pyle K R, 1987. Guiding the development of foreign students [M]. San Francisco: Jossey-Bass.

Quinn N, Holland D, 1987. Culture and cognition [M] // Holland D, Quinn N. Cultural models in language and thought. Cambridge, UK: Cambridge University Press: 3-40.

Rabinow P, 1977. Reflections on Fieldwork in Morocco[M]. Oakland: University of

California Press.

Rosaldo M Z, 1980. Knowledge and passion: Ilongot notions of self and social life [M]. Cambridge, UK: Cambridge University Press.

Rubin L B, 1985. Just friends: the role of friendship in our lives [M]. New York: Harper & Row.

Samovar L A, Porter R E, 1991. Communication between cultures [M]. Belmont, CA: Wadsworth.

Samovar L A, Porter R E, 1994. Intercultural communication: a reader [M]. 7th ed. Belmont, CA: Wadsworth.

Schram J L, Lauver P J, 1988. Alienation in international students [J]. Journal of College Student Development, 29(2): 146-150.

Schumann J H, 1978. The acculturation model for second language acquisition [M] // Gingras R C. Second language acquisition and foreign language teaching. Washington, D.C.: Center for Applied Linguistics: 27-50.

Seelye H N, 1994. Teaching culture: strategies for intercultural communication [M]. 3rd ed. Lincolnwood, IL: National Textbook Company.

Seidman I E, 1991. Interviewing as qualitative research: a guide for researchers in education and the social sciences [M]. New York: Teachers College Press.

Selltiz C, 1963. Attitudes and social relations of foreign students in the United States [M]. Minneapolis: University of Minnesota Press.

Shaffer R H, Dowling L R, 1968. Foreign students and their American student friends [R]. Indiana University.

Shenkar O, Ronen S, 1987. The cultural context of negotiations: the implications of Chinese interpersonal norms[J]. The Journal of Applied Behavioral Science, 23(2): 263-275.

Shweder R A, LeVine R A, 1984. Culture theory: essays on mind, self and emotion [M]. Cambridge, UK: Cambridge University Press.

Singer M R, 1987. Intercultural communication: a perceptual approach[M]. New Jersey: Prentice Hall: 145.

Singh P N, Huang S C, Thompson G G, 1962. A comparative study of selected attitudes, values, and personality characteristics of American, Chinese, and Indian students [J]. The Journal of Social Psychology, 57(1): 123-132.

Smith A H, 1894. Chinese characteristics [M]. New York: Fleming H. Revell.

Spradley J P, 1979. The ethnographic interview [M]. Fort Worth: Harcourt Brace Jovanovich College Publishers.

St Claire M, 1986. Objects relations and self-psychology: an introduction [M]. Monterey: Brooks/Cole Publishing Company.

Stigler J W, Shweder R A, Herdt G, 1990. Cultural psychology: essays on comparative human development [M]. Cambridge, UK: Cambridge University Press.

Strauss A, Corbin J M, 1990. Basics of qualitative research: grounded theory procedures and techniques [M]. Thousand Oaks: Sage Publications.

Sue S, Zane N W, 1985. Academic achievement and socioemotional adjustment among Chinese university students [J]. Journal of Counseling Psychology, 32(4): 570-579.

Sullivan H S, 1979. The psychiatric interview[M]. New York: W. W. Norton & Company.

Tesch R, 1990. Qualitative research: analysis types and software tools [M]. London: Routledge.

Ting-Toomey S, 1988. Intercultural conflict styles: a face-negotiation theory [M] // Kim Y Y, Gudykunst W B. Theories in intercultural communication. Newbury Park: Sage: 213-238.

Ting-Toomey S, 1994. The challenge of facework: cross-cultural and interpersonal issues [M]. Albany: State University of New York Press.

Tobin J J, Wu D Y H, Davidson D H, 1989. Preschool in three cultures: Japan, China, and the United States[M]. New Haven: Yale University Press.

Triandis H C, 1989. Individualism and social psychological theory [M] // Kağitçibaşi Ç. Growth and progress in cross-cultural psychology. Berwyn: Swets North America: 78-83.

Van Manen J, 1988. Tales of the field: on writing ethnography [M]. Chicago: University of Chicago Press.

Walker L J, Moran T J, 1989. Moral reasoning in a communist Chinese society [C]. Proceedings of CCU-IUP International Conference: Moral Values and Moral Reasoning in Chinese Societies, Taipei, May 25-27.

Wan G F, 2001. The learning experience of Chinese students in American universities: a crosscultural perspective [J]. College Student Journal, 35(1) : 28-44.

Whyte M K, 1974. Small groups and political rituals in China [M]. Berkeley, CA: University of California Press.

Whyte M K, 1979. Small groups and communication in China: ideal forms and imperfect realities [M] // Chu G C, Hsu F L K. Moving a mountain: cultural change in China. Honolulu: University of Hawaii Press: 113-124.

Wilson R W, 1989. Moral culture and Chinese culture: patterns of harmony and discord [C]. Proceedings of CCU-IUP International Conference: Moral Values and Moral Reasoning in Chinese Societies, Taipei, May 25-27.

Wilson R, 1990. Foreign students in U.S. reach a record 386,000 [J]. Chronicle of Higher Education, 38(13): A1.

Wright A F, 1959. Buddhism in Chinese history [M]. Stanford: Stanford University Press.

Wu J C H, 1967. The status of the individual in the political and legal traditions of old and new China [M] // Moore C A. The Chinese mind: essentials of Chinese philosophy and culture. Honolulu: University of Hawaii Press: 340-364.

Yao E L, 1983. Chinese students in American universities [J]. Texas Technology Journal of Education, 10(1): 35-42.

Yung W, 1909. My life in China and America [M]. New York: Henry Holt and Company.

Zhang X P, 1990. Future residential preferences of Chinese graduate students at Harvard University: a pilot study [D]. Cambridge, MA: Harvard Graduate School of Education.

索　引

后 记

拿到本书的清样已经是 1997 年 3 月了。这一次重读全书又产生了很多新的想法和感触。幸好根据出书的规矩，作者可以在最后付印之前补一篇后记，因此我想利用这个机会再向读者说几句话。

第一个遗憾是发现本书第二章第二节"研究方法的选择"显得有点冗长，和全书的整体结构不是十分协调。回想起来，我之所以会补上这一节（英文原文中本来没有这一节），是因为我发现中国的社会科学界当时对"质的研究"（qualitative research）① 不是十分了解。因此，在讨论研究结果之前，我觉得有必要对自己使用的方法做一个比较全面的介绍，使读者对这类研究的方法论有所了解。②

第二点比较强烈的感受是，从事这类"质的研究"的一个难点是如何在现有理论、研究者的个人经验以及原始资料之间建立起一个比较合理的、建构性的关系。在此次翻译本书的过程中，我又一次强烈地感受到研究者本人对现有理论的驾驭是多么重要。只有前人的理论已经进入了研究者个人的思考框架时，研究者才有可能娴熟地、不露痕迹地运用它们，而不是

---

① 有关"qualitative research"的中文译名也引起了一些混乱。我在过去一年发表的文章里一律将其翻译成"定性研究"，后来从读者的反馈中我意识到这个译名很容易被误解为目前中国学术界常用的"定性研究"这一概念。因此，我想如果采纳中国香港、中国台湾和新加坡等地的译名"质的研究"或"质化研究"可能会要清楚一些。

② 这一部分在本次修订中已经进行了调整，具体可见再版作者前言中的说明。

简单地停留在对其引用和发挥上。由于我对社会科学的很多理论不甚了解
（或者有所了解但不透彻），在写作时常常有力不从心的感觉。我就像一个
蹩脚的杂耍艺人，手忙脚乱地把各种社会理论、自己的想法以及我所收集
到的资料相互抛来抛去，其表演效果也就可想而知了。

　　另外，在重新阅读本书的过程中，我对研究的"范式"（paradigm；
Kuhn，1962）有了更加深刻的理解。作为某一科学家群体所共同遵守的世
界观（world view）和约定俗成的知觉习惯（perceptual habits），"范式"代
表了这一特定人群从本体论、认识论和方法论上看待、认识和解释世界的
方式（Guba，1990）。本研究基本上遵循的是"解释主义"的范式，研究者
通过与被研究者互动，从后者的视角对其眼中的现实做出解释。因此，对
这种研究结果的"真实性"及其价值的评判必须放在解释主义范式的框架
里加以考虑。事实上，对任何研究成果之质量的评价，都应该考虑到它们
所赖以成立的范式。当然，研究者必须具有足够的反思意识，有能力进入
元认知层面，追溯自己的意识之源，在研究报告中表明自己的研究所依存
的理论基础，并详细介绍自己的研究方法和过程。

陈向明

1997 年 3 月 15 日

于北京大学燕北园

参考文献

Kuhn T, 1962. The structure of scientific revolution [M]. New York: University Of Chicago Press.

Guba E G, 1990. The paradigm dialogue[M]. Newbury Park: Sage Publications.

出版人 李 东
责任编辑 赵琼英
版式设计 孙欢欢
责任校对 贾静芳
责任印制 叶小峰

图书在版编目（CIP）数据

旅居者和"外国人"：留美中国学生跨文化人际交
往研究 / 陈向明著 . —北京：教育科学出版社，2020.12（2023.2 重印）
（中国教育思想文库）
ISBN 978-7-5191-2378-9

Ⅰ . ① 旅… Ⅱ . ① 陈… Ⅲ . ① 留学生—文化交流—人
际关系—研究—美国 Ⅳ . ① G639.712

中国版本图书馆 CIP 数据核字（2020）第 226173 号

中国教育思想文库
旅居者和"外国人"——留美中国学生跨文化人际交往研究
LÜJUZHE HE "WAIGUOREN" —— LIU MEI ZHONGGUO XUESHENG KUA WENHUA RENJI
JIAOWANG YANJIU

出版发行	教育科学出版社				
社 址	北京·朝阳区安慧北里安园甲 9 号		**邮 编**	100101	
总编室电话	010-64981290		**编辑部电话**	010-64981280	
出版部电话	010-64989487		**市场部电话**	010-64989009	
传 真	010-64891796		**网 址**	http://www.esph.com.cn	
经 销	各地新华书店				
制 作	北京浪波湾图文设计有限公司				
印 刷	保定市中画美凯印刷有限公司				
开 本	720 毫米 × 1020 毫米 1/16		**版 次**	2020 年 12 月第 1 版	
印 张	27.75		**印 次**	2023 年 2 月第 2 次印刷	
字 数	361 千		**定 价**	69.00 元	

图书出现印装质量问题，本社负责调换。